探寻中国道路

探寻中国道路

中·韩学界的视角

苏长和·李熙玉 主编

책과함께

前言

2019年7月，在中美贸易摩擦如火如荼之际，中国共产党中央委员会党刊《求是》刊登了习近平总书记在2013年1月面向新进中央委员的讲话内容。这一讲话之前一直鲜为人知，时隔6年后刊登在公开版面上。习近平主席在文中引用了《庄子·秋水》中"邯郸学步"的典故，内容是"寿陵的一位少年到赵国首都邯郸学走路姿势，不但学得不像，最后把自己原来的走法也忘了，只好爬着回去。"这是间接表达了中国对中美贸易摩擦的态度并不是即兴反应，而是沿着经过长时间磨炼的中国道路前进。

关于"中国道路"，一直以来有很多相关讨论和概念，比如"北京共识"、"中国模式"、"中国经验"等等。但中美战略竞争的白热化投下新冷战的阴影后，'社会主义中国'的崛起成为了问题焦点，从此有关中国道路的讨论和逻辑变得过于简单，出现了轻率概括(hasty generalization)的谬误。另一方面，随着宣传战的激烈展开，在社会科学领域之外的地方出现了'只相信自己愿意相信'的确认偏误，甚至出现了'有意图的误读'。这些现象不仅妨碍了对中国的客观解读，也使得对中国的建设性讨论变得遥遥无期。

成均馆大学成均中国研究所与复旦大学国际关系与公共事务学院共享了这种问题意识，希望从韩中各自的视角对多元的中国道路进行解释，并发现其中的相似性和差异性。因为我们深信韩中两国可以通过知识公共领域上的良性讨论实现韩中'战略合作伙伴关系'的充实化。其实韩中两国由于历史记忆、相互认知、身份认同、学术训练过程以及政治社会化、体制等等差异，不可能有相同的视角。韩中之间有认知差异、期待差异、角色差异的原因也在于此。尽管如此，我们双方秉持和而不同的学术态度，不强求思维的统一性，尊重了解释的多样性。

在此过程中，我们双方协商决定讨论五条中国道路。中国近年来提出了政治、经济、社会、文化、生态环境等"五位一体"总体布局作为国家政策话语，但考虑到韩中两国的地缘政治、地缘经济、地缘文化的密切相关性，这本书的主题设定为外交、治理、文化、经济发展以及地区战略和韩半岛。而且这本书作为中国共产党建党100周年策划丛书之一，其焦点并不是中国道路和韩国道路的比较研究，而是韩中两国对中国道路的解析和评价。期待以此为基础，今后可以从东亚的脉络讨论韩国道路、中国道路或者韩国经验和中国经验。

当今世界在新冠疫情全球大流行后正经历着一次大转折。在这次自经济大萧条以来最严重的经济衰退下，不仅是西欧民主主义，在全球范围内出现了民主主义的倒退，更是出现了根据国家、产业、性别、教育水平的不同，各种差距和不平等更加加剧的大分流(Great Divergence)现象。国际秩序也经历着原有的过程和体系中断甚至崩溃的大混乱(Great Disruption)。在这种局面下，中美战略竞争无期限得进行着，战后建立起来的国际合作框架也日趋弱化。普世理念和普世价值是否能超越民族国家在国际社会实现健康运转，越来越多的声音在质疑这一说法。而现有秩序已衰落，新秩序尚未发芽的过渡期使不确定性、不明确性、不稳定性和不可预测性更加扩大。在这种国际环境下，东亚地区的合作空间受到了很大制约，构想未来蓝图的学术公共领域也正在弱化。对此，韩中两国学者一致认为应该互相分享学术成果，成为彼此的'窗和镜子'。我们的出发点是'己所不欲、勿施于人'，但更多得希望我们的讨论可以超越民族和国境照亮彼此。在这一学术公共领域，我们无需惧怕差异，应畅所欲言争论任何问题，并将其发展为学术智慧，这也是知识社会当前面临的任务。

韩中两国将于2022年迎来建交30周年，希望这本书能成为发展两国关系的重要知识资源。成均中国研究所和复旦大学国际关系与公共事务学院长期以来的学术友谊和坦诚交流成就了今天的成果。为本书的出版，参与学者们协调宝贵的时间举办了国际视频会议，分享和讨论了思路和意见。而中韩文版同时出版供韩中两国学者和广大读者阅读是额外的收获。

此次韩中共同研究是爱茉莉太平洋财团的〈AP论坛项目〉之一。正如其名，希望我们的合作能成为构建韩中'美好'学术平台的基石。作为本书的主编，苏长和院长和笔者在本书的撰稿过程中向参与学者们提出了很多过分要求，对此我们抱有歉意。同时深深感谢欣然接受并参与其中的韩中两国学者们。另外，感谢在出版过程中负责韩中之间繁杂事务的崔素玲研究员，以及克服中文校阅这一挑战最终制作成书的〈与书共舞〉出版社。本书的不足之处归责于主编。敬希读者们雅正。

2021年 猛夏

谨代表主编，李熙玉

目录

前言 5

I.中国外交道路

II. 中国治理道路

III. 中国经济发展道路

IV. 中国文化道路

V. 地区战略与韩半岛

Ⅰ. 中国外交道路

中国共产党外交100年

苏长和

政党是现代国家政治生活中最为重要的组织。要了解世界政治中各国的内政和外交，就需要对各国政治生活中主要政党进行研究。中国共产党是世界第一大党，拥有9100多万名党员。对于外人来说，了解现代中国，首先需要了解中国共产党，中国共产党是了解现代中国的一把钥匙。对从事外交的中国学者来说，研究、分析、阐释中国外交理论和实践，更需要了解中国共产党与中国现代化国家建设以及对外工作之间的紧密关系。2021年是中国共产党成立一百年，在革命、建设、改革以及新时代中国特色社会主义建设时期，中国共产党在外交外事和对外工作领域积累了丰厚的外交思想、理论和实践资源，是深化中国特色政党外交理论研究，丰富外交学理论以及构建中国特色大国外交理论的重要学理源泉。

关于中国共产党与中国外交理论研究，我认为有以下一些重要议题需要深入研究，不是很成熟，请教海内外各位专家。

I. 宪法和党章

宪法是中国国家根本大法，党章是每一个中国共产党党员根本遵循。中华人民共和国成立以来，从《共同纲领》到后面的宪法，里面均有关于中国对外工作的基本原则和立场。建党以来，中国共产党党章也经过多次修订，党章中有很多内容体现了中国共产党一以贯之以及不同时期关于对外工作的指导思想、基本原则和立场。人们研究世界上其他国家的外交，一般比较重视其宪法中的外交思想和原则，政党的党章党纲没有其宪法的意义大。但是如果研究中国外交思想和原则源流，除了要重视中华人民共和国宪法中的外交思想和原则之外，还需要重视将宪法和党章紧密结合在一起，否则，就是不完整和不全面的。之所以如此，这是由中国共产党的领导地位以及中国的政治制度决定的。党章和宪法在关于中国对外工作基本原则、指导思想、立场等方面的许多论述是一致和相通的，例如独立自主的外交，党的十八大以来，像"人类命运共同体"外交思想理念，均写入到新修订的宪法和党章中。中国共产党在中国处于长期领导和执政地位，中国共产党的世界观、价值观、执政观等，必然深刻地体现在宪法之中。我们研究其他竞争性多党政治国家的外交思想，一般只要从其宪法入手就可以，但是，要完整地研究中国外交思想源流及其发展，就需要将中国共产党的党章和中华人民共和国宪法紧密地结合在一起，这样有助于更全面理解中国外交思想的根基以及脉络。

II. 中国共产党的对外工作：革命时期

发展中国家不少政党在领导民族解放或者革命过程中，在思想、理论、组织和实践上，很少有为解放和革命后政权建设进行系统谋划和准备。同世界上很多政党不同，中国共产党在领导人民进行新民主主义革命、争取民族解放和独立、建立新中国前夕，在革命阶段就很重视政权和组织建设，包括外事组织建设和对外工作。在苏区、延安、根据地建设中，中国共产党就一直重视对外工作方面的机构和人才储备工作，从而为后来执政积累了宝贵的外交经验，造就了一批外事领导干部和骨干力量，为在夺取政权以后迅速开展外交工作做好了准备。这一点，显示了中国共产党的长远目标。同时，也与中国共产党从共产国际教训中获得的启发分不开的。国际共产主义运动一度受到社会党的影响，主张议会斗争，从而削弱了无产阶级政党在获得政权以后必须长期执政的坚定性，将自身只是限制议会政治中活动，忽略了政党自身为了长久执政必须具备的全方位能力建设。因此，中国共产党从成立到1949年取得革命的胜利，就一直为建政以后的政权建设作全面的准备。如果对比战后世界上不少发展中国家政党的斗争历程，他们在革命后政权建设这个方面相比起来措手不及，因而执政后根基不稳。《中国共产党的90年》一书中这样描述革命阶段党的外交："中国共产党坚持独立自主的方针，逐步学会了运用马克思主义的立场观点方法认识和处理对外关系和对外工作问题，初步积累了这方面的经验。"[1] 所以，百年来中国共产党的外交和对外工作，不仅要重视建国后至今的外交和对外工作，还应该要重视1921-1949年这段时期党的对外工作。这段时期对外工作过去研究侧重历史描述，其实也要重视这段时期中国共产党的世界观、外交思想、对外工作组织、外交外事人才储备方面的研究。这一点，中国共产党早在革命阶段，就显示出其后来作为一个世界大党所具有的早熟、成熟的一面。

Ⅲ. 中国共产党外交和对外工作：改革开放前和改革开放以来

学术界一度比较流行的看法是，将中华人民共和国建国到改革开放这个阶段的中国外交定义为革命外交，改革开放后是和平发展外交。在英美的中国研究话语里，隐含的含义是"革命外交"是中国外交史中的一个曲折，是一个非常态，改革开放以后的中国外交才回到"正常"。笔者认为，这两个阶段的中国外交是两个不同阶段，但是这两个阶段的外交是不能前后相互否定的，也就是既不能用改革开放后的外交否定改革开放前外交，也不能用改革开放前外交否定改革开放后外交。从百年世界史和百年党史来看，应该结合整个世界历史的大义，能够看出，建国到改革开放，世界大势和大义所向是民族独立、民族解放、去殖民化的正义运动，中国外交当时支持第三世界民族解放和反殖运动，奉行独立与和平共处，主张建设一个新的国际关系，其实就代表着世界大义。当然，从欧美资本主义国家和殖民国家来说，其自然在政治话语中会将中国那个阶段的外交定义为对其霸权体系和殖民体系的一个挑战，从挑战和威胁角度来定义中国这个阶段的外交。到20世纪80年代的时候，殖民体系已经完结，世界上的主权国家体系基本定型，和平与发展成为世界大义，中国及时将对外工作调整到和平与发展上。进入新时代，习近平总书记在党的十八大和十九大报告中，提出构建新型国际关系和推动人类命运共同体建设。所以，结合百年世界史和百年党史来看，两个阶段的中国外交在道义和理念上其实是一致一贯的。如果再结合百年党史看，中国共产党争取和平、解放、独立以及建设和平共处的新的国际关系，其实在各个阶段也是一贯和一致的。从这个逻辑看，中国共产党一直站在世界历史正确的一面，在为世界和平事业而努力。

Ⅳ. 中国共产党与中国特色政党外交

研究中国共产党、中国政党外交、中国特色大国外交, 需要重视在中国制度体系中来认识。过去中国学者的研究一般侧重历史的描述, 但是上升到中国政治学学理层面揭示三者原理、逻辑、道理的不多。同时, 受到英语学术界的偏见, 世界上不少关于中国共产党的研究, 主要还是在英美政治学话语体系下展开, 在各个话语体系下, 中国共产党以及中国当代政治发展由于不合乎英美政治发展道路, 因而总是受到怀疑。现在国际上对中国共产党研究很热, 笔者认为, 对中国特色政党外交理论研究, 需要在中国制度体系以及中国政治学原理角度对这个命题进行阐述。

做好这个研究有几个基础工作, 一个是要了解竞争性政党制度下的政党的外交逻辑; 二是了解中国共产党的领导制度体系、中国制度体系、中国外交制度; 三是将中国特色政党外交中的特殊知识, 用一般的话语进行概括, 从而提升中国政党外交、中国特色大国外交理论对外的传播和接受度。中国共产党是中国一切事业的领导者, 习近平总书记2018年3月曾提出中国党政制度是新型政党制度。

大家知道, 现在世界上不少国家实行的都是竞争性多党政治, 它的一个特征, 就是在一个国家政治生活中, 存在多个政党, 各个政党按照一定的规则, 通过选举轮流上台执政。这种政党制度的优劣不作评判, 但是对一个国家外交最大的影响, 就是由于政党轮替给一个国家外交连续性和确定性产生的干扰, 例如, 今天世界政治中, 人们碰到的一大问题是, 很多国家在竞争性多党政治左右下, 外交政策波动和反复很大, 没有确定性和连贯性, 这是世界性的外交难题。同时, 如果一个国家陷入政党反对政党(party against party)这样的相互否决政治中(mutual veto system), 那么, 该国外交政策就会出现很大的反复性。此弊端, 在英美政治中已经表露无疑。

但是，在中国新型政党政治下，中国共产党是领导党，也是长期执政党；在中国，也有多个民主党派；在中国政治中，多个政党之间并不是竞争性关系，而是合作协商关系。这样，中国共产党领导下的中国外交思想、原则、理念、政策，就具有高度的稳定性、连贯性和确定性；外人同中国打交道，我们给予别人的确定性和连贯性则很强，其根本原因，同我们政党制度和政治制度直接有关。现在世界政治领域一个很大的问题，就是许多全球性问题需要各国合作解决，但是各国之间的合作，很大程度上要取决于国内的一致，如果越来越多的国家，其内部由于竞争性多党政治带来分裂，那么必然影响国际合作的质量。由此看来，人们是有必要反思这种竞争性多党政治对于国际合作和全球治理产生的欠缺。

V. 中国共产党与中国特色大国外交制度

中国共产党与现代中国的一切都紧密联系在一起，外交上也不例外。美国特朗普政府试图利用一些政策将中国共产党与中国人民区别开来、将中国共产党与中华人民共和国区分开来，这是不可能的，说明美国精英对于中国当代政治的理解还不够深入。中国共产党扎根人民(in the people)、来自人民(from the people)、服务人民(for the people)。[2] 研究中国特色大国外交理论，离不开对中国共产党的研究；研究中国外交制度，也需要研究中国共产党的领导制度体系。

外交制度是管理一国对外关系各种制度的总和，也是外交思想和活动得以贯彻和实践的制度保障。外交制度是日益成熟的中国制度体系的组成部分。中国是一个社会主义国家，党中央对外交工作的集中统一领导是改革开放前三十年以及改革开放四十年来中国外交制度的本质特征，也是中国特色大国外交的根本保障。新中国成立后，在发展社会主义国家新型对外关系方面，中国逐步确立独立自主、和平共处的外交制度。改革开放以来，中国同外部世界的互动日益紧密，外交体制机制和职能范围得到延伸和扩大，形成了适应改革开放时代中国与世界关系的一些新体制新机制。特别是党的十八大以来，为了适应中国更加深入地参与全球治理体系改革和建设，国内外交体制机制机构建设在全面深化改革中得到完善，同时对多边国际组织和国际机制建设的重视，也成为新时代中国大国外交体制机制新的内涵。

以党中央的集中统一领导为根本特征的中国外交制度，保证了中国外交在基本理念、主要政策及其执行上的一惯性、稳定性和确定性，这是中国外交取得一切成就的根本制度保障和宝贵的制度经验。中国的外交制度有效避免了一些多党轮流执政国家因为政党轮替而产生的外交政策多变性缺点，也有力避免了议行对立国家经常因为相互否决而对国际合作协议产生的消极性。从世界上各类外交制度的比较来看，中国共产党集中统一下的外交制度具有的高度的连贯性和稳定性特点，从而既保障了中国外交理念和政策得到一以贯之的执行，也为外部世界同中国打交道提供了更多的信心。[3]

VI. 中国共产党探索社会制度对国际关系的意义

习近平总书记在中国共产党成立95周年讲话中提到，"中国共产党人和中国人民完全有信心为人类对更好社会制度的探索提供中国方案。"[4] 此后，中国共产党十九届四中全会审议通过的《中共中央关于坚持和完善中国特色社会主义制度、推进国家治理体系和治理能力现代化若干重大问题的决定》，阐述了中国制度体系的十三个特点。[5]

外交和内政历来不可分。研究中国外交，需要研究中国制度。研究中国制度，当然需要研究中国共产党是如何思考探索更好的社会制度的。世界上没有一种制度是能够适应所有其他国家的，好的制度一定要适应本国的历史和国情，能够提供国内良好的治理，同时，在各国相互来往的今天，好的制度还要能够促进对外关系的发展，与外部世界保持良好的合作关系。中国尊重其他国家基于历史和国情进行的制度选择，但是中国共产党、中国人民、中国知识界也有自己的抱负和信心，就是为人类探索更好的社会制度提供中国方案。[6]

看一个国家的制度和治理体系好不好、对世界有无借鉴意义，有三个标准：一是这套制度和治理体系是否有利于该国稳定和发展，释放和解放生产力，同时以人民为中心让更多人民分享到发展过程中的好处；二是这套制度和治理体系在发展自身的同时不是以侵略、掠夺、牺牲他国独立和发展为代价的；三是这套制度和治理体系在实现自身发展的同时，能够很好地处理同外部世界的和平共处关系，兼顾并带动更多国家实现共同发展。世界如果更多国家的内部制度体系做到以上三点，世界和平、发展、安全就会有更多的内部制度保障。中国的制度探索努力在这几个方面作出榜样。

当今世界正处于百年未有之大变局，国际关系中正在发生着一些具有新的世界历史转折意义的深刻变化，全球治理和各国的国家治理领域正在发生深度的变革和调整，改革、发展、稳定成为世界性潮流。世界治乱共存，国家治理体系的合理性和治理质量，成为各国政治发展和政治建设的核心议题之一。在内政外交领域，不少国家要么在发展道路上陷入迷茫，要么在发展模式上陷入衰落，要么在治国理政和国家治理体系上陷入失效，与此同时，发展道路、治理模式、国际秩序在相互竞争中发展。21世纪的世界政治，将会受到更多国家脆弱的内政的影响。这里可以举出以下几个值得政治学者和国际关系学者重视的几个问题, 它们都和国内制度体系有关。一是全球性问题需要更多的国际合作才能解决, 但是很多国家内部政治和制度的分裂与对抗, 波及到对外关系, 对全球治理和国际合作产生消极影响, 这导致轻率退出国际合作协定成为近年来国际关系中的一个较为普遍现象; 二是在新自由主义政治经济学影响下(主要表现为小政府、弱政府思想), 很多国家的政府质量和能力普遍下降, 进而影响到一国政府在外交和国际合作上的资源和决心; 三是潜在的世界性的政府债务问题。

中国尊重世界各国基于自己历史和国情选择的制度, 中国认为一个好的国际关系应该建立在尊重和承认各国多样制度和道路基础上, 同时各国对更好社会制度的探索, 应该考虑到在一个日益相互依存的世界中, 做到对他国的不害原则。这也是国内制度与国际关系相处的一个最低原则。

VII. 中国共产党处理中国与世界关系的经验

正确处理同外部世界的关系, 既为自身的发展争取和创造了有利的外部环境, 同时也为世界的和平稳定贡献了来自中国的方案和力量, 是了解中国共产党百年党史中对外工作的一个重要内容。

一个政党、一个国家, 都应该对世界历史趋势有个基本判断。一个政党、一个国家, 只要站在世界历史趋势这一边、站在最大多数人民这一边, 一般就不会犯大的错误; 反之, 遭受灭顶之灾的都不乏有之。前有日本、德国, 其强大以后走上对外扩张道路, 最后险遭灭顶之灾; 后有苏联, 苏共最后走上人民的对立面, 出现亡党亡国的教训。

在中国共产党百年历史中, 非常重视处理同外部世界的关系。这个总的历史脉络是倡导独立自主前提下同外部世界发展和平共处、合作共赢的关系。大国关系走向和实行对抗，是历史上国际关系教训所在。新中国成立以来，中国被卷入到冷战之中，但是中国是大国中率先走出冷战对抗政治的国家，从冷战阵营对抗政治转向开展全方位外交。在国际舞台上，中国不以意识形态、集团政治和阵营政治为标准来划线，发展同政治制度各异、发展阶段不同国家全方位、多层次、宽领域的外交关系。结盟对抗不是出路，大国走合作协商才是正道。党的十八以来，进一步提出对话而不对抗、结伴而不结盟的新型国际关系理念。在当今世界中，一些国家仍然以意识形态和所谓的价值观对世界各国进行分门别类。国际关系中各国都是多样的，好的国际关系一定建立在尊重各国差异基础上。如果强求各国变成一致，那样国际关系必然产生动荡和混乱。

世界上有的国家受到英美舆论的影响，对中国共产党可能抱有一些陈见。近年来，有一种观点认为随着中国的崛起，中国会将自己的意识形态和政治制度向国外进行输出。作为一个理论上成熟的大党，中国共产党反复强调不输入别国发展模式，也不输出本国发展模式。中国古代有一句话，是"道并行而不悖"。"道"是什么呢？"道"是价值观、政治制度。世界上价值观、意识形态、政治制度差异是国际关系的基本常态，要处理好外部世界的关系，将自己的价值观、意识形态、政治制度强加别人是不合适的，反过来，自己主动去输出最终没有不失败的。一个更好的世界，只要各国、各个政党恪守相互尊重、共同发展这一点，人类就能够向更好的秩序迈进。

世界是由0和1构成的，用东方哲学语言来讲，就是由阴和阳构成的。每个国家都面临着如何处理与外部世界的关系问题。人类过去的国际政治文化，主要受对立冲突文化影响大，冷战秩序、文明－野蛮两分的秩序等等，都是对抗式的秩序。一个更好的秩序，0和1是可以组合的，阴和阳是可以共生的，这是东方人看待世界秩序的一种重要方式。一个国家如果与外部世界处于对抗之中，显然不利于这个国家发展；只有与外部世界和合共生中，才能拓展自己的发展格局。这也是中国共产党领导下的中国外交处理与外部世界关系的一个重要经验。[7]

Ⅷ. 中国共产党外交工作与公道思想

中国共产党有自己一以贯之的外交价值观。中国共产党的政治话语中, 有八个字给人印象最深, 就是党章中提到的"立党为公, 执政为民"。在党的一百年中, 在党与外部世界打交道的一百年过程中, "公道"也许是最能概括中国共产党对外工作理念的一个词汇。"公道"其实也是中国外交的一个基本价值观。

政党在英语词汇中, party 这个词去掉y,是"部分"的意思, 在西方政治生活中, 政党由于只是特殊群体或者利益集团的代言者, 其很难做到公正、公道。这种类型的政党偏向一边的时候, 在理念、政策包括外交上必然狭隘化, 有时甚至极端化。中国共产党显然不是这种类型的政党!中国共产党的立党和执政, 有"为民"和"为公"两句话。在对外工作中, 重视按照事物的是非曲直和世界道义作出自己独立的判断, 进而制定外交政策。党章中有"按照独立自主、完全平等、互相尊重、互不干涉内部事务的原则, 发展我党同各国共产党和其他政党的关系"一段话, 本身是公道思想的体现。1956年, 毛泽东在提到判断是否干涉内政的几个标准, 其中一个是"纯粹属于内政范围的事, 如民族之间或党派之间的斗争, 如果外国介入, 就是干涉内政。"[8] 有的国家, 喜好利用别国内部政党矛盾干涉、分化别国, 这些都是旧国际关系或者当代国际关系以及政党关系中经常出现的现象。要建立一个更好的、新型的国际关系, 各国政党显然需要有更强的外交约束, 避免利用别国内部政党政治干涉别国内政。总之, 一个国家、一个政党, 只要恪守和奉行公道, 就会汇聚到世界历史发展的正确一边, 有利于新型国际关系的构建。

21世纪的世界, 迫切需要公道的价值观来正之。冷战的教训, 就是世界分裂为两大对抗性阵营, 世界上许多中小国家被迫在两大阵营中选边站队, 虽然那时候有不结盟运动, 但是并没有成为基本国际规范。看今天的世界, 霸道的东西太多, 公道的东西太少, 世界缺的就是公道的价值观。英美国际关系理论喜欢讲规则, 但是东方民族更重视公道, 重视办事情讲公道, 公道是比规则更高的一种国际规范。好的国际秩序, 公道是第一伦理规范, 有了公道的伦理规范, 才有公正的规则为基础的国际秩序。仅仅讲规则而不讲公道, 规则就只是程序层面的。国际政治经济中有了那么多规则, 但是还是不能保护中小国家、发展中国家、弱国的安全与发展。原因在于基于公道的规则少了。

IX. 中国道路的意义

成均中国研究所李熙玉教授在中国共产党成立一百年之际, 倡议的中国道路研究项目, 力图客观、理性地介绍中国共产党、中国道路、中国外交。我积极支持这个倡议。作为本文的最后一部分, 我还想从学理上提出一个值得研究的问题, 就是中国共产党开创的中国道路, 对我们理解人类发展及其未来的启示和意义。

我们东方人, 都明白"己所不欲, 勿施于人"这句话; 我们东方人, 都深晓"自己好, 也让别人好""不害"这样的生存哲学; 我们东方人, 绝大部分民族都相信自强不息的道理。中国共产党是一个马克思主义政党, 但是中国共产党也是一个一直致力于将马克思主义中国化的政党, 马克思主义基本原理同中国优秀传统文化逐步紧密地融合在一起。

我经常同欧美学者对话, 谈到中国道路背后的政治经济学。为了让对方明白, 我一般都会问讲几个事实和问题, 就是在中国共产党领导下, 一个东方大国、人口占世界五分之一、近代以来积贫积弱的国家，现在基本实现了现代化，人民生活安定。在人类近五百年历史中，没有一个规模如此大的国家，是以和平发展的方式完成现代化的。这个国家没有对外侵略和扩展、没有对外殖民和掠夺资源、没有对外输出贫困和动乱。那么，这个国家是如何做到这一点的？其背后的制度、文化因素是什么？在我阅读的著作中，还没有著作能够将这个道理，上升到政治学、经济学原理上讲清楚的。如果再追问一下，如果世界上后来的大国，都模仿以前的殖民国家，走对外扩展侵略和殖民掠夺的发展道路，那么国际关系必然是更多的战争和悲剧。或者换句话说，如果中国共产党领导的中国，走过去一些大国对外扩展侵略和殖民掠夺的发展道路，那么，这对东亚和世界都是一个悲剧。但是，中国共产党有自己的价值观、世界观、发展观，它没有选择这样一条道路，而是努力开创一条和平发展、合作共赢的新道路，这对东亚是幸事，对世界也是福事。如果世界上更多的国家选择走和平发展、合作共赢的道路，相信一个新型国际关系和新的世界秩序的到来，就是不远的。

包括中国和韩国在内的我们东方人，在百年未有之大变局时期，是能够用我们的哲学和智慧，为人类政治前途作出贡献的。

注

1 中共中央党史研究室,《中国共产党的90年(第一卷)》,中央党史出版社和党建读物出版社, 2016, p.244.

2 "人民"这个概念在中国政治理论中, 是一个具有主权性的、完整的、不可分割的概念, 在中国政治中, 中国共产党代表着全体人民和全民族利益, 全国人民代表大会以及中国共产党领导的多党合作和政治协商制度, 虽有界别、小组之分, 但是人民的整体性概念并没有因界别而分割。这一点和代议制政治是不同的, 代议制政治下, 人民的整体性概念被政党和利益集团政治分割了。为此, 中国学界在批判洛克代议制政府论基础上, 思考新的政府理论, 参考苏长和,〈疫情使人们反思什么才是好的政府〉,《北京日报》2020年5月25日; 苏长和,〈实现更好的全球治理需要新的政府理论〉,《北京日报》2020年8月17日.

3 苏长和,〈中国大国外交的政治学理论基础〉,《世界经济与政治》第8期(2019).

4 习近平,〈在中国共产党成立95周年大会上的讲话〉,《人民日报》2016年7月4日..

5 〈中共中央关于坚持和完善中国特色社会主义制度 推进国家治理体系和治理能力现代化若干重大问题的决定〉,《人民日报》2019年11月6日.

6 近年来, 中国政治学界和国际关系学界出现了强烈的学术自觉运动, 就是在反思英美社会科学基础上, 推动构建中国政治学和国际关系的知识体系。复旦大学政治学近年来在中国政治学知识体系构建上走在中国学术界的前列, 代表性学者有陈明明、陈志敏、苏长和、刘建军、郭定平、李瑞昌、陈周旺、潘忠岐、任晓等等。

7 关于中国大国外交的文化和制度基础, 苏长和,〈从关系到共生——中国大国外交的文化和制度阐释〉,《世界经济与政治》第1期(2016).

8 中共中央文献研究室(编),《毛泽东年谱(第5卷)》,中央文献出版社, 2013, pp.321−323.

中国式国际关系

李熙玉

I. 基辛格秩序的瓦解

新中国成立后, 在冷战格局下, 中国一面批判无产阶级国际主义、苏联修正主义, 一面标榜"三个世界划分论", 但外交风格大致展现出以"互相尊重主权和领土完整、互不侵犯、互不干涉内政、平等互利、和平共处"为基础的孤立主义特征。自1978年设立经济特区以来, 在吸引外资、推进改革开放的过程中, 中国始终坚持韬光养晦的防御性现实主义路线。2003年, 中国提出"和平崛起论", 以此来强调"和平", 而美国为首的西方国家却更为关注"崛起", 并针锋相对地抛出"中国威胁论"。因此, 从2004年开始, 中国开始强调"和平发展论", 这种变化是基于对现实的认识, 即中国国力仍存在差距。2008年, 中国在金融危机中目睹了美国资本主义的矛盾, 对于自身体制的自信心倍增, 由此出现了有关替代现有国际秩序的新方案的讨论。在此过程中, 中国不断批判美国的单极霸权体制, 并接连提出了国际关系民主化、新型大国关系、新型国际关系、人类命运共同体等象征多极化的外交话语。

自近代中国打开国门之后，美国一直梦想将中国基督教化、自由化、民主化、西方化。所谓20世纪70年代基辛格秩序[1]的诞生也是基于"敌人的敌人就是朋友"的逻辑，虽这一秩序是出于牵制苏联的战略构想，但也蕴含借"中国不安全，世界就不安全"之名，将中国纳入自由主义国际秩序以此塑造合作性中国(cooperative China)的深谋远虑。实际上，基辛格秩序为稳定中美关系、管控地区矛盾做出了重要贡献，中国也在联合国等国际舞台上扮演了负责任的利益相关方(stakeholder)角色。

然而中国已发展为世界第二经济大国，在国际事务中的话语权日益增强，并通过实施"一带一路"战略推进中国式的全球化。而且5G、人工智能、大数据、量子计算机、物联网等游戏规则改变者(game-changer)登场后，中国开始准备了未来的战略竞争。在此背景下，美国开始炒作"中国威胁论"、"中国恐惧(China scare)"，[2] 抨击中国外交的积极性(assertiveness)和进攻性，并放弃已有的包容性接触策略，转而采取了竞争性接触策略。中美战略竞争战线也延伸至贸易、技术、货币、价值、制度等多个领域，美国为实现效果最大化(efficiency maximizing)，甚至还试图与自己设计的全球价值链脱钩[3]，加剧了中美竞争的局面。

如此看来，中美关系并非是由贸易摩擦和新冠疫情引发的事件(accident)层面的矛盾，而是局面(phase)和结构层面矛盾，因此中美之间的较量很有可能在不特定时间里反复出现。当然，中国并没有放弃"发展中的大国"这一身份认同，在承认综合国力存在差距的情况下，对于美国的攻势和指责游戏(blame game)，中国适当地运用顺应和适应策略，而在涉及到中国存在方式和发展权等核心利益问题时，中国会采取"强对强"的方式予以应对，并试图通过强国改革主义(greatpower reformism)开展话语权竞争。当然，不排除中美在气候变化、核问题、公共卫生危机等全球问题上开展合作的可能性，但从目前情况来看，比起

"合作中的矛盾"，出现"矛盾中的合作"的可能性更大。这样的中美关系不仅对国际秩序，而且对中国的"周边"地区和韩半岛也产生了深远影响。

II. 中美关系的新形态

随着中美关系发生质的变化，出现了修昔底德陷阱、金德伯格陷阱、塔西佗陷阱、中等收入陷阱等多种讨论。[4] 甚至有部分人认为中美矛盾可能会引发过去基于意识形态和阵营的经济体制，以及基于军备竞赛的新冷战。[5] 这意味着中美两国不再能够有效管理全球热点问题、向国际社会提供国际公共产品。最重要的是，美国对华政策已转变为战略竞争(strategic competition)。[6] 这种转变侧面反映了美国的重新认识，即在中国发展成霸权威权主义(hegemonic authoritarianism)，做着超越美国成为全球领导者的'中国梦'时，美国却一直对中国抱着无谓的期待。拜登政府借助美国国内对华的这种负面舆论，加快了将战略竞争策略反映到对华政策的速度，其幅度也在扩大。

一直以来，美国把对华政策焦点放在弱化中国社会主义体制上。2001年美国支持中国加入世界贸易组织也是出于此种考虑。然而，9·11恐怖袭击事件导致美国不得不将所有力量投入到中东战场，从而失去了牵制中国的机会。此后，为了牵制中国的崛起，美国再次推出了"重返亚洲"和"亚洲再均衡"政策，但由于2008年美国金融危机，政策重点转移到恢复国内经济和稳定金融市场，再次失去了牵制中国的时机。相反，中国利用美国的领导力空白期，通过消极开放和积极扶持经济政策，实现了高速增长，扩大了国际影响力。因此，美国断定如若此时(now and here)不能阻止中国的扩张，将难以维持既有霸权，于是展开了全方位的攻势。美国通过故意渲染中国威胁论、中国危险论、中国恐怖论，欲塑造"民主主义对威权主义"结构，开展美国式的阵营外交。虽然拜登政府上台之时，批评了特朗普政府的政策失败，却大体上接受了其对华的认识以及政策基调。从实际情况来看，拜登政府继承了特朗普政府推进的印度－太平洋战略和通过报复性关税对华施压的政策。

中国也认为，随着由权力分布变化导致的结构性矛盾不断深化、价值与相互认识差异的扩大、政策推进过程中产生的摩擦增多，今后中美战略竞争有可能会演变为冲突。虽然中国强调"中美关系的关键是合作"，而从中长期来看，出现以合作为主的双边关系的可能性较小。因此，现在中国致力于加强"共产党统治国家的原则"和社会主义路线，扩大以内需为中心的增长基础，同时积极对外传播新型国际关系理念等，准备在话语体系和政策上同美国打持久战。[7]

随着"价值距离"的扩大，中美矛盾逐渐演变为围绕文明论的争论。2017年7月，特朗普总统在波兰华沙发表演讲时，强调"捍卫我们的文明"。这类主张体现的不是开放的世界主义共同体，而是维护白人基督教徒遗产的历史共同体，即拥护封闭的西方文明。美国高官甚至主张："如果说美苏冲突是西方文明内部的斗争，那么与中国的冲突将是从未经历过的完全不同文明之间的斗争。"[8]拜登政府也强调要积极阻止社会主义中国统治世界。中国也在以不同的方式积极提出文明论。2019年习近平主席在第一届亚洲文明对话的讲话中提到，"人类只有肤色语言之别，文明只有姹紫嫣红之别，但绝无高低优劣之分……应该秉持平等和尊重，摒弃傲慢和偏见，推动不同文明交流对话、和谐共生。"这一说法植根于文明和解论和文化相对主义，但也可理解为克服鸦片战争以后"受伤的民族主义(wounded nationalism)"，通过对传统思想、天下体系、朝贡体制的现代性解释建构中国式秩序。

如上所述，在贸易、货币、价值链、制度、文明、价值等问题上，美国要求从根本上转变对华视角，并且领导人的"感情外交(sensibility in diplomacy)"也正在显现。这种趋势会随着中国的顺应、适应、应对程度的不同而呈现多种矛盾状态。当前有关中国如何应对中美竞争，存在不同的声音，主要包括主要括强调力量的现实主义、强调与美国合作必要性的自由主义和全球化论、探索独立发展道路的中国中心主义论。由此看来，如果在未来标准竞争中美国面临危机的话，目前的脱钩趋势可能会不断强化。[9] 因为未来技术将成为改变美国存在方式的"游戏改变者"。实际上，美国集中制裁在未来产业的中枢−第五代通信设备领域拥有领先技术的华为公司，并调整半导体供给网也可以看作是其应对之一环。

Ⅲ. 中国式国际关系与区域外交

2009年美国提出的亚洲再平衡政策有着多重战略考量。首先，为了克服政府财政危机、高失业率、房地产市场停滞等常年累积的经济问题，试图在世界最大的市场亚洲恢复竞争力，增加国内就业岗位。美国要求中国人民币升值、指责中国从事不公正贸易，并借机施压也是出于这一逻辑。另外，美国还打算从中东撤走美军，缩减国防预算，确保重返亚洲的基础，同时引进动态(dynamic)防卫力量概念，重建由美国主导的地区同盟体系。2012年《国防战略指南(defense strategic guidance)》强调，为了维持全球领导力，将21世纪的国防优先顺序放在亚太地区再均衡上。2014年《防务评估报告(QDR)》放弃"执行两个战争"的概念，要求同盟发挥更多的作用和贡献。在2015年《国家安全战略报告》中，再次确认了这样的政策基调，特别是敦促中国在海洋争议、贸易、人权等领域遵守国际标准和规范，同时阻止中国军队的现代化及扩张势力。在2017年发布的《国家安全战略(National Security Strategy)》中，将中国视为违背美国价值和利益的修正主义国家、战略竞争者等，强化了对华威胁意识。为了对抗中国，美国将"自由开放的印度太平战略"具体付诸实践, 并于2019年退出《中程核力量协定(INF)》, 公开宣布要在亚洲地区部署中程核导弹。[10] 2021年拜登政府发布《国家安全战略临时指南》, 将中国视为唯一的战略竞争者, 强调为应对中国挑战, 应将连接起印度太平洋、欧洲、西半球视作生死攸关的国家利益。[11]

为此, 美国正在将过去以规范中心战略转变为军事安全战略。特朗普政府为具体实施印度−太平洋构想, 建立了美、日、印、澳参与的"四方安全对话(Quad)"机制。拜登政府也继承这一机制, 举办了第一次四方安全对话峰会。美国对华的牵制战线正扩大至同盟和民主主义国家, 同时合作的范围和水平也超越了军事安全, 延伸至军事科学技术等领域。在安全对话峰会结束后, 四国领导人在《华盛顿邮报》上发表联合署名文章, 强调了"由志同道合伙伴组建的灵活四边安全对话", 并为了减少反华阵营的负担, 强调其开放性, 但牵制包括"一带一路"倡议在内的中国对外扩张的战略目标非常明确。

贯穿美国对华战略的逻辑是推迟或阻止中美势力转移。总而言之, 第一, 扩大美国在印度太平洋地区的军事介入能力。第二, 为了克服美国国内的经济危机, 扩大对亚太地区经济秩序的影响力。第三, 强化与印度太平洋地区国家的沟通, 加强同盟体系网络化, 唤起美国的存在感。这样做是不容许中国挑战基于规则的国际秩序(rule−based international order), 是一种美国例外主义(American exceptionalism)的表现, 即"不能让像中国这样的国家使用国际经济秩序的规"。[12]

另一方面, 为了实现可持续崛起, 中国一直强调坚持"不当头"、"不谋求霸权"。然而随着中国国力的增强, 自信心逐渐提升, 中美关系格局(plate)发生改变, 中国看待国际秩序的认识也在逐渐发生变化。这首先表现在中国对其"周边"的东亚地区的积极政策上, 强调"和平发展始于亚洲、依托亚洲、造福亚洲"的原因出于此种逻辑。[13] 这种"周边"的问题意识可以追溯到1989年举行的第十三届四中全会, 会上强调睦推动邻友好政策, 营造和平的环境就是中国外交的最重要的任务。[14] 而更加具体化行动则始于习近平上任伊始在2013年召开的"周边外交工作会议",此次会议强调周边外交的基本方针就是"坚持与邻为善、以邻为伴,坚持睦邻、安邻、富邻",谋求利益的共同点和交汇点,坚持正确义利观,有原则、讲情谊、讲道义,突出体现亲、诚、惠、容的理念,奉行多边主义,反对孤立主义。对周边地区的认识重构具有多重目的,一方面是为了调整独自应对经济合作和安全威胁的传统方式,另一方面则是应对区域内竞争者日本主导的东亚地区主义,抵消美国的区域影响力,确保迈向世界的桥头堡。

为此,中国成立了由本国主导的亚洲基础设施投资银行(AIIB)、上海合作组织(SCO)、区域内全面经济伙伴协定(RCEP)等多个经济合作体,并表明会考虑加入全面的、渐进的环太平洋经济伙伴协定(CPTPP)等西方国家主导的新多边主义机制的意愿。特别是倡导通过"一带一路"倡议实现沿线国家的共同繁荣等,探索在本国"周边"实现中国式世界化(Sinic-globalization)的可能性。实际上,在后疫情时代,为了讨论超越国界的非传统安全问题,中国已向国际社会提出打造健康丝绸之路等多个议题。

与此同时,中国开始积极传播自己的外交话语。结合现有的大国外交、周边国家外交、发展中国家外交、经济外交、主办国外交等路线,提出了构建"不冲突、不对抗、相互尊重、合作共赢"的新型大国关系,在2012年举行的中国共产党第十八次代表大会上,将核心利益范围扩大为"主权、稳定、领土、发展",新型大国关系扩大为与其他强国的关系,并正式确立了建设海洋强国的方针。[15] 在2017年举办的中国共产党第十九次代表大会上,中国提出构建新型国际关系,塑造了中国式国际秩序。当然,凭借目前的国力,中国在全球层面打破现有的国际秩序的力量和意志是有限的。但是,中国在扩大对"周边"的影响力的同时,至少在地区层面通过"认同性外交(diplomacy of identity)"走上了强国化的道路。尤其是在共产党统治体制下,政治上的沉没成本较低,中国可以通过军民融合的技术结合、活用大数据, 不再顺应美国的国际秩序, 而是在现有秩序之外成立新的组织和机构, 消减美国在亚太地区单方面的存在感。[16] 而且尽管美国矢口否认, 中国已把四方安全对话机制体视为"亚洲版NATO", 并积极加强与传统友邦的团结、扩大友好国家范围、开展多边外交、选择性地说服欧盟国家、笼络美国同盟中的"软肋"等多重地区战略。

另一方面, 在地区层面, 南海问题等正成为中美战略竞争的断层线(fault line), 中国强调"南海 诸岛是中国的固有领土, 坚决维护各国依国际法在南海享有的航行自由 , 假借道义之名, 到处行使武力和威胁的是美国, 而不是中国。在主权争议地区, 中国没有一处油田", 以此来反驳美国。在解决地区争端中, 中国倾向于通过国家之间的平等协商, 偏好构建弱化美国地区影响力的机制, 开展包括人工岛基地建设在内的军事外交。

总而言之, 过去中美两国都倾向于维持"现状(status quo)", 并保持了战略克制, 形成了互利互惠的"相互接受(mutual acceptance)"。中国也没有讨论替代美国霸权的超级大国论、G—2论等, 而是试图在美国主导的国际秩序内确保自身利益。美国也尊重中国对核心利益的合理担忧, 尽量避免牵连进同盟国与中国领土争端, 在一定程度上稳定与中国和周边国家的紧张关系。但是, 在中美关系的合作时代已经落幕, 并进入竞争时代, 但在中国"周边"—亚洲地区, 仍然没有出现具有约束力的多边主义机制, 反而矛盾有进一步加深的危险。

IV. 非合作均衡(Nash equilibrium)的出现与局限

美国国内看待中美竞争的视角包括民主党内进步派的摆脱霸权论、奥巴马政府的传统干预论、战略竞争论以及主张体制转换的全面对决论。但从短期来看, 无论拜登政府推出的外交修辞如何，从体制竞争存在局限性这一点来看，战略竞争论仍占主流。具体指经济和技术领域的竞争、全球问题上的合作、军事和理念领域的敌对等三个部分。

针对如何应对美国的攻势，中国内部存在不同的声音。第一，强硬论，即由于中美战略竞争将全方位激化，所以需要根本性的战略应对；第二，慎重论，即无论拜登政府意志如何，实际联合同盟的对华政策难以取得成果；第三，准备论，即面对美国的挑战，需要技术自主化等在内部进行准备；第四，自省论，即在"即便美国敲打中国，也没有同情中国的国家"的情况下，应该强化面向周边地区的魅力攻势(charm offensive)。 当前，习近平政府一方面坚持慎重论的同时，在中国体制、理念、发展权等问题上采取着强硬态度。在2021年3月举办的中美高层战略会晤中，中国态度强硬，强调"美国立场不代表国际社会的立场，美国没资格讨论人权，放弃动辄干涉中国内政的霸权行径"。

中美两国可以看作是缺乏战略互信、有背叛可能性的假朋友关系(superficial friend)。由此来看，随着"价值的距离"扩大，两个数字平台的封闭化趋势加强等，中美关系出现了"非合作均衡(Nash equilibrium)"态势，但战略竞争很难演变为零和博弈。首先，在新冠肺炎大流行之后，中国经济呈现快速的恢复(resilience)，美国虽然可以部分推迟霸权衰退，但很难完全复原，所谓的动员"同盟"的策略也恰恰证明了美国难以"独当一面"的现实。其二，虽然美国所说的"权威主义和独裁体制是对世界的威胁"的主张或许会有很多国家认同，但各个国家对中国的威胁和对国家利益的认识存在差异，而且美国也难以向参与对华牵制的国家提供具体的同盟利益(club goods)。[17] 其三，美国即使是为了在气候变化、核不扩散、全球卫生安全、军备缩减等领域推进实用性和成果指向性(result oriented)政策，还是需要中国的合作。其四，拜登的支持基础是在与中国的贸易和投资中保持顺差的硅谷，从这一点来看，中美战略竞争的长期化对于贯彻面向中产阶级的外交政策也是一种负担。其五, 与1985年被迫签署广场协议的日本不同, 中国在安全上不依赖美国, 因此美国难以有效地使用安保杠杆(security leverage)。而且为了屈服中国领导层政治意志和民众的爱国主义, 美国也不得不付出一定的代价和承受痛苦, 在这个过程中, 其自身领导力也会遭受损失。其六, 虽然美国以经济安全是国家安全为由合理化当前的中美矛盾, 但国际贸易本身是非零和(non zero-sum)游戏。虽然目前国际经济秩序侵害了美国的利益, 但征收报复性关税会以另一种方式给美国带来损失, 因此是自我毁灭的做法。[18]

实际上, 中国正在加快构建以国内大循环为主体、国内国际双循环相互促进的新发展格局, 同时准备确保安全和产业所需的核心技术自主化, 构建自主供应链。因为如果中国市场失去作为最终消费品的吸引力, 不仅难以承受美国和同盟国联合的总攻势, 而且在今后的中美战略竞争中也只能拱手让出主导权。特别是随着美国的对华政策侵害中国核心利益的主张得到支持, 中国也在谋求新的变化。也正是处于此种逻辑, 部分人认为在西方国家的衰退和非西方国家崛起的情况下, 中国应摒弃不结盟主义, 构建新型国际关系。[19] 而作为千禧年一代的青年, 他们的民族自豪感(national pride)日益高涨, 国家主义、爱国主义情绪不断强化。实际上, 随着中国与国际社会的接触, 原有的规范(norm)、战略文化、认同性有可能软化(softening), 但如果美国实行竞争性接触策略, 原有的民族主义将会更为高涨, 战略文化和规范也会硬化(hardening)。[20]

考虑到拥核状态下的恐怖平衡、武器化的相互依存(weaponised interdependence)、人员交流的规模和开放性等因素, 像过去立足于封闭性阵营理论的冷战型两极体制背景下的意识形态分化、全球价值链体系阵营化、军备竞赛等将难以再现。由此看来, 如果矛盾引发的负担不断累积, 中美两国可能会在重申合作重要性的同时, 将"冷和平"或"缓和"设定为现实目标。

V. 中美关系与韩国的政策选择

拜登政府的价值外交带有体制竞争性质，如此一来，韩国外交的战略模糊空间变小，围绕新的政策方向出现了各种讨论。首先是搭便车论，这种主张认为应该先发制人地明确韩国外交的价值，并承受来自中国的限制性损害(limited damage)。这种主张认为，越是加强韩美同盟，中国就越会关注韩国的战略价值。其根据安全依赖美国的现实、制度和标准的亲和性、趋于竞争的中韩经济结构等。具体提出了加强韩美同盟、加入四国安全合作机制、减少，复旦大学国际关系与公共事务学院院长 对华的贸易依存度、降低韩中关系地位的方案。与此不同的是现实论，现实论主张应该最大限度地分离中美关系和韩半岛问题，缓和区域内的阵营格局，通过多边主义分散危险，确保韩半岛问题的中心性(centrality)。韩国外交只能在这种政策空间范围内实事求是地寻找出路。

第一，价值外交问题。韩国应释放尊重民主、人权、市场经济、自由贸易、多边主义的国家认同感的信号。但事实上，难以把在地缘政治、地缘经济、地缘文化上建立紧密关系的韩中关系的核心问题还原为价值和同盟。从现实来看，考虑到在韩半岛和平管控上中国作用论的必要性、没有替代市场的情况下脱中国化的危险、韩中之间的交易和投资规模，难以低估搭便车的危险。因此，有必要区分主权和价值问题，应与同类国家一起积极利用多边主义，根据不同问题有选择地表示支持和反对，并结合公开和非公开方式。

第二，参与新地区秩序重构的程度和范围。中美两国围绕地区的战略竞争将以多种方式展开的可能性较大，在这种情况下，韩国一方面要谋求参与所有开放性多边合作的"扩大均衡(extended equilibrium)"，另一方面要慎重考虑是否参加自然排除其他国家的合作体。因此，根据印太构想是军事战略，还是追求普遍价值和地区合作，韩国选择范围和强度也会有所不同。而且，对于中国的"一带一路"倡议, 韩国有签订谅解备忘录(MOU)、进军第三国、共同合作项目等多种选择, 是否参与经济繁荣构想(EPN)的问题也会根据其是世界贸易组织(WTO)等多边体制方式, 还是新北美自由贸易协定(USMCA)等排他方式, 政策选择也会有所不同。

第三, 脱中国化和减少对华依赖的问题。韩国对华的贸易依存度为25%, 高于对美和对日贸易量的总和。关键是, 如果不能在最大的市场中国进行创新和生存, 就难以成长为全球性企业。更何况, 美国一方面要求韩国的"回岸"和"离岸", 但另一方面却很难提供相应的补偿。从根本上来说, 中美之间完全脱钩是不现实的。因此, 考虑到中美关系也会出现合作和矛盾反复的情况, 只能灵活决定参与的范围和方式。

第四、对美国战略资产在韩半岛部署的立场。当前形成的格局是, 美国为了确保战略安全利益, 要求在韩半岛追加部署萨德和部署导弹及核战略资产, 中国则动员各种报复手段阻止这一举动。这样一来, 美国就把同盟的信任视为问题, 而中国也会对韩中之间的"战略合作伙伴关系"提出疑义。因此, 应该最大限度地分离中美关系和韩半岛问题, 降低韩半岛的安全敏感度, 推动和平的制度化。韩国应将事件分成小块进行组合的"一揽子交易(package deal)"能力可以让韩国不会在中美战略竞争中被迫做出选择, 可以制定能动、灵活的政策。

注

1 Gideon Rachman, "The Asian strategic order is dying," *Financial Times*, Aug 5, 2019.

2 Fareed Zakaria, "The New China Scare: Why America Shouldn't Panic about Its Latest Challenger Essays," *Foreign Affairs* 99(Jan/Feb, 2020).

3 Chad P. Brown and Douglas A. Irwin, "Trump's Assault on the Global Trading System And Why Decoupling From China Will Change Everything," *Foreign Affairs* 98-5 (Sep/Oct, 2019).

4 Yanzhong Huang, "The Four Traps China May Fall Into," *Foreign Affairs*, October 30, 2017, https://www.cfr.org/blog/four-traps-china-may-fall(检索日期:2019年8月6日).

5 Niall Ferguson, "The New Cold War? It's With China, and It Has Already Begun," *New York Times* (Dec. 2, 2019).

6 Larry Diamond and Orville Schell, *China's Influence & American Interests: Promoting Constructive Vigilance* (Hoover Institution, 2018).

7 习近平,〈关于坚持和发展中国特色社会主义的几个问题〉,《求是》第7期, 2019.

8 Paul Musgrave, "John Bolton is warning of a 'Clash of Civilizations' with China," *The Washington Post* (July 18, 2019).

9 Irwin Stelzer, "Don't call it a trade war," *The American Interest*, Aug. 13, 2019.

10 The Department of Defense, *Indo-Pacific Strategy Report: Preparedness, Partnership, and Promoting a Networked Region* (D.C.: The Department of Defense, 2019), pp. 17-18.

11 The White House, "Interim National Security Strategic Guidance," March 03, 2021, https://www.whitehouse.gov/briefing-room/statements-releases/2021/03/03/interim-national-security-strategic-guidance/ (检索日期: 2021.03.19.)

12 Barry Buzan, *The United States and the Great Powers: World Politics in the Twenty-First Century* (Cambridge: Polity Press, 2004), pp. 154-164.

13 新华网,〈习近平亚信峰会主旨演讲〉, http://www.xinhuanet.com/world/2014yxfh/jj.htm(检索日期: 2015.11.07.)

14 习近平,〈习近平在周边外交工作座谈会上发表重要讲话强调:为我国发展争取良好周边环境〉,《人民日报》(2013.10.25.)

15 Suisheng Zhao, "A New Model of Big Power Relations? China−US strategic rivaly and balance of power in the Asia−Pacific," *Journal of Contemporary China* 34−93 (2015), p. 381.

16 John J. Mearsheimer, "Bound to Fail: The Rise and Fall of the Liberal International Order," *International Security* 43−4(Spring 2019).

17 Kurt M. Campbell and Rush Doshi, "The China Challenge Can Help America Avert Decline Why Competition Could Prove Declinists Wrong Again," *Foreign Affairs*, March/April 2021; Kurt M. Campbell and Ely Ratner, "The China Reckoning: How Beijing Defied American Expectations," *Foreign Affairs* 97−2(2018).

18 Chad P. Brown and Douglas A. Irwin, "Trump's Assault on the Global Trading System And Why Decoupling From China Will Change Everything," *Foreign Affairs* 98−5 (Sep−Oct, 2019).

19 성균중국연구소 엮음,《시진핑 사상과 중국의 미래》, 지식공작소, 2019, pp. 197−201.

20 Aeron Friedberg, "The Future of U.S−China Relations: Is Conflict Inevitable?" *International Security* 30−2(2005).

Ⅱ. 中国治理道路

中国特色政治发展与治理

刘建军

中国作为一个大国，具有其独特的政治发展道路。实际上，大国政治发展道路是难以模仿的。就像美国一直在宣称"美国例外主义"一样，抛弃其意识形态的考虑，大国必须要依据自身的历史－社会－文化条件，去探索与本国国情相适应的政治发展道路。中国作为人口大国、领土大国、历史悠久的大国以及区域之间发展极不平衡的大国，要选择什么样的政治发展道路，确实不是一件容易的事情。一般而言，任何一个国家的政治道路，既有其恒定的根基和价值取向，也有动态的调整策略，即在静态和动态之间保持一种平衡。中国也是如此。本章试图在揭示中国政治发展之恒定性一面的同时，也对十八大以来中国政治发展的特点以及未来发展走向作一展望。

I. 十八大以来中国政治发展的特点

十八大以来中国的政治发展进入了以治理为导向的轨道。十八大之前中国经济处于高速发展的时期，很多问题不仅掩盖在经济发展的背后，而且经济发展本身也孕育了很多问题，例如腐败问题、生态问题以及贫富分化问题。所以，十八大之后中国可以说进入了全面治理的时代。尤其是通过"全面从严治党"这个大局，来引领其他治理领域的展开。

理解中国政治发展有其独特的坐标。这一坐标就是由三个维度组合而成的：一是组织化，二是制度化，三是现代化。组织化的背后逻辑是以政党为载体的治理能量的开发和聚合，制度化的背后逻辑是政治秩序的形成与巩固，现代化的背后逻辑是历史使命和价值目标的设定。当代中国依靠组织化结束了孙中山先生所说的"一盘散沙"的社会状态，且拥有了迈向未来的领导力量。我们可以说，如果没有组织化的轴线将纵横两个方面串联整合起来，中国国家建设的政治基础很有可能被各种力量抽干。依靠制度化形成了贯通上下左右的制度体系和程序线路。依靠现代化为中国的政治发展和社会发展注入了前所未有的历史使命和价值指向。值得指出的是，中国政治发展的现代化取向和制度化取向素来是相对成熟的。但现代化程度和制度化程度与组织化程度之间并不存在着正相关关系，有时候反而形成负相关关系。因之可以说，在十八大之前，中国政治发展存在着严重的"组织衰败"的迹象。组织能量、组织人格、组织纪律、组织观念的弱化直接导了致中国共产党全面领导态势的退化和弱化。这就为中国政治发展带来了挑战，甚至为中国现代化大业埋下了危机。

十八大之后，中国共产党领导人习近平审时度势。他在大历史的视野中，在紧迫的现实情境和矛盾压力下，毅然做出了"全面从严治党"的决定。从世界范围内来看，政党政治是现代政治的核心内容和普遍形式。政党的衰朽直接导致政治的衰朽。尤其是对于中国这样的一党执政的国家更是如此。政党危机与国家危机是同构的，是一杯硬币的两面。所以说，十八大以来的中国政治发展，其总体特点就是依靠政党治理带动其他层面的治理，依靠政党组织能量和组织能力的强化来克服长期以后累积下来的各种问题。如果用一句话来概括，十八大以来的中国政治发展就是以政党全面领导为中心的模式。更为关键的是，是依靠政党全面领导来推动中国政治各方面的进步与完善。因为，对于中国来讲，政党是为国家建设与经济发展注入能量、注入灵魂、注入价值的组织纽带。以党组织为核心的组织化是制度化与现代化的灵魂和轴线。

II. 中国特色政治发展的五大基点

1) 社会主义：从"单位社会主义"到"社区社会主义"

中国政治发展的价值基点在于社会主义。中国选择社会主义道路是由历史传统、现实要求、人民意愿以及领导层的战略抉择、特定的国际环境等多重要素决定的。社会主义作为一种意识形态能够与中国社会相结合，社会主义作为一种体制能够与中国现代国家的建设和现代化模式相结合，社会主义作为一种文化精神能够与中国传统文化基因相融合，一定是有难以窥探的深层次原因。就像"美国为什么没有社会主义"这一命题的魅力如此经久不衰一样，为什么中国一定要实行社会主义，也是一个有着无穷吸引力的重大命题。中国共产党的几代领导人都意识到这个问题，如果中国的发展脱离了社会主义道路，如果中国的发展导致了两极分化，那么，中国作为一个国家的整体性危机可能就要降临了。

社会主义体制是一个综合性的概念。就像雅诺什·科尔奈(János Kornai)所说的："采用'制度范式'的研究者把体制(制度)看成一个整体，强调部分与整体的关系。社会主义体制作为一种整体性制度安排，包括政治架构、意识形态、严格意义上的经济和对经济的监督管理、体制内部的信息流动、典型的社会关系以及由政治-社会-经济环境塑造的典型行为特征。"[1]

从宏观上来看，社会主义是一种旨在通过国家超越资本力量、实现资源回归社会的整体性制度安排。从微观上来看，社会主义体制是与每个人的生活高度关联的制度设计，其要旨在于实现平等的、共享的生活政治状态。基于此，我们发现计划经济时代的社会主义体制实际上是通过"单位社会主义"体现出来的。社会主义体制作为一种整体性的制度安排，如何与一个个具体的人发生关系呢？如何面对一个个活生生的人呢？这是一个非常关键的问题。因为它不同于资本主义，会把一个个人驱赶到市场中去，把每个人的生命还原为市场化空间中的利益主体和交易主体，把个人的社会地位还原为市场能力的强弱。社会主义体制则是要把一个个具体的人镶嵌到整个国家机器之中，既要实现对每个个体的保护，又要实现对每个个体的调控。但国家不是抽象的，对于个体来说，国家只有把个体安置到实体化的空间和岗位之中，才能在个体与国家之间架起关联的通道。这就是计划经济时代独具中国特色的单位社会主义。

单位社会主义的基本特征就是个人与国家的联系是通过单位对资源的再分配体制得以实现的。单位作为国家的代理者或承载者，担负着为个人工作和生活提供所有资源的责任，也担负着调控个体行动和生活节奏的政治任务。单位在对资源进行再分配的过程中，秉承社会主义精神，在工资制度、福利制度、住房分配制度方面，力求贯彻平等的精神，把单位营造成标准的社会主义大家庭。在计划经济时代，单位社会主义的平等精神随着岁月的流逝呈现出递减趋势，也就是说单位社会主义逐渐渗透进单位差别主义的因素，即单位内部不同等级、不同角色在获取资源方面出现了一些差异，这也就背离了单位社会主义的精神。但从总体上来看，单位社会主义作为一种传统和精神特质，一直延续至今，只是个人对单位的依附关系已彻底松解，单位社会主义的表现方式不是表现为把个体视为依附性的"单位私有物"，而是更多地把个人与单位的关系视为是一种契约性安排。随着单位体制的松解，很多企业单位面临改制或消亡的过程中，具有较强权力强度和资源优势的行政单位和事业单位依然在巩固和传递着单位社会主义的精神和文化。但单位社会主义原有的平等精神、主人地位、以单位为家的情怀等多重要素在市场经济时代，依然会在不同组织中不同程度的展现出来。

与此同时，大多数人从单位中走出来，进入了一个与单位完全没有关系的新型生活空间，这就是社区。与以前的单位生活空间相比，现在的生活空间是由社会保障体系、基层公共服务体系、居委会制度、社会保险体制等多重社会性制度安排支撑起来的。这就是我们所熟知的从"单位人"向"社会人"的大转折。当单位社会主义作为一种情怀和精神日渐淡漠的时候，一种新型的社会主义文化在中国逐渐兴起，我们称之为"社区社会主义"。与单位社会主义相比，社区社会主义是怎样的一种精神特质和制度安排呢？

社区社会主义的根本就在于它不是把社区视为是独立于国家之外的私人领域或绝对自治性的社团空间。在这个方面，西方人所熟知的市民社会、公民社会、私人领域、自治性的公共领域、第三域等所有概念，与中国的社区都不是完全重叠的。社区社会主义虽然没有单位社会主义那样对其成员的资源再分配机制，但各种资源向社区的下沉、汇聚以及社区内部的资源整合、资源互补等是非常明显的。所有这些资源分配的机制都体现出了一种独具中国特色的社区社会主义精神。

既然社区要成为社会主义的展现空间，那么以政党引领为核心的社区治理体系就成为中国城市所有社区的一个基本特征。正如单位社会主义的领导力量是单位党委一样，社区社会主义运动的领导核心也是社区党组织或基层党组织。正是拥有至高合法性和唯一合法性的基层党组织，充当社区资源的争取者、串联者、整合者、开发者和分配者的角色。党建引领下的社区社会主义，避免了个人和行业性系统对社区资源的分割。我们在香港社区中会看到"Private Way"（私人路），在欧美国家经常看到"此为私人院落，禁止任何人进入"、"此为私人空间，进入者一切后果自负"的标牌。在个人主义和权利主义轨道上塑造出来的生活场域，实际上已经宣告了社区的死亡。这是典型的社区资本主义，从中释放出来的是资本的傲慢与权利的无情。就像德国哲学家哈贝马斯(Jurgen Habermas)所说的，生活世界完全被资本殖民了。在中国城市社区中，我们基本上看不到类似这样的捍卫绝对私有物权和空间权利的标牌。社区社会主义使得中国社区释放出一种温暖的气息。私人力量、资本力量、利己权利处于多种力量的监视之下，它们不能恣意无限扩张。社区这一公共生活空间和公共治理空间，没有被市场化的洪流完全吞没。波兰尼(karl Polanyi)在《大转型》一书中所说的市场与社会的脱嵌、市场与社会的双向运动，在中国表现得并不是那么极端。这也是中国道路和中国模式的内在文化魅力。

更为重要的是，在中国，凡是与社区关联度高的群体，大都是退休群体、老年群体、低保群体、居家太太群体或失业群体等。中国正是依靠社区中拥有社会主义性质的各种制度安排，将以上群体吸纳到社区公共空间之中，切断了边缘群体游离于社会体系之外的可能性。社区社会主义既表现为一种政治情怀，也表现为一种社会救济。在单位社会主义日渐淡薄的时代，社区社会主义成为支撑新型社会治理体系的精神支柱和制度保障。所谓共建共治共享、社会治理共同体，都是对社区社会主义的政策性表达。

在中国四十多年改革开放的历程中，我们发现社区成为保存社会主义传统的温床。当社区之外的所有空间都在契约化轨道上逐步推进的时候，社区却成为单位社会主义精神的转嫁之地，成为社会主义传统的沉淀之地。我们甚至可以进一步推论，将来能够将社会主义传统完整继承下来的空间可能就是社区。因为社会主义从根本上来说体现为权力、资源向社会的回归。权力回归社会不是一种抽象表达,而是一种制度安排,更要有实现的物理空间。社区具有彰显社会主义精神的禀赋与属性,因为它与每一个具体人的生活都联系在一起。从这个角度来说,没有社区社会主义的成长,就没有中国社会的稳定;没有社区社会主义的制度安排,以人民为中心的价值追求就失去了实践的空间与平台;没有社区社会主义的培育和巩固,中国的现代化进程就有可能脱离社会主义的轨道。

2) 政党领导:中国政治发展的组织逻辑

如果说社会主义是中国政治发展的价值基点,那么政党则是引领中国政治发展的组织逻辑。中国社会主义的本质特征就是中国共产党领导。在社会主义现代化建设的过程中,经济工作和经济领域就更加包含着政治问题,因为中国的现代化事业和经济建设本身就具有社会主义的政治性质。[2] 所谓社会主义的政治性质来源于高度组织化的政党。因之可以说,中国崛起的最为首要的因素就是坚持中国共产党领导。这直接促成了政治领域中极为重要的一个领域的凸显,那就是"政党领导"即领导党的存在。领导党是指权力大并且责任大(high power, high responsibility)的先锋集团。正如毛泽东所说:"领导我们事业的核心是中国共产党",[3] 在中国领导党是指中国共产党。领导党的"领导"作用主要在于政治领导。就是对国家政治原则、政治方向、重大决策的领导。纵观全球,现在普遍存在着"管理压倒领导"的趋势。政治领导力的疲软与缺失,是西方政治陷入困境的重要原因之一。政治领导因为权力分立、集团掣肘,从西方政治体系中逐渐隐退了。政治领导之所以处于被遗忘的境地,其根本原因在于政治领导实际上已经被政治统治和科层体系所替代。政治领导的空间已经受到严重的挤压。

但问题的关键在于,我们看到在很多国家,由于政治领导的短缺,从而导致了政府的失败、制度的转型以及执政者的转移，特别是随着社会力量的日渐壮大以及互联网社会的崛起，政治统治和科层管理已经难以覆盖所有的交往空间，政治统治和科层体系的扩张使得执政者、政党以及领袖面对日渐复杂的社会问题而备受煎熬。政治领导的退却和短缺，正是中国为世界政治发展提供智慧的历史时刻。领导党的存在，是中国政治发展在组织化轨道上获取崭新生命力的基础所在。这样由政党来领导国家和整合社会的政党国家(Party-state)不同于多党制中政党轮流执政的资本国家。在资本国家中，政党屈从于资本，作为资本奴仆的政党其实是组建资产阶级国家管理委员会的临时代表。在政党国家中，其基本的逻辑线路是政党服从于人民的内在要求，代表人民治理国家。

3) 有机政治：中国政治发展的制度保障

当代中国政治不是板块式、机械式、反映不同利益集团政治诉求的三权分立，也不是神高国低的政教合一政权，而是一种有机政治。我们看美国政治体系中的三权分立，就会深深的感受美国的开国者把政治体系理解为一个机械式、可以人为切割的物理世界。其背后是不同利益集团、不同权力类型之间的斗争、冲突、抗拒与竞争。如果这套体系失去了丰厚的资源总量的支撑，其危机迟早是要爆发的。中国政治历来强调政治的有机性，天人合一、水能载舟亦能覆舟、道法自然等终极性的政治理念包含着塑造有机政治的文化基因和制度基因。当代中国政治的有机性就体现在党的领导、人民当家作主和依法治国的统一之中。党治、民治、法治不是机械式的组合，而是有机性的统一。有机性的捍卫与发扬则是当代中国政治文明充满活力的终极根源。反之，有机性的破裂和遗忘则使当代中国政治文明陷入无序和危机。那么，我们还要进一步追问，有机政治赖以立足的基础是什么？有机政治形态中三者的统一性是如何实现的？

首先，人民代表大会制度是坚持党的领导、人民当家作主、依法治国有机统一的根本政治制度安排。4 从这个角度来说，人民代表大会制度的有效运作，是决定中国有机政治得以展开的基础性条件。

其次，有机政治作为一种政治精神和政治理念，还渗透在中国新型政党制度之中。"说它是新型政党制度，新就新在它是马克思主义政党理论同中国实际相结合的产物，能够真实、广泛、持久代表和实现最广大人民根本利益、全国各族各界根本利益，有效避免了旧式政党制度代表少数人、少数利益集团的弊端；新就新在它把各个政党和无党派人士紧密团结起来、为着共同目标而奋斗，有效避免了一党缺乏监督或者多党轮流坐庄、恶性竞争的弊端；新就新在它通过制度化、程序化、规范化的安排集中各种意见和建议、推动决策科学化民主化，有效避免了旧式政党制度囿于党派利益、阶级利益、区域和集团利益决策施政导致社会撕裂的弊端。它不仅符合当代中国实际，而且符合中华民族一贯倡导的天下为公、兼容并蓄、求同存异等优秀传统文化，是对人类政治文明的重大贡献"。5 有机政治的精髓就是把政治体系视为是一个上下左右紧密联动的整体，而不是一个被利益集团、权力类型和部门利益分割的物理世界。上善若水。有机政治的制度安排就是要促使政治体系能够良性运转、无缝衔接、上下联动、左右贯通。这是中国整体性哲学在当代中国政治体系中的落实与再生。正是在这个意义上，我们说，作为统一战线实践的制度形式的中国政党制度与一般国家的政党制度完全不同，其根本取向在于实现党的领导与人民民主的有机统一，即同时要承担双重的政治功能：一是为人民民主发展提供有效的实践路径和制度平台。二是为巩固和完善党的领导提供有效的政治基础和制度保障。6 最后，有机政治体现在当代中国政治体系制度化、规范化、程序化的运作之中。这直接决定了依法治国成为党的领导与人民当家作主的联通者。在中国，法是党的主张和人民意愿的统一体现，党领导人民制定宪法法律，党领导人民实施宪法法律，党自身必须再宪法法律内活动。这就是党的领导力量的体现。党和法、党的领导和依法治国是高度统一的。只有在党的领导下依法治国、厉行法治，人民党建作主才能充分实现，国家和社会生活法治化才能有序推进。[7] 总而言之，党的领导、人民当家作主和依法治国在价值、结构、制度、机制和过程等各个层面达到了一种有机性的统一，从而避免了各种政治缝隙和政治陷阱的滋生和蔓延，掏空和净化了孕生否决政体、极化政治的土壤。

4）"全过程民主"：人民民主的实践形态

毫无疑问，民主是现代政治形态的根基之一。但是，如果在此止步，我们就无法对现代政治与古典政治进行区分。也就是说，民主如果仅仅是作为一种价值，还是不足以成为支撑现代政治的根基。因此，近代政治科学便运用代议民主、精英民主、多元民主、共识民主等概念，完成了对作为价值的"民主"的知识化处理和加工。需要指出的是，近代政治科学的主要任务不在于测量民主的实质及其实现程度，而是侧重于民主知识本身的生产与创造。纷繁迷乱的民主范式一方面型构了貌似独立、客观的知识系统，另一方面又构成了资产阶级民主制度的理念基础。西欧早期工业化国家的国家建设，便呈现出一种奇特路径。在经济、社会、文化诸领域，这些国家都以自由之名，坚持职业团体、社会群体的自治，从而保留了近似于中世纪传统的专制制度。在这一自治坚甲的护卫下，团体内部便按照寡头制模式进行治理。在这些寡头制组织之上形成一种竞争性的政治市场和商品市场，表现为自由市场经济与竞争性选举的政治民主两者的结合。这种政经社组合模式，发展到第二次世界大战之后，就形成了罗伯特·达尔（Robert A. Dahl）和林德布洛姆（Charles E. Lindblom）等人所指的"多头政治"。

"多头政治"绝不等同于通常意义义所理解的"多元民主"，因为其重点不在于尊重多元价值，而在于多头利益博弈，实际上是指那种由以商业机构为典型代表的内部寡头制，与这些组织之间相互竞争制度相结合的政治模式。[8] 当代中国在政治发展过程中不断尝试突破呈现断续性人民主权的"空洞"的民主，而追求解决人民要解决的问题的"实在"的民主。这就是社会主义民主制度之基本价值，即人民民主。

人民民主在实现过程中释放出多种运作形态。可以说，习近平所提出的"全过程民主"也是人民民主的实践形态之一。2019年11月，习近平总书记在考察上海市长宁区虹桥街道时提出："我们走的是一条中国特色社会主义政治发展道路，人民民主是一种全过程的民主，所有的重大立法决策都是依照程序、经过民主酝酿，通过科学决策、民主决策产生的。"[9] 相对于从自由民主脱胎而来的选举民主、多元民主、精英民主等知识化范式来说，从人民民主衍生出来的"全过程民主"是在它的实践操作过程中展示其客观性、可检测性、可观察的特征。如果说精英民主、多元民主是"自由民主"的操作化定义，那么全过程民主则是"人民民主"的操作化定义。换言之，自由民主依靠精英民主来实现，人民民主要靠全过程民主来实现。如果我们进入中国的政治过程，就会发现全过程民主体现在表达过程、沟通过程、协商过程、征询过程、决策过程、评价过程等多个环节之中。如果说精英民主是正如曾经卢梭(JeanJacques Rousseau)所讽刺的那样[10]：在短期内让默默无闻的大众成为主人、选举过后又沦落为旁观者的周期性民主，那么全过程民主则是在选举中、选举后充分听取民意、充分尊重民意的民主。时至今日，我们应该重新定义民主，那就是民主不是对精英的选择，民主是对民意的尊重和实现。这就是中国特色政治发展蕴含的主要导向之一。

5) 人类命运共同体：对未来世界秩序的良性构想

人类命运共同体这一命题包含着开辟以往国际政治秩序的重要契机。因为它对近现代的霸权主义和文化殖民体系有一种致命的动摇和颠覆力量。把人类命运共同体这一价值命题转化为全球治理的新方案，是中国特色政治体系的国际使命。"人类命运共同体"理念的提出，其意义并不局限于特定区域范围内的特定社会中的"共同体"的理念，更重要的是新时代新形势下的中国对外关系的理论指导和价值导向，也是未来人类社会的基本格局和新型国际关系的基本取向。人类命运共同体指的是在追求本国利益时兼顾他国合理利益，在谋求本国发展的进程中促进各国共同发展。人类命运共同体这一人类视野的价值观包含相互依存的国际权力观、共同利益观、可持续发展观和全球治理观。

人类社会经历了从相互隔绝到相互交流和融合的过程。资本主义的诞生促使西方社会抛弃了中世纪的遗产，进入了按照资本主义逻辑改造世界的过程。资本主义催生出来的是以优劣性、排他性、等级性为特征的资产阶级利益联合体。资产阶级利益联合体是以中心地带对边缘地带的剥夺作为代价的。

马克思恩格斯把资产阶级利益联合体的本质揭示出来了，他们提出了无产阶级利益联合体思想，继而更进一步提出自由人联合体的思想。自由人的联合体就是要超越资本主义"物统治人"的性质，实现人的全面发展。伴随着全球化、网络化、信息化的演进，人类社会已经进入了休戚与共的关联状态，排他性、等级性、优劣性的文明观已经不合时宜。与此同时，各种各样的全球议题此起彼伏。正是在这一历史大势下，习近平创造性地提出了"人类命运共同体"的思想。这一思想是在反思西方资本主义体系的基础上，在马克思主义关于无产阶级利益联合体、自由人联合体的思想和中国历史文化的双重孕育下诞生的。从"利益"走向"命运"，展示了人类社会对真正的人的尊重以及从部分向整体的跃迁；从"联合体"走向"共同体"，展示了人类社会内在联结程度的提升以及和平合作、开放包容、互学互鉴、互利共赢等多重属性的真正成型。

如果说欧美世界在过去500年里致力于一个资产阶级利益联合体的形成与巩固，伊斯兰世界在致力于一个宗教和精神共同体的形成与扩展，那么，习近平就是以中国文化为滋养、以马克思主义无产阶级利益联合体和自由人联合体为基础，创造性地提出了"人类命运共同体"思想。习近平关于"人类命运共同体"概念的提出既植根于中国传统文化(天下观)，又是一次对马克思恩格斯共同体思想的继承和发展。虽然在马克思恩格斯的著作中找不到有关"共同体"的准确定义，但是马克思在回顾人类社会发展轨迹的论述中提出了自然共同体——抽象共同体——真正共同体的人类发展构想。而马克思所构想的人的自由而全面地发展只有在共产主义社会才能实现，那时会形成自由人的联合体，即——真正的共同体。人类命运共同体包含三重关怀，第一，这是对全体人类的关照，绝不是"以物统治人"的资产阶级利益联合体和排他性的宗教联合体的翻版。第二，这是对命运的关照，而不是对获利多少的思考，更不是对天国生活的服膺。这个命运就是马克思所说的人与他人、人与自然的本质统一。马克思早在《1844年经济学哲学手稿》中就对人类社会的本质状态进行了一种超越性的规范化界定，他认为，"社会"的原初形态或本真形态应该是这样一个"共同体"，即"人同自然界的完成了的本质的统一，是自然界的真正复活，是人的实现了的自然主义和自然界的实现了的人道主义"。[11]

这就是人类社会的命运，在这种命运状态中，我们看不到异化力量对人的外在统治。第三，这是对共同体的关照，绝不是对排他性的集团利益的追寻、对极端宗教使命的捍卫。所以，习近平提出的"人类命运共同体"的思想，不仅是对在西方世界甚嚣尘上的"中国威胁论"的回应，体现了中国作为一个世界大国，超越二元思维和零和博弈、对未来世界秩序的一种良性构想，更是中国共产党核心领导集体基于马克思主义理论对当今世界性质和未来发展方向深入思考后的理论结晶，它植根于中国传统文化中的"天下为公"、"君子和而不同，小人同而不和"的天下观，又超越了资本主义天性逐利的思维和行为逻辑。

Ⅲ. 未来中国政治发展的方向与展望

当代中国拥有一党执政的政治环境。一党执政的国家要想维持健康且富有活力的政治发展进程,则是取决于两个方面:一是对政党领导层的决策能力有着极高的要求。也就是说,相对于多党制的国家来说,一党执政的国家不允许领导层在决策上犯大的错误。回顾历史,在1978年之前,中国决策层是犯有一些错误的,如反"右"扩大化、大跃进、"文化大革命"等。但在1978年进入改革开放以来,中国在高层决策上并没有出现较大失误。纵观当今世界,这样的国家极为罕见。这也是铸就来中国发展奇迹的基本条件之一。二是对党内民主有着较高的要求。我们甚至可以说,一党执政国家天然具有与党内民主的高度亲和性。党内民主一方面可以尽可能地聚合党内智慧,另一方面,也可以最大限度地推动党内人才的成长。从长期看,党内民主的质量、频率以及开展范围的大小,将成为决定中国政治发展道路的重要变量。

以上是政党自身的两大要素。除此之外,还有一个在所有国家均存在的状况也将会影响未来中国的政治发展,那就是互联网社会的成长及其快速扩展。这可以说是影响所有国家政治发展进程的最为壮阔的一种力量。因为面对互联网社会,原来的国家机器并没有做出太多的调整。目前所有国家在政治发展过程中面临的主要矛盾,可以概括为旧国家机器与快速发展的全球互联网社会之间不协调、不适应之间的矛盾。中国也是互联网发展速度最为迅猛的国家之一。在互联网的冲击之下,原有的社会结构、社会交往、社会观念以及社会空间,都已经荡然无存,都已经被置换。按照经典的马克思主义的观念,任何政治形式都要与一定的社会结构相适应。在互联网社会面前,所有国家的政治形式的变革,包括中国,何去何从,我们将拭目以待。

注

1   [匈牙利]雅诺什.科尔奈，《社会主义体制共产主义政治经济学》，北京：中央编译出版社，2006, pp.11−12.

2   曹沛霖，《制度的逻辑》，上海：上海人民出版社，2019, p.329.

3   毛泽东，《毛泽东文集》第6卷，北京：人民出版社，1999, p.350.

4   中共中央宣传部，《习近平新时代中国特色社会主义思想学习纲要》，北京：学习出版社，人民出版社，2019, p.127.

5   习近平，〈坚持多党合作发展社会主义民主政治为决胜全面建成小康社会而团结奋斗〉，《人民日报》2018年3月5日，第1版.

6   林尚立，《当代中国政治：基础与发展》，北京：中国大百科全书出版社，2017, p.130.

7   中共中央宣传部，《习近平新时代中国特色社会主义思想学习纲要》，北京：学习出版社，人民出版社，2019, pp.105−106.

8   陈周旺，〈全方位民主：中国特色社会主义民主的理论体系与制度选择〉，《学术学刊》2020年第2期.

9   习近平，〈中国的民主是一种全过程的民主〉，新华网http://www.xinhuanet.com//politics/leaders/2019−11/03/c_1125186412.htm.

10 "英国人民以为自己是自由的，他们完全搞错了，只有在选举议会议员时，他们是自由的，一旦议员被选出，他们就什么也不是了。在他们掌握自由的短暂片刻中，他们对自由的运用让他们注定失去自由。"[法]卢梭，《社会契约论》，崇明 译,杭州：浙江大学出版社，2018, p.179.

11 马克思，《1844年经济学哲学手稿》笔记本Ⅲ《私有财产和共产主义》，《马克思恩格斯文集》第1卷，北京：人民出版社，2009, p.187.

中国政治的变化和国家治理改革的逻辑

李汶纪

I. 中国的经济成就和政治因素

改革开放政策实施以来, 中国的经济实力和国际地位实现前所未有的提升。这样的成绩源自于市场化和全球化等经济体制转型, 这是众所周知的事实。但是在改革开放的发展过程中, 政治体制的变化却成为了争论焦点。在中国共产党一党制的情况下, 进行了市场化、世界化和社会多元化发展。这是在西欧资本主义国家的发展经验中很难见到的现象。从西方的发展经验来看, 主流的看法应是市场化和多元化的增强, 将其与政治竞争体制联动发展, 最终使市场经济和政治民主相互提升发展。

实际上, 20世纪80年代苏联和中国着手进行市场化改革时西方很多专家给予的劝告大体上是一致的。西方专家们表示: 如果不首先打破在社会主义计划经济体系中坚固的既得权势力——党和国家干部及官僚体制, 就会因为他们的抵抗而导致体制转换以失败告终。市场化改革必须与政治改革同步推进, 而政治改革指的就是实现民主化。20世纪80年代后期的苏联式改革模式就是遵循了这些建议，而中国选择了与苏联不同的道路，其结果也大相径庭。苏联把经济体制改革与政治民主化联系在一起，结果导致政治动荡和国家解体，随后的俄罗斯也经历了长约10多年的经济停滞。相反，拒绝走西方主流理论道路的中国则同时实现了经济体制转变和快速增长。

从政治体制方面看，中国在1989年天安门事件中经历了危机，但20世纪90年代以后，中国整体上维持了稳定的政治体制。对于没有政治民主化的中国的政治体制，西方的一些学者称如果不解决市场经济和共产党一党执政之间的本质性矛盾结构，中国政治体制的稳定性不会持续很长时间，甚至不久后会崩溃。[1]

但现实中的中国却朝着完全不同的方向发展。2000年以后，中国问题专家们尝试寻找新的研究途径。比如，比起关注中国的民主化和共产党的脆弱性，更关注中国威权体系独特的适应力和生命力。[2] 邓小平逝世后的第三，四代领导人时期，中国表现出了稳定而优秀的政治领导能力，成功地转变了经济体制并实现了飞跃的经济发展。对于这种变化，韩国学者赵英男认为这是因为比起政治民主化，把政治制度化放在首位的中国式改革战略更加有效。[3] 从强调中国威权政治制度的弹性角度来看，改革开放后中国政治制度化取得巨大成果和政治稳定的主要因素可归纳为以下三个方面。

第一，在市场经济转型过程中，中国共产党意识形态比较灵活，并根据时代的变化提出了适当的政策理念(policy ideas)。在天安门事件导致改革开放政策搁浅的危机情况下，邓小平通过南巡讲话提出了"三个有利论"和"社会主义市场经济论"。在第三代领导人时期，提出了一种新的政策理念，称之为"三个代表论"，以便将自1990年代以来迅速增长的私营经济部门纳入体制内。2002年第四代领导人提出了"科学发展观"和"和谐社会建设论"，以反思现有的增长一边倒政策和不平衡发展。中国共产党认为这种变化是与时俱进的党的精神在执政理念的演变。换言之，根据中国的发展阶段和国内外环境的变化重新定义了党的使命，并提出与之相应的新蓝图和政策理念。

第二，通过国家机构改革与分权化，政治过程的法制化、规范化，使国家治理体系朝着更加合理的方向改善。随着市场经济的发展，不断进行行政改革，改变计划经济时代的行政体系和工作方式。改革开放后，政府共进行了八次政府机构改革，使部门数量从1982年的100个减少到2018年的26个，这些变化大致以分权化方向进行。在中央和地方、政府和企业关系上，赋予了地方政府和企业更大的自主权(放权让利)，使他们成为市场经济的活跃参与者。另外，为了国家统治及运营机制的规范化和制度化，积极开展了立法活动，从1997年党的十五大之后将"依法治国"定为政治改革的核心议题，努力消除过去人治的弊端。

第三，确立最高领导层接班规范和集体领导体制，实现了精英政治的稳定。过去在毛泽东、邓小平时代，政治精英派系之间存在路线分歧和权力斗争。但是20世纪90年代以江泽民为中心的第三代领导层上台以后确立了集体领导体制。个人或特定派系独占权力的现象消失，建立了基于各派之间的权力分配和集体协议的决策过程。另外，虽然不是成文的规定，但作为一种非正式的制度确立了领导人的接班规范。比如确立了68岁以上领导人不得连任的"七上八下"原则，将下届最高领导2人(党总书记和国务院总理)在就任5年前提前选拔为政治局常委的"隔代指定"，以及包括总书记在内的最高领导层的10年周期新老交替规范等等。随之精英政治的稳定化，国家政策的统一性和一贯性得到大幅提高。

改革开放以来，中国政治虽然在民主化方面没有明显变化，但在党的指导理念的演进，国家治理体系的合理化，精英政治的规范化等方面进行了相当大的改革。中国官方将这种变化解释为"中国特色社会主义民主"的建立过程。中国特色社会主义民主政治被定义为，是实现"党的领导、人民当家作主，依法治国的有机统一"的制度，可以说这是否定西方自由民主制度的普适性，主张中国特色社会主义民主政治制度可行性的话语。

2012年第五代领导人上台以后，中国政治格局既延续了过去的制度和路线，也出现了较多的变化。从根本上否定西方民主政治的普适性，追求以中国共产党强有力的领导为基础的政治体制的一点来看，可以说是维持了连续性，但是在统治理念、党政关系、精英政治等多个方面有了较大的变化。本文将主要探讨变化方面的内容。

II. 习近平时代"中国梦"和"新时代论"

习近平总书记上台后提出了"实现中国梦"的口号，并在十九大（2017年）提出了"习近平新时代中国特色社会主义思想"，这一理念与过去的政策理念相比，有了较大变化。为了理解这些变化，首先需要了解实现中国梦这一口号所具有的含义。实现中国梦，简言之就是要通过两个100周年奋斗目标，实现"中华民族伟大复兴"。实现途径是通过政治、经济、社会、生态、文明等五个领域的综合建设，走中国特色社会主义道路。[4] 该基调在2017年10月党的第十九次大会上修改为2020年"实现全面小康社会"、2035年"基本实现社会主义现代化"、2050年"实现社会主义现代化强国"。这看似仅重新整理了之前的已经提出过的发展目标，将其概括为"实现中国梦"的口号，实则有以下三个不同含义。[5]

第一，前领导人的政策理念主要为国内经济社会发展战略，而习近平的"中国梦"不仅包含了国内发展目标，也蕴含着强国崛起的对外发展目标。过去的三个代表重要思想、科学发展观、和谐社会论等概念都是与国内经济社会发展战略相关的，胡锦涛主席时期的和平发展论，也只是为了应对西方国家的"中国威胁论"而提出的。但是，习近平时期的对外政策意味着中国在世界秩序中的作用不仅仅是单纯的参与者，而是要成为主要策划者。这些变化也将伴随中国共产党执政合法性逻辑的变化。过去，中国共产党主要从国内发展和成就中寻找执政合法性的依据，而习近平时期则把国内外的因素联系起来寻找。对外关系方面的成就可以弥补或抵消国内政治上出现的失误，反之，如果对外关系方面出现问题时，还可以利用国内的成就或民族主义情绪来抵消。

第二，中华民族主义色彩十分浓厚。改革开放后中国崛起的过程中，民族主义情绪不断加强。中国共产党对民族主义情绪的直接呼吁始于党十五大，江泽民总书记使用了"中华民族的伟大复兴"一词。但是，对于在国家发展战略中正式使用民族主义意识形态持谨慎态度。这是因为民族主义的复兴可谓是"双刃剑"。一方面，民族主义在中国是一种强大的意识形态手段，可以填补对社会主义意识形态的信仰危机，寻求民族团结。但是另一方面，这也有可能埋下社会不稳定的隐患。西藏和新疆等少数民族的抗议也是相当大的威胁因素。这也可能在外界进一步扩散中国威胁论。因此，过去中国共产党对弘扬民族主义精神较为谨慎，仅强调爱国主义精神，以实现人民的团结和政治稳定。但"实现中国梦"这一口号中的民族主义理念，不仅包含了中国人民的团结和自豪感，还包含着对外弘扬中华民族的优越性和扩大国际影响力的意志。近年来，中国与外界之间的观念差异不断扩大，这与中国国内民族主义情绪的高涨不无关系。

第三，"中国梦"这一口号非常适合获得全社会的共识。江泽民的"三个代表"重要思想，和胡锦涛的"科学发展观"，均有理念上的分歧而颇具争议。"三个代表重要思想"的主要内容是保障民营经济和资本家的法律以及政治地位的问题，科学发展观是对经济增长一边倒政策的副作用进行反思，并寻求新的发展模式的理念。以上均属于国内经济社会改革的范畴，当时在中国知识分子之间出现了左右理念阵营的激烈争论，而一般民众较难理解其真正含义。

相比之下，中国梦的口号非常全面，是远大的国家发展蓝图，也是民众较为容易接受的概念。克服"百年国耻"的痛苦，重新成为世界强国的目标，在广大民众之间极具号召力，而且知识分子之间几乎没有争论余地。最近在中国出现过分民族主义情绪，而知识分子批评言论减少的原因，不仅有控制思想的影响，还有"实现中国梦"的口号带来的效果。

"实现中国梦"这一口号在十九大表述为"习近平新时代中国特色社会主义思想"，作为新的指导理念添加到党的章程中。这里最重要的关键词是"新时代"，习近平将新时代的含义概括为以下三点："中国特色社会主义进入新时代，意味着近代以来久经磨难的中华民族迎来了从站起来、富起来到强起来的伟大飞跃，迎来了实现中华民族伟大复兴的光明前景；意味着科学社会主义在二十一世纪的中国焕发出强大生机活力，在世界上高高举起了中国特色社会主义伟大旗帜；意味着中国特色社会主义道路、理论、制度、文化不断发展，拓展了发展中国家走向现代化的途径，给世界上那些既希望加快发展又希望保持自身独立性的国家和民族提供了全新选择，为解决人类问题贡献了中国智慧和中国方案。"[6]

按照新时代论中国共产党的历史分为三个阶段。第一个阶段是通过毛泽东主导的共产革命和建立新中国实现"站起来"；第二个阶段是通过邓小平主导的改革开放政策实现"富起来"；第三个阶段是在习近平的指导下，实现社会主义现代化强国的目标。在此过程中中国要证明有中国特色社会主义的制度优势，并以中国式的发展经验和路线进一步扩大其全球影响力。为了实现这些发展目标，中国共产党正在加强各种宣传活动，其中之一就是"四个自信论"，中国特色社会主义要在道路、理论、制度、文化四个方面增强信心。

但是，新时代理论以及新的发展目标是否恰当地反映了中国当前面临的客观条件与能力，对此，外界专家可能会产生疑问。韩国学者李南周认为，中国共产党的主观意志要先于客观条件。[7]从国内政治经济体系的发展现况以及社会主义发展阶段的理论来看，新时代论的理论基础较为薄弱。中共十九大报告在强调新时代的同时也指出："我国仍处于并将长期处于社会主义初级阶段的基本国情没有变，我国是世界最大发展中国家的国际地位没有变。"这表述存在一定的矛盾。他主张中共对中国与世界关系的认识变化才是提出新时代论更为重要的原因。自2008年美国金融危机以来，中美之间的国力差距大大缩小，国际社会对美国的领导地位也提出了质疑，这助长了中共对自国崛起的信心。就从经济实力来看，中国在2010年GDP总额超越了日本以后，持续缩短与美国的差距。虽然提出新时代论的重要背景之一是国际关系中中国相对地位的上升，但中共过于强调了自国的国际地位与国内发展以及体制的关系。

III. 国家治理改革和加强党的领导

根据"新时代论"，中国的国家战略及对内对外政策发生了重大变化。在有关政治体制的变化最值得关注的概念是国家治理改革。这一概念是2013年中共十八届三中全会所通过的《中共中央关于全面深化改革若干重大问题的决定》中提出的。在这一决定中，将全面深化改革的总目标定为："完善和发展中国特色社会主义制度，推进国家治理体系和治理能力的现代化。"自此，关于中国政治改革的所有讨论都与"国家治理改革"联系在一起。

实际上，中国学术界一直以治理概念探讨政治改革方案，因此，我们对此并不陌生。但是，2013年以后党正式提出的治理概念在适用范围和内容上和以前学界使用的概念有相当大的差异。为了清楚地了解两者之间的差异，有必要先了解过去学术界的治理概念。

随着20世纪90年代全球化趋势的发展，治理(governance)作为一种新的概念出现，取代了西方政治学术界中已有的统治(government)概念，这在中国的学术界引起了相当大的反响。自1990年代后期以来，中国学术界积极讨论如何接受治理这一概念。俞可平是当时最具影响力的学者，他的观点可以被视为中国的主流观点，本文将简要阐述他的论点。[8] 他基本接受治理的概念源于西方民主政治，并试图将其应用于中国的政治改革。他认为，治理的概念是政府与民间之间或公与私之间的合作性政治过程，为了在中国实现"善治(good governance)"，政治改革要向以下十个要素的方向发展：合法性、法治、透明性、责任、回应、有效、参与、稳定、廉洁、公正。在中国实现善治就是"渐增的民主"的实现。即所谓的善治就是实现民主治理。当然，这里所说的民主概念与西方的自由民主并不一致。俞可平的民主构想可以说是在保持中国共产党一党制的同时，逐步将民主价值制度化的过程。

在21世纪初期，中国学界之所以流行治理这一概念，是因为它比较中立，也可以涵盖多种改革理论的学术实用性。当时，中国知识界正处于分为新左派和自由主义的理念的激烈争论的时期。使用治理概念的研究超越了这两种理念对立的格局，可以同时涵盖两个理念。另外，在不否定中国共产党一党制的情况下，还可以有效包含民主价值和多种政治改革议题。

刘建军解释了中国学术界兴起治理概念的背景，指出中国社会面临着四个问题：第一，国家权力的性质变化。从毛泽东时期的革命型政权转变为邓小平时期的发展型政权，而现在应转变为服务型政权。第二，政府职能的变化。在市场经济转型过程中，政府与人民的关系逐渐从单向权力关系转变为双向合作关系。这种变化在地方政府尤为明显，随着官和民的共同利益逐渐扩大，对"共治"的需求也有所增加。第三，对于自下而上的社会矛盾引发的群体性事件，有必要从政治上提出解决方案。第四，在网络空间新出现的"虚拟市民社会"已成为国家治理方面的新挑战。[9]

那么上述治理概念与2013年以后由中共提出的国家改革的总目标——"国家治

理体系和治理能力的现代化"中治理概念有什么区别呢?

首先, 概念的适用范围不同。2013年以后, 作为国家正式议题提出的治理概念的适用范围与过去相比大幅度扩大。国家治理体系现代化的核心内容是加强党的作用和权力集中。实际上中共权力的影响力涉及到国家和社会的各方面, 因此治理概念的适用范围也涵盖了党、政府、社会和市场等领域。例如, 在国家和社会关系方面, 2013年之前使用"社会管理"或"社会建设"一词, 而在2013年之后被"社会治理"所取代, 甚至党的指导理念、组织及对各级权力机构的指导方针等"党的建设"也属于治理改革的范畴。的确自2013年之后, 中国学者在解释国家治理改革的涵义时使用的治理一词已涵盖了国家、政府、社会和市场。除此之外, 在"国家治理能力的现代化"方面进一步扩大了治理概念的范畴。[10] 治理能力的现代化意味着治理策略和治理技术依党中央权力集中而变化。因此, 治理概念的范围几乎涵盖了所有的政治问题。最近在中国学术界, 对治理概念的应用可喻为"旅行背包", 可以装进任何东西。

其次, 治理改革的目标不同。如上所述, 2013年以前在中国学术界广泛使用治理概念关注点主要为政治体制改革和在中国共产党一党制下如何接纳转型为市场经济之后日益增加的利益分化、社会多元化。2013年之后的治理改革目标超出了这一范围。具体内容是为了在2050年实现社会主义现代化强国这一宏伟目标, 提高国家执政能力和构建有效的政治领导力。新的国家治理体系就是中国特色社会主义的政治制度的确立。其最为重要的改革重点就是加强党中央的权力集中。

第五代领导集体之所以选择这种变化, 可能是因为上层领导人之间达成了一种共识: 邓小平逝世20多年来一直维持的集体领导体制具有明显的局限性。集体领导体制有两面性: 一方面确立派系之间势力均衡和协商合议式的决策, 带来了中国精英政治的稳定, 另一方面具有明显的弱点。精英集团的既得利益日益巩固, 腐败问题越来越严重, 协商合议式的决策方式导致果断改革难以实施。第五代领导集体认为, 在中国崛起中的关键时刻, 如果不改变现有的权力结构, 就无法有效应对国内外环境的变化以及各种复杂的挑战。习近平就任之后积极开展的反腐倡廉, 其目的在于消除阻碍改革的既得力集团。在习近平执政后, 中国政治以"全面深化改革、反腐倡廉、集中权力"循环的方式运作。

权力的中央集中, 伴随了习近平总书记权力的加强和党政关系的重大变化。代表性事例是, 习近平总书记几乎掌握了党中央新设的"领导小组"。中央领导小组是对特定焦点问题, 有关部门间的议事协调机构——党中央领导小组虽然具有不定期举行会议的临时性性质, 但在决策过程中, 可以说是超越各独立部门的决定权, 实际为最高议事决定机构。自2013年以来, 进一步加强党中央决策职能的领导小组陆续出现。自2014年1月至3月中旬, "全面深化改革领导小组"、"互联网安全和信息化领导小组"以及"国防和军事改革领导小组"陆续成立。

2013年11月"国家安全委员会"正式成立。值得关注的是该组织不仅负责对外安全工作, 还负责对内安全相关问题。在党的十八大上全权负责对内治安和司法工作的党"政法委员会"从中央常委(周永康)降至中央委员(孟建柱)级。可见, 国家安全委员会是政法委的上层机构。上述新设机构的领导均由习近平总书记担任。习近平总书记实际上掌握了包括现有领导小组(外事、台湾事务、财经、海洋权益)在内的主要领导小组的领导权。此外, 2018年3月国家监察委员会的成立将现有的监察职能大幅度提高, 同时将国家监委和党的纪委相合并(所谓一个机构两块牌子)。从此, 党的纪律委员会不仅负责对党员进行监督, 而且对所有行驶公权的工作人员均能进行监督。

以上这些措施, 导致了党政关系的重大变化。2017年3月5日, 中共中央纪委书记王岐山宣布, 不再存在"党政分开"。[11] 党政分开的议题是20世纪80年代邓小平首次提出的, 1987年赵紫阳提出的政治改革方案中这是核心议题。尽管自

1989年天安门事件后不再正式使用"党政分开"一词，但也没有人明确否认过，因为这是邓小平提出的。其实，改革开放以后，中国政治体制改革讨论的基调就是如何分散党过度的权力集中，即党政分开和分权化的主题。1990年代以后，中国学术界也有不少人主张"党政分开"是中国政治体制改革的主旋律。但是2013年以后，鲜有提及"党政分开"、"分权化"等相关主题。

IV. 长期执政和中国政治的未来

依据"新时代论"，"国家治理改革"的方向是将权力集中到党中央，直至总书记。习近平上台以后，总书记的权力和影响力已大大超越了胡锦涛总书记。有人认为习近平总书记的权力和地位仅次于毛泽东。[12] 习近平第一任期时，是否长期执政一直是外界争论的焦点，随着在2018年3月举行的全国人大会议上修改了宪法，即删除了关于国家主席连任相关规定，已成为既定事实。

据中国官方表示，修改宪法的目的是修改最高领导人的党总书记、国家主席和中央军委主席三个职务可以连任的规定。从历史经验来看，中国共产党认为党、国、军的首脑由一个人担任，所谓"三位一体"的权力结构是最为可取的。三个职务中删除了唯一有连任限制规定的国家主席职务限制规定，三个职务连任相关规定保持了一致。并认为这是为国家长期发展和稳定而制定的重要制度调整，是建立新的国家治理体系的一部分。但这并不意味着允许终身制。[13]

这与之前中国政治变迁的惯性有些不同的方向。若使三个职务的连任规定相一致，维持《宪法》上对国家主席职务三连任的限制规定，通过修改《党章》新设总书记三连任限制规定，这既符合之前的惯例，也是中国政治较为合理的发展方向，但此次修宪恰恰背道而驰。因此，这段时间海外学界展开了对习主席长期执政可能性的争论，即赋予习近平总书记"核心"称号，任职期间将把习近平思想纳入《党章》的理念中；将下届最高领导人(总记记和总理)提前选拔的所谓隔代指定规范的破坏，70岁的王岐山被任命为国家副主席后"七上八下"规范的破坏；反腐败运动中的大规模肃清政敌、缩小元老咨询的惯例，主要领导小组组长的独占等许多措施实际上与长期执政构想不无关系。

2022年中国共产党第二十大，习近平会保留三个职务还是只保留其中一部分目前尚不清楚，但至少他将继续保持实质领导人的主导地位。笔者认为习近平的执政时间可能是2035年左右，这是中国共产党实现"基本实现社会主义现代化"目标的结束时期，这也是长期执政的重要依据。1953年出生的习近平到2035年是82岁，从80多岁高龄仍参政的邓小平的前例来看，这是极有可能的。

在习近平执政后的近10年时间里，中国政治确实不同于胡锦涛执政时期，出现了较大的变化。中国共产党为实现中华民族伟大复兴，这一历史性的大业，迫切需要权力的高度集中，习近平总书记也有坚定的意志。投身于"新时代"历史任务的习近平的挑战能否成功？成败均有可能，功过亦是习近平一人的。他是否会成为继毛泽东的"实现站起来"和邓小平的"实现富起来"之后，新时代的伟大历史人物，我们尚不清楚。对于未来中国政治的变化，我们应关注习近平政权未来将面临的主要风险因素。 若这些风险因素得到妥善处理，中国将会进入一种新型的全球强国，即社会主义现代化强国。

第一，经济和民心向背。和所有的国家一样，中国共产党的统治正当性，最重要的根源在于人民的支持。而在中国，人民的支持主要来自经济社会的满足，而不是政治权利方面。在解决经济社会问题上，高度集中的权力结构是一把双刃剑。一方面，可以促进彻底改革，实现政策统一和快速执行能力也是可以肯定的。但是另一方面，在决策过程中可能会出现消极问题，例如对党中央的过度依赖、偏向意识形态的决策和信息沟通不畅等问题。中国应对新冠病毒疫情危机时的案例突出了这两个方面。武汉地区早期的控制不善暴露出权力集中的消极的一面,后期有效防控显示出权力集中的积极的一面。比社会问题更难的是经济问题。中国共产党的治理能力或许可以控制未来可能会出现的社会问题,但国内或国际经济危机的发生是最难预测和控制的。如果不能有效应对经济危机,民心就会动摇,习近平的领导能力也会面临相应的危机。

第二,精英政治出现裂痕的可能性。习近平执政后集体领导体制的运作规范出现了较大程度的变化:接班规范的改变、三大派系之间的妥协和权力均沾和前任领导人咨询惯例的削弱。另外,在反腐败运动中或许产生了不少政敌,导致政治精英集团之间的联合制度基础遭到了破坏。

在邓小平逝世后为了中国精英政治的稳定而建立的集体领导体制正在发生动摇。当然,目前还没有明显的迹象表明这种变化会立刻导致精英政治的分裂和政治不稳定。但中国的现代政治的历史经验告诉我们,个人权力的过度集中会导致精英政治的不稳定,因此我们应关注这种可能性的出现。若与经济社会问题引发的民心背离相结合,精英政治出现不稳定性和裂痕的可能性更大。

第三,对外关系方面的因素。在中国共产党的执政正当性逻辑方面,习近平时代的重要变化就是将对外政策的成功和崛起视为增强其正当性的来源。中国的对外战略也有变化:摒弃过去的"韬光养晦"战略,逐渐强调以"奋发有为"为主的战略。与此同时美国对华战略也转变为强有力的制衡政策。习近平执政后,外界对中国的消极看法逐渐增多。中美之间的战略竞争在未来会更加激烈,尤其在高科技至上的竞争中,这将会对中国的经济造成不小的打击,因此中国如何应对这一挑战将左右中国政治的稳定与否。另一方面,中共可能会把与美国竞争等对外问题利用为加强国内政治正当性。进一步弘扬中华民族主义精神,也是为了内部团结和政治稳定。如若中国出现国内危机,中共也有可能会引发对外矛盾来抵消内部危机。引发对外矛盾,并能弘扬国内民族主义精神的最简单的办法就是提出台湾早期统一的问题。总之，在展望中国政治体制的未来时，我们应更加关注国内因素和对外因素的相互联系效果，由此看来，中国的对外政策是更为重要的变数。

注

1   Gordon G. Chang, *The Coming Collapse of China* (Random House, 2001); Pei Minxin, *China's Trapped Transition: The Limits of Developmental Autocracy* (Harvard University Press, 2008); David Shambaugh, China's Future (Polity Press, 2016).

2   Andrew J. Nathan, "Authoritarian Resilience," *Journal of Democracy* Vol.14, No.1 (January 2003); David Shambaugh, *China's Communist Party: Atrophy and Adaptation* (Berkeley: University of California Press, 2008); Daniel A. Bell, *The China Model: Political Meritocracy and the Limits of Democracy* (New Jersey: Princeton University Press, 2016).

3   조영남, "중국의 정치개혁: 성과와 한계," 서울대학교 중국연구소(편),《개혁중국, 변화와 지속》, 서울: 한울, 2019, pp.103−134.

4   冷溶,〈什么是中国梦, 怎样理解中国梦〉,《人民日报》2013年4月26日.

5   이문기, "시진핑 시대 중국의 꿈, 국내정치 맥락과 대외정책의 변화,"《세계지역연구논총》제36집 1호(2018), pp.93−96.

6   习近平,〈决胜全面建成小康社会 夺取新时代中国特色社会主义伟大胜利〉,《中国共产党第十九次全国代表大会的报告》2017年10月18日.

7   이남주 외,《중국 국가전략의 변화와 한중관계에 대한 함의》, 서울: 대외경제정책연구원, 2020, pp.28−37.

8   俞可平,《增量民主与善治》(北京; 社会科学文献出版社, 2003), pp.148−165; 이희옥·장윤미(편),《중국의 민주주의는 어떻게 가능한가: 중국의 논의》, 서울: 성균관대학교출판부, 2013, pp.91−97.

9   류젠쿤,《전환시대 중국정치의 논리》,성균관대학교 성균중국연구소 옮김, 서울: 성균관대학교출판부, 2021, pp.357−403.

10 王浦劬,〈国家治理,政府治理和社会治理的含意及其相互关系〉,《国家行政学报》第3期 (2014), pp.11−17; 俞可平,〈推进国家治理体系和治理能力现代化〉,《学习贯彻叁中全会精神》第1期(2014) ; 옌지롱 편저,《중국의 국가 거버넌스》, 성균관대학교 성균중

국연구소 옮김, 서울: 책과함께, 2021.

11 丘明红,〈党领导下只有党政分工, 没有党政分开〉,《中国网》2017年3月14日.

12 Roderick MacFarquhar, "China: The Superpower of Mr. Xi," *The China File* (August 13, 2015).

13 轩理,〈保证强化国家长治久安的重大制度安排〉,《人民日报》2018年3月1日.

III. 中国经济发展道路

国家经济治理与社会主义市场经济

对中国模式特殊性的一个解读

孟捷

经过40余年的改革开放,中国建立和发展了社会主义市场经济体制。这是世界历史上一种崭新的市场经济体制,国家经济治理在其中发挥了关键的作用。如何理解中国的社会主义市场经济,它与其他国家的市场经济体制有何区别,是值得反思的重要问题。本文从两个侧面来探讨国家在中国市场经济体制中的作用,以期揭示中国社会主义市场经济的特殊性。第一个层面是分析社会主义政党-国家(Party-State)的经济作用。中国共产党不仅仅是一个政党,在社会主义市场经济体制中,还是一种特殊的经济制度,这一点是通常遭到忽略的。党所领导的国家经济治理,是一种特殊的资源配置和经济协调机制,它与市场机制一道,在社会主义市场经济中共同发挥着重要作用。第二个层面是探讨中国的竞争性地方政府体制的作用。作为一个发展中大国,中央-地方的经济关系在国家经济治理中居于关键地位,同时也深刻地影响着市场机制的作用。在经济学文献里,中国地方政府竞争一直受到较多的关注,但问题是,围绕这个问题的分析,通常在方法论上更多地为新制度经济学所支配,因而未能完全反映竞争性地方政府在社会主义市场经济中的地位和作用。

I. 社会主义市场经济中的经济与政治

为了理解中国市场经济的特点，笔者曾将工业革命以降的市场经济区分为三个类型，分别是市场经济1.0、2.0和3.0。市场经济1.0对应于工业革命后在英国出现的自由市场经济体制。斯密以来的传统自由主义经济学、以及当代新自由主义经济学，是这种市场经济类型在经济学上的反映，在本文中，我们也称这些理论为市场经济1.0理论。二战结束后，发达资本主义国家形成了市场经济体制2.0。凯恩斯的理论是这一市场经济类型在经济学上的反映，本文称之为市场经济2.0理论。当代中国社会主义市场经济属于市场经济体制3.0，作为其理论表现的当代中国社会主义政治经济学，我们称之为市场经济3.0理论。[1]

市场经济1.0理论。这一类理论既有古典自由主义经济学的理论，如斯密《国富论》中的理论，也有当代新自由主义经济学理论。在斯密那里，经济和政治(抑或市场和国家、经济基础和上层建筑)被看作截然两分的两种制度；市场经济的主体只有私人企业这一维，国家处于市场经济之外，被视为"守夜人"。在当代，1980年代以来形成的新古典宏观经济学，也属于市场经济1.0理论。这一理论反对凯恩斯主义，通过各种具体学说，如理性预期理论、真实经济周期理论等，否定国家宏观调控的经济职能，延续了市场经济1.0理论的核心思想。此外，当代新制度经济学或新政治经济学，通过其中性国家假说，也否定国家嵌入经济所具有的积极意义，将国家的经济职能局限于降低交易费用、监督合同的实施等，实质上和传统自由主义经济学如出一辙。

市场经济2.0理论。该理论的代表为凯恩斯，以及以演化经济学和后凯恩斯主义经济学为代表的当代异端经济学(heterodox economics)。这一类理论认识到，在一个纯粹的私人资本主义经济当中，产品市场会出现有效需求不足的矛盾；诸如投资这样重要的权力不能完全交托给私人，国家必须接过一部分投资的权力；在后发经济中，如果不能发挥国家的经济作用，将面临企业家职能稀缺、战略性基础设施落后以及知识生产不足等瓶颈。为了克服这些问题，国家就必须担负生产关系的职能，介入并调节市场配置资源的机制，并成为市场经济中的行为主体。在此类理论中，市场和国家、经济和政治、经济基础和上层建筑的关系被视作相互嵌入和彼此包容的。

市场经济3.0理论。中国经济过去40年的发展，客观上为形成市场经济理论的3.0 版本奠定了基础。市场经济3.0理论与2.0理论有许多共同点，但同时又发展和超越了市场经济2.0理论。两者之间的差异可以归结为以下几点：其一，在分析国家的经济作用时，市场经济3.0理论所涉及的范围和内容更为宽广。以宏观政策而论，在社会主义市场经济中，除了传统的凯恩斯主义财政和货币政策外，还将结构性政策作为宏观需求管理的重要手段。近年来，除了需求侧管理，所谓供给侧结构性改革又提上了议程，这意味着，着眼于国家长期发展的"宏观战略管理"在中国宏观政策中发挥着十分重要的作用。中国的宏观战略管理和宏观战略投资超越了纯粹的市场逻辑，同时又可与市场经济在整体上相嵌合，是社会主义市场经济在促进经济增长、应对周期性危机方面的核心制度安排。[2] 其二，市场经济3.0理论将中国共产党作为一种经济制度来看待，强调发挥党对经济工作、尤其是对国家经济治理的全面领导作用。正是由于党的这种作用，使中国经济有可能摆脱在其他国家常见的特定利益集团的干扰和限制，使国家以根本上不同于资本主义国家的方式发挥其经济作用，更好地完成国家经济治理的任务。其三，市场经济3.0理论将中国的市场经济体制看作"三维市场经济"，其中社会主义政党－国家、竞争性地方政府、以及各种所有制类型的企业，都是这一市场经济的内在主体。这也意味着，国家的作用和市场经济不是彼此对立的，国家在一定程度上也是市场经济的组成部分。[3]

II. 社会主义政党-国家与国家经济治理

中国共产党的十九大报告里指出，中国共产党的领导是"中国特色社会主义最本质的特征和中国特色社会主义制度的最大优势"。改革开放以来，中国共产党坚持不懈地推动中国经济体制变革，成功地实现了公有制和市场经济的有机结合，建立了世界上前所未有的崭新的市场经济体制，极大地解放和发展了生产力，推动了中国经济的迅速发展。

要理解中国共产党的经济作用，一个前提是将中国共产党作为使命性政党来看待。与传统西方政党不同，中国共产党不是代表特殊利益集团的代表性政党，而是肩负特殊历史使命的使命型政党。1949年建国前，毛泽东屡次指出，中国革命的根本使命，在于推翻妨碍生产力发展的力量，以解放生产力。他写道："最根本的问题是生产力向上发展的问题"，"政治、军事的力量，是为着推翻妨碍生产力发展的力量；推翻妨碍生产力发展的力量，目的是为着解放生产力，发展经济"；"中国一切政党的政策及其实践在中国人民中所表现的作用的好坏、大小，归根结底，看它对中国人民的生产力的发展是否有帮助及其帮助之大小，看它是束缚生产力的，还是解放生产力的。"[4]

中国改革开放以来，从邓小平到习近平，也以类似方式界定改革的性质。邓小平指出："改革是中国的第二次革命"。[5] 所谓"第二次革命"，是与1949年之前的新民主主义革命相参照而言的。改革作为又一场革命，同样具有毛泽东所描述的功能，即破除妨碍中国人民的生产力发展的力量。习近平发展了邓小平的思想，进一步提出"改革开放只有进行时没有完成时",[6] 这相当于宣布, 在整个社会主义初级阶段, 中国共产党的使命都在于破除一切妨碍生产力发展的力量。在此意义上, 中国共产党是自觉承担了特定历史功能的使命型政党。

政治权力和政治关系是推动当代中国经济制度变迁的重要力量, 同时在已经确立的社会主义市场经济体制中也发挥着关键作用。在社会主义市场经济中, 国家具有两重性, 一方面是上层建筑或政治制度, 另一方面是经济基础或经济制度, 是在特定生产关系中从事经济活动的主体。社会主义市场经济中的经济与政治是相互嵌入、相互融合的。在其早年的文章里, 习近平对此问题有深刻的认识, 他提出, 社会主义市场经济的特点, 是"经济政治化"和"政治经济化"。[7] 他还指出:"一个国家的政治制度决定于这个国家的经济社会基础, 同时又反作用于这个国家的经济社会基础, 乃至于起到决定性作用。在一个国家的各种制度中, 政治制度处于关键环节。"[8]

社会主义政党-国家在国家经济治理中的作用, 包括如下方面:

第一、中国共产党对经济工作、尤其是国家经济治理的全面领导。党对经济工作的领导可从以下几个层面进一步考察:一, 党是推动改革的最高政治领导力量。通过改革开放解放生产力、发展生产力, 体现了党的最根本的领导作用。二, 党的领导还体现在相对具体的工作上, 包括提出国民经济和社会发展的愿景与战略、制定中长期发展规划、指导开展宏观调控、领导国有企业等等。

第二, 社会主义政党-国家作为公共产权和公共利益的总代表, 担负着有计划按比例地协调经济社会发展, 满足人民群众不断增长的物质文化需要的任务。所谓"集中力量办大事", 是中国社会主义经济制度的最大优势, 在科技创新等诸多领域发挥了重要作用。

第三, 社会主义政党-国家担负着克服"市场失灵"、引领市场发展上的作用。在中国社会主义市场经济体制中, 市场在资源配置中发挥决定性的作用。然而市场在发挥这种作用的同时，也会暴露出各种矛盾，导致各种形式的市场失灵，如产品市场的有效需求不足、产能过剩，金融资产市场的内在不稳定性，战略性通用性技术的供给不足等等，为此需要国家的介入或干预。

为了实现社会主义政党国家的上述作用，在改革开放的实践中，中国国家经济治理形成了以下具体工作机制。

一、制定和执行国家中长期发展规划。国家中长期规划对于中国经济发展具有重要的作用。习近平指出："用中长期规划指导经济社会发展，是我们党治国理政的一种重要方式。……实践证明，中长期发展规划既能充分发挥市场在资源配置中的决定性作用，又能更好发挥政府作用。"[9] 2017年10月18日，中国共产党第19次全国代表大会提出"从十九大到二十大，是'两个一百年'奋斗目标的历史交汇期"，并在综合分析国际国内形势和国中发展条件的基础上，将第二个百年奋斗目标划分为两个阶段，其中第一个阶段，从2020年到2035年，在全面建成小康社会的基础上，再奋斗十五年，基本实现社会主义现代化；第二个阶段，从2035年到本世纪中叶，在基本实现现代化的基础上，再奋斗十五年，把中国建成富强民主文明和谐美丽的社会主义现代化强国。[10] 2020年10月29日，中国共产党十九届中央委员会第五次全体会议通过了《中共中央关于制定国民经济和社会发展第十四个五年规划和二〇三五远景目标的建议》。[11] 2021年3月11日，第十三届全国人大四次会议表决通过了关于国民经济和社会发展第十四个五年规划和2035远景目标纲要的决议。这为中国在实现全面建成小康社会、实现第一个百年奋斗目标之后，乘势而上全面开启建设社会主义现代化国家新征程、向第二个百年奋斗目标进军确立了总体目标和行动指南。

二、开展社会主义市场经济中的宏观经济管理。改革以来，以财政政策和货币政策为主要内容的宏观需求管理，在促进增长、扩大就业、稳定价格等方面发挥了重要作用。而，以扩大政府财政支出为代表的需求管理，也有诱发重复建设、产能过剩、通货膨胀等问题的弊端，为此有必要提高宏观需求管理的有效性，以推动经济的高质量发展。

近年来，中国宏观经济管理开始聚焦于供给侧结构性改革。习近平提出，"供给侧和需求侧是管理和调控宏观经济的两个基本手段。……供给侧管理，重在解决结构性问题，注重激发经济增长动力，主要通过优化资源配置和调整生产结构来提高供给体系质量和效率，进而推动经济增长。"他还指出："当前和今后一个时期，我国经济发展面临的问题，供给和需求两侧都有，但矛盾的主要方面在供给侧。"这意味着，在全面建设社会主义现代化的新发展阶段，国家经济治理的主要任务是供给侧结构性改革。供给侧改革与需求侧管理不是对立的，"我们讲的供给侧改革，既强调供给又关注需求，既突出发展社会生产力又注重完善生产关系，既发挥市场在资源配置中的决定性作用又更好发挥政府作用，既着眼当前又立足长远。"[12] 供给侧结构性改革的推行，是中国特色宏观经济管理体制和实践的重大发展。

三、建设中国特色产业政策体制和国家创新体系。注重产业政策在经济发展中的促进作用，是日、韩等发展型国家的共同特点。中国作为发展中大国，同样要依靠产业政策助力经济发展。中国的产业政策体制与传统发展型国家有显著差异，其中最重要之处是在中央和地方经济分权以及竞争性地方政府体制的基础上，形成了"多层级"产业政策体制，中央政府(各部委)和地方政府在这一政策体制中均发挥重要作用。通过不同层级地方政府间的博弈和竞争，这种多层级产业政策体制有助于规避了传统计划经济管理方式的弊端，相对有效地促进了产业升级和经济发展。

创新是推动经济长期健康发展、构建以国内需求为主要基础的"新发展格局"的关键因素。建设中国特色国家创新体系是国家经济治理的重要任务，它与前述供给侧结构性改革的目标是一致的。习近平指出："科技创新是人类社会发展的重要引擎, 是应对许多全球性挑战的有力武器, 也是中国构建新发展格局、实现高质量发展的必由之路。中国将加大科技投入, 狠抓创新体系建设, 加速科技成果向现实生产力转化, 加强知识产权保护, 推动实现依靠创新驱动的内涵型增长。"[13] 中国特色国家创新体系具有举国体制的特点, 这意味着, 国家要作为重大科技创新的组织者发挥作用, 并以制约国家发展和安全的重大瓶颈来确定创新的方向和重点。

III. 中央-地方的经济关系与中国地方政府竞争

作为一个经济大国, 中央和地方的经济关系一直中国国家治理的核心问题。改革以来, 央地经济关系经历了重大的阶段性调整, 先后经历了财政包干和分税制这两个阶段。这些调整通过财政和经济分权, 一方面在纵向重塑了中央和地方的经济关系, 另一方面将县以上地方政府塑造为具体特殊行为和动机模式的社会主义市场经济的主体, 推动了地方政府间的横向竞争, 促进了中国经济增长。竞争性地方政府体制是中国国家经济治理体系的一个重要面向, 也是中国有别于传统发展型国家的特色之一。[14]

中国地方政府是区域经济发展的司令部, 它通过开展以"土地财政"为核心的战略投资、推行产业政策、以及扮演熊彼特意义的企业家等多种行为方式来推动区域经济发展。在这一节里, 我们主要就地方政府行为的一个侧面——围绕土地财政开展的战略投资——开展分析。

在20世纪80年代流行的财政包干制度下, 地方政府一方面有相对独立的财权, 另一方面又有事权(行政权)。实行分税制以后, 中央把一些财权回收, 但更多事权留给了地方政府。在财政和行政分权改革的背景下, 中央也意识到, 地方财力需要与其事权相匹配。从1989到1994年，国有土地使用权有偿转让所形成的土地出让金，其上缴中央的比例从40％下降到了零。1999年实施的《土地管理法》，第一次授权地方政府可以将耕地用途改换为工业用地和城镇建设用地，以获得更多的土地转让收入。这些制度安排的结果，是使得地方政府在城镇土地一级市场成为唯一的供给者，并可通过招拍挂等方式出售土地以获得土地出让金。

伴随着市场经济的发展，工业化和城市化的加速，制造业、商业服务业、房地产业的爆发式增长需要大量土地，土地价值为此会有巨大的增值，地方政府通过土地出让金、税收等形式拿走了这一增殖中的相当大部分。图1是过去20年中国土地出让金的增长情况，1998－2018年，全国土地出让金从507.7亿元飙升至64801.4亿元，名义增长超过126倍。

土地财政是一种特殊的经济制度，其经济性质有如描述。第一，土地财政的功用，在于将商业和住房地产市场取得的租金以及税收等收入，转而补贴工业用地的低价出让以及在招商引资中引致的各种成本，据此刺激了投资率，使之达到其他国家在历史上难以企及的水平，造就了中国经济的超常增长。第二，地方政府为吸引投资而支付的成本，可以视为一种投资："中国地方政府的投资激励性支出，花费之后所产生的是一个不断放大的价值创造与分享流程，最终以税收增长、股权增值、土地升值等多种方式回流到政府财政。正是在这个意义上，地方政府的投资激励性财政支出是为了未来预期收益的投资行为。"[15]

将土地财政界定为地方政府特有的投资战略和投资活动，这是极为深刻的洞见。不过，在此需要辨别两种不同的投资行为。中国城市土地在用途上大体可以划分为工业用地和商业住房用地两个部分，两类土地的经济性质是不同的，前者属于生产的条件(或生产要素)，后者则可视为金融资产。作为金融资产的土地，与股票、债券等一样，是虚拟资本的表现形式。前述引文里的投资激励性支出，仅仅是指工业用地的投资(如"几通一平"即对作为固定资本的土地的投资、建造厂房等)。而在作为金融资产的土地市场上，地方政府同样从事着投资和协调投资的活动。因此，对地方政府的投资行为，应该从上述两个维度来理解。可以借用哈维(David Harvey)的术语，对地方政府的投资行为作一个概述——这是对其行政辖区内的"营建环境"(built environment)的投资。哈维的营建环境概念囊括了一切嵌入土地，并用于支持生产、流通、交换、消费的物质结构。

地方政府通过投资于营建环境而取得的收入，具有租金的性质，其主要成分是地租。商住用地的土地出让金是这类收入的典型形式，其主要成分是制度-垄断地租，尽管其中也包括一些城市级差地租(对商业服务业用地而言)。所谓土地金融，即在土地出让金未来增加的基础上形成的地方政府债务，本质上也是以制度-垄断租金的增长为基础的。

中国房地产市场的制度-垄断租金是依靠政府和金融机构的特定制度和政策安排而形成的。几位作者对土地出让金的形成作了如下描绘："地方政府在工业用地和商住用地出让上的作法存在显著差异。在商住用地方面，地方政府成立土地储备中心，垄断城市一级市场，通过限制商住用地供应并以'招拍挂'的竞争性方式出让土地来最大化出让金收入，而工业用地出让绝大部分通过协议方式完成。……为了弥补协议出让工业用地带来的亏空，一些地方不得不通过商住用地出让收入进行横向补贴。"其结果是："工业用地因投资竞争而形成'全国性买方市场'，但在商住用地方面形成了众多'局域性卖方市场'。地方政府完全可以通过'招拍挂'方式高价出让土地，并将这种高地价转嫁给本地服务业消费者。

结果可以观察到，地方政府通过设立'土地储备中心'来调节和控制商住用地的供地规模，提高商住用地出让金收入。"[16] 图1 给出了中国各类土地成交价格的变化，其中商业服务业用地、住宅用地和工业用地价格的剪刀差的扩大代表了地方政府可支配租金、尤其是制度-垄断租金的增长。

图1 2008-2018年中国城市四类土地成交价(单位:元/㎡)

来源:wind 数据库。

土地财政是一种对全社会储蓄的动员机制,因为地方政府依靠作为金融资产的土地价值的增殖,将全社会储蓄吸引到房地产市场上来,使这些储蓄转化为制度－垄断租金。中国地方政府是制度－垄断租金的生产性使用者和分配者。它们在招商引资过程中以低地价等各种方式补贴了那些具有效率和创新能力的企业,在这种情况下,租金事实上构成了相关企业的垄断利润或超额利润,这就进一步刺激了企业的创新和生产性投资,造就了中国经济超高的投资率和增长率。与此同时,一些地方政府还将租金直接投资于地方国有企业,从而直接参与了工业化和创新的过程。

改革以来,中国地方政府竞争为推动经济增长发挥了重要作用。同时也要看到,地方政府竞争所造成的发展模式在其实践也产生了一些矛盾,其主要表现是房地产价格的过度膨胀以及与此相关联的中国经济的金融化。为此,高度依赖土地财政的地方政府竞争模式,已成为国家宏观调控和进一步深化改革的对

图2 对市场经济的不同理解

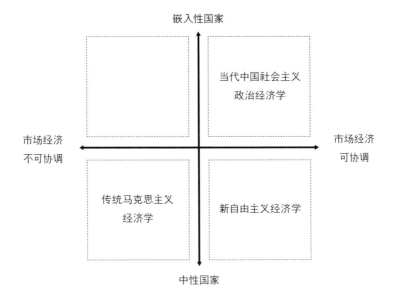

嵌入性国家

市场经济
不可协调

市场经济
可协调

当代中国社会主义
政治经济学

传统马克思主义
经济学

新自由主义经济学

中性国家

象。中国的央地经济关系有待进一步重塑,一方面应结束地方政府过度依赖现有土地财政和土地金融的局面,开辟地方政府可支配租金的新来源;另一方面要保持竞争性地方政府作为中国市场经济体制的主体的地位,使之继续发挥中国经济增长引擎的重要作用。

IV. 尾 论

伴随中国经济的成长,国际上围绕中国经济模式的讨论也越来越热烈。这些讨论中有许多深刻的观点,但也有许多见解完全没有把握到中国社会主义市场经济的特殊性,反而将这些特殊性因素排斥在经济分析之外。正如本文第一节描述的，人们可以运用不同的理论——市场经济1.0理论或3.0理论——来研究现代市场经济，得出的结论也迥然不同。理解中国市场经济及其制度特征，一个重要前提是摆脱新自由主义经济学的束缚，以适当的方式将社会主义政党－国家纳入考察范围，充分体现党所领导的国家经济治理在中国市场经济中的作用。

图2 描绘了不同理论对现代市场经济的不同认识。图中纵轴代表两种看待国家经济作用的不同理论，新自由主义经济学(如新制度主义、新政治经济学、奥地利学派)主张国家是"中性的"，即国家事实上是斯密的守夜人国家，不能嵌入市场从其内部发挥作用。而当代中国社会主义政治经济学(以及包括后凯恩斯主义经济学、演化经济学等在内的当代异端经济学)主张国家必然嵌入市场经济、从其内部发挥作用。横轴代表不同经济学对市场经济的可协调性的看法。值得指出的是，以《资本论》为代表的传统马克思主义经济学，一方面在其正式分析中没有完全纳入国家，另一方面，认为市场经济因其内在矛盾完全不可协调。在此双重意义上，当代中国社会主义政治经济学与《资本论》所代表的传统马克思主义经济学有所不同。

由图2 出发，我们还可以对中国当前的经济制度—社会主义初级阶段的经基本经济制度——做一个概括。中国社会主义初级阶段的基本经济制度包括三方面内容：一，在坚持发展公有制经济的同时，大力发展非公有制经济；二，在坚持按劳分配的同时，承认按要素贡献分配；三，市场在资源配置中起着决定性作用，另一方面，国家也具有重要的作用。在这三项内容中，每一项都带有二元特征：公有制和非公有制、按劳分配和按要素贡献分配、有为国家和有效市场。其中，公有制、按劳分配、国家的经济作用，体现了社会主义的基本价值取向，同时也规定了制度变迁的性质和方向。另一方面，非公有制、按要素贡献分配、市场在资源配置中的决定性作用，反映了特定历史阶段客观经济规律的要求。这一基本经济制度一方面是切合中国发展需要的合理制度安排，另一方面也具有可供其他国家借鉴的普遍意义。正如中共十九大报告指出的：中国的发展道路"拓展了发展中国家走向现代化的途径，给世界上那些既希望加快发展又希望保持自身独立性的国家和民族提供了全新选择，为解决人类问题贡献了中国智慧和中国方案。"[17]

注

1 孟捷,〈中国特色社会主义政治经济学的国家理论：源流、对象和体系〉,《清华大学学报》第3期(2020).

2 史正富,〈治理周期性危机是社会主义市场经济的根本挑战——论相对生产过剩和宏观战略管理〉,《文化纵横》第6期(2018).

3 史正富提出了三维市场经济的概念。史正富,《超常增长》,上海人民出版社, 2013.

4 毛泽东,《毛泽东文集》第3卷, 北京：人民出版社, 1996, p.109；毛泽东,《毛泽东选集》第3卷 (北京：人民出版社, 1991, p.1079).

5 邓小平,〈改革是中国的第二次革命〉,《邓小平文选(第三卷)》, 北京：人民出版社,1993, pp.113−114.

6 习近平,〈改革开放只有进行时没有完成时〉, 载《习近平谈治国理政》,北京：外文出版社, 2014, pp.67−69.

7 7 习近平,〈对社会主义市场经济的再认识〉,《东南学术》第4期(2001).

8 中共中央文献研究室(编),〈在庆祝全国人民代表大会成立六十周年大会上的讲话〉,《十八大以来重要文献选编》, 北京：中央文献出版社, 2016, p.62

9 习近平,〈习近平在经济社会领域专家座谈会上的讲话〉,《人民日报》2020年8月24日.

10 习近平,《决胜全面建成小康社会夺取新时代中国特色社会主义伟大胜利——在中国共产党第十九次全在中国共产党第十九次全国代表大会上的报告》, 北京：人民出版社, 2017.

11 《中共中央关于制定国民经济和社会发展第十四个五年规划和二0三五年远景目标的建议》, 北京：人民出版社, 2020.

12 习近平,《在省部级主要领导干部学习贯彻党的十八届五中全会精神专题研讨班上的讲话》, 北京：人民出版社, 2016, pp.30−31.

13 习近平,《让多边主义的火炬照亮人类前行之路——对世界经济论坛"达沃斯议程"对话会上的特别致辞》, 北京：人民出版社, 2021, p.11.

14 孟捷、吴丰华,〈制度垄断地租与中国地方政府竞争——一个马克思主义分析框架〉,《开放时代》第3期(2020).

15 史正富,《超常增长：1979－2049年的中国经济》,上海人民出版社, 2012年, p.55.

16 陶然、陆曦、苏福兵、汪晖,〈地区竞争格局演变下的中国转轨：财政激励和发展模式反思〉,《经济研究》第7期(2009), pp.27－28.

17 习近平,《决胜全面建成小康社会夺取新时代中国特色社会主义伟大胜利——在中国共产党第十九次全国代表大会上的报告》,北京：人民出版社, 2017, p.10.

不对立的"国家和市场"

李圭彬

"中国模式"作为经济发展战略上的一种概念，从提出到现在已经有将近20年的时间了。但是其定义，以及这种说法是否真的成立，一直没有定论。其中最具代表性的问题是，很多人对中国模式的概念没有进行正确地定义就加以滥用。早期的研究者是把中国模式作为发展型国家的一种发展模式来使用。但是在全球金融危机以后，中国内部开始对自己的"中国特色社会主义市场经济"的发展成果进行自夸，借此激发中国人的民族自豪感。这时"中国模式"已经被当做一种政治修辞来使用了。但是在中国模式的定义方面，依然没有取得共识。如果说中国的崛起是当前国际政治中最重要的现象之一，那么从社会科学的角度对其进行研究，将具有非常重大的意义。接下来，本文将从政治和经济的角度尝试对中国模式进行探讨。

我们决不能忽视这样一个事实。即，所谓"模式"不过是某些人醉心于"类型论"的结果，而"发展模式"不过是特定国家或社会的一种历史性选择，在对其发展历程进行梳理后而形成的一种概括性经验总结而已。最要紧的是，切不可将现实胡乱地编排到所谓模式中去。实际上，在经过上世纪70年代末的改革开放、1992年的南巡讲话，以及2008年的全球金融危机等各个节点后，中国的经济制度确实有非常亮眼变化。这其中既有中央与地方关系的作用，也有政治权威的影响，是十分复杂的。若想对其加以概括乃至形成一种体系化的理论，绝非易事。因此，本文并不急着对中国模式的机制进行定义和分类，而是要着眼于中国经济发展过程中所反映出来的政治原理，并对此进行追踪式分析。我们将以政治经济学的视角来看待中国模式，进而对中国的经济发展寻求一种深层次的理解。

首先，本文使用"东亚发展型国家"(the East Asian developmental state, 亦称"东亚发展型政府")的模式作为比较工具，借此了解中国模式的现象。所谓东亚发展型国家的模式主要是指日本和韩国的发展事例，这也是众所周知的后发工业国的追赶战略(catch-up strategy)。另外，这种发展战略也对中国产生了深远的影响。东亚发展型国家与西欧资本主义国家相比，其政府一般更具有权威、影响力更大。中国的发展模式中，同样也存在着一个强大的权威型政府。所以，将东亚发展模式作为一种工具来了解中国模式的话，是有助于讨论中国模式的政治经济基础的。

通过与发展型国家模式进行比较、并以此来理解中国模式中产生的现象之后，我们将从国家与市场关系等传统政治经济学的角度，对中国模式及其现象进行理论上的探讨。我们将会发现"国家"在中国的意义既不同于西方资本主义国家，也不同于东亚的发展型国家。因此，我们也就可以理解这一事实，即，如果把中国模式与资本主义世界的发展模式放在一起、用同一视角来对待的话，会造成认识上的混乱。

I. 发展模式的匮乏与中国模式的出现

东亚国家在1970年代和1980年代实现了经济上的快速增长，从他们身上可以发现到一些共同特点，那就是国家主导的经济发展方式。这种经济发展模式一般有如下几个特征：一是会实施有针对性的产业政策；二是设有领先的经济官僚机构；三是政府会进行金融控制和资金分配；五是凭借于强有力的政府权威对社会资源进行高效投入等。这也就是所谓的"东亚发展型国家模式"或者"发展型国家模式"。它最先起源于日本，然后韩国、台湾、新加坡等地也跟着采取了这种模式，并展现出了显著的经济发展成果。此处所揭示的"国家的市场干预(state intervention)"是后发国家为了追赶发达国家，在采取经济政策时所奉行的"金科玉律"。

但是这种发展型国家模式在1997年东亚金融危机爆发时，其各种弊端一举显露出来。高压式增长背后隐藏着严重的企业负债问题、以及脆弱的金融制度问题，很多人认为这就是"元凶"所在。殊不知"国家的市场干预"才是招致失败的根本原因。1980 年代以后，以英美为中心提出了"自由竞争市场"和"排斥国家干预"的主张，在此基础上又发展出了"盎格鲁－萨克逊 模式"，并在发展型国家模式式微之际趁虚而入。结果，以无限市场竞争、财政紧缩、资本的国际自由流动和劳动力市场的灵活为宗旨的"政策处方"，即"华盛顿共识"开始在世界范围内流传开来，并且被认为是唯一的经济发展模式。

"盎格鲁－萨克逊模式"推崇尽可能的自由与竞争，并将其作为经济运行的最有效方式。这种模式也不过10年就寿终正寝了。由2008年美国次贷危机引发的金融泡沫的崩溃在全球范围内蔓延。为应对前所未有的全球金融危机，被称作"量化宽松"的政府经济刺激计划再次全面发挥作用。与此同时，一向认为"政府干预必然导致失败，自由与竞争是神圣的"的盎格鲁萨克逊模式一时间黯然失色，到了必须走下唯一经济发展模式的神坛的时候。

不同的发展模式在不同的时代各领风骚、一时无两, 但他们的效果都未能持久。在这种历史背景下, 既非盎格鲁萨克逊模式, 也不同于发展型国家模式的另外一种经济发展模式就问世了。那就是中国的崛起。中国自1970年代末实施改革开放以来, 实现了飞跃式发展。如今, 中国2020年的DGP 已经超过了超级强国美国的70%。[1] 曾经有人预测中国的GDP 总量将在2035年超过美国, 如今这个时间再次被提前。中国有可能在2028年或2029年就超过美国。关于美中技术竞争, 中国在第四产业的快速成长也非常引人注目。

这些成就的背后就是国家(state)。以国家发改委为中心的政府部门负责实行各种产业政策和社会经济调整相关工作。而且还会制定国家发展五年规划, 采取直接措施来培育国家重点产业, 并对国有企业进行结构调整。中国还会通过财政补贴和各种投融资手段, 对产业培育和技术创新进行间接式干预。不仅如此, 各级地方政府还会划定经济特区, 并且对外国直接投资(foreign direct investment, FDI)具有很强的控制权。因此它们可以顺利地按照战略规划制定和执行产业政策, 还可以在诸如"一带一路"等国家级的对外战略中, 为国营和民营企业打入海外市场充当纽带和中介的作用。另外, 因为庞大的国家规模, 不可避免地会在各部门、各产业和各企业之间产生利害冲突, 政府为解决这类问题会通过综合经济部门(国家计划委员会+国家经济贸易委员会)进行讨论、再加以制度化, 以此提供一种内部调节机制。进一步分析会发现, 在这种国家主导的经济治理体系内部, 其实都是由共产党进行领导的。以"中央全面深化改革领导小组"和"中央财经领导小组"为中心进行党内顶层讨论, 以此做为战略基本原理。然后, 一直到形成具体的经济计划, 从而构建出经济政策制定上的"控制塔"。因此, 政党作为党国体系(party state)的一部分, 和国家保持着紧密的联系, 并形成政策决策网。

东亚国家可以通过直接分配资金、下达经济指标等方式实现经济的高压式成长，中国的这种以国家为主导的经济发展模式与此类似。这让很多研究者不得不认为中国就属于这种发展型国家模式的一种。但是，中国所具有的这种国家规模、地缘政治上的特殊位置、以及中央和政府之间的特殊关系等条件，其他国家难以比拟。这也就意味着在发展模式的形成和运用上会有所不同。此外，尽管东亚发展型国家的模式下都有一个强有力的威权型政府在领导，但很难将其与中共所具有的特殊历史地位相提并论。而且与盎格鲁散克逊模式更是差着十万八千里，这一点自不必说。这种中国式经济发展的特殊性与现有的发展模式都不一样，所以"中国模式"或"北京共识"的说法就被提出来了。

实际上严格来说，目前尚不清楚是否可以对中国经济的发展经验赋予"模式"的地位。对此，全圣兴提出中国经验要想真正成为"模式"，需具备三个要件：(1)可见且出色的"成果"，(2)与其他发展模式不一样的"独特性"，以及(3)可供具有同样发展目标的第三国进行参考和追随的"适用性"。[2] 拿着这三个标准来回顾中国经济发展的历史的话，在"适用性"方面是否可以将中国的发展经验普遍适用于其他后发工业国家，对此尚持保留态度。但至少在"成果"方面，中国确实积累了足够多的东西，让人没有怀疑的余地。而"适用性"本来就是一个实践性的概念，因此在理论层面"中国模式"要先明确出自己的原型(prototype)是什么，如此成立以后再在"适用性"方面不断进行完善，这样才能在"理论化"上具有一定意义。概言之，第一个条件"成果"在"中国模式"上已经是不争的事实，第三个条件"适用性"尚有保留，那么对第二个条件"独特性"的探讨，就成了关键所在。

Ⅱ. 中国模式与发展型国家模式之间的共性: 以国家为"总司令"

正如本文开头所言, 本文将通过与东亚发展型国家模式进行比较来说明中国经济发展方式的"独特性"。总结这两种模式的异、同之处, 不仅是将中国模式作为一种经济发展战略, 也是对"国家"在中国所具有的社会科学层面的意涵进行剖析的过程。接下来, 将首先考察两种模式的共同点, 并对"国家"在中国的地位和角色进行讨论。

国家为了完成"经济发展"的任务, 会采取有效且系统的方法。对此, 社会科学领域将多种发展模式进行了归类。其中比较政治经济学着眼于各资本主义国家发展方式的差异化, 对各国内部制度安排方面存在的异同进行了整理和分类。其中一个典型例子是, "资本主义多样性"(Varieties of Capitalism, VOC)被认为是比较政治经济学的一个重要理论视角。根据VOC 来看, 以各国的制度互补(institutional complementarity)和企业制度及战略文化的差异为标准, 资本主义发展方式大体可以分为自由市场经济模式(Liberal Market Economies, LME)或调整市场经济模式(Coordinated Market Economies, CME)。一般来说, 前者的代表国家有美国、英国和澳洲, 后者的代表国家则有欧陆各国以及日本和阿根廷。

但是, VOC 最初主要关注的是西方国家和南美的部分国家, 而对东亚国家的经济发展经验鲜有言及。在这些国家中, 政府部门对经济的主导力量和对社会的权威控制非常明显。后来的研究人员为了弥补这种局限性, 改善性地提出了VOC 假设, 补充了新的发展类型。这就是国家主导的市场经济(state-led market economies, SME)。在这里, 有以"东亚发展型国家模式"著称的日本、韩国、台湾和新加坡等国家, 还有作为当代社科领域重要话题的国家, 即中国也被包含在内。由此可见, 东亚发展型国家模式与中国模式之间最大的共同点在于, "国家"始终站在前面引领着经济的发展。那么, 在两种模式中, 国家的主导性是如何体现的呢？

首先，在东亚发展型国家模式中，国家(strong state)以其国力为基础，具有对资源分配进行控制、对特定产业领域进行投资的强大力量。就韩国而言，在1987年民主化之前，军政府通过对经济的强势介入政策，包括控制银行利息、分配政策金融、划定出口指标、实行有针对性的产业政策等等，以此推进工业化发展。经济企划院作为重要的官僚机构，在制定经济计划和编制预算方面起着核心作用。日本是东亚发展型国家模式的起源地，他们的通商产业省作为经济企划机构，承担着"司令塔"的作用。日本通过推行有针对性的产业政策，引领着本国经济的快速重建。

在中国，其经济体制也是在国家的指导下进行设计和调整的。中国政府在1980年代开始有选择地、稳步地导入市场经济体制。此后，非公有制部门的成长开始显现，国有企业和农业生产中也开始部分地引入市场经济原理。90年代的国企改革，就是以自上而下的方式实施的。尽管效果不佳，但毕竟是迈出了产业政策的第一步。最重要的是，从1990年代初开始中国以沿海城市为中心，建立起了出口导向型的高速增长体系的基础。该体系主要通过政府的五年计划来实现。在2000年代中期，在中央政府层面出台了针对国家5重点产业的相关政策。从此，中央政府便全面站到了经济发展的最前头，并将象征着计划经济的"五年计划"改为"五年规划"，一直持续到2021年现在。

在整个过程中，国家有时候充当着制度设计师的角色，有时候又通过国有企业承担起与外国资本进行直接谈判的角色，并以此对国家重点产业和未来高科技产业进行有针对性的培育。此外，国家拥有银行和金融部门，作为资本配置的主体来运作。这与发展型国家模式下"国家具有金融控制手段"这一点十分一致。此外，外汇管理部门为了保持汇率稳定，将人民币与美元挂钩，以此为出口竞争提供后盾。

两种模式的相似之处不仅在于制度机制方面，二者都是通过内部建立起来的意识形态进行社会动员，进而对经济发展进行管控。在东亚发展型国家模式中，不仅仅是有威权政府的镇压机制，而且也在大范围内取得了社会的认可。那就是"国家的最重要目标就是发展经济，国家必须通过强有力的领导带领人们实现经济发展的目标"。这也就是所谓的"发展主义"。发展主义在取得社会认可和传播的过程中，与民族主义和爱国主义结合起来。例如在韩国，"民族中兴"的历史使命在整个朴正熙政府时期一直被强调，而人民的民主权力和劳工权利却被忽略了。但是在发展主义影响下，为了"民族中兴"这一切忍受和牺牲都是应该的。东亚模式的发展主义在社会上是占据支配地位的意识形态，至少在工业化的过程中是这样的。"国家"不仅是制度的设计者和执行者，而且还通过"政府"这种组织形式将发展主义具体实践出来，可以说"国家"就代表着政治权威。

在这一点上，"发展主义"完全可以适用于中国的发展。1978年改革开放以后，中国的政策重心一直放在经济发展上，这与为了全面实现社会主义阶级斗争而开展的文化大革命时期不同。在解决"全民温饱"以后，实现"全面小康"就成为重中之重。最近又提出了"中华民族伟大复兴"的口号，因而与民族主义靠得更近了。无论发展型国家模式还是在中国模式，所有社会成员都通过经济发展相联系，并成为"兄弟姐妹"。大家会为不时传来的耀眼的经济成绩、以及本国企业所取得的飞跃式发展等消息而欢呼雀跃。这些成就就像他们自己所达成的一样，十分容易被接受。而在经济快速发展过程中，他们个人曾经忍受的痛苦和牺牲，此时都会得到抚慰。

就像硬币的两面性一样，国家主导下的经济发展也会带来其他影响，那就是"小社会"现象。在东亚发展型国家的工业化进程中，利益集团和市民社会受到极度挤压。根据崔章集的说法，1987年以前在韩国能被叫做利益集团的就是财阀们的"全国经济联合会"，或者"农业协同组合"，再或者"教师总联合会"这种半官方组织, 仅此而已。[3] 在这种背景下, 投入到公共福利和社会安全方面的资金非常不足。由此而节省下的资源, 就被投入到了需要大量固定资产的国家关键行业, 例如装备行业。

中国也属于这种"大政府、小社会"的情况。在牢固的党国体制下, 国家通过所谓的"社会管理"对整个社会进行强力控制。中国的社会管理在90年代以前主要是通过"单位"进行落实, 此后随着"单位"的解体这一任务就落在了"社区"身上。虽然随着社会经济的变化, 基层社会管理制度的落实由"单位"变为了"社区", 但国家仍然在有效地管理着这些组织。所以, 中国的社会几乎无法从国家那里获得很大的独立性和自主权。因此, 如果以多元主义观点作为讨论公民社会的标准的话, 中国公民社会的不发达就可以被归为前面所说的"小社会"问题, 这也是与发展型国家模式的特点相通的。

综上所述, 发展型国家模式的最大政治经济特征是"国家"以"总司令"(commander-in-chief)的身份立于前, 来引领国家的经济发展。而中国模式也是以国家对社会的强力控制为基础, 不断地自上而下地开展着经济改革。这一点十分明显。如果借用政治经济学上传统的分析框架, 从国家与市场关系来看的话, 可以说这两种模式都在"大政府、小社会"的环境下具有一种共同的形式, 那就是社会遵循着由国家主导和设计的经济发展方式而运转。

III. 中国模式与发展型国家模式的区别: 中国模式的独特性

虽然前面分析了很多共同点, 但中国模式和东亚发展型国家模式也有许多差异。两者之间的差异成为构成中国模式独特性的一个因素。

时代背景：高度依赖外国直接投资

可以说，东亚发展型国家模式受外部因素的影响相对较小。例如，在布雷顿森林体系和战后成长起来的欧元和美元市场影响下，韩国拥有通过直接借贷获取外汇的稳定途径，因而能够减少对外国直接投资(FDI)的依赖。在国际政治影响方面，可以说日本和韩国都曾经历过一个特殊的历史时期。即，日本通过韩战、韩国通过越战都相对容易地获取了大量美元的流入。而且在美苏冷战期间，基于共同的安保考虑，美国曾经对日、韩都给予了的大量经济援助，这是不可忽视的事实。像这样，在一个有利于国家发展的外部环境下，东亚大多数发展型国家将外国直接投资的流入降至最低，排除了跨国公司的影响力，并实施了大胆的产业政策。

然而，中国却面临着不一样的局面，除了要理顺一个庞大的国家与市场之间的关系，还要营造一个稳定的国内外环境才行。因为当他们正想轰轰烈烈搞发展时，却赶上了一个资本全球化扩张最激烈的时代。如果资本保障途径不稳定的情况下仓促实行产业政策，就会招致资金困难，其可持续性也难以保障。把出口与外国直接投资相结合的体制(Nexus)，也被称为"外循环"或"国际大循环"，这正是基于政策性考虑的结果。在这种背景下，中国积极吸引外国直接投资，但同时会把外资所有权控制在50%以下，以此来避免国内工业基础受到外资侵蚀。

经济发展主体：国有企业

改革开放后不久的1980年代，中国尝试性、部分地引入了市场原理，非公有制经济也获得了显著发展。然而，国有企业效率低下和政商勾结的问题日益凸显。为解决这一问题，1995年开始实行"抓大放小"的政策，国企改革由此拉开序幕。中国一方面对国企中的低附加值、小规模的产业进行清理，另一方面又在强化和充实居于核心产业中的国有企业，并取得了相当大的进展。2000年以后，中国进入胡锦涛执政时期，中央政府和国资委，以及以央属国企为主的军工产业、尖端产业等，为驱动中国战略性产业培育政策奠定了基础。通过这一过程，中国要把国企培养成国家的领军企业，并使它们成为经济发展的核心力量。时至今日，则是要把国企发展成为全球领军企业，使它们在全球价值链上占据领先地位，以保障中国的对外战略利益。

而东亚发展型国家模式旨在培育民营企业，以此来促进经济发展。韩国以"财阀"为代表的私营公司们带动了东亚发展型国家的成长，政府则通过筛选将主要产业分配给各家公司，从而建立了有效的分工体系。在这种政策下，大企业变得越来越庞大。到今天，它们已经在东亚新兴工业经济体中占据了很大的比重。

中央与地方的关系

东亚发展型国家的规模并不大，地方政府的影响也很有限。即使历史相对悠久的日本地方分权制也还是受到中央政府的强大影响。韩国的地方自治制度始于1995年，因此与工业化过程并无关联。换句话说，由于国家面积较小、地方自治能力较弱，因而驱动中央集权的经济政策比较容易，内部协调和妥协的成本也相对较低。

然而，中国由于其庞大的国家规模，地方政府所承担的角色和拥有能力，与其他国家大不相同。从中国共产党成立延安政府开始，以及此后相当长一段时间内，中国一直具有地方分权的特征。这种问题在中国的工业化过程中也造成了地方核心产业"分权"的现象。改革开放以后，通过实行地方分权改革，地方政府的自主性得到加强。但同时也导致了地方政府间的白热化竞争。自2000年代中期以来，央属国企的"国有经济影响力及先进性"被一再强调。此后逐渐出现了"国进民退"的倾向。但是赋给地方政府的相当大的经济裁量权依然有效。地方政府在2000年以后，也试图在核心产业领域通过与外国资本合作，以合资的形式建立排他性的高附加值产业基地。在此过程中,各地方政府通过过度投资进行的GDP竞争和招商引资竞争也日益激烈起来。

从东亚发展模式的角度来看,中国地方政府的经济自由裁量权以及由此产生的地方政府之间的竞争是非常低效的。但是,基于中国庞大的规模和历史的特殊性而形成的地方分权的局面,也是中国固有且难以改变的一个特征。如果中央政府想推行某种产业政策,地方政府的官员们为了通过政绩和"表现"以谋求自己的升迁,基本上都会对中央的大政方针予以配合。但与此同时,由于他们所任职的地方内部也存在种种利害关系,这些都会在他们的政策中反映出来,以实现某种程度的"寻租"。所以在中国建立起适当的协调机制来应对这种难题,有时比设定宏伟的经济目标更为重要。

发展节奏:重视"稳步"和"稳定"

自2000年代以来,维护社会稳定和稳步发展的重要性,已成为经济政策目标的重要组成部分。这集中体现在"科学发展观"和"和谐社会"中。像这种稳定的、渐进的经济发展思想越来越受到重视。"小康社会"代表着高质量的生活和健全的社会保障。这一概念是由邓小平在改革开放以后,作为关键战略计划目标所提出来的。此后,在江泽民所提出的"两个一百年"目标中也再次强调,第一阶段就是"建设全面小康社会"。尽管习近平在党的十九大上把实现全面小康社会建设的目标提前到2021年,但是小康社会所象征的渐进式、稳定的经济发展要求一如既往的重要。

东亚发展型国家模式中,"快速增长"本身即是政府经济政策的重中之重,也是社会成员的重要口号。与此相比,中国对"稳步"和"稳定"的强调,就表现出了明显的不同。对此,Beeson 认为"日本在快速增长时期,具有坚定的发展意志和政策指向。中国与此不同,他们的产业政策的成功标准是'孤独求败不可贵,与失败者共同前进才可贵',这是一种理念上的制约作用"。[4] 这里的"稳步"与"稳定"的标准可以被看做是一种缓冲装置,它使快速增长所带来的副作用得以最小化,还有利于确保体制的稳定性和可持续性。像中国这样的大国,在追求经济发展时"高速成长"并非他们的最优先任务。

持续且统一的经济治理:党国体制

中国的党国体制是指由单独一个政党来执政的制度,如果说政党是一个统一了所有权力的机构,那么国家就承担着凝聚利益、并负责政治动员的责任。党国体制是中国在鸦片战争后的屈辱的近代史中,为了实现"强国梦"而努力创造出来的产物。在新中国建立以后,则通过"共产党的领导"这一概念将党国体制付诸了实践。在党国体制下,共产党是以意识形态存身立足的,故其影响不受制度外衣的束缚。共产党可以超越政治领域,将整个社会置于其影响之下。

2001年,在强调建立现代国家的重要性时,"从革命党转变到执政党"的命题被提起。所以,党国体制和共产党的位置都有了新的定义,共产党政府的统治合法性不再由革命的完成来支持,而是由经济发展的成就来支持。一方面,随着加入世界贸易组织后中国经济的快速增长,共产党获得了更大的合法性。但另一方面,共产党的任务却被框在了发展经济和实现小康社会的使命之下,出现了所谓的"路径依赖"问题。

尽管东亚发展模式中也出现了中央集权的权威政治体系,但日本至少可以在形式上实现政权交替。韩国在1972年的维新宪法颁布之前,哪怕是1961年曾经有过政权被军事政变颠覆的历史,其总统也都是通过投票选出来的。反观中国,共产党在党国体制中的地位一直很牢固。即使领导层发生变化,"党的领导"原则也不可撼动。这与其他东亚国家的政治模式不同,那些国家会定期进行政权交替,而且对政策连续性也会造成影响。中国这种党国体制下可以确保执政的连续性，其经济政策也得以在中长期以内被持续推进。比如一带一路这种长期国家战略可以实现有机的连接。

党国体制的另一个特点是，主要的国家官员也是党的成员。共产党通过激励和竞争机制来让中央和地方各级的官员争相拿出经济成果来，从而强化中央与地方的联结。例如，共产党会将地方官员的政绩分为上下两等，分别对其进行赏罚，并定期调整其任职地方。要想成长为国家级的领导者，就必须在党内的竞争机制上下功夫，所以他们不必和地方的势力纠缠在一起。由于其庞大的国家规模和下放的权力，中国的经济治理结构在细节上看起来很宽松和散漫。但是在宏观上，他们却可以维持统一性和系统性。在这一点上，中国与东亚其他国家的中央集权式官僚体制不一样。

如上所述，通过与东亚发展型国家模式的比较，总结了中国模式所具有的独特性。那么，如何从理论的角度来解释这种独特性呢？接下来，将基于国家和市场的关系，从政治经济学的传统分析视角出发，通过反思中国模式的各种特征，来讨论中国模式是基于怎样一种国家市场关系。

IV. 中国模式的新视角："国家和市场"

政治经济学领域的许多文章，在谈到国家的经济发展模式时，都是着眼于国家与市场这两个主要行为主体的关系上，认为它们为了争夺经济领域的"制高点"而互相竞争。这种观点可以被称作"国家对市场"(state versus market)，如此一来国家与市场之间就是一种为了争夺主导权而互相对立的关系。为了更好地理解这一点，我们将会对政治经济学中的"国家"概念及其脉络进行简要的梳理。

作为一种非正式制度，在资本主义出现之前，"国家"与"市场"就一直约束着人类社会, 但是它们从未像现代社会这样处于对抗性结构中。两者之间的对抗显然是由于资本主义或市场经济的出现及存续所造成的。正如K.波兰尼(K. Polany)所指出的那样, 这种现象的出现与人们产生对自由市场中"自我调节机制"的'信任'有着相同的历史轨迹。在一个可以自我调节的市场下, 供给与需求一唱一和之间维持着一种平衡。这使得一个具有自我调节能力、且不会出错的市场重新诞生, 虽然它长久以来只是规定了财货的交易空间而已。而且与市场的再生相伴的是, 人类经济社会的所有文化也跟着一起发生了变化。所以, 现在的经济行为主体只能被动接受这样一种"福音"—"在所谓'自由市场'的这种伟大的自我调节机制下, 任何的经济行为都只不过是在寻求一种均衡的价格而已, 哪怕这里面存在着投机倒把和解雇等事情"。而对自由市场的挑战, 就变成了一种禁忌, 甚至被视为鲁莽的。

伴随着这个市场的华丽诞生, "现代资本主义国家"开始出现了。在这里的"国家"一词, 与在《威斯特伐利亚和约》(Peace of Westphalia)之后所规定的基于领土主权而建立的民族国家(national state)有所不同。这里的国家主要是指社会的协调者和制度的设计者。斯考切波(T. Skocpol)认为, 国家不受资产阶级或工人阶级之类的特定阶级或利益集团的影响, 而是作为一个具有自己的目的和偏好的实体存在着, 这就是"国家自主"(state autonomy)的概念。

在"国家自主"下, 国家在制定和实行各种政策时, 独立于社会上各种势力的利害关系之外。无论是对领土的统治, 还是对社会秩序的维护, 以及对经济发展的推动等等, 都包含在内。当然, 在形式上国家会通过政治制度来反应社会成员的好恶, 而且国家的官僚们有时候也会与社会上的利益集团进行勾结, 充当其代言人。但是, 从结构层面上讲, 国家具有在其领土范围内推动某些事务的能力(state capacity)。在此基础上, 国家还可以构建或操纵不同社会势力的偏好和文化。例如, 国家可以根据地缘政治的形势变化, 激发社会成员的国家安全意识;

还可以向人们宣扬某些寡头行为搅乱了社会秩序；还可以在"民族复兴"和"高速成长"这样的大旗之下，来主导国家的工业化过程。换句话说，国家的目的和方向并不是对社会成员的个人利益做简单的加减法。简而言之，虽然说国家也是社会利害关系的结果，但它同时也可能是规范社会利害关系的结构性因素。

那么，"国家"在中国模式中是否也具有这样的地位呢？尽管有一些相似之处，但中国模式下的国家与市场的关系，如果从权力关系的角度来看也有所不同。在政治经济学的相关文章中，把国家描述为可以对市场进行控制(command)、支配(govern)和规范(discipline)的一个主体，但是有时候又认为国家会被市场的力量推着走、为市场所俘获 (capture)。另一方面，国家也认识到市场的优势，会自觉地把自己的控制力和影响力限制在仅维持市场秩序上，从而选择走一条规制型国家(regulatory state)的道路。尽管这些观点的解释各不相同，但它们都断定国家和市场之间的权力关系是等级关系。换句话说，如果国家可以用权力来推动市场，那么国家就会控制市场。否则，国家将成为被市场操纵的稻草人。

但是在中国，国家与市场之间的关系从零和游戏中解脱出来。虽说有着一个"强大的国家"存在，但它并不是压制或制服市场，而是努力营造一个友好的市场环境。"国家"在IT、数字平台和物流产业中，把曾经由国企经营的部分，大方地开放给了私人企业。与此同时，国家还通过放宽管制等措施，引入市场友好型制度；还通过发放补贴刺激企业投资，以使民营企业引领实现规模化经济；以及为电商行业的大胆创新创造有利环境。但是另一方面，在钢铁、造船等传统的设备制造产业，在铁路、港口等基础设施方面，在人工智能(AI)、半导体、无人机、大数据等未来尖端产业等诸如此类的战略性产业领域，国家通过国有企业或者"民参军"企业进行直接参与。总而言之，中国的国家与市场之间的关系不是对抗性的，而是形成了一种分工合作关系。

此外，自从90年代初期开始实行"双轨制"以来，国家与市场之间的融合关系是多种多样的，且一直在增加。公私合营(PPP)模式正在逐步扩散，而且与一带一路倡议相结合，得到了进一步的发展。另外，在企业对企业(B2B)领域，鉴于中国庞大的国有经济体量，国家可以为民营企业直接提供租赁服务。

现在，我们就可以提出"国家和市场"(state and market)这种构想了。也就是说，在中国模式下分析国家与市场之间的关系时，与其用一种对立的"国家对市场"的角度来看，不如用一种互相合作的"国家和市场"的角度来看，这样才能更接近其本质。国家与市场之间的合作关系不仅仅指那些"红色资本家"，很多民营企业也包括在内。另外，"中华全国工商业联合会"是一个相当于韩国"全国经济人联合会"的商业协会，但是这个组织既不是与国家来对抗的、也不是与国家来磋商谈判的，而是作为国家的咨询机构在尽心尽力地发挥着它的作用。从"国家对市场"的角度来看，所谓"国家与市场共存"的中国模式在现实中是不可能的。甚至有人认为国家被逐渐强大起来的市场所侵蚀，并走向了资本主义道路，这种落入老套的结论也不乏存在。但是，如果从"国家和市场"的角度来看的话，中国的国家与市场之间的关系，是以一种稳定的、合作的、分工且互补的体系来示人的。

实际上，"国家和市场"的视角不仅适用于中国，在全球范围内同样适用且具有意义。全球金融危机以后，东亚各国的大企业都对他们的全球生产链进行了急剧扩张。之前，这些大企业曾在国内受到各种制约，比如对海外直接投资的限制等。此时可以发现，这些国家都对他们的企业进行了积极解套，这就是所谓的"战略脱钩"。另外，我们再看美国，美国曾经是自由市场经济的代名词。但是他们也开始实行企业回流(reshoring)政策，还依靠国内企业发展半导体产业。这就放弃了他们曾经对企业放任自流的态度和坚持，这并非今天才发生事情。如果从"国家对市场"的角度来看这些变化，可以解释为"国家的退缩"或者"国家的回归"，但是如果从"国家和市场"的角度来看，在经济全球化时代为了实现国家利益最大化，这不过是国家与市场的联手而已。中国的合作式国家与市场的关系，首先是在全球化时代下符合历史时机特殊性的一种发展方法；同时也是中国历史上一直保持合作的国家与社会的关系在经济领域的具体体现。从这一点来讲，用"国家和市场"的视角来分析中国经济的发展经验是再适合不过的了。

根据"国家对市场"的观点，可能有人会提出这样的质疑—中国的合作式国家与市场的关系，是否在实际上是企业对国家权威不得已而屈服的结果呢？但是，这一问题可以通过中国模式的重要特征之一，即党国体制来找到答案。2000年，在"三个代表"提出以后，许多中国企业家开始加入共产党。同时，共产党也开始重视在党内笼络民营企业家，并实施了一系列相关政策。这种笼络政策随着市场经济的不断发展，逐渐得到强化。例如，2015年的《中国共产党统一战线工作条例》强调，要在非公有制企业内建立党组织。这种笼络政策的结果就是，使得中国企业家的利益与党的利益联系在了一起。企业家们可以凭借着"良好的表现"成为全国人大代表或者政协委员。而企业家们在此过程中结识的"关系"会成为企业开展商业活动时的社会资本。不仅如此，在企业家们跨地域开展活动时，党组织比同乡会或者行业商会来的更有用，可以让他们避免被"欺生"的窘境。[5] 在这种结构中，民营企业家们与其向国家表示不满或抗议，还不如利用好国家给的舞台，适时抓住新的机会创造更多的利益来得划算。例如，阿里巴巴的马云曾这样说，在大数据时代，计划经济的有效性将会提高。从这里可以看出，中国的民营企业家们不会对计划经济的不合理性从根儿上进行攻击，反而会积极主动地选择参与到这个结构来。简而言之，在中国尽管是"国家"培育了"市场"，但是共产党却把企业家收入囊中，以此防止市场上利益集团的形成以及他们对政府权力的对抗。在改革开放和经济发展已经成为中国的首要目标的情况下，中国共产党作为统治国家的一种力量，一方面要完成所设定的经济发展目标，同时为了稳固国内的权力基础还要允许企业家入党，使他们成为党的权力体系的一环。

V. 结论

通过以上内容, 我们可以在某种程度上了解中国模式下的政治"独特性"到底在什么地方。关于中国模式的独特性, 用"国家和市场"的视角比"国家对市场"的视角更能揭示其本质。如果用镜头(lens)来比喻视角, 观察事物时所用的镜头非只一种。我们要根据被观察事物的属性, 提前准备好多种镜头, 如果我们使用的镜头与被观察的事物不相符, 再换一个就可以了。但是, 如果继续使用那个不合适的镜头去观察事物, 最终你只能得到一个被歪曲的图像。所以, 应该把"国家对市场"的"镜头"换下来, 重新装上一个"国家和市场"的镜头, 这样才能对中国模式得出一个比较正确的解释。这就是本文的立脚点所在。

本文并非要对中国模式直接下定义。即便如此, 但至少在理解中国模式下"国家"所具有的地位和角色方面有所帮助。在今后对中国模式的定义求取共识的过程中, 本文也可作为其中的一种资料被使用。其他的后发国家到底能否"适用"或者"应用"中国模式, 待到定义确定之时 自会揭晓。

注

1 国际货币基金组织数据库, IMF公布的2020年GDP数据.

2 전성흥, "중국모델의 등장과 의미," 전성흥(편),《중국모델론》, 서울: 부키, 2008, p.11.

3 최장집,《민주화 이후의 민주주의: 한국 민주주의의 보수적 기원과 위기》, 서울: 후마니타스, 2005, pp.215−234.

4 Mark Beeson, Developmental States in East Asia: A Comparison of the Japanese and Chinese Experiences, *ASIAN PERSPECTIVE* 33, 2009, p.37.

5 윤태희,《공산당원이 된 중국 사영기업가들: 개혁기 중국의 국가−사영기업가 관계》, 서울: 서울대학교출판문화원, 2021, pp.218−222.

IV. 中国文化道路

由中外人文交流来看中国的文化道路

邢丽菊

文化自信是"四个自信"中最根本的自信，文化问题是治国理政的一个根本问题。近代以来，每一次大的社会转型甚至社会进步都会出现文化选择和走向问题。因此，怎样看待传统文化的价值，怎样处理传统文化与现代化的关系就成为中国共产党治国理政必须要讨论的问题。[1]

习近平指出，一个国家选择什么样的治理体系，是由这个国家的历史传承、文化传统、经济社会发展水平决定的，是由这个国家的人民决定的。这一论述揭示了中国特色社会主义道路的基本依据，同时也阐明了只有中国特色社会主义道路才是中华传统文化的传承和复兴之路。

当前，中国的经济实力已经跃居世界前列，但中国文化的国际影响力却相对滞后。如何让中国更好地走向世界，如何让世界更好地了解中国，就成了中国文化道路的重中之重。中国政府高度重视加强中外人文交流，并将其写入党的十八大、十九大报告中，提升到国家战略层面。本文将以中外人文交流为中心，集中探讨当前中外人文交流的时代背景、现实举措、文化基础以及未来展望，从中梳理出中国文化道路的基本模式。

I. 中国文化道路的时代背景

文化影响着人类的思维方式和行为模式。中国文化在中国道路的形成和实践过程中发挥着根基性作用。同时，中国道路也展现出了中国文化的独特性和包容性，并使之在新时代更为欣欣向荣。建成文化强国是中国文化道路的理想与目标。中国共产党第十九届中央委员会第五次全体会议于2020年10月审议通过了《中共中央关于制定国民经济和社会发展第十四个五年规划和二〇三五年远景目标的建议》，明确提出到2035年建成文化强国、国家文化软实力显著增强的目标。[2]

国际环境：百年未有之大变局及中国文化道路的位置与方向

从国际环境来看，中国文化道路背靠的最重要的国际背景就是百年未有之大变局。其中最为重要的一点就是国际权力结构的变化，即美国霸权秩序终结，新兴市场国家和发展中国家快速发展，多极力量格局正在形成。[3] 世界多极化加速发展的趋势，为中国走具有自身特色的文化道路提供了有益的国际环境，也带来了诸多挑战和不确定性。一方面，单一力量主导的世界秩序已经终结。人类文明的发展与繁荣自始就不是一种文明的统治，而是世界各地多样文明的萌芽与互动，中国文化道路也因此获得了发展空间。另一方面，在以变化和多元为特征的国际环境中，中国道路的文化模式既面临来自外部特别是西方的质疑甚至攻击，也存在着自身能力不足的问题。

近年来，"锐实力"(Sharp Power)概念在西方甚嚣尘上。2017年12月，美国国家民主基金会发布报告，指称中国和俄罗斯在过去的几十年里通过文化交流和教育合作等人文交流活动来塑造其他国家的认知和舆论。[4] 事实上，"锐实力"和"文明冲突论"等论调反映的是西方国家对中国发展的警惕和焦虑，包括中国文化日益增长的影响力。再者，中国的文化软实力滞后于综合国力，尤其是经济实力。根据国际货币基金组织(IMF)公布的数据，在新冠疫情背景下，2020年世界经济增速为−4.4%，发达经济体−5.8%，新兴市场国家和发展中国家−3.3%，中国仍然保持了正增长1.9%。[5] 然而，中国在软实力方面的全球排名表现远不如经济领域亮眼。英国波特兰公司(Portland)和美国南加州大学公共外交研究中心(USC Center on Public Diplomacy)发布的《软实力30强报告》显示，中国的软实力全球排名基本维持在第25至30名之间。[6]

国内环境：传统文化的发展困境

从国内环境来看，中国的领导层和学界都已充分认识到并研究了中国特色社会主义文化的基本内涵，特别强调中国优秀传统文化在当代的启示意义。《2021年国务院政府工作报告》指出，2021年政府的工作重点之一是更好满足人民群众精神文化需要，包括传承弘扬中华优秀传统文化以及深化中外人文交流等。[7] "十四五"规划第十篇题为"发展社会主义先进文化 提升国家文化软实力"，从提高社会文明程度、提升公共文化服务水平和健全现代文化产业体系三个方面指明了未来五年中国文化道路的努力方向。[8]

在肯定优秀传统文化的价值并对其大力继承和弘扬的同时，也存在着如何进行创造性转化与创新性发展的难题。应当看到，传统文化毕竟是在古代农耕文明基础上发展起来的，难免受到当时的时代条件、经济水平、政治制度、认知水平等因素制约，因此要进行有鉴别性的对待。文化体现着人与自然、人与社会以及人与人之间的关系，它在历史的变迁中被新环境和新条件所影响，既要适应处于变化中的外部世界，也要保持最为本质的精神底色，这是推动中华优秀传统文化创造性转化、创新性发展的必然性和可能性所在。当前，中国文化产业各领域已经行动起来，加强中外人文交流是重要方向。

在学术界，学者们愈加注重本土化研究，注重发现和揭示中国文化要素在经验研究和理论构建中的重要意义。例如，"家"概念和文化由古至今潜移默化地影响着中国人的思维方式和哲学观点。"天下一家"即视整个天下为一个大家，明晰其中的利害关系并善于妥当处理冲突，最终和睦共处为一家。这种文化上的源流为中国特色大国外交的人类命运共同体理念、共商共建共享的全球治理观等提供了思想来源。

II. 加强中外人文交流的现实举措

中外人文交流是中国文化道路的重要组成部分，它与政治安全合作、经济贸易合作一道构成中国对外政策的三大支柱。中国政府加强中外人文交流的现实举措主要如下：

以政策文件和重要讲话加强顶层设计

2017年7月，中共中央办公厅、国务院办公室印发文件《关于加强和改进中外人文交流工作的若干意见》，为今后全面深入开展人文交流工作制定了具体的行动指南。中外人文交流是党和国家对外工作的重要组成部分，是夯实中外关系社会民意基础、提高对外开放水平的重要途径，要以促进中外民心相通和文明互鉴为宗旨，坚持以人为本、平等互鉴、开放包容、机制示范、多方参与、改革创新等原则，将人文交流与合作理念融入对外交往各个领域。[9] 十九大报告明确指出，要尊重世界文明多样性，以文明交流超越文明隔阂、文明互鉴超越文明冲突、文明共存超越文明优越，同时强调，要加强中外人文交流，以我为主、兼收并蓄。[10]

习近平在多个重要场合阐述了中外人文交流的重要意义。2019年4月，在第二届"一带一路"国际合作高峰论坛开幕式上，他提出要建成多主体、多领域、多元互动的人文交流格局，包括加强议会、政党和民间组织往来，密切妇女、青年、残疾人等群体间交流，开展教育、科学、文化、体育、旅游、卫生、考古等各领域的人文合作。[11] 同年5月，在亚洲文明对话大会上，他强调不同国家、不同民族、不同文化的交流互鉴是亚洲命运共同体和人类命运共同体的人文基础。[12] 早在2014年，习近平主席在韩国国立首尔大学发表演讲，就指出加强人文交流是中韩关系未来发展的重要方面。他以太极文化为例，赞赏两国对阴阳相生、刚柔并济哲理的理解，认为人文交流是民众加强感情、沟通心灵的柔力。[13] 2019年12月，习近平主席欢迎文在寅总统来华出席第八次中日韩领导人会议，再次提到要用好中韩人文交流共同委员会平台，开展好教育、体育、媒体、青少年、地方等领域交流，不断增进两国人民的相互了解和友好感情。[14]

扩大中外高级别人文交流机制建设

中外高级别人文交流机制由中方和有关国家共建，是统筹和推进教育、科技、文化和体育等领域交流与合作的重要平台，保障了中外人文交流活动的机制化和常态化。自2000年12月中俄人文合作委员会成立以来，现已建立十大中外高级别人文交流机制，分别是：中俄人文合作委员会(2000年12月)、中美人文交流高层磋商机制(2010年5月)、中英高级别人文交流机制(2012年4月)、中欧高级别人文交流对话机制(2012年4月)、中法高级别人文交流机制(2014年9月)、中印尼副总理级人文交流机制(2015年5月)、中南高级别人文交流机制(2017年4月)、中德高级别人文交流对话机制(2017年5月)、中印高级别人文交流机制(2018年12月)以及中日高级别人文交流磋商机制(2019年11月)。[15]

中华人民共和国教育部是中外高级别人文交流机制的秘书处。在"十三五"(2016–2020年)期间，教育部积极承办高级别人文交流机制会议，签署相关协议133项，为中外人文交流和中华文化的国际传播做出了重要贡献。[16] 筹备有关中外高级别人文交流机制会议也被列入教育部2021年工作要点。[17] 中华人民共和国教育部中外人文交流中心成立于2017年，主要负责中外人文交流各项具体工作，包括参与组织安排中外人文交流机制高级别会晤、双方会议等活动，参与协调对接中外高级别人文交流机制外方委员会、机制中方成员单位和地方政府人文交流相关部门，承担中外人文交流机制项目的具体组织实施等。[18]

大力开展机制相关配套活动

在教育、文化、体育、旅游、媒体、电影和青年等领域开展中外高级别人文交流机制的配套活动，是加强中外人文交流的重要现实举措，如举办文化旅游年、教育交流年和"欢乐春节"活动等。其中，打造品牌活动为机制建设夯实实践基石，增强和扩大了中外高级别人文交流机制的影响力。

中俄人文合作委员会是最早建成的中外高级别人文交流机制，互办文化节和文化大集是文化领域的机制品牌活动。2019年是新中国成立70周年，也是中俄建交70周年，两国在机制框架下分别于9月和12月在莫斯科、北京举办了"中国文化节"和"俄罗斯文化节"；同年6月，第十届中俄文化大集在黑龙江省黑河市举办，促进了中俄边境地区的文化交流和情感沟通。[19]

中韩两国2013年建立中韩人文交流共同委员会，迄今已举行三次全体会议。根据《2016年中韩人文交流共同委员会交流合作项目名录》，双方已举办韩国旅游年、人文交流政策论坛、公共外交论坛、汉语演讲大赛和韩语演讲大赛等活动；此外，地方省市的结对文化交流表现也十分突出，如山东省−京畿道高校合作联盟、贵州省－忠清南道、海南省－济州道以及广州－光州的多项人文交流活动。[20]

中国的高校在中外人文交流中发挥先锋作用，高校师生群体有意愿也有能力开展国际交流活动，具体方式包括互换留学生、学术交流、科研合作，以及中外合作办学、建立海外校区等。[21] 复旦大学每年通过校际学期交换项目形式派出学生300余人，[22] 本校学历留学生人数为3000人左右，[23] 中外合作办学项目有"复旦大学－华盛顿大学高级工商管理硕士学位教育项目"和"复旦大学－挪威商学院工商管理硕士学位教育项目"。[24] 2021年2月9日，习近平主席在中国－中东欧国家领导人峰会上发表主旨讲话，提出要加强中国与中东欧国家的人文交流与合作，支持复旦大学在匈牙利开设校区。[25]

Ⅲ. 人文交流的中国文化基础及哲学依据

加强中外人文交流是夯实共建人类命运共同体的人文基础。十九大报告指出，要尊重世界文明多样性，以文明交流超越文明隔阂、文明互鉴超越文明冲突、文明共存超越文明优越。中国传统文化资源是加强中外人文交流的理论基础。

人文关怀

"人文"一词源于《周易》："观乎天文，以察时变；观乎人文，以化成天下。"中华传统文化向来重视人文关怀，中国先哲更将人文置于与天文同等的位置。《尚书》认为，人是"万物之灵"。《老子》将人与道、天、地并列，曰"故道大，天大，地大，人亦大"。历史上，中国虽曾出现过众多学说、流派，但几乎都将人文关怀放在重要位置。例如，儒家"内圣外王"重视人的道德修养，体现以仁义礼智信为核心的人本主义精神；道家主张"道法自然""返璞归真""形神兼养"，充满对人的健康、生命、生活的关注；佛家以慈悲为怀，提倡"众生平等"。以上种种特质，彰显着中华传统文化所特有的人与人之间的关联性思维和交互性伦理。

"国之交在于民相亲，民相亲在于心相通。"人是文明交流互鉴最好的载体。深化人文交流互鉴是消除隔阂和误解、促进民心相知相通的重要途径。人文交流是人与人之间情感沟通、心灵交汇的桥梁，是国与国之间加深理解信任的纽带，它以增进国家及民众间相互理解和信任为基础，以塑造良好的国家形象、奠定坚实的民意基础为目标，具有基础性、广泛性、先导性和持久性特征。中国倡导的人文交流，内容涵盖教育、文化、体育、卫生等多个领域，通过各种形式推动民心相通，推动务实合作。

包容互鉴

《楚辞》曰："夫尺有所短，寸有所长，物有所不足……神有所不通。"这就需要我们秉持"博观而约取，厚积而薄发"的精神，葆有"三人行，必有我师"的态度。《周易》认为，"一阴一阳之谓道"，指出阴阳二者并非对立关系，实为一种互补、对应和包容的关系。庄子、荀子认为，阴阳二气是宇宙最基本的构成要素，彼此为对方提供存在条件，二者的互补互动构成了世界。儒家的"一物两体"，道家的"无为"与"有为"，佛家的"出世"与"入世"，都在说明事物之间互补的重要性。历史上，中国长期秉持"有容乃大"的胸怀，对西方文化保持交流学习的态度，中华文明在同世界各文明的交流互鉴中发展壮大。

文明是包容的，人类文明因包容才有交流互鉴的动力。当今世界有200多个国家和地区、2500多个民族、70多亿人口，人类文明丰富多彩。不同文明凝聚着不同民族的智慧和贡献，它们都是人类共同的宝藏，没有高低、贵贱、优劣之分。交流互鉴是文明发展的本质要求，不同文明的交流互鉴有利于促进各国民众精神层面的沟通，厚植人类命运共同体的思想根基。中国坚持相互尊重、平等相待，美人之美、美美与共，开放包容、互学互鉴，与时俱进、创新发展，不断加强同世界上不同国家、不同民族、不同文化的交流互鉴，既让本国文明充满勃勃生机，又为他国文明发展创造条件，在中外人文交流中构建相互尊重、丰富多彩的世界。

和谐共生

中华文明在本质上是一种"和"的文明。《老子》讲"万物负阴而抱阳，冲气以为和"，《论语》曰"君子和而不同""礼之用，和为贵"。中华文明所崇尚的"和"，包含和谐、和平等多重含义。就和谐而言，要求既肯定和接受事物的多样性，又包容和接纳事物的差异性，并将不同事物融合到一个和合体中，即"和而不同"。《国语》讲"和实生物，同则不继"，把多样性的和谐统一作为万物生长繁衍的基本条件。就和平而言，追求和平是中国数千年文化积淀的必然要求。《尚书》提出的"协和万邦"就反映了这样一种理想。孔子提倡"远人不服，则修文德以来之"。孟子斥责"春秋无义战"，主张"善战者服上刑"。老子认为"以道佐人主，不以兵强于天下……大军之后，必有凶年"。庄子提出"齐物论"，主张万物平等和谐相处。兵家虽以战争为研究对象，但在本质上依然追求和平，如孙武指出战争的最高境是"不战而屈人之兵"。

中华民族自古爱好和平，没有称王称霸、穷兵黩武的基因。但在推进中外人文交流过程中，中国却面临来自西方国家"中国威胁论""文明冲突论"等论调的攻击。习近平指出，"人类只有肤色语言之别，文明只有姹紫嫣红之别，但绝无高低优劣之分。认为自己的人种和文明高人一等，执意改造甚至取代其他文明，在认识上是愚蠢的，在做法上是灾难性的"。世界上没有放之四海而皆准的文明标准，任何试图用强制性手段来解决文明差异的做法都必然带来灾难性后果。尊合理性和持续性，进而在加深对自身文明和其他文明差异性认知基础上，推动不同文明和谐共生。

创新发展

与西方机械论的宇宙观不同，中国哲学的宇宙观习惯上将世界看作一个生生不息的运动存在。孔子说"逝者如斯夫，不舍昼夜"，庄子指出"无动而不变，无时而不移"，中国先哲认为世界是一个如同大河奔流的运动总体，一切无时无刻不在流动和变化之中。这种变化和发展的特性在《周易》中体现得最为明显："天地之大德曰生""富有之谓大业，日新之谓盛德，生生之谓易"。易有两义：一是变易或变化；二是常道，即天道。变易是事物普遍存在的基本方式，但变化不是简单重复，而是包含着创新。"日日新，又日新"，只有不断创新才能赋予生命更加深刻的内涵，才能使德业不断充实和完善。"周虽旧邦，其命维新"，之所以要有变化，是因为"易穷则变，变则通，通则久"，这种变化生生之道是中华文化的固有精神，正是它支撑着中华文明绵延不绝、与时俱进。

新时代的中外人文交流既要继承中华优秀传统文化，又要与时俱进、推陈出新。习近平指出，"任何一种文明都要与时偕行，不断吸纳时代精华""应该用创新增添文明发展动力、激活文明进步的源头活水"。中华文明是在同其他文明不断交流互鉴中形成的开放体系。近年来，我国对外人文交流既充分发掘本国珍贵的历史资源，又从他国不同文明中接受启发；既对自身传统文化加以继承和保护，又对其进行创造性转化和创新性发展；既避免优秀传统文化在现代化进程中遗失，又运用现代高科技创新手段激发其活力，不断以更加开放的姿态拥抱世界、以更有活力的文明成就贡献世界。

总之，在构建人类命运共同体过程中，人文交流发挥着重要的支柱作用。人文交流所蕴含的人文关怀、包容互鉴、和谐共生、创新发展与人类命运共同体一脉相承。在政治互信、经贸合作两轮驱动的基础上，进一步发挥好人文交流"国家关系稳定器、务实合作推进器、人民友谊催化器"之独特的支柱作用，形成三足鼎立的支撑结构，将会使中国特色大国外交的基础更加牢固，从而使得构建人类命运共同体的道路更加行稳致远。

IV. 当前中外人文交流面临的挑战

人类命运共同体理念为构建全球化背景下的新型国际关系指明了方向。但当前美国等一些国家奉行实力政治、强权政治和霸权政治，认为他们的人种、文化、文明优于其他民族，把美国等自身利益凌驾于他国利益之上，而不是本着相互尊重、平等协商、合作共赢的原则进行国与国之间的交往。总体来看，新形势下中外人文交流主要面临以下几大挑战：

以美国为首的西方国家对中国的警惕

长期以来，以美国为首的西方国家对中国一直保持警惕的态度。二战以后，美国成为全球唯一的超级大国，其对外政策认为，国家的本质是争夺强权，拥有强权就能维护自己的利益。[26] 在美国看来，世界必须由霸权国家领导，才能获得稳定的发展。[27] 冷战的胜利让美国人深信美国文化和价值观的优越性，认为自己的文化和价值观是"世界第一"，而亚非拉等地区则是"道德荒原"，因此美国有责任和义务将自由、民主、人权等西方价值观传播出去，并将向美国以外的其他国家传播福音作为自己的使命。[28]

改革开放以来，中国的经济和综合国力都实现了大幅增长，在二元对立、零和博弈等西方思维模式影响下，上世纪90年代西方世界开始兴起"中国威胁论"。亨廷顿等学者认为，中国的崛起对美国造成了最根本的挑战，必须要遏制中国的发展。[29] 尤其是随着中国跃入世界第二大经济体之列，各种形式的"中国威胁论"更是沉渣泛起，"锐实力"便是其中之一。约瑟夫·奈认为，锐实力实质上是一种硬实力。与依靠吸引力并通过自愿性、间接性方式来达到目标不同，锐实力是欺骗性的利用信息达到敌对目的，这种威胁或劝诱的方式符合硬实力的根本属性。[30] 锐实力反映了西方国家一直以来对中国发展所保持的警惕态度，也是他们对中国迅速崛起这一现实所激发的心态失衡的表现。

受此影响，中国在国际社会塑造国家形象、提升国际影响力的正当行为都被视为渗透与破坏。2014年以来，美国接连关闭中国设立在美境内的"孔子学院"。2015年瑞典也关闭欧洲第一所孔子学院，认为其有传播意识形态、限制学术自由的嫌疑。与之相反，西方文化借助跨文化交流渗透到世界的各个角落，包括反映个人主义的影视作品、攻击中国人权问题的媒体报道、金钱至上的享乐主义倾向等充斥各种出版物及影视作品。正如亨廷顿所言，文化因素成为国际关系中的支配框架以及国家行为的主要基础，[31] 文化领域的扩张也成为国际政治斗争的焦点因素。

新一轮"文明冲突论"的兴起

2019年4月，美国国务院政策规划主任斯金纳(Kiron Skinner)在某安全论坛表示，美苏冷战是"西方家庭内部的斗争"，而中美冲突则是"前所未有的、真正不同文明和不同意识形态的斗争"，[32] 掀起了新一股"文明冲突论"。在中美贸易摩擦僵持不下的情况下，斯金纳的观点一出即引发国际社会的轩然大波。

值得注意的是，斯金纳的观点并非个例，美国众议院前议长金里奇认为美中冲突是长期的"文明冲突"。美国国务卿蓬佩奥的团队声称，在中美对抗中，若美国不为价值观而战，美国就无法取得上风。[33] 长期以来，西方国家主张西方文明的优越性，不断向广大发展中国家输出价值观念、生活方式甚至是意识形态，试图将世界纳入其文明体系之中。

文明冲突论的特点是把文化差异的作用扩大化，认为文明差异是引发国际冲突的深层原因。这是一种为美国霸权主义寻找新依据的理论，具有明显的消极性和破坏性，对世界秩序的重建危害极大。这一论点错误的根源在于用西方排他性、对抗性、集团性的思维来看待中国以及当今世界。[34] 随着美国政治愈益极化，经济逐渐衰落，社会趋向分裂，它开始失去自信，变得越来越焦虑。美国没有把主要精力放在对自身问题的反省上，相反谋求通过寻找外部新的意识形态对手转移公众视线。回顾历史，文化多元一直是美国社会引以为傲的价值观，美国之所以发展成为世界超级大国，很大程度上也是广泛吸收世界各国优秀文化和优秀人才的结果，这也印证了文明从来都是在交流互鉴中向前发展的道理。

美国政客鼓吹的文明冲突论，实际上是"中国威胁论"的另一种表达。特朗普政府已经采取了一系列措施来阻挠或限制中美人文交流活动，如收紧中国学者及留学生从事高科技或敏感研究的签证、阻挠中国人文社科学者赴美调研或交流、强化对孔子学院的监管和调查等。[35] 美国政府及一些人由于对中国崛起深为担忧，不惜借煽动文明冲突论制造混乱。这既是对中美关系发展大势的误判，也是对人类文明历史潮流的倒行逆施。

对象国因经济发展不平衡导致现实需求不同

发展是人类社会共同面对的全球性问题。如果经济不能保持一定程度上稳定有效的增长，各种社会问题会集中爆发。全球化发展并没有消除世界范围内甚至一国内部经济发展不平衡的问题。由于参与全球化进程的能力不同，一些国家间差距反而扩大，不平衡现象引起许多政治、安全及文化上的"并发症"。在国际社会,霸权主义不仅表现在政治领域,经济领域也愈发明显。某些发达国家依仗国际体系中的垄断地位,以低廉的价格从发展中国家掠夺资源,以不负责任的态度转嫁污染危机,同时又依靠贸易保护主义来限制发展中国家产品的出口,以此实现经济打压。[36]

经济发展不平衡导致西方中心主义论仍有市场。国际体系中的中心国家主要通过政治强力、经济优势和文明辐射等将周边或外围国家纳入自身主导的体系中。[37]中国的快速崛起吸引了广大发展中国家,他们希望更多借鉴中国在经济建设和治国理政方面的宝贵经验,并分享中国这一巨大的经济体所带来的发展红利。但这却引起了西方国家的反弹。以"一带一路"为例,沿线国家经济发展极不平衡,既有欧洲发达国家,又有广大的亚非发展中国家。其中不少国家基础设施落后,发展动力不足,经济结构相对单一,它们对人文交流的现实需求不尽相同。某些域外大国挑拨离间,依仗经济与军事力量干涉或阻碍它们开展正常的人文交流活动。[38]其结果是,一些沿线国家受到域外国家"中国威胁论"的影响,对与中国开展人文交流心存芥蒂;还有一些国家虽积极性高涨,但囿于人力、物力、财力等因素制约,对开展人文交流的需求并不迫切。对这些国家而言,首要任务是发展国内经济并平衡国内政治矛盾,因此开展人文交流也因此面临诸多消极性、不确定的因素。

V. 结语

人文交流已经成为新时代中国特色大国外交的第三大支柱。如何扎实推进并着力加强中外人文交流,更好地服务于人类命运共同体建设,是中国对外政策的重要内容,也是中国道路之文化模式必须要思考的重要问题。新时代的中国应该充分总结以往的经验教训，从内外两方面做起，排除干扰，化解偏见，增进互信，推动人文交流的持续发展。

首先，要进一步加强自身治国理政的能力建设。要对内完善并加强自身治国理政的有效做法，全面提高国家综合治理能力，大力健全中国特色社会主义民主法治建设，充分挖掘中国特色社会主义道路的时代意义。其次，要进一步挖掘中华优秀传统文化的资源。在当今世界文化呈现竞争激烈且多元发展的大环境下，我们应当以传承为根基，以创新为要务，以交流为手段，勇于剔除传统文化中陈腐落后的内容，努力实现传统文化的创造性转化和创新性发展。再者，要进一步构建对外人文交流的话语体系。在中国文化走出去的过程中，要加强对国外历史、宗教、政治等问题的研究，着力打造国际化的话语体系，努力实现本土化与国际化相统一。最后，要进一步探索齐头并进的人文交流模式。这需要全方位、深层次、多渠道来加强沟通和交流，需要广泛动员广大人民群众的力量。同时，个人要提高自身素质修养，时刻自觉树立维护国家形象的意识，通过广泛深入的交流来消除国际社会对中国的误解或偏见。

总之，中国的文化道路是中国共产党基于中国的传统文化以及中国的现实国情而做出的选择，是对内加强中国传统文化的振兴与对外大力开展中外人文交流齐头并进的"二步走"道路，其根本目的是增强中国的文化软实力，并在国际社会塑造良好的国际形象。尽管前进的道路上还有不少困难和阻力，但是在中国综合国力日益增长的基础上，在中国共产党的坚强领导下，中国的文化道路前景广阔，大有可为。

注

1　王东,〈中国文化决定中国道路〉,《专题片：中国文化决定中国道路》搜狐网 https://www.sohu.com/a/439820235_115239(检索日期: 2020.12.22).

2　中国政府网,《中共中央关于制定国民经济和社会发展第十四个五年规划和二〇三五年远景目标的建议》, http://www.gov.cn/zhengce/2020-11/03/content_5556991.htm(检索日期: 2020.11.3).

3　张宇燕,〈理解百年未有之大变局〉,《国际经济评论》第5期(2019), pp.9-19.

4　"Sharp Power: Rising Authoritarian Influence," *National Endowment for Democracy*, December 6, 2017, https://www.ned.org/wp-content/uploads/2017/12/Sharp-Power-Rising-Authoritarian-Influence-Full-Report.pdf.

5　"Real GDP Growth," *International Monetary Fund*, https://www.imf.org/external/datamapper/NGDP_RPCH@WEO/OEMDC/ADVEC/WEOWORLD/KOR./CHN(检索日期: 2020.11.4).

6　"The Soft Power 30," *Portland* https://softpower30.com/country/china/?country_years=2017, 2018, 2019(检索日期: 2020.11.9).

7　新华网,《政府工作报告—2021年3月5日在第十三届全国人民代表大会第四次会议上》2021年3月12日, http://www.xinhuanet.com/politics/2021lh/2021-03/12/c_1127205339.htm?tdsourcetag=s_pcqq_aiomsg(检索日期: 2021.3.16).

8　新华网,《中华人民共和国国民经济和社会发展第十四个五年规划和2035 年远景目标纲要》2021年3月13日, http://www.xinhuanet.com/fortune/2021-03/13/c_1127205564_11.htm(检索日期: 2021.3.16).

9　中国政府网,《中共中央办公厅国务院办公厅印发〈关于加强和改进中外人文交流工作的13若干意见〉》2017年12月21日, http://www.gov.cn/zhengce/2017-12/21/content_5249241.htm(检索日期: 2020.11.9).

10　新华网,《习近平：决胜全面建成小康社会 夺取新时代中国特色社会主义伟大胜利——在中国共产党第十九次全国代表大会上的报告》2017年10月27日, http://www.

xinhuanet.com/politics/19cpcnc/2017−10/27/c_1121867529.htm(检索日期:
2020.11.15).

11 新华网,《习近平在第二届"一带一路"国际合作高峰论坛开幕式上的主旨演讲》2019年4
月26日, http://www.xinhuanet.com/politics/leaders/2019−04/26/c_1124420187.
htm(检索日期: 2020.11.15).

12 新华网,《习近平在亚洲文明对话大会开幕式上的主旨演讲》2019年5月15日, http://
www.xinhuanet.com/politics/leaders/2019−05/15/c_1124497022.htm(检索日期:
2020.12.5).

13 新华网,《习近平在韩国国立首尔大学的演讲》2014年7月4日, http://www.xinhuanet.
com/world/2014−07/04/c_1111468087.htm(检索日期: 2020.11.20).

14 新华网,《习近平会见韩国总统文在寅》2019年12月23日, http://www.xinhuanet.
com/2019−12/23/c_1125378479.htm(检索日期: 2020.11.20).

15 邢丽菊,《中外人文交流概论》,北京:世界知识出版社, 2020, pp.295−330.

16 中华人民共和国教育部,《在新时代中奋进 在大变局中前行——"十三五"教育对外开放
回顾》2020年12月22日, http://www.moe.gov.cn/fbh/live/2020/52834/sfcl/202012/
t20201222_506785.html(检索日期: 2021.3.16).

17 中华人民共和国教育部,《教育部2021 年工作要点》2021年2月4日, http://www.moe.
gov.cn/jyb_sjzl/moe_164/202102/t20210203_512419.html(检索日期: 2021.3.16).

18 中华人民共和国教育部中外人文交流中心,《教育部中外人文交流中心职能,》http://ppe.
ccipe.edu.cn/zxjian_j/zxzn.htm(检索日期: 2021.3.16).

19 新华网,《中俄民众莫斯科共庆"中国文化节"》2019年9月15日, http://m.xinhuanet.
com/2019−09/15/c_1124998158.htm;新华网,《2019 中国"俄罗斯文化节"在
京开幕》2019 年12 月10 日, http://www.xinhuanet.com/expo/2019−12/10/
c_1210389172.htm(检索日期: 2020.11.22);中华人民共和国文化和旅游部,《第十届
中俄文化大集启幕》2019年6月24日, https://www.mct.gov.cn/whzx/whyw/201906/
t20190624_844557.htm(检索日期: 2020.11.22).

20 新华网,《中韩双方发布〈2016 年中韩人文交流共同委员会交流合作项目名录〉》2016年4
月1日, http://www.xinhuanet.com//world/2016−04/01/c_1118511688.htm(检索日
期: 2020.11.24).

21 邢丽菊,《中外人文交流概论》,北京:世界知识出版社, 2020, pp.271−272.

22 复旦大学国际合作与交流处,《2020秋季校际项目入选学生名单公示》2019年12月9
日, http://www.fao.fudan.edu.cn/28/0b/c16803a206859/page.htm(检索日期:

2020.12.16). 受新冠疫情影响, 大部分学生选择暂停、延期或接受网课, 也有部分学生
退出。

23　复旦大学,《统计概览》2020年4月, https://www.fudan.edu.cn/2019/0423/c450a
　　95835/page.htm(检索日期: 2021.3.16).

24　复旦大学国际合作与交流处,《复旦大学中外合作办学项目一览》, http://www.fao.
　　fudan.edu.cn/hzbx/list.htm(检索日期: 2021.3.16)。

25　习近平,〈凝心聚力, 继往开来 携手共谱合作新篇章——在中国−中东欧国家领导人峰会
　　上的主旨讲话〉,《光明日报》, 2021年2月10日, 第2版。

26　(美)汉斯·摩根索(卢明华等译),《国际纵横策论》, 上海译文出版社, 1995, pp.2—20.

27　倪世雄,《当代西方国际关系理论》, 复旦大学出版社, 2001, p.144.

28　俞新天,〈构建中国公共外交理论的思考〉,《国际问题研究》第6 期(2010), pp.11—12.

29　(美)塞缪尔·亨廷顿(周琪等译),《文明的冲突与世界秩序的重建》, 新华出版社, 1998,
　　p.204.

30　王新影,〈西方语境下的'锐实力'概念解读及应对〉,《教学与研究》第7 期(2018), pp.95—
　　97.

31　亨廷顿(1998), p.63.

32　Joel Gehrke, "State Department preparing for clash of civilizations with China,"
　　*Washington Examine*r, 2019.4.30.

33　星岛环球网,〈蓬佩奥对华新策略开打'文明战'〉, 2019年5月3日, http://news.stnn.cc/
　　guoji/2019/0503/633620.shtml(检索日期: 2020.12.2.).

34　人民论坛,〈文明冲突论错在哪里〉2019年7月31日, 14 http://www.rmlt.com.cn/2019/
　　0731/553300.shtml(检索日期: 2020.12.2)。

35　韦宗友,〈美国对华人文交流的看法及政策变化探析〉,《美国研究》第3期(2019), pp.60—
　　79.

36　王东,〈全球经济发展不平衡与国际冲突〉,《新视野》第5期(2006), p.3.

37　翟崑,〈超越边缘化: 世界体系论下的东盟共同体〉,《人民论坛》第9期(2016), p.36.

38　徐步、杨帆,〈中国—东盟关系: 新的启航〉,《国际问题研究》第1期(2016), pp.45—46.

中国共产党的"文化战略"与"文化同质性"

金度经

I. 理解中国共产党的两种"文化"

中国共产党的"文化战略"是什么?或者说,如果中国共产党在文化方面有一贯采取的某种立场或方向的话,应该如何表述?这里且先不论用"战略"来讨论"文化"是否合适,或者"文化"是否重要到"战略"的程度等问题。但中国共产党对文化具有某种一贯性是显而易见的。而且"中国梦"中"文化"占据了一席之地也是事实,不管其重要程度如何。

如果将时期限定在改革开放以后,中国共产党所说的"文化"大致可分为两种情况。首先是"国家意识形态"。一提到中国的国家意识形态,很容易让人联想到马列主义或毛泽东思想,或者会想到爱国主义或中华主义。当然,这些确实是中国国家意识形态中重要的组成部分。但若纵观整体,"国家意识形态"则更接近于教科书式的伦理道德,在某些方面甚至近似于传统。

比如江泽民时代的"社会主义精神文明"是以思想道德建设和科学教育普及为

主要内容的。特别是继承传统和体现时代精神是当时主要强调的内容。这种倾向在胡锦涛时代被具体化为"社会主义荣辱观"。"社会主义荣辱观"是中国共产党自己的伦理观，它阐明了中国社会应该将什么视为荣耀，把什么当作耻辱。荣辱观列出了八项具体项目，最先提到的便是爱国。即，如果说热爱祖国是荣耀，那么危害祖国就是耻辱。但是八项中也有不少非政治性的内容。比如，既有"以服务人民为荣"这种带政治色彩的表达，但"崇尚科学"、"遵纪守法"等与政治无关的内容也不在少数。勤劳、互助、守信、艰苦奋斗等都可以在传统伦理中找到源头。

习近平时代出现的"社会主义核心价值观"也大同小异。"社会主义核心价值观"阐明了中国应该追求的价值是什么，其内容也与之前"社会主义荣辱观"近似。但独树一帜的是其层次更加细化，分为了国家、社会和个人。国家层面上提出的核心价值是富强、民主、文明、和谐；社会层面提出的核心价值是自由、平等、公正、法治。个人角度提出的核心价值是爱国、敬业、诚信、友善。显而易见，当中任何一项都并非仅限于"社会主义"的价值。

中国共产党所说"文化"的另一个主题是"市场化"。文化体制改革、文化事业及文化产业，或文化市场等讨论均属于此。地方政府曾一度竞相追逐的"文化强省"或"文化强市"也产生于类似的脉络。习近平时代的修辞之一"社会主义文化强国"也包括其中。乍一看"文化"中提到"市场化"可能显得莫名其妙或不那么重要。但若细看历史背景便可知晓中国共产党何以提出"市场化"。

中国文化市场的形成是在20世纪80年代末90年代初。这一过程并非出于中国共产党的意志或计划。当时文化艺术团体在财政上大多依靠政府支援，可以毫不夸张地说，文化艺术团体也因此一直扮演了中国共产党喇叭手的角色。但随着改革开放的推进，国家对文化艺术团体的财政支援中断，文化界也开始出现所谓的"国家退场"。由此，个别团体和所属会员不得不在市场上寻找出路。像作家王朔这样在市场上取得实际成功的事例屡见不鲜，涌入市场寻机的人也越来越多。其结果是在该时期产生了两种"文化"，一种是像以前那样由中国共产党直接管理的"文化"，另一种则是中国共产党抽身而出的"文化(市场)"。[1]

这种分化过程中重要的部分当然是后者。中国共产党在分化过程中无论以何种方式都要做出回应，而倍感意外的事实是，当时中国共产党采取的立场促进了市场化的发展。也就是说，并非压制或限制"文化(市场)"，而是关注其经济性和商品性，试图对其进行积极地创造和发展。过去的许多文化艺术官方团体变身企业，无数文化艺术工作者在市场中积累了财富和名誉。在此过程中，中国共产党承担的角色是整理整顿文化市场的制度环境。也是从那时开始，在完善各种金融制度的背景下，实现了对文化产业的持续投资。时至今日，中国共产党在自身的文化话语中从未漏掉过"市场化"。

简而言之，中国共产党的"文化"大致可分为两部分。一是从国家意识形态角度提出的如"社会主义荣辱观"和"社会主义核心价值"等。二是从市场化角度出发的如"文化体制改革"或"文化产业"等。在中国共产党的话语中，"文化"总与这二者之一相关联。

II. "文化战略"的焦点和"文化同质性"

问题是两者指向不同方向，甚至从某种角度讲，二者是背道而驰。国家意识形态基本上指向"文化同质性(cultural homogeneity)"，而"市场化"相对来说追求的是"文化多样性(cultural diversity)"。

明显相互矛盾的两个内容却同时出现在了中国共产党的话语中。先来看国家意识形态。如前述，中国共产党的国家意识形态总体上倾向伦理道德，因此用

"国家主义"一言以蔽之是过度简化。与此同时，既然其指的就是伦理道德，那么就应将中国共产党的意识形态看成是精神、观念、思想上的基本素养。其宗旨是只要精神、观念、思想正确，其行动和话语也即是正确。但精神、观念、思想不是从客观上可以确认的对象，能确认的永远只是其"表现"，而且很难说"精神"和"表现"之间适用因果法则。同样的"精神"表现出来也会因人而异，同样的"表现"也不一定源于同样的精神。所以在表面上，无论中国共产党如何强调伦理道德，都应认为其焦点是放在"表现"上的。是要"表现"不存在问题，是何种精神、观念或思想都是可以无须相关的。最终，国家意识形态中凸显的是"向心力"。将社会成员的言语和行动(即"表现")向中心(即"伦理道德")汇集，仅画出一个尽可能小的圆。

"市场化"则与之相反，暗示着完全不同的方向。在市场上寻找出路，扩展规模意味着要积极考虑消费者对商品的兴趣喜好。尽管是所有商品的共性，文化商品在市场上也首先需要被消费。但文化市场中的兴趣喜好与其说是千篇一律，不如说是千差万别。按性别、年龄、地区、阶层的不同，喜欢的样式和意义也各不相同。再考虑到中国庞大的人口规模，即便是边缘文化，在市场上也足以获得价值认可。某些情况下，特殊群体甚至会故意突出文化差异。性取向少数群体、10几岁青少年、非洲裔美国人等能够创造出自身独有的次文化(sub-culture)正是基于这种市场环境。最终，市场化中凸显的是"离心力"。个性得到尊重，差异得以认可，社会各处分散着碎片化的、分断的复数的圆。

当然也可以认为中国共产党在"文化同质化"和"文化多样性"两方面都有所追求。但几个事实表明中国共产党在某种程度上更倾向于"文化同质化"，即倾向于国家意识形态。如前面所提到的，文化的"市场化"不是中国共产党从一开始就计划好的，在整个体制改革中，中国共产党"事后应对"的特征更为明显。有关"文化体制改革"的讨论从2000年代末开始逐渐减少，相对的，国家意识形态的比重持续增加。特别是进入习近平时代后，这种变化非常明显。代表性的例子是，在十九大报告中，习近平总书记提到了关于文化的五大主题，意识形态领导权的确立、社会主义核心价值观的传播、思想及道德的强化、社会主义文艺的发展、文化事业及文化产业的发展。前四个方面可以看作是国家意识形态的范畴，当中最先提到的即是意识形态领导权的确立。

那么，焦点就应该放在中国共产党在市场上是如何贯彻国家意识形态的问题上。如果说中国共产党承认市场化方向是事实，同时比起市场化更重视国家意识形态是事实，以及市场化和国家意识形态追求的基本方向互不相同也是事实的话，那么在市场化的离心力中如何守住国家意识形态的向心力就是中国共产党的核心"文化战略"。用更一般的问法来说的话，就是"文化同质化"在中国是如何形成并维持的问题。

Ⅲ. "文化同质化"的方法

从这一点看，有必要将目光转向学校、宗教、医院、法律、大众媒体等制度上。既有文化研究多认为，以这些制度为中心形成"意义"，"文化同质化"由此得以维持。以大众传媒为例，前日晚上的新闻会成为次日人们共同的热议话题，影视剧演员的衣着搭配也很容易成为街头时尚，某段时间内一首歌会响遍街头巷尾，无所谓的语气和动作也会刹那间成为大众模仿的对象。以大众媒体为中心，人们的言行可能会变得相似。[2]

实际上中国共产党对大众传媒非常重视。特别是对大众媒体进行直接干预，形成并维持文化同质化的情况不在少数。即便是已经制作完成的电视综艺节目，因为一些无法释怀的理由不能播放的事情在中国也时有发生。鬼神、迷信、超自然现象等在中国仍然属于难以播放的内容。时尚也有自己的标准，对于普通群众，高调暴露纹身的情况也较为鲜见。昨天还在排行榜名列前茅的歌曲第二天可能就销声匿迹。相反，也有积极推荐和宣传的情况。政府直接投资的电影可以轻松在全国主要影院上映。看似"颓废"的嘻哈音乐如果唱出了中国人民的自豪感，也可以登上共产主义青年团的公众号。即使是普通群众，只要具备特有的诚实和责任感，也可能一夜成为全国英雄。当然，所有国家都存在类似的干预制度（尤其是资本）。只不过那些干预主要是以市场机制为基础，因此通常比较隐晦。而中国多是以行政手段干预，相比起来更容易被直接确认。

如果这种干预时出现在市场化之后，也许大多数市场主体都会对此相当反感。因为不管怎么说，干预的正当性都会比较脆弱。但历史事实是，这种干预要早于市场化。在市场化运行前，干预就已制度化。因此，察言观色的不是干预的主体，而是市场主体。所以中国共产党想在市场上开展国家意识形态事业时，积极运用前例中的干预制度从某种意义上讲是自然而然的。若是在市场先行的地方，干预会被质疑，但在中国的历史脉络中，这便不再有什么特别之处。

但我们不能认为这种干预是中国共产党唯一的"文化战略"或核心"文化战略"。相反，正是因为这种方式在前后关系上是先于市场化的，因此尚不具备资格作为"战略"被讨论。从某种角度看，这只不过是毛泽东时代的遗产。较之更重要的是市场化以后中国共产党采取的新的方式。下面讨论的《民法典》和"中华民族共同体"即是具有代表性的例子，两者均表明中国共产党正在积极利用法律和学校等制度。更值得注意的事实是，两者都是在进入习近平时期之后被强调或具体化的。

《民法典》

2020年全国人大上通过的《中华人民共和国民法典》(以下简称《民法典》)成为世

人热议的话题。此法自2021年1月1日起在中国正式施行。《民法典》的编纂工作从2015年开始经历了长达5年多的时间，终于取得成果。习近平总书记在2020年一次会议上指出《民法典》不仅在社会主义法治国家建设上，在社会主义市场经济发展，中国的人权事业、国家治理现代化等方面都具有重要意义。[3]

但从内容来看，《民法典》算不上是新法案。《民法典》中的物权、合同、人格权、婚姻家庭、继承等均早已以个别法存在。换言之，《民法典》不过是对零散法律进行的系统整理。所以即使当中有与以前不同的内容，也很难赋予其更重大意义。而这里需要关注的是中国共产党对"法治"表现出的意志。《民法典》折射出了中国共产党长期以来不断完善法律体系的事实，以及耗费如此多心血编纂《民法典》的这项工作对中国共产党来说是极为迫切的事实。在此有必要探究这种迫切性究竟源自何处。《民法典》的时代内涵首先应该从其背景和脉络中寻找。

"法治"自改革开放初期以来就一直是强调的重点。20世纪80年代末将"社会主义法制"改为"社会主义法治"点燃了讨论的导火索，90年代登场的"依法治国"延续了这一讨论。2014年十八届四中全会首次单独讨论了"依法治国"的问题。基层学校的"思想品德"课程改为"道德与法治"也是源自此次全会的决定。此外，决定编纂《民法典》也是在这次全会上确定的。事实上，《民法典》的编纂工作在此之前虽然已多次经尝试，但真正付诸实践的却是进入习近平时期以后。

正如许多研究者指出的那样，[4] 中国共产党追求"法治"与市场机制的扩大和体制转型密切相关。为了说明这一点，有必要简要地了解毛泽东时期的社会经济体制。在毛泽东时期，中国的就业、住房、教育、养老金等所谓的生活渠道基本上都是依靠国家解决的。个人独自解决这些问题的情况极为少见。如果个人有某些需要，除了找"国家代理人"商量之外几乎别无他法。若资源丰富充足，需要很容易得到满足，但若资源不够，就只能推迟或拒绝。并且所有事情都要进行"公"的讨论，根据情况，同一件事也会有不同的决定结果。在这样的环境下，个体活动只能减少。听从统一安排或调整个体活动的必要性也源自这一背景。国家、市场、社会几乎无法区分。

但改革开放以后，随着"国家退场"的正式化，市场上需要个体直接解决的事情越来越多。90年代初国有企业开始大规模裁员时，下岗劳动者不得不在市场上自己寻找工作。90年代末进行住房改革后，城市居民也因此不得不在市场上自己找房子。个体在市场上需要直接解决的问题增多意味着私人活动的增加。然而对私人活动毫无限制地放任不管只会助长各种纷争和矛盾。对法治的强调就是源于此。法律是市场活动的个人必须遵守的规范。在工作岗位和住宅等依靠国家解决的时代，国家的判断可以成为唯一依据和充分理由。但当这些变为需要在市场解决时，制定市场参与者之间的规则就成为必须。就这一点来讲，有必要听取将"法治"理解为是经济改革中产生的政治改革之一的主张。[5]

但是法律并不是随便制定的。像法律这样的正式制度一般以道德、习惯等非正式制度为基础。如果违背道德习惯制定法律，会在实践中遭遇相当大的反感和阻力。同时，法律可以向市场参与者传达强有力的信息。告诉人们该做什么和不能做什么，并表明各种奖惩内容。总而言之，法律可以明确何为正误。就是在这一点上，法律和文化产生了关联。它以道德和习惯为基础，同时将是非对错公诸于众，因此可以使社会成员的言行非常相似。即使各地区、各民族、各阶层、各年龄段存在文化差异，但一旦制定了法律，这种差异便会被带过。以法律为中心的"文化同质化"得以形成。

《民法典》是中国共产党在市场中坚守文化同质化的途径。也就是说，国家意识形态可以通过《民法典》贯彻到社会成员身上。《民法典》第一篇总则的第一章第一条如下："为了保护民事主体的合法权益，调整民事关系，维护社会和经济秩序，适应中国特色社会主义发展要求，弘扬社会主义核心价值观，根据宪法，制定本法。"第七条规定，"民事主体从事民事活动，应当遵循诚信原则，秉持诚实，恪守承诺"。第10条规定, 处理民事纠纷时应以法律为依据, 但同时也指出:"法律没有规定的, 可以适用习惯, 但是不得违背公序良俗"。《民法典》到处散发着国家意识形态的道德和伦理。

事实上许多停留在伦理水平的内容也在《民法典》中作为法律条文被正式明示。如《民法典》为了鼓励市民的善行, 专门制定了保护方案。如对出于善意帮助他人时受到伤害的情况, 若致其受伤者逃离或不确定时, 受助人承担赔偿责任。另如, 若儿媳或女婿对公婆或岳父母切实履行了抚养义务, 那么即使其配偶去世, 本人也可以成为第一顺位继承人。而且在民事案件中相关法律条文不明确的情况下,"社会主义核心价值观"有可能成为判断标准, 社会主义核心价值可以起到与法律相同的作用。国家意识形态正在成为法律准绳, 以此来控制市场主体的行为不严重脱线。

中国民族共同体

习近平时代以后, 另一个被强调的话语是"中华民族共同体"的构想。习近平总书记在2015年9月会见少数民族代表时曾提到56个民族是都是中华民族大家庭的平等一员, 共同构成了中华民族命运共同体。[6] 2017年十九大报告中首次使用了"确立中华民族共同体意识"的表述。与此相应, 中国各界对中华民族共同体的讨论也变得非常活跃。仅以学界为例, 到2015年为止, 相关论文每年只有1篇左右, 但在2015年之后, 这一数字急剧增加, 现在每年大约有300-400篇论文, 可以想象目前有多少资源投入到这一领域。

当前中国少数民族问题突出, 似乎是因为各种国内外情况交织在一起。众所周知, 美国等西方主要国家一直试图就中国国内少数民族的人权问题提出质疑。无论其意图和目的为何, 很难否认西藏和新疆等少数民族问题是中国最"薄弱环节"之一。从对外环境角度出发, 中国有必要积极管理少数民族, 经济上也有需要注意的地方。少数民族地区也是中国最贫困的地区，在中国共产党的脱贫政策中，任何时候都少不了少数民族居住地。这些地方与汉族主要聚集的延安相比，差距尤为明显。

因为差距可能会持续扩大，所以不得不要求对少数民族给予特别关注。并且少数民族居住的大部分地区靠近边境。特别是中国共产党在"一带一路"上下了很大心血，"一带一路"工程以连接中国与邻国为重点，因此少数民族聚居的边境地区具有重要的战略地位。也就是说，无论是从安保角度还是从战略角度，中国都不可能对少数民族居住地有疏忽。

但是中华民族共同体的构想绝不是习近平时代的新作。在新中国成立以前就有很多类似的讨论，比如顾颉刚曾在1939年的文章中主张到，应将中华民族看作一个民族。在当时帝国主义侵略愈演愈烈的时代背景下，使用"五大民族"等表达可能成为促使中国分裂的导火索。[7] 这一想法经过费孝通的整理变得更加精巧，1988年费孝通提出了"中华民族多元一体格局"的概念。有评价称，该概念将仅停留在"正当性"的"中华民族"升华为了具备逻辑自成体系的理论。许多研究者都认为这一概念是当前中国少数民族政策的纲领。

中华民族多元一体结构的核心并非是把中华民族单纯视为56个民族之合，而是把中华民族视为另一个有实体的民族。在费孝通看来，中国这个国家虽然居住着不同的民族，但在民族间相互依存和共同命运的历史中，形成了"中华民族"这又一民族。费孝通认为其主体性也可以得到确认，并进一步将这一过程称为"凝聚"。通过"你来我往，我来你去，我中有你，我中有我"的过程，形成了"多元统一体"。需要注意的是，费孝通在解释这一辩证法上的过程时，将汉族看作一边，其他民族是另一边，汉族和非汉族的区分成为构成多元一体的主要逻辑。[8]

这一特征在今天中华民族共同体构想中以共同和统一、基础和纲领原封不动地重演着。在今天的构想中体现的最为具体的是教育，当共同的教育、教育基础、教育纲领的问题被提出时，就会带出这种汉族对非汉族的区分。如语言就是典型示例。内蒙古自治区教育厅决定从2021年秋季学期开始在所有少数民族学校加强汉语教育。特别是语文、历史、道德和法制三门课程要求必须使用标准汉语。这种情况并不仅局限于内蒙古自治区，几乎所有少数民族地区都加强了汉语教育。事实上从2019年开始，语文、历史、道德和法制三门课程就只允许使用国家统一编制教材。而在此之前，有过多种教科书，各地方也使用不同教材。因使用了单一教科书，不仅是同一语言，同样的历史和伦理道德课程也通过学校进行了扩散。当然这种情况并不只在少数民族地区，中国所有地方的这三门学科都使用统一教材。但是对于少数民族地区，在这之前的可选范围更广。加强共同教育，要求使用标准汉语，能够减少汉族和非汉族的差异。

对此评价不一定只是负面的。[9] 前面也提到过，中国少数民族大多位于经济落后区域。虽然有多种原因，但少数民族地区和经济发达地区之间的沟通不畅是不可忽视的部分。即因语言和文化上差异导致少数民族经济活动萎缩的情况不在少数。以云南省为例，从2016年开始以少数民族为对象实施了特殊职业教育培训，其中最重要的课程就是标准汉语教育。许多少数民族居民不会用汉语书写自己的姓名，再加上文化差异，很多人在职场或团体生活中倍感压力，最终因没能适应城市生活而失去了发展机会。也许这些地方真正需要教育。因为国家意识形态的道德和伦理对保障最低限度的市场活动可以起到积极的作用，因此，很多中国学者将此表述为是"少数民族的权利"。

即便如此，这里想强调的依然是"文化同质化"倾向。尽管以少数民族为对象进行的教育究竟是"关怀"还是"强制"可成为价值讨论的领域，但毋庸置疑的是，少数民族地区正在形成共同的语言、共同的历史、共同的伦理道德。这意味着比起多样性更趋向于同质化。对此甚至还出现了"反省"的情况，即认为为了保护少数民族文化而疏忽了确保中华文化的整体性。将少数民族文化自觉的强化，文化间界限明确的理由归于中华文化教育的不足。但讽刺的是，少数民族一直以来被看成是中国最能体现文化多样性的地方。然而在转向中华民族共同体的过程中，这种评价正在发生改变。现在少数民族强调的不是多样性，而是同质化。

IV. "社会主义"的共同信仰

正如上所言，中国共产党的"文化战略"将焦点放在了法律、学校、大众媒体等制度上。其方向是形成并维持"文化同质化"。尤其需要注意法律和学校。从《民法典》的事例中可以看出中国共产党通过法律的形式在市场上贯彻国家意识形态。从中华民族共同体可以看出中国积极利用学校制度，谋求"相同"而不是"不同"。以法律、学校、大众媒体为中心，描绘了中国的"标准生活"。

那么，中国共产党执着于"文化同质化"的原因是什么呢？也许中国共产党认为"文化同质化"有助于中国的内在团结。2017年十九大报告中出现的最多的词语之一就是"团结"。而且其脉络与大部分国家意识形态的"文化同质化"是同轨的。这让人想起邓小平的名言："稳定压倒一切！"也就是说，无论是改革还是发展，都应首先考虑内部安定和团结。虽然提出了"中华民族的伟大复兴"和"中国梦"，但其先决条件仍然是内部稳定和团结。"文化同质化"似乎被看成是走向稳定和团结的捷径。

还有必要考虑社会治理的层面。中国共产党的治理模式究竟是什么，或者其具体面貌是什么等在此难以讨论。但有必要指出社会治理并不是单纯的管理或统治，还包括自律等部分。法律和行政的正式制度经常与基层协助及资源等非正式制度一起被提及。从这一点看，追求"文化同质化"是减少社会治理现实成本的良机。如果说"社会主义核心价值观"是中国民法指向的标准，那么只是维持"文化同质化"就可以在实际应用和执行上相当便利。

但最重要的还是中国没有共同的宗教。世界许多国里都有一个共同的宗教或可代替它的信仰体系。美国有基督教,南美有天主教,中东有伊斯兰教,印度有印度教。这些国家在面临危机和逆境时,可以共同的宗教为中心实现团结和合作。甚至像巴基斯坦和孟加拉国,宗教差异造就了国家的警戒线。而中国不仅没有共同的宗教,正如少数民族示例所反映的那样,中国的各种宗教都拥有各自的声音。稍有不慎,宗教差异就会危害中国的安定和秩序。缺乏共同宗教的事实在很多方面会产生不利。

当然,中国确实有儒教等传统信仰体系。但问题是中国共产党的主体性与传统信仰体系很难并存。纵观中国革命史和新中国成立史,中国共产党革命的对象之一就是以儒教为代表的传统信仰。中国共产党若过度树立儒教这种传统信仰,必会在某时引发矛盾。举个极端假设,孔子像有可能摆在天安门广场吗?"社会主义核心价值观"也最终需要从这一脉络上理解。承认传统信仰体系的同时,不破坏中国共产党主体性的方式是将传统信仰用"社会主义"的名称进行再包装。由此大致可以了解为什么中国共产党的国家意识形态如此传统,以及为什么中国共产党如此执着于"文化同质化"。

除了"文化同质化"和中国共产党对其的意志之外,还有必要在此共享一个问题意识。前面也提到过,中国共产党直接干预大众媒体,完善法律体系是因为私人活动的增加,以少数民族为对象加强国家意识形态教育也是以少数民族的个体活动为前提的。追求"文化同质化"的基本前提可以说是市场化。但市场主体虽然会受到"文化"的影响,但同时也会战略性地利用"文化",有时还会直接攻击"文化"。如果在个体活动中发现不便或在追求私人利益过程中发现障碍物,很容易以"文化"的形式表达其不便和不满。也就是说,对"文化同质化"的追求反而可能会带来损害"文化同质化"的结果。

注

1　Seo, Jungmin, *Nationalism in the market: The Chinese publishing industry and commodification of nationalistic discourses in the 1990s* (The University of Chicago, 2005).

2　William H. Sewell, "The Concept(s) of Culture," *Beyond the Cultural Turn: New Directions in the Study of Society and Culture* (Berkeley: University of California Press, 1999).

3　习近平,〈充分认识颁布实施民法典重大意义, 依法更好保障人民合法权益〉, https://baijiahao.baidu.com/s?id=1669555139459092615&wfr=spider&for=pc(检索日期: 2021.02.01).

4　燕继荣,〈依法治国与国家治理现代化〉,《中国井冈山干部学院学报》第1期(2015); 李熙玉,〈习近平时期反腐败运动的政治逻辑－市场、法治、治理的关系〉,《中苏研究》39－1(2015).

5　Young Nam Cho, "'Governing the Country according to the Law': China's Rule of Law Policy as Political Reform," *Journal of International and Area Studies* Vol. 21, No. 1 (June 2014)

6　习近平,〈中华民族一家亲, 同心共筑中国梦〉, http://www.xinhuanet.com//politics/2015－09/30/c_1116727894.htm(检索日期: 2021.01.20)

7　顾颉刚,〈中华民族一家亲〉, 马戎主(编),《中华民族是一个, 围绕1939年这一议题的打讨论》,北京:社会科学文献出版社, 2016,pp.33－44.

8　费孝通,《中华民族多元一体格局》,北京: 中央民族大学出版社,2018.

9　常安,〈论国家通用语言文字在民族地区的推广和普及〉,《西南民族大学学报(人文社会科学版)》第一期(2021); 陈荟、桑尔璐、李晓贺,〈民族地区普及国家通用语言文字的教育公平之义〉,《民族教育研究》第3期(2020); 曹迪,〈民族地区国家通用语言文字普及研究〉,《文存阅刊》第13期(2020).

V. 地区战略与韩半岛

朝鲜半岛新博弈与中国的战略选择

郑继永

新冠疫情给人类健康带来严重伤害, 一定程度上唤醒了"人的安全"的重要性。传统安全因素如军事威胁、国家主权的挑战、战略威慑等, 正在让步于"人的安全"这一基本需求。这一转变使得当下的国际局势处于一种极端不稳定状态, 对各地区也将造成深远而长久的影响。一向受国际因素影响较大的朝鲜半岛更是如此。朝鲜半岛的安全走向呈现新特点, 内外要因的变化催生了朝鲜半岛各方同以往不同的应对策略与处置路径。

I. 外部环境要因的渗透

对朝鲜半岛影响最大的外部因素就是新冠疫情与大国竞争。新冠疫情加上愈演愈烈的中美竞争, 不仅对全球形势也对朝鲜半岛造成重大影响。第一, 中美之争现在已是全局性、结构性竞争。由此带来的"百年未有之大变局", 不仅是指过去百年来中国和世界的互动或者世界的变化发展，更意味着中美当前的激烈竞争将会在未来百年对全球形势造成巨大影响。[1]第二，新冠疫情的冲击已经撕裂全球，世界将因新冠疫情而出现不可逆转的分割，[2]成为疫情前的世界和疫情后的世界，其带来的分化与重组影响深远。思考国际关系与国际政治的逻辑、范式、理论与方法都将出现巨大变革。[3]理解未来的国际形势，也将基于这一区分。第三，中美关系的这种变化和新冠疫情的冲击深切影响朝鲜半岛。朝鲜半岛一向对外部因素，尤其是大国因素的影响敏感。这一影响已经波及到朝鲜半岛的经济、政治、文化、军事安全态势。[4]第四，朝鲜半岛在上述变化中处境特殊。韩国处于中美竞争的拉锯区，军事上与美国是盟友关系，经济上又与中国有着高度的相互依赖；同时，东亚地区即将走出新冠疫情并恢复正常的国家只有中国跟韩国，这拉近了中韩关系。[5]而朝鲜也与美国有着特殊的关联，朝鲜既对美国高度警惕也有着相当的期待，[6]同时为防疫与经济恢复做到了极致。

在此情境下，中美两国对于朝鲜半岛的策略都出现了变化。

从中国来说，对朝鲜半岛的策略或者战略正在发生转型或变革。第一，中美关系的变化中，朝鲜半岛作用增大，中国在重新评估朝鲜半岛在中美关系变化中的作用与影响，对于朝鲜和韩国的外交策略、安全应对、经贸关系、政治关系也在不断适应新形势。[7]第二，对朝鲜半岛政策进行纠偏并加强平衡。长久以来，中国的朝鲜半岛政策经常从重视一方摇摆到重视另一方，如一度在政治和安全上重视朝鲜，而在经济文化上更为重视韩国，且这种重视是以忽视或轻视另一方为基础的。[8]目前的趋势似乎是在改变这种摇摆，将朝鲜半岛作为一个整体来看待。第三，应激反应式的外交战术正在改变。朝鲜半岛政策一直被视为对美外交的下位外交，仅仅作为美国提出的问题的反应或应对。当前，中国正在提升朝鲜半岛在整体外交中的地位，并将朝鲜半岛"美国问题化"的趋势扭转成"朝鲜半岛问题化"，将之视为解决包括美国问题在内的外交工具。[9]

从美国来说，其朝鲜半岛政策基本改变了过去那种"非核不谈"的顽固立场。第一，最明显的调整，就是改变了过去把朝鲜作为撬动中国的干扰变量、韩国作为遏制中国的抓手的做法，变成同时利用朝鲜和韩国两个变量遏制中国。[10] 第二，重点提升日本的作用，在拉拢日本的同时相对忽视韩国。在韩日因历史问题发生冲突时，在军事秘密情报保护协定延期问题上，美国明显偏向日本。[11] 而在对朝合作、防卫费分担与部署、QUAD 扩容问题上，美国更加明显地对韩采取胁迫策略。[12] 第三，更灵活地使用经济等非安全因素全方位地胁迫韩国。如试图利用经济繁荣网络、印太战略、清洁网络等新的概念争取韩国支持，企图在经济上遏制中国，在技术上剥离韩国与中国的联系。[13] 第四，推回中国在朝鲜半岛问题上的参与度。过去，美国朝鲜半岛政策有一种逻辑，认为中国是不可忽视的重要外因，是朝鲜半岛问题取得进展的动因之一。而现在美认为其失败程度与中国的参与持正相关联系。[14] 因此，美方有意推回中国的参与和影响，实现朝鲜半岛政策的"去中国化"。第五，最重要的一点，美改变了弃核应为谈判前提的认识。以前美国总将朝鲜弃核作为一个先决条件，然后才是与朝鲜的和平共处。从当前美国战略界的认识来看，美认为这一前提不再现实，不如采取柔性战略，既能从朝鲜拿到筹码，又能开拓朝鲜半岛核问题的新方向，[15] 还能进一步挑战中国在朝鲜半岛问题上的参与度。

新型疫情大流行对朝鲜半岛问题也造成了严重影响。首先，疫情加剧了东北亚的地缘政治紧张局势。在疫情连续暴发与蔓延的情况下，各大国都在试图利用这一全球危机来获取优势和发挥力量，给朝鲜半岛增加了新的不确定性。[16] 其次，在中美竞争加剧的背景下，疫情使本已充满不确定性的朝鲜半岛的外交环境和安全局势更趋复杂，朝核问题前景更不明朗。在主要利益相关者(中美韩日)能够处理好疫情之前，朝鲜半岛传统安全议题将不断被搁置或失焦。第三，疫情加剧了东北亚国家之间现有的地缘政治分歧。过去朝核问题一直是各主要行为体之间的润滑剂，有助于大国合作与盟友团结，但疫情的出现导致各方"各扫门前雪"，加剧了国家间猜忌，减少了对朝核问题的关注。[17] 相应地，地缘政治分歧则不断显现。第四，疫情加剧了韩国、美国和日本的国内政治斗争。尤其是美国11月的总统选举与韩国4月的国会选举，使得各行为体更关注内部，不可避免地降低了对国际问题的关注。第五，疫情阻碍了关键行为体之间的政策磋商和协调。虽然电话与视频会议有其技术优势，但传统的情报交流与协商协调手段难以发挥作用，面对面沟通的缺乏也使得很多现场实际问题的解决变得更加困难。[18]

朝鲜半岛是一个传统安全和冷战思维严重的"化石化"地区，朝鲜半岛问题的由来就是外部环境因素过大的结果。目前半岛受到外部环境要因尤其是中美两个大国的影响更为明显。在新冠疫情影响下，朝鲜半岛的经典传统安全状态被压抑和忽视，一直处于世界焦点的朝核问题、朝美关系也骤然冷场。

II. 内向化政治震动的外溢

新的环境带来了诸多管理难题。新环境、旧难题的冲撞将带来新的变数，也进一步增加了解决问题的难度，管理不善则会引发、拉升潜在的安全危机。

在当前国际形势下，朝鲜面临着三个方面的问题：防疫、经济恢复、民生。新冠肺炎暴发后，朝鲜首先关闭了中朝边界，抵御新冠肺炎的可能冲击。当然，这是朝鲜不得已而为之的举措。朝鲜的医疗条件非常恶劣，稍有差池就会造成灭顶之灾。[19] 新冠肺炎后续在中国以及众多其它国家的发展态势也证明了朝鲜采取这一举措的正当性与及时性。

然而，关闭国门所带来的经济与社会后果非常严重。对华贸易占据了朝鲜外贸的90%以上，关闭中朝边境意味着中朝边境地区正规、非正规贸易完全中止，也意味着朝鲜境内数以千计的市场的萧条与市场延长链的断裂。航路与铁路、公路的中断也意味着从中国进入的粮食、化肥与民生类油料援助无法及时到位，这将会对朝鲜的粮食生产造成很大影响。[20] 事实上，新冠疫情对经济损害的严重性已经远远超过国际制裁造成的影响，对朝鲜社会形成了巨大冲击。

朝鲜在境内采取了事先预防措施，如在元山、平壤、中朝边境等地设置了隔离设施，将外国人、涉外干部与朝鲜居民，以及近期有过出境经历者集中隔离。此外，朝鲜还将老弱病残、易感人群也进行了事先隔离，集中补充蛋白质、维生素等，加强免疫力低下人群的体质与免疫力，积极防控新冠疫情。[21] 在这些极端措施之下，朝鲜宣扬境内未出现新冠病例，也未接受美国及国际社会的援助。

军事手段也成为朝鲜的应对策略之一。在新冠疫情期间，各方自顾不暇。虽然朝鲜经济上十分困难，但就国际环境而言，是其静心开展策略与战术研究又不受干扰的好时机。[22] 朝鲜对于短程、中程与远程导弹的技术诸元进行提升，并策略性逼迫韩国及美国以疫情为机予以接受，以使自己占据外交优势。继威胁已经实战部署洲际弹道导弹系统之后，朝鲜的短程导弹，包括最近经过测试的ATACMS(陆军战术导弹系统)，能够对韩国以及驻韩美军构成直接威胁。而最新的MGM-140 ATACMS 地对地制导导弹在飞行过程中显示出"上拉"式不规则机动，更显示其生存能力与对部署在韩国的"爱国者3"(PAC3)和THAAD 导弹防御系统的威胁。

为避免美国可能的军事措施及进一步施压，并向美国释放信号，朝鲜召开了多次军事指挥官会议与国务会议，并进行了多次比较克制的导弹与火箭炮试射，意在向处于选战与疫情之中的特朗普传达四个信号：[23](1)朝鲜有能力对特朗普的选情施加影响，11月之前有充分的外交与军事工具来展示朝鲜的作用；(2)朝鲜做好了各种准备，不会与美国再"空谈"，谈要有效果，打也有能力；(3)朝鲜试射的均为短程导弹, 意在显示能力, 并未违反联合国决议, 不会招致新的制裁; (4)朝鲜的试射"留有余地", 低调但有用, 在示强的同时向美国示好, 此外也不想在新冠肺炎肆虐全球之际突显自己。

随着美国疫情的恶化与中国疫情的好转, 朝鲜对于半岛问题以及对美国的态度与措施也将随之发生变化, 接受援助与否将成为观察这一转变的重要介质。首先, 如果美国过于吃紧, 朝鲜有可能重新审视可能的疫情合作可否成为解除对朝国际制裁的突破口而策略性地使用软硬两种态度, 以及可否将韩国视为实现这一目的的媒介而采取对韩攻势, 如接受援助与疫情合作等。其次, 随着中国东北地区疫情的好转, 朝鲜有可能采取重启运输通道的做法, 以接受农业与经济发展所需物资。第三, 朝鲜的策略将会随着疫情变化进行调整, 以更有利于朝鲜的总体战略。

韩国在外交上面临多个方向的夹击: 美国一直对韩国不满, 认为韩国在防卫费分担、对朝问题及对华问题上有离心倾向; 朝鲜则认为韩国在半岛问题转寰过程中过度粉饰和夸大首尔的作用, 事实上却无法脱离美国的控制, 从而以脱北者放飞反朝传单为机切断了与韩国的所有联系; 在对华关系上, 除因疫情保持低水平沟通外, 韩国也因中美竞争带来的两难选择无法找到出路。[24]

与此同时, 韩国试图恢复朝韩关系的努力被忽视。新冠疫情对韩朝关系产生了消极影响, 使南北关系更加趋冷。新冠疫情发生后, 文在寅总统曾提议南北就疫情问题进行合作, 并向朝鲜提供医疗、药物与人道主义援助, 但朝鲜反应冷淡, 态度强硬地予以拒绝。特朗普也提出要向朝鲜提供防疫援助, 同样遭到朝鲜的拒绝。而随着"脱北者"不断采取措施, 朝鲜直接炸毁了朝韩位于开城的联络事务所, 并将对南事务更名为"对敌事务"。在朝鲜封国的情况下, 韩国丧失了与朝鲜的联络渠道, 只能内卷化处理, 将统一部长官、国情院长、安保室长等涉朝业务的三位高级官员撤换, 并撤销了两个"脱北者团体"的业务许可。而且, 文在寅政府的对朝政策遭到了保守派的攻击，尤其是在公务员被杀问题上未能采取强硬应对。

韩国的对朝优势无法发挥成为其内政与外交的严重制约。对于韩国而言，政治上，共同民主党的政治优势曾经转化为对朝政策优势，曾经通过不断采取措施逐渐释放对朝善意。韩国对朝鲜半岛问题有独特的政治日程安排，曾试图主导朝鲜半岛进程，并充当朝美之间的调解人。然而，对于文在寅政府而言，对朝与对美是直线的两端和难以协调的困境，过于接近任何一端会丧失另一端，而不接近一端又会丧失对另一端的影响力。从根本上讲，对朝政策是韩国内政外交的基石，一荣俱荣，一损俱损。朝韩关系转好，会极大地减轻韩国的外交压力，扩大韩国在中美竞争中的选择余地，内政上也会增强文在寅政府与共同民主党的执政基础，增加未来总统大选的确定性。反之，朝鲜关系变坏，则会严重制约韩国的外交选项，也会使文在寅政府更多面对反对党的压力。然而，韩国在外交与安全上对于美国的独立性却是朝鲜看待韩国的重要指标，目前韩国内部情况不允许韩国过多地独立于美国的外交与军事控制。这一问题短时间内无解的局面给文在寅政府造成了极大的压力。

再者，韩国内部政治局势也影响到对朝关系和对美关系。其一，并非文在寅政府努力不够，而是受制于美国太多。获得国会选举大胜之后，共同民主党占据三分之二席位，也正在努力在对朝问题上不完全追随美国、走出自己的独立路线。[25]然而，文在寅政府也知道，从政治架构来看，韩国政治受制于美国太多，在对朝问题上过分"抢跑"是不现实的，在无关紧要的问题上显示一下对朝态度是最大可能，这是由最根本的结构性因素决定的。其二，文在寅政府已临近尾声，动力与意愿不足。多次的政治胜利已使共同民主党彻底掌控了韩国国内政治局面，新一任总统必然来自共同民主党。随着2022年大选的临近，共同民主党内部派系斗争日趋激化，无暇顾及朝鲜。其认为朝鲜问题不可能在一年内解决好，朝鲜问题只会带来麻烦，不再会有新的成果，希望留待下任总统去解决有关朝鲜的麻烦。韩国民众也已对执政党打朝鲜牌、和平牌感到厌烦，再加上韩国国内涉朝因素非常复杂，涉及美国政府、美国军情机构、韩国军情机构、保守势力等，以及诸多背景复杂的非政府组织。因此，"不招惹朝鲜"成为共同民主党的共识，韩国版对朝"战略忍耐"呼之欲出。[26]

从根本上讲，韩国目前面临的最大课题是下任总统选举，与这一问题直接相关的就是韩国经济发展，而经济问题的解决又重新回到了朝鲜问题、中美竞争问题以及内部保守势力的牵制等循环往复的怪圈上。

III. 朝鲜半岛的新博弈

除了疫情本身，美韩还在诸多传统问题上受到疫情的冲击与影响，朝鲜半岛各方博弈将出现新平台。

对于特朗普而言，年末大选无疑是其最大的关注事项，一切都必须为选情服务。从2019年中期开始，特朗普的对朝政策就有着明显的选举痕迹，接受朝鲜的举动均为助力选举。2020年3月美国提出的对朝抗疫援助就有这样的目的。

2020年7月，特朗普甚至派出副国务卿比根赴韩打探朝鲜的回应。朝鲜也试图将之转化为有利于己，但在这样的互动无法真正实现目的时，朝鲜断然切断了这种联系。对于美方提议，朝鲜以金与正的讲话及外务省对美协商局的谈话予以回应。非常明显，特朗普政府末期，由于朝鲜问题表现出来的边际效益越来越低，朝美双方的意愿都大幅走低。新总统拜登一上台就声称将改变特朗普的对朝政策。韩国更是如此。随着2022年韩国大选的临近，对于内政的关注以及将朝鲜问题内政化的传统做法无疑会使半岛问题更为复杂化。

以下几个因素值得重点关注。

首先，中美竞争的加剧对朝鲜半岛将产生深远影响。从历史上看，朝鲜半岛的命运是由大国决定的。而贸易战的旷日持久与新冠疫情的新矛盾，不仅导致韩国担心遭受中美战略竞争的附带损害，也进一步加深了韩国对美国安全的依赖和对中国经济的依赖，加重了其不得不做出二选一的战略忧虑，甚至影响了韩国对韩美同盟关系同朝核问题两者之间的协调能力。

其次，在中美竞争的背景下，美国的"美国优先"政策也使得韩美、美日、韩日关系出现裂痕。[27] 一直以来，美国对朝鲜半岛采取了威慑与抚慰并举的方针，通过刺激朝鲜引发安全困境，进而挑起韩日的不安全感而对韩日进行控制，并获得对华的遏制力。然而，特朗普政府主推"美国优先"政策，在防卫费分担问题上提出过分要求，轻率地决定对日韩加码。面对美国重压，日韩没有讨价还价的本钱，只能以拖待变，进一步加剧了日韩对被美国遗弃的恐惧和不安全感，甚至有可能诱使日韩走向拥核之路。[28]

第三，朝鲜半岛在中美竞争中的战略价值重现推动博弈复杂化。迹象表明，中美两国在激烈的竞争过程中"重新发现"了朝鲜与韩国的战略价值。过去，中美在朝鲜半岛问题，尤其是朝鲜半岛核问题上呈总体合作、具体细节存在争议与竞争的态势，因此出现过诸如六方会谈以及2018年之后的一段"加速"缓和时期，朝鲜半岛核问题大致在正轨运行。然而，随着中美竞争的加速与深入，一个明显的动态就是中美在朝鲜半岛问题上的合作在减少，敌意在上升，自行其是的情形越来越多。[29] 不仅如此，竞选中的拜登团队认为，过去朝鲜半岛问题的进展在于美国的"极限施压"政策，而屡屡出现阻碍恰恰是因为中国的"过度参与"，中国已经将朝鲜半岛问题当做与美国进行战略竞争的众多筹码之一，[30] 反过来将朝鲜问题当做一张打向中国的"牌"将成为未来美国新政府最可能的操作。中美关系已出现某种结构性变化，在很多方面都不能调和的情况下，中美各自对朝鲜和韩国的外交不但不会因为中美竞争激烈而有所减弱,而且可能大幅度地增加其在东北亚政治中的权重。可想而知,中美两国竞争性地博取朝鲜或韩国将使得未来朝鲜半岛的博弈更为复杂。

第四,朝韩两方都会为自己争取空间。中美关系的恶化使朝鲜、韩国认识到,美国的决策有非常大的余度与空间。在涉及美国自身安全的问题上,美国的极度自私已经警醒了所有方。朝鲜一方面利用特朗普不希望其破坏选情的想法来充分换取发展武器与提高要价的空间,另一方面也会积极观察疫情后各方走向,为重组后的国际形势把脉,结合其善于利用国际局势的优点,制定于己有利的对策。韩国从自身利益出发,仍会在对朝关系上大胆走出自己的节奏,以图挟对朝优势对美发出自己的声音,在防卫费分担、导弹系统部署等问题上有所作为。美国新政府会有3-6个月的政策评估,无疑这也给朝鲜半岛问题带来更大的不确定性。

第五,疫情可能会把朝鲜半岛问题推入新纪元。新冠疫情的暴发与发展样态极其复杂。美欧疫情不断反复,而中国基本稳定,韩国正在走向稳定,朝鲜则是"零感染区"。最先暴发疫情的东亚地区因传统文化中的集体观念控制较好,在经济与人文往来方面出现"抱团取暖"的可能。这种新常态的出现,尤其是"人的安全"这一因素被放大与突出,也符合朝鲜领导人试图摆脱过去纠缠不清的"地缘政治"、"军事优先",推进"民生政治"、"人民政治"的做法。[31] 此外,过去几年来,特朗普的非常规做法一定程度上促进了朝美关系,触及到了过去一直无法谈、不敢谈的诸多问题,朝鲜半岛问题出现了另类解决方案的可能。在诸多因素的推动下,一直以来因各方利益冲突卡死板结的朝鲜半岛问题将可能因此出现新的方案。

IV. 中国如何应对新局面

新冠疫情和中美竞争作为朝鲜半岛最大的两个外部因素与新引入变量，其影响已经远远大于常规变量，即中美日俄等传统地缘力量。面对这些新要素，朝鲜与韩国的应对及各方互动将会左右未来朝鲜半岛新的安全水平。其一，面对新冠疫情和中美竞争，中韩会就疫情展开合作并因中美竞争出现一些问题，韩国如何处理有关矛盾将会影响未来的朝鲜半岛环境。其二，韩国在中美竞争中如何自处，将会深刻影响朝鲜半岛本身的安全水平，选边站队的抉择带来的是内外同时变化又相互影响的结果。其三，朝鲜半岛核问题将出现新的影响性变量，搁置与纵容、宽容与限制都将出现新的困境，这也会给未来的东亚国际关系带来重要影响。其四，中美关系的巨大变化与可能形成的新态势无疑会影响上述三个方面，同时给朝核问题和地区局势带来新的不确定性。这些动态变化与新的不确定性的增加，有可能形成螺旋式加速互动，给朝鲜半岛带来革命性的变化。

对于中国而言，不但要明析拜登政府对朝政策的环境变化，全局性、前瞻性地了解其顺位、手法、概念的争论，把握其决策分歧与争论，更要对起着关键作用的朝鲜、韩国要素有明确的战略定位，管理好朝鲜半岛的局势，尤其要协调处置好朝美在无核化上的分歧，充分发挥相关方的作用，不能让朝鲜半岛因素成为中国大国外交的挑战性诱因。

第一，推动外交配合。充分利用中国当前的国际势能，加大与美国、朝鲜、韩国的外交配合。新冠疫情与国际形势的百年变局，物理与空间接触急剧减少，造成美国对亚洲的控制相对弱化；中国与朝鲜的传统友好关系的不断升华和演进，增强了中国的影响力；拜登政府重构对朝政策需要较长时间造成朝鲜半岛处于"空窗期"，而朝韩关系几近断绝也相对增强了中国的作用，这些因素构成了中国在朝鲜半岛问题上的战略提前量。

第二，加强落实中国方案。拜登政府上台后美国不理性的内外行为将会延续，而朝鲜也出现了许多变化，韩国的政治变动也在酝酿之中，主要相关都发生了变化，中国应基于这些变革改变对朝鲜半岛的思路。朝美在朝鲜半岛核问题上立场对立、逻辑对撞，提出的各种立场更多地置于"平衡"各方利益，而非中国利益的最大化。中国应对无核化、终战宣言、和平协定等有明确的概念界定，走"无核化"新路，对"逆无核化"的制裁等制定相应措施，配合中国外交与利益。如说服朝鲜和美国接受"一揽子、分阶段"与"分阶段协议、分阶段执行"，对于朝鲜采取的炸毁核试验场、导弹发动机试验厂等措施，应明确认可其"无核化"性质，并应予其奖励措施与回报。

第三，坚持朝鲜半岛无核化。不可助长"拥核有用论"，朝鲜半岛无核化的大旗不能倒、不能丢。坚持无核化立场，是中国的一贯方针，也是中国坚持多边主义、维护国际社会权威的起点，不能随风倒，事实上拥有核武器不能改变朝鲜半岛无核化的可能性、必要性。朝鲜的想法、拜登政府对朝的一些做法仍然令人对朝鲜半岛无核化抱有期待，应积极找到并扩大这些要素的共同分母，加大战略上处理朝鲜半岛问题的力度，加速干预、介入等综合手段，催化朝鲜半岛问题外交工具化进程，改变凡事皆以对美外交为中心、突破处处受制于美国外交与制裁的限制，将朝鲜半岛政策与对美外交、对韩外交、对朝外交形成良性互动。

第四，进一步积极有为。朝美在诸多问题上打死结、零和博弈，谈再多、见再多并不能真正改变根源上的互不信任。中国应努力改变"劝和促谈"的"高级侍者"作用，中国不能仅仅止于端茶送水摆桌子，更应该坐在牌桌上、坐上主席台，成为玩家，并适应这样的变化。参与与介入才会有涉及中国本身利益的体感，"朝美问题"转变成为"中国的问题"甚至"我的问题""中国话题"，才能产生新思路、新方案。

注

1 Jisi Wang and Hu Ran, "From cooperative partnership to strategic competition: a review of China–US relations 2009-2019," *China International Strategy Review* 1–1 (2019), p.3.

2 Martin Kenney and John Zysman, "COVID–19 and the increasing centrality and power of platforms in China, the US, and beyond," *Management and Organization Review* 16–4 (2020), p.750.

3 John Allen and Nicholas Burns and Laurie Garrett and Richard N. Haass and John Ikenberry et al., "How the world will look after the coronavirus pandemic," *Foreign Policy* 20 (2020).

4 Timo Kivimäki, "Why Focusing on the Coronavirus Is Good for Peace on the Korean Peninsula," https://researchportal.bath.ac.uk/en/publications/why–focusing–on–the–coronavirus–is–good–for–peace–on–the–korean–p(检索日期: 2020.11.24).

5 C. T. Vidya and K. P. Prabheesh, "Implications of COVID–19 pandemic on the global trade networks," *Emerging Markets Finance and Trade* 56–10 (2020), p.2418.

6 Julia Masterson, "North Korea Spurns Diplomacy With United States," *Arms Control Today* 50–4 (2020), p.27.

7 Sabinne Lee and Changho Hwang and M. Jae Moon. "Policy learning and crisis policy–making: quadruple–loop learning and COVID–19 responses in South Korea," *Policy and Society* 39–3 (2020), p.375.

8 Tat Yan Kong, "How China views North Korea's readiness to reform and its influence onChina's North Korea policy in the post–Cold War era," *The Pacific Review* (2019), p.11.

9 Jiyong Zheng and Xingxing Wang, "North Korea's non–traditional security and China," In *China–North Korea Relations* (Edward Elgar Publishing, 2020), p.46.

10 Da-jung Li, "Trump Administration's North Korea Policy: From 'strategic patience' to 'maximum pressure'," *Tamkang Journal of International Affairs* 22-3 (2019), p.33.

11 신장철, 〈일본의 대한 (對韓) 경제보복에 대한 소고 (小考)-한일대립의 본질과 실태를 중심으로〉, 《일본연구》 83 (2020), p.52.

12 Jagannath Panda, "India, the Blue Dot Network, and the 'Quad Plus' Calculus," *The Air Force Journal of Indo-Pacific Affairs* 3-3 (2020), p.3.

13 Oxford Analytica. "US-China conflict over Huawei clouds 5G outlook" https://www.emerald.com/insight/content/doi/10.1108/OXAN-DB253257/full/html(检索日期:2020.11.22)

14 Jangho Kim and Daewon Ohn and Jae Jeok Park and Mason Richey. "To Double Down or Decouple? North Korea and China as Challenges to the US-South Korea Alliance," *Asian Politics & Policy* 12-1 (2020), p.44.

15 Jalel ben Haj Rehaiem, "Trump's "Madman" game in North Korea and the Pakistan Model," *North Korean Review* 16-1 (2020), p.91.

16 Jong-Ho Shin, "Analysis of China's Two Sessions and Their Implications on the Korean Peninsula," (2020). http://repo.kinu.or.kr/bitstream/2015.oak/11422/1/CO20-08%28e%29.pdf(检索日期:2021.3.05)

17 Julia Masterson, "North Korea Spurns Diplomacy with United States," *Arms Control Today* 50-4 (2020), p.27.

18 Donna Smith, "The Covid-19 crisis and academic development: Reflections on running astaff development webinar series for Politics/IR academics," *International Journal of Multidisciplinary Perspectives in Higher Education* 5-1 (2020), p.132.

19 Titan Alon and Matthias Doepke, Jane Olmstead-Rumsey and Michèle Tertilt, "The impact of the coronavirus pandemic on gender equality," *Covid Economics Vetted and Real-Time Papers* 4. (2020). https://finanz.dk/the-impact-of-the-coronavirus-pandemic-on-genderequality/page/3913/(检索日期:2021.3.05).

20 Jaeyoon Park, Jungsam Lee, Katherine Seto, Timothy Hochberg, Brian A. Wong, Nathan A. Miller, Kenji Takasaki et al. "Illuminating dark fishing fleets in North Korea." *Science advances* 6, no. 30 (2020).

21 Kyu-Chang Lee, "Inter-Korean Cooperation and Collaborative Action for

the Prevention of Epidemic Proliferation," (2020).http://repo.kinu.or.kr/
bitstream/2015.oak/11021/1/CO20−03(e).pdf(检索日期：2021.3.05).

22 Marcus Noland, "The pandemic in North Korea: lessons from the 1990s famine,"
(2020).https://www.eastwestcenter.org/publications/the−pandemic−in−north−
korea−lessons−the−1990s−famine(检索日期：2021.3.05).

23 Bryan Port, "Hypothesizing Kim Jong−un: A Framework for Analyzing North
Korean Behavior," (2019)http://keia.org/sites/default/files/publications/kei_aps_
port_190605.pdf(检索日期：2021.3.05).

24 Lauren Richardson, "The logic of Seoul's top−down approach to Pyongyang,"
East Asia Forum Quarterly 12−1(2020), p. 38.

25 Richard Bush, "Working at Cross Purposes? New Challenge to the Alliance
in Negotiating with North Korea," (2019) https://www.brookings.edu/wp−
content/uploads/2019/01/KRINS−Paper−2019−Working−at−Cross−Purposes−
Richard−C.−Bush.pdf(检索日期：2021.3.05).

26 Geetha Govindasamy and Erwin Tan and Chang Kyoo Park, "Failure of An
Inter−KoreanPolicy: The Case of Trustpolitik," IJEAS: The International Journal
of East Asian Studies 8−1(2019), p.6.

27 Eliot A. Cohen, "America's Long Goodbye: The Real Crisis of the Trump Era,"
Foreign Affairs 98 (2019), p.138.

28 Andrews, Henry L., and Peter D. Duerst. "Korea at the Crossroads:
Nuclearization or Reunification?." In *Security In Korea* (Routledge, 2019),
pp.272.

29 Xiangfeng Yang, "Appraising the "Thucydides Trap" Geographically: The Korean
Factor in Sino-US Relations," *Pacific Focus* 34−2 (2019), p.199.

30 Min Hong, "DPRK−China Summit and DPRK−US Correspondence Diplomacy:
Assessmentand Prospects in the Future,"(2019) https://www.kinu.or.kr/www/
jsp/prg/api/dlVE.jsp?menuIdx=645&category=72&thisPage=1&searchField=&s
earchText=&biblioId=1521906(检索日期：2021.3.05).

31 Chan Young Bang, "Economic Decay and Failures of Reform in the DPRK," In
Transition beyond Denuclearisation (Palgrave Macmillan, Singapore, 2020), pp.
35.

"一带一路"战略与中国特色的权力投射

张荣熙

中国的地理位置和领土规模为中国与周边国家网络构筑提供了有利环境，赋予了中国特殊的地位和作用。中国在东亚建立的互通网络不仅能给周边国家带来经济利益，还能共享人文价值观念。因此，在中国和周边国家间深化市场开放及合作发展过程中，互连网络的构建具有重要价值。[1]

2013年中国提出了建设"丝绸之路经济带"和"21世纪海上丝绸之路"的新构想。"丝绸之路经济带"是以中国西部地区的开放、开发为基础，推进向西延伸的巨大空间扩张和连接中亚到欧洲广阔的经济合作地带建设为目标。"21世纪海上丝绸之路"的目的则是促进开放和合作性的海上通道的建设，为沿岸国家间的经济合作和发展创造新动力。

习近平指导部在当时提出"一带一路"不仅是为了应对2008年金融危机后世界经济的严峻的形势，同时也是牵制美国对华战略封锁的最有效措施。如果看世界经济版图，除美国、日本、巴西之外，世界前十大经济体均是"一带一路"沿线国家。"丝绸之路经济带"的沿线国家占据了全世界总人口的70%，全世界GDP的

55%，且拥有地球上已知能源埋藏量的75%。除此之外，随着世界经济发展速度加速，"丝绸之路经济带"将成为新全球化时代的经济大动脉。"一带一路"发展战略的提出表明了中国要发挥引领亚洲地区经济一体化领头羊作用的意志。[2]

张蕴岭在解释"一带一路"战略时曾指出，"一带一路"构想不只停留在大型项目建设上，同时还是具有先导意义的新增长战略。它要倡导的不仅是物质领域的经济建设，还包括摆脱以往西方为中心的价值观念，提出新的发展观、安全观和文明观的中国式蓝图。中国继承了"古代丝绸之路"所具有的互利互惠的交流精神和郑和远征创造的"海上文明"的传统，谋求内陆发展，构建海洋新秩序。因此，"一带一路"对地区、形式、参与国家不设限，是具有开放性质的战略，也是基于地区走向世界的大战略(张蕴岭, 298)。

历史上，丝绸之路始于公元前2世纪西汉张骞出使西域，是跨越千年，连接欧亚大陆、北非及东非在内的长途商业贸易和文化交流路线的总称。在16世纪欧洲国家全面推进殖民地扩张之前，世界经济轴心一路沿着丝绸之路分布，因此可以说其是最早的"全球化模式"。现在中国提出的"一带一路"对应的是与历史上以西安为据点的"陆上丝绸之路"和以宁波、泉州、广州为据点的"海上丝绸之路"。

中国将在今后30年全力推进丝绸之路沿线国家的经济一体化。通过上海合作组织吸收新会员国，以巩固"一带一路"的政治基础。构建亚洲基础设施投资银行(AIIB)及丝绸之路基金(Silk Road Fund)等跨国金融机制，加快建设贯穿欧亚大陆和印度洋沿岸的高铁网、高速公路网等，并结合综合性多边自由贸易协定、投资便利化协定、物流及人员便利交流措施，使"一带一路"大战略能够成为未来世界贸易的中心。

I. "一带一路"战略的核心目的与内容

"一带一路"的战略核心是维护中国的"发展利益"。十八大上提出的，构成中国国家战略目标的三大支柱是国家主权、安全和发展利益。发展利益也是这三者中最重要的基础目标。因为主权与安全虽重要，但若不能实现经济发展，维持经济增长，安保与主权也无法得到保障。张宇燕认为构成中国发展利益的因素有市场安全、资源和能源、技术进步、货币金融、国家规则和制度等五方面。[3]

下面是他对这五方面于中国发展利益上有何意义进行的阐述。首先是市场安全。中国经济发展最重要的部分是出口，中国作为世界第一大商品出口国十分关注海外出口市场。市场安全不仅包括进出口问题，还包括海外资产问题。中国海外投资规模较大，根据商务部在2020年9月发表的《2019年度中国海外直接投资统计公报》，2019年中国海外直接投资规模达1,369亿美元，直接投资流量仅次于日本(约2,266亿美元)。2019年末中国海外直接投资累计达2兆2千亿美元，继美国(约7兆7千亿美元)和荷兰(约2兆6千亿美元)之后位居世界第三。并且中国对全球海外直接投资的影响力正在持续增加，截至2019年底，2万7,500多家中国企业及投资者在全世界188个国家进行了海外直接投资，4万4,000多家企业在全世界80%以上的国家进行了投资。其次是资源和能源。中国的能源进口依存度很高，石油消费量的60%以上依靠海外进口，因此对供应中断和价格不稳定较为担忧，这也迫使中国对油价稳定和能源安全有极高的关注。第三是技术进步。中国政府十分关注技术进步，研发投资占GDP的2%以上，虽与发达国家相比依然较低，但在发展中国家中处于较高水平。另外，中国在技术进步方面也取得了不少成果，今后也会持续学习发达国家的先进技术。第四是货币金融。由于汇率波动不仅影响投资和贸易，还影响资本流向，因此中国十分关注其对中国经济长期增长的影响。此外，中国还十分关注人民币国际化，这已经成为中国对外开放的重要政策方向。中国试图以此来回避汇率风险，推进中国与周边国家的经济一体化。第五是国际规则和制度。国际规则和制度能够反映世界各国的经济利益和发展要求。当前部分规则和制度并不中立，虽然对某些国家是有利条件，但对于其他国家来说则会带来很大损失。中国出于对此的考虑，今后将越来越关注中立的、带有世界包容性的国际规则和制度。

如此，以强化促进中国发展利益的五大方面为中心，中国正推进"一带一路"战略，并希望以此作为中国权力投射的平台。如果说"一带一路"战略构想的核心是维护中国的发展利益，那么"一带一路"的主要内容就是致力于亚欧大陆和附近海洋的互联，实现沿线国家"多元、自主、均衡、可持续的发展"。在此的重点是，中国并不强迫沿线国家选择单一模式，而是追求多元发展。"一带一路"的一侧是东亚经济圈，另一侧则是欧洲经济圈，中间则有许多发展中国家，这也要求"一带一路"有必要重视多元化。此外，"一带一路"主要合作领域还包括基础设施互连、贸易投资、金融、人文、生态环境保护、海上等六个方面，促进了多维空间的合作。

中国在推进"一带一路"的过程中设定了几个原则：第一，重视目标调整和政策沟通；第二，以高度的灵活性与弹性，不强求一个模式和尺度；第三，不追求一致；第四，积极联系沿线国家的发展及地区合作计划；第五，持续改善合作的内容和方式；第六，共同制定时间表和路线图；第七，签订合作基本协定和备忘录。以上原则是中国政府关于"一带一路"最重要的文件《推动共建"一带一路"愿景与行动》中提出的内容。[4] 由此可以看出中国正在努力构建负责任的大国形象。

"一带一路"构想已成为中国与许多国家进行双边磋商时反映双方关系的指标。过去，中国在双边关系上敦促"承认市场经济地位"或"承认一个中国"，现在则要求"支持'一带一路'战略"。即从寻求人情转变为寻求支持。支持中国"一带一路"构想意味着要共同分担投资和风险,意味着要建立推进共同事业和谐与合作的机制。[5]

"一带一路"的整体战略尚未完全展现,可以认为"一带一路"是一个需要很长时间的世纪性工程。从既有实践来看,也还有许多需要调整和改善之处。因此在评价"一带一路"时,不能只看现有成果,而应观察实践背后理念的变化。中国提出了创新、和谐、绿色、开放、共享的五大发展理念。一方面这些理念通过"一带一路"建设被具体化,另一方面,实践过程中的细节也会根据理念变得更加充实。

II. "一带一路"的效果与现状

以2019年末为准,中国通过"一带一路"战略已经与全世界137个国家及30个国际机构签订了197个合作协议,一直在加强国际合作。另外,还与22个国家签订了双边电子商务协议。为加快互联网建设,推进"一带一路"沿线国家海陆光缆建设的同时,还致力发展"数字一带一路"。以此,不断地扩大了与"一带一路"沿线国家为中心的对外交易规模。即便是在疫情大流行导致海外需求急剧萎缩的情况下,中国2020年三季度的进出口规模和进出口总额依然创下了历史新高。

对美国的经济繁荣网络(Economic Prosperity Network),中国以"一带一路"相联的地区经济合作战略予以应对,为中国对外贸易的扩大出了贡献。尽管有分析认为,中国提出双循环战略,对国内供应链的重视程度将高于海外,因此今后"一带一路"相关项目的进展也会有所停滞。但目前来看,中国民营企业500强中的90%都已参与进国家战略项目,中国政府正在引导民营企业积极响应陆上和海上丝绸之路建设。所以可以推测"一带一路"项目不会缩小。另外,由于"一带一路"项目的大部分可通过多边主义或自由贸易协定(FTA)来推进,因此如果将警戒中国的经济隶属的沿线国家也拉入多边主义框架内，"一带一路"反而有望迎来新的转机。[6]

在西南亚和非洲等地，因担心经济主权被侵占，部分国家对"一带一路"进行了抵制，并导致计划一度停滞不前。有预测认为，中国通过国产新冠疫苗援助等防疫支援、为应对美元霸权引入的数字人民币、中国主导的"人民币跨境支付系统(CIPS)"扩散等手段，将有可能迎来新转机。"一带一路"战略将成为中国在反全球化浪潮中扩大引入市场亲和性经济政策，从投资到消费、从传统制造业到尖端制造业和服务业为中心，加强结构改革的重要基础。

2020年，中国为重塑因新冠疫情而遭受打击的国际形象，扩大了对保健及医疗领域的支援。中欧列车运行量也比之前大幅增加。以共建"一带一路"为名，中国正积极推进"健康丝绸之路"、"绿色丝绸之路"、"数字丝绸之路"等措施。中国对"一带一路"地区的投资也比前一年增加了约30%。

李克强总理在2020年政府工作报告中宣布推进"一带一路"共建。指出要遵守市场原则和国际规则，推进企业主导的发展，追求对外投资的健康发展。今后中国作为外交安全战略平台，将继续推进"一带一路"战略。预计中国将通过"一带一路"国际合作高峰论坛和多种多边合作制度，扩大在欧洲、东亚、金砖四国中的影响力。

外交层面上值得关注的是，通过"一带一路"，中国的外交空间概念已经超越了东亚大陆，扩展到了欧亚大陆和海洋。中国已具备海陆国家特性，摆脱了以周边为中心、守势性的地区战略，朝向以全球为对象的国家大战略为构想并付诸实践。[7]

与1999年开始推进的"西部大开发"战略的对内特征相比，"一带一路"同时包括了对内、对外战略性质，是作为对中国西面国家的开发战略而被提出。为连接中国与"一带一路"沿线国家间的路上交通，需要建设公路、铁路等国境间基础设施网络。另外, 通过"海上丝绸之路"实现港口设施现代化, 港口区域建设以及运输网络的完善为目标。通过"丝绸之路经济带"实现社会基础设施网络和经济区域的发展。这一"一带一路"计划将为中国的经济重建提供新的经济机会。

III. 对"一带一路"批判性的视觉

确实有对"一带一路"的批判。因为所有战略和政策都存在两面性, 因此对这种批判的讨论是发展"一带一路"不可或缺的要素。为了能够从均衡(balanced)的角度考察对"一带一路"的评价, 对于政治斗争层面的理念偏见, 应该注意将其原原本本的纳入进来。如前述, "一带一路"尚未完全展开, 今后还有相当长的道路要走。通过对既有实践的合理批判和改善, 极有可能实现辩证法上的发展。真正需要担心的并非是"一带一路", 而是现代资本主义世界体制"能否朝着解决市场和资本主义的结构性、内在矛盾的方向前进"的普遍性问题。

对"一带一路"的批评提出了如下问题。

首先是对"一带一路"带有的过度的权力投射的批判。在国际社会中, 为追求地位导致的政治经济资源的浪费有可能降低中国内部经济社会发展的效率。在推进"一带一路"的过程中, 已经出现了与此相关的问题。有观点认为, 中国为提高软实力而设立的孔子学院等文化传播平台, 与投入相比收效甚微。且在中短期, 这一战略的主要对象——中亚、非洲、南亚等地区在经济层面上能够给中国带来的利益回报也较少。中国国内对于将用于解决内部问题的资源投入到海外的批评也在不断增多。[8] 对此, 在国际社会中地位的上升将创造中长期的新经济机会这一点也是需要考虑的部分。例如, 通过增加对国际金融体系及技术标准设定的影响力, 可以对创造新的增长动力的做出贡献。只不过这种效果需要经历较长时间才可体现出来。中国在IMF和世界银行等国际金融领域改革的同时，还通过G20、金砖四国等推进全球治理改革，主导创立了亚投行和新开发银行，通过"一带一路"组成新型经济合作体等，以此尝试作为规则制定者或国际秩序改革者参与到全球治理当中。此外，中国还在逐渐扩大全球治理领域和议题，内容涵盖海洋、极地、网络安全、宇宙空间、核安全、气候变化等。中国目前尚未能在地区及全球经贸领域的治理当中发挥与世界第二大经济体相符的作用。因此中国希望通过"一带一路"和亚投行等来引领全球治理。但中国若想扮演这种角色，仍然面临需要得到周边新兴经济国家的支持和合作的课题。

第二，经济状况脆弱的国家有可能在"一带一路"合作过程中无法摆脱向中国提供原材料和劳动力的作用。因此，中国不能单纯地从周边国家购买资源和劳动力，而应该向这些国家转移知识、技术、管理能力，并帮助培养人才，使相关国家在全球市场实现飞跃。在现代资本主义世界体制需要解决的结构性、内在性矛盾中，如何处理经济合作和相互依存深化的问题意识非常重要。这可以让"一带一路"成为对当前新自由主义界限和矛盾的对策。印度学者古哈(Amalendu Guha)指出，由于资本主义的内在矛盾，经济合作的增加可能会成为新恶性循环结构的国家间关系形成的机制。特别是如果开放性的市场和经济相互依存与新自由主义世界化的负面影响相结合，通过国家间、区域内的无限竞争，将带来不平等和剥削式相互依存的出现。[9] 因此，这有可能变质为"帝国主义式和平论"——即，把经济强国或跨国企业对弱小国家的掠夺正当化。这种经济合作也许能实现"没有战争"的消极和平，但有可能造成弱小国对强大国的不平等依赖的深化乃至从属化。

第三，周边战略需要软实力作砥柱。张蕴岭认为中国的软实力首先源于本国成功发展带来的影响力的增大。他进一步主张说，中国在传统上拥有的"和而不同"和"包容与和谐"的思想文化价值是中国软实力的基础。"与西方软实力强调价值观和文化优越性及主导性不同，中国重视多种价值和文化的共存、相互尊重和相互学习。"

西方学界对中国的软实力则存在不同意见。沈大伟(Shambaugh, 2013)认为中国几乎不具备软实力。中国没有提出其他国家可以模仿的模式，就文化而言，中国的国际形象并不正面，不能引领全球趋势。中国虽然通过公共外交试图努力改善本国形象，但软实力的源泉来自社会而非国家或政府，因此中国的投入难以期待较大效果。[10] 与之相反，库尔兰奇克(Kurlantzick)则认为中国人对软实力地认识要比奈尔(Nye)定义的范围更广。他认为对于中国，很难区分软实力和硬实力。[11] 因此，他主张不能用西方视角来评价中国的软实力。王义桅也提出，要想掌握中国软实力的根本力学，必须要超越公共外交，审视中国的大战略。[12]

这里需要思考的一点是，奈尔提出的软实力的概念是为了证明在硬实力方面受到挑战的美国仍然占据超级权力地位，并证明美国的时代尚未结束。如果从与美国的双边关系中批判性地考察美国的同盟国是否只根据美国的软实力进行协助，就可以知晓软实力是很难从硬实力中分离出来的。

以对软实力的这种学理论证为基础，"一带一路"的实践中主要有如下几个问题：尽管中国在宏观大战略和地区上不断努力，但对于"一带一路"沿线国家，中国的名声和软实力影响力有限的事实是要比将"中国拥有软实力"问题化本身更加根本性的问题。有必要正视不仅没能解决合作对象国家或社会的阶级矛盾，反而加深了沿线国家社会经济问题的事实侧面。即，不只停留在为相关地区及社会的既得利益势力服务的利益共享上，而是要通过中国设定为大战略的利益共享来检验人类命运共同体建设的机制是否正常运作。而在更详细的实践层面，中国政府对参与国或合作国的贷款投资主要提供给进入当地的中国企业。因此，还应关注与中国的合作最终没能给参与国带来较大经济发展的问题。

Ⅳ. "一带一路"的历史性和中国道路

"一带一路"作为中国国家战略, 习近平主席曾强调中国与周边国家是超越利益共同体的命运共同体, 亲、诚、惠、容是四个基本规范。从理念层面看, 中国试图通过不同于西方国家的方式来确保本国的影响力, 竭力主张"一带一路"正是试图从国家大战略层面体现这种理念和价值。车昌勋认为"一带一路"是连接了贯穿中国历史的整合机制。[13]

中国是小政治共同体经过漫长的历史过程, 形成巨大政治共同体的统一的结果, 与欧洲由不同民族分离发展的历史路径呈现出非常不同的特征。被隔离于不同地形的共同体相互作用, 在欧洲以分离的发展进行, 在中国则是以融合的发展进行, 这也带来了不同的结果。历史学家们从中国一体化的文化认同感中寻找答案。也就是说, 汉字和儒教思想等赋予的共同认同感将中国大陆的异质性民族团结在一起, 官僚制这一政治行政组织有效地对其进行了管理和控制, 这使中国历史走上了与欧洲不同的道路。在此过程中, 军事力量虽然发挥了向心力, 但文化接受和同化过程完成了最终的整合。

在近代国际秩序体制下, 中国已不再是王朝而是共和国的政体, 作为天子国的认同感在中国也已不复存在, 中国因此需要探索一种新的统一战略, "一带一路"正是作为这种统合战略而被提出。在以国家为单位的现代国际秩序体系下, "一带一路"是具有现实可行性的国家统合战略。在传统时代使统合成为可能的"天子国"这一认同感缺失的背景下, "一带一路"可以发挥实现国家发展的目标, 同时扩大与周边国家经济合作, 消除边疆分离主义动向的战略功能。

在中国传统对外观念中, 个别国家这一单位没有太大意义。在"天下"概念中的个体具有的只是带有等级属性的关系网而已。在这个垂直关系网中, 如同提出了约束行为的规范和在儒教文明圈中"事大字小"的规范一样, "一带一路"作为与周边国家的关系的规范, 提出了亲、诚、惠、容的原则。郑永年指出, 中国的多边主义与西方的平等原则相异, 更加强调君臣、父子等位阶伦理概念, "兄长"或"年长之人"理应为共同体和关系做出更大的贡献。因此"一带一路"本身也带有这种观念, 即, 中国应通过"一带一路"帮助周边贫困国家, 促进其经济发展。[14]

当然, 也有人对此表示担忧, 认为这有可能形成像朝贡体制一样的, 阶层化的、单方面的贸易体系。但关键是, 在重视国家间平等性的威斯特伐利亚主权体系下(Westphalian System), 作为建立近代国际关系的基础, 中国式的天下体系如何并存、和谐、运转的问题。"一带一路"是形成这种中国世界秩序过程的试金石, 在"一带一路"实践和变革中, 中国会知道这种极为难度的"和谐"之路是否可行。

注

1 장윈링(张蕴岭),《이상과 현실 사이: 중국의 동아시아 협력》, 이희옥 외 옮김, 책과 함께, 2021, p. 297.

2 朱云汉,《高思在云:中国兴起与全球秩序重组》, 北京: 中国人民大学出版社, 2015.

3 장위옌(張宇燕),〈일대일로 전략 구상: 이념과 현실〉,《중국, 새로운 패러다임 Ⅱ》최종현 학술원, 2020, pp.210-215.

4 中国政府网,《推动共建"一带一路"愿景与行动的20条"干货"》http://www.gov.cn/xinwen/2015-03/28/content_2839744.htm (检索日期: 2015.03.28)

5 펑웨이장(馮維江),〈일대일로 이니셔티브와 중국 경제 거버넌스의 현대화〉,《중국, 새로운 패러다임 Ⅱ》(최종현 학술원, 2020). pp.225-237.

6 임호열,〈2020년 중국 경제: 포스트 코로나 시대, 중국의 진로〉,《2020년 중국 정세 보고》국립외교원 외교안보연구소 중국연구센터, 2021, pp. 106-107.

7 김흥규,〈2020년 중국 강국화 외교와 2021년 전망〉,《2020년 중국 정세 보고》국립외교원 외교안보연구소 중국연구센터, 2021, p.159.

8 이남주, 문익준, 안치영, 유동원, 장윤미,《중국 국가전략의 변화와 한중 관계에 대한 함의》대외경제정책연구원, 2020, pp.49-50.

9 Amalendu Guha, "Peace Education and Peace Research," *Review of International Studies* 8-4(2003), pp.70-72.

10 David Shambaugh, David L., et al, *China Goes Global: The Partial Power* (Oxford: Oxford University Press, 2013).

11 Joshua Kurlantzick, Charm Offensive: *How China's Soft Power is Transforming the World* (Yale University Press, 2007).

12 王义桅,〈公共外交与中国的软崛起〉,《复旦学报》第3期(2008).

13 차창훈,〈중국의 역사적 통합전략, 집합지식과 일대일로〉,《동북아연구》통권 47호 (2018).

14 郑永年2018年在台湾长风基金会上以"从西方中心到后西方世界"为主题举行的研讨会上的发言。

중국의 길을 찾다

중국의 길을 찾다
한·중학계의 시각

1판 1쇄 2021년 7월 30일

엮은이 | 이희옥, 수창허

펴낸이 | 류종필
책임편집 | 김현대
편집 | 이정우, 이은진
마케팅 | 이건호
경영지원 | 김유리
표지·본문디자인 | 박미정

펴낸곳 | (주) 도서출판 책과함께
　　　주소 (04022) 서울시 마포구 동교로 70 소와소빌딩 2층
　　　전화 (02) 335-1982
　　　팩스 (02) 335-1316
　　　전자우편 prpub@hanmail.net
　　　블로그 blog.naver.com/prpub
　　　등록 2003년 4월 3일 제2003-000392호

ISBN 979-11-91432-13-8 93910

* 이 책은 아모레퍼시픽재단의 지원을 받아 저술·번역·출판되었습니다.

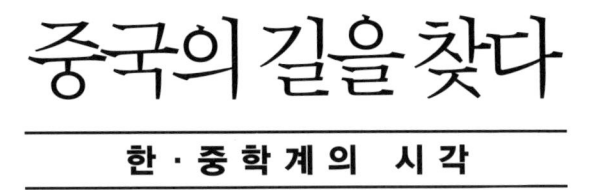

중국의 길을 찾다

한·중 학계의 시각

이희옥·수창허 엮음

책과함께

책을 펴내며

미중 무역마찰이 한창이던 2019년 7월, 중국공산당 중앙위원회 기관지인 《구시(求是)》에 시진핑 총서기의 연설문이 게재되었다. 2013년 1월에 신임 중앙위원을 상대로 했던 이 연설은 그동안 알려지지 않다가 6년이나 지난 후에 지면을 통해 공개된 것이다. 여기에서 시진핑 주석은 《장자·추수(莊子·秋水)》편에 등장하는 '한단지보(邯鄲之步)'의 고사를 인용했는데, "수릉의 어느 시골 젊은이가 조(趙)나라 수도인 한단에서 걸음걸이를 배우다 자기 걸음마저 잊어버리고 기어서 돌아갔다"는 내용이다. 이는 미중 무역마찰을 대하는 중국의 태도가 즉흥적인 요소에 연유하는 것이 아니라 오랫동안 갈고 닦은 중국의 길을 따라 걷고 있는 것임을 우회적으로 드러낸 것이다.

그동안 '베이징 컨센서스', '중국모델', '중국경험' 등 '중국의 길'을 둘러싼 많은 논의와 개념들이 존재해왔다. 그러나 미중 전략경쟁이 본격화되

고 신냉전의 그림자가 길게 드리우면서 '사회주의 중국'의 부상이 문제시되기 시작했고, 이로부터 중국의 길에 대한 논의도 지나치게 단순하게 접근되면서, 이 과정에서 과도한 일반화(hasty generalization)의 오류가 나타났다. 다른 한편으로, 사회과학 영역의 바깥에서 선전전이 치열하게 벌어지면서 각자가 믿고 싶은 것만 믿는 확증편향이 드러나게 되었고, 심지어 '의도적인 오독(誤讀)'이 여과 없이 등장하기도 했다. 이러한 배경들은 중국의 변화를 객관적으로 해석하는 것을 방해해왔던 것은 물론이고 그에 관한 토론 과정에서도 건설적 논쟁의 도출을 요원하게 만들었다.

성균관대학교 성균중국연구소와 푸단대학 국제관계및공공사무학원은 이러한 문제의식을 공유하면서 다양한 중국의 길을 놓고 한중 각자의 시각에서 해석하며 그 유사성과 차이점을 발견해보고자 했다. 이미 '전략적 협력동반자' 관계를 구축한 한중 관계의 내실화는 바로 이러한 지적 공론장에서의 건강한 토론을 통해 이루어질 때 가능해진다고 믿었기 때문이다. 사실 한국과 중국은 역사적 기억, 상대에 대한 인식과 각자의 정체성, 학문적 훈련과정과 정치사회화, 체제 구속성 등으로 인해 동일한 시각을 가질 수 없다. 한중 간 인식의 차이, 기대의 차이, 역할의 차이가 나타나는 이유도 여기에 있다. 그럼에도 불구하고 우리는 화이부동(和而不同)의 학문적 자세를 유지하면서 사고의 통일성을 강요하지 않고 해석의 다양성을 존중하기로 했다.

이 과정에서 우리는 다섯 가지 중국의 길을 논의하기로 합의했다. 중국이 비록 근년에 정치, 경제, 사회, 문화, 생태환경이라는 '5위 1체'를 국가 정책담론으로 제기한 바 있으나, 이 책에서는 한국과 중국의 지정학, 지경학, 지문학적 밀접성을 고려해 외교, 거버넌스, 경제발전, 문화, 지역전략 그리고 한반도를 이슈 영역으로 설정했다. 특히 중국공산당 창당

100년이라는 계기를 통해 기획되었다는 점에서, 이 책은 한국의 길과 중국의 길에 대한 비교연구가 아니라 중국의 길에 대한 한국과 중국의 해석 및 평가에 초점을 맞추었다. 이를 바탕으로 향후 동아시아적 맥락에서 한국의 길과 중국의 길, 한국의 경험과 중국의 경험이 함께 논의될 수 있으리라 기대한다.

오늘날 세계는 코로나 팬데믹 이후 대전환을 겪고 있다. 대공황 이후 최대의 경제위기에 따라 서구민주주의는 물론이고 전지구적 수준에서 민주주의 후퇴, 국가별, 산업별, 성별, 교육수준별 다양한 격차와 불평등이 심화되는 대분기(Great Division)가 등장했다. 또한 글로벌 보건위기를 넘어 국제질서에서도 기존의 과정과 시스템이 중단되고 단절되며 심지어 붕괴되는 대혼란(Great Disruption)을 동시에 겪고 있다. 이 과정에서 미중 전략경쟁은 시간을 특정하지 않은 채 진행되고 있고, 이러한 가운데 어렵게 쌓은 국제협력의 틀이 약화되고 있다. 보편적 이념과 가치가 민족국가를 넘어 국제사회에서도 건실하게 작동하고 있는지에 대해 회의적인 징후가 점점 늘어나고 있으며, 기존의 질서가 쇠락했지만 새로운 질서는 태동하지 못한 과도기에서 비롯된 불확실성, 불명확성, 불안정성, 예측불가능성이 확대되고 있다. 동아시아에서도 이러한 국제환경의 영향 속에 협력의 공간이 크게 제약당하고 있고, 새로운 미래비전을 만들어내고자 하는 학문적 공론장도 약화되고 있다. 이에 한국과 중국의 학자들은 서로의 학문적 성과를 공유하면서 창과 거울의 역할이 되어야 한다는 데 생각을 같이했다. 일단은 "스스로 하기 싫은 일을 남에게도 하게 해서는 안 된다(己所不欲勿施於人)"의 자세로 출발했지만, 궁극적으로는 우리의 논의가 국경과 민족에 갇히는 것이 아니라 서로를 비춰주기를 소망한다. 이 공론장에서는 차이를 두려워할 필요가 없고 불편한 것을 논의

할 수 있어야 하며, 이를 학문적 지혜로 발전시키는 것은 곧 지식사회의 당면 과제이기도 하다.

한국과 중국은 2022년이면 수교 30주년을 맞이한다. 이런 점에서 이러한 논의는 새로운 양국 관계 발전의 중요한 지적 자원이 될 것이다. 그동안 성균중국연구소와 푸단대학 국제관계및공공사무학원이 오랫동안 학문적 우정을 나누고 허심탄회하게 교류해온 결과가 오늘의 성과를 거두었다고 믿는다. 이 책이 출판되기까지 참여자들의 귀한 시간을 어렵게 조율하여 국제화상회의를 열어 생각을 다듬고 교환했다. 아울러 양국의 학자들이 참고할 수 있도록 한국어본과 중국어본을 동시에 출판해 한중 독자 모두에게 선보일 수 있었던 것은 가외의 소득이다.

이번 한중 공동연구는 아모레퍼시픽 재단의 'AP포럼 프로젝트'의 하나이다. 말 그대로 한중의 '아름다운(美好)' 학문 플랫폼을 구축하는 하나의 디딤돌이 되기를 바란다. 이 책의 공동편집자인 수창허 원장과 필자는 참여자들의 원고 집필과정에서 많은 주문과 무리한 요구를 한 데 대해 미안한 마음을 가지고 있다. 그럼에도 불구하고 흔쾌히 이를 수락하고 참여해준 한중의 여러 학자들에게 깊은 감사의 인사를 전한다. 또한 출판과정에서 한국과 중국 사이의 번잡한 일을 도맡아 처리해준 최소령 연구원과 중국어 교정이라는 또 하나의 난제에도 불구하고 책을 책답게 만들어준 도서출판 책과함께에도 박수를 보낸다. 책의 구성에서 드러나는 부족함은 모두 편집인들의 책임이다. 독자 여러분의 아낌없는 질정을 바란다.

2021년 여름
엮은이를 대표해 이희옥 씀

차례

II. 중국 거버넌스의 길

III. 중국 경제발전의 길

IV. 중국 문화의 길

V. 지역 전략과 한반도

1. 옳은 편이 된다

중국형 국제관계

이희옥

1. 키신저 질서의 해체

건국 이후 중국은 냉전 질서 속에서 프롤레타리아 국제주의, 소련의 수
정주의를 비판하면서 제3세계론을 표방하기도 했으나, 영토주권의 상호
존중, 상호 불가침, 상호 내정불간섭, 호혜평등, 평화공존 5원칙에 기초한
고립주의 외교의 특징을 대체적으로 유지했다. 이것은 1978년 이후 경제
특구를 설치하고 해외직접투자를 유치해 개혁개방을 본격적으로 추진
하는 과정에서도 도광양회(韜光養晦)라는 방어적 현실주의 방식으로 계승
되었다. 2003년 중국이 평화부상(和平崛起)론을 통해 '평화'를 강조했으나,
미국을 비롯한 서방국가들은 '평화' 대신 '부상'을 주목하면서 중국위협
론을 제기하자, 2004년부터 평화발전론으로 바꾸었던 이유도 이러한 현
실인식의 결과였다. 그러나 2008년 금융위기를 통해 미국 자본주의의 모
순을 목격한 중국은 체제 자신감이 크게 증가했고 이에 따라 새로운 국

제질서에 대한 대안적 토론이 전개되었다. 이 과정에서 미국의 단일패권 체제를 비판하고 다극화를 의미하는 국제관계의 민주화, 신형대국관계, 신형국제관계, 인류 운명공동체 등을 등을 제기했다.

한편 미국은 중국의 근대가 열린 이후 중국을 기독교화, 개방화, 민주화, 서방화하는 오랜 꿈을 가지고 있었다. 이른바 1970년대 키신저 질서[1]의 탄생도 '적의 적은 친구'라는 맥락에서 냉전 시기 소련을 견제하기 위한 전략구상이었지만, "중국이 안전하지 않으면 세계가 안전하지 않다"는 기치를 걸고 중국을 자유주의 국제질서에 편입시켜 협력적 중국(cooperative China)을 만들고자 했던 심모원려가 깔려 있었다. 실제로 키신저 질서는 미중 관계를 안정화하고 지역 갈등을 관리하는 데 기여했으며, 중국도 유엔 등 국제무대에서 책임 있는 이익상관자(stakeholder)의 역할을 할 수 있었다.

그러나 중국이 세계 제2의 경제대국이 되었고, 국제문제에서의 발언권이 확대되었으며, 일대일로를 통해 중국식 세계화를 추진했다. 더욱이 5G, 인공지능, 빅데이터, 양자컴퓨터, 사물인터넷 등을 결합해 새로운 게임체인저로 등장한 전략경쟁에 대비하기 시작했다. 상황이 이렇게 되자 미국은 중국위협론, 중국공포(China scare)[2]를 증폭시키면서 중국 외교의 적극성(assertiveness)과 공세성을 문제 삼으면서 기존의 포용적 접근 대신 경쟁적 접근을 채택했다. 그 결과 미중 전략경쟁의 양상은 무역, 기술, 통화, 가치, 제도 등으로 전선이 확대되었고, 심지어 미국은 효용극대화(efficiency maximizing)를 위해 스스로 설계한 글로벌 가치사슬에 대한 디커플링도 시도[3]하는 등 경쟁의 양상이 심화되었다.

이렇게 보면 현재 미중 관계는 무역마찰과 코로나19로 인한 사건(accident) 차원의 갈등이라기보다는 국면(phase)과 구조의 차원에서 나

타난다는 점에서 '기 싸움'과 '힘겨루기'가 시간을 특정하지 않고 전개될 가능성이 크다. 물론 중국은 '개발도상국의 대국(大國)'이라는 국가 정체성을 공식적으로 버리지 않고 있고, 종합국력의 차이를 인정한 채 미국의 공세와 비난게임(blame game)에 대해 순응과 적응모드를 적절하게 활용하고 있으나, 중국의 존재방식과 발전권 등 핵심이익에 대해서는 '강대 강'으로 대응하고 있으며, 강대국 개혁주의(great power reformism)를 통한 담론경쟁을 시도하고 있다. 미국도 기후변화, 핵 문제, 보건위기 등 글로벌 이슈에서의 협력가능성을 배제하지 않고 있지만, 경향적으로 '협력 속 갈등'보다는 '갈등 속 협력'의 기조를 유지할 가능성이 크다. 이러한 미중 관계는 국제질서는 물론이고 중국의 '주변' 지역과 한반도에도 깊은 영향을 주고 있다.

2. 미중 관계의 새로운 양상

미중 관계가 질적으로 변하면서 투키디데스 함정(Thucydides Trap), 킨들버그 함정(Kindleberger trap), 타키투스 함정(Tacitus Trap), 중진국 함정(Middle income trap) 등 다양한 논의가 등장했다.[4] 심지어 과거 독자적 이데올로기, 진영에 기초한 경제체제, 군비경쟁에 기초했던 신냉전[5] 가능성을 제기하기도 한다. 이것은 미중 양국 모두 글로벌 이슈를 효과적으로 관리하고 국제사회에 국제공공재를 제공하는 데 실패했다는 것을 의미한다. 무엇보다 미국의 대중국 정책은 전략적 경쟁(strategic competition)으로 전환했다.[6] 이것은 중국이 헤게모니 권위주의(hegemonic authoritarianism)로 발전하고 있고, 미국을 추월해 글로벌 리더가 되는 '중국의 꿈

을' 꾸는 동안, 미국이 중국에 대한 헛된 기대가 있었다는 인식이 반영되어 있다. 특히 바이든 정부는 미국 내 중국에 대한 부정적 여론에 편승해 이러한 접근법을 대중국정책에 투사하는 속도와 폭이 빨라지고 넓어지고 있다.

그동안 미국은 중국의 사회주의 체제를 연성화하는 데 초점을 두었다. 2001년 미국이 중국을 세계무역기구에 받아들인 것도 이 때문이었다. 그러나 9·11 테러 사건으로 미국의 모든 역량을 중동(中東)전선에 투입할 수밖에 없는 상황에서 중국을 견제할 기회를 잃었다. 이후 다시 중국의 부상을 견제하기 위해 아시아에 대한 피봇(pivot), 아시아 재균형을 추진했으나 2008년 미국발 금융위기로 인해 정책의 중점을 국내경제 회복과 금융시장 안정화에 두면서 대중국 견제의 타이밍을 또다시 잃었다. 반면 중국은 미국의 리더십 공백을 활용해 소극적 개방과 적극적 경기부양을 통해 고도성장을 구가했고, 국제적 영향력을 확대했다. 따라서 미국은 '지금 여기(now and here)'에서 중국의 팽창을 저지하지 못하면 미국의 패권을 유지하는 것이 어렵다고 판단하고 전방위적 공세에 나서게 되었다. 중국위협론, 중국위험론, 중국공포론을 의도적으로 부각하면서 '민주주의 대 권위주의' 구도를 설정해 사실상 미국식 '진영외교'를 전개했다. 비록 바이든 정부는 트럼프 정부의 정책실패를 비판하면서 출범했으나 대중국 인식과 정책기조는 대체로 수용했다. 실제로 트럼프 정부가 추진한 인도-태평양전략과 보복관세를 통해 중국을 압박했던 정책을 수용했다. 다만 중국의 추격이 거세고 상대적으로 미국 패권의 쇠퇴로 인해 그 방식을 동맹과 다자 방식으로 활용하는 차이가 있을 뿐이다.

중국도 향후 미중 전략경쟁이 힘의 분포에 따른 구조적 모순, 가치와 상호인식 차이의 확대, 정책 추진과정에서의 마찰로 인해 충돌 가능성이

있을 것으로 본다. 비록 '향후 미중 관계에서 협력이 관건'이라고 강조하고 있으나, 현실적으로는 중단기적으로 협력 위주의 양국 관계가 출현할 가능성은 낮게 보고 있다. 따라서 '공산당이 국가를 통치하는 원칙'과 사회주의 노선을 강화하고, 내수중심 성장기반을 확대하는 한편 대외적으로 중국식 세계화를 전파하는 등 담론과 정책에서의 지구전을 준비하고 있다.[7]

이러한 미중 갈등은 '가치의 거리'를 확대하면서 문명론 논쟁으로 발전하고 있다. 트럼프 대통령은 2017년 7월 폴란드 바르샤바에서 행한 연설에서 '우리의 문명'을 제기한 바 있다. 이것은 개방적 코스모폴리탄 공동체가 아니라 백인 기독교도들만의 유산을 수호하는 역사적 공동체, 즉 폐쇄적 서구문명을 옹호한 것이다. 심지어 미국의 고위관료는 "소련과의 전쟁이 서구문명권 내부에서의 싸움이었다면, 중국과의 전쟁은 우리가 경험해보지 못한 전혀 차원이 다른 문명권과의 싸움이 될 것"[8]이라고 주장하기도 했다. 바이든 정부도 사회주의 중국이 세계를 지배하는 것을 적극적으로 막아야 한다는 점을 강조하고 있다. 한편 중국도 다른 방식으로 문명론을 적극적으로 제기하고 있다. 2019년 시진핑 주석은 제1차 아시아 문명대화 대회에서 "인간은 피부색과 언어가 다르고, 문명은 다양한 아름다움을 가지고 있다. 평등과 존중의 원칙으로 오만과 편견을 버리고 서로 다른 문명과 교류와 대화로 상생할 수 있어야 한다"고 주장했다. 이것은 형식적으로는 문명충돌론이 아닌 문명화해론, 문화상대주의에 입각해 있으나, 아편전쟁 이후 '상처받은 민족주의(wounded nationalism)'를 극복하고 전통사상, 천하체계, 조공체제의 현대적 해석을 위해 중국적 질서를 구상하는 것으로 읽힐 수도 있다.

이처럼 미국이 무역, 화폐, 가치사슬, 제도, 문명, 가치 모두를 문제 삼

으며 중국에 대한 근본적인 시각전환을 요구하고 있고, 여기에 지도자들의 '감정외교(sensibility in diplomacy)'도 투영되고 있다. 이러한 추세는 중국의 순응, 적응, 대응수위에 따라 양상이 다르게 나타날 것이다. 중국은 힘을 강조하는 현실주의, 미국과의 협력필요성을 강조하는 자유주의와 세계화론, 독자적인 길을 모색해야 한다는 중국 중심주의를 둘러싼 다양한 토론이 전개되고 있다. 이렇게 보면 미래 표준경쟁에서 미국의 위기가 나타날 경우 현재의 디커플링 추세는 경향적으로 확대될 수 있다.[9] 왜냐하면 미래기술은 미국의 존재방식을 바꾸는 게임체인저가 될 것이기 때문이다. 실제로 미국은 미래 산업의 중추이자 5세대 통신 설비 부문에서 기술 완숙도를 지닌 화웨이사를 집중적으로 공격하거나 반도체 공급망을 조정하는 것도 이러한 대응의 일환으로 볼 수 있다.

3. 중국형 국제관계와 지역외교

2009년 미국의 아시아 재균형 정책은 다양한 전략적 고려에서 출발했다. 우선 정부 재정위기, 높은 실업률, 주택시장 침체 등 누적된 경제 문제를 극복하기 위해 최대 세계시장인 아시아에서 경쟁력을 회복하고 국내 일자리를 확충하고자 했다. 중국에 위안화 평가절상을 지속적으로 요구하고 불공정 무역관행을 제기하면서 압박한 것도 이 때문이었다. 또한 중동에서 미군을 철수시키고 국방예산을 줄여 아시아로 돌아올 수 있는 기반을 확보하는 한편 역동적(dynamic) 방위력 개념을 도입해 미국이 주도하는 역내동맹 시스템을 재건하고자 했다. 2012년《국방전략지침(defense strategic guidance)》에서 글로벌 리더십을 유지하기 위해 21세

기 국방 우선순위를 아태지역 재균형에 두었고, 2014년《국방검토보고서(QDR)》에서는 '두 개의 전쟁수행' 개념을 포기하고 동맹국들에게 더 많은 역할과 기여를 요구했으며, 2015년《국가안보전략보고서》에도 이러한 정책기조가 확인되었다. 특히 해상분쟁·무역·인권 분야 등에서 중국이 국제기준과 규범을 준수할 것을 촉구하는 한편 중국군 현대화와 세력 확장을 저지하고자 했다. 2017년 발간된《국가안보전략(National Security Strategy)》에서는 중국을 미국의 가치와 이익에 반하는 수정주의 국가, 전략적 경쟁자로 간주하는 등 위협인식을 높였다. 이에 대항하기 위해 '자유롭고 개방된 인도태평양전략'을 구체화했고 2019년 중거리 핵전력협정(INF)에서 탈퇴하면서 아시아 지역에 중거리 핵미사일 배치를 공언하기에 이르렀다.[10] 2021년 바이든 정부의《국가안보전략 잠정지침》에서도 중국을 유일한 경쟁자로 간주했고, 중국의 도전을 저지하기 위해 인도-태평양, 유럽, 서반구를 연결하는 것을 미국의 사활적 국가이익으로 간주했다.[11]

이를 위해 미국은 과거 규범 중심 전략을 군사안보 전략으로 전환하고 있다. 트럼프 정부는 인도-태평양 구상과 구체적인 실행 기제로 미·일·인도·호주가 참여하는 쿼드(Quad) 협력체를 만들었으며 바이든 정부도 이를 적극적으로 계승해 처음으로 제1차 쿼드 정상회의를 화상으로 개최했다. 이처럼 미국의 대중국 견제를 동맹과 민주주의 국가의 연대의 차원으로 확대하는 한편 협력의 범위와 수준도 군사안보를 넘어 군사과학기술 등의 영역으로 확대시켰다. 비록 쿼드 정상회의 직후 채택된 공동성명에서 '생각이 같은 파트너들의 유연한 그룹'이라는 점을 강조하고 반중연대의 부담을 줄이기 위해 개방성을 부각하고 있으나, 일대일로 이니셔티브를 포함한 중국의 대외확장을 효과적으로 견제하고자 하는 전

략적 목표는 분명하다.

이러한 미국의 대중국 전략에 관통하는 흐름은 미중 세력전이를 늦추거나 극복하기 위한 것이었다. 요컨대 첫째, 인도-태평양 지역에서 미국의 군사적 개입능력을 확대한다. 둘째, 미국의 국내적 경제위기를 극복하기 위해 아태지역 경제질서에 대한 영향력을 확대한다. 셋째, 인도-태평양 국가들과 네트워크를 강화하면서 미국의 존재감을 환기한다. 이것은 규칙 기반 국제질서(rule-based international order)에 중국이 도전하는 것을 용인하지 않고, "중국과 같은 국가에게 국제경제 질서의 규칙을 쓰게 할 수는 없다"는 일종의 미국예외주의(American exceptionalism)의 표출이었다.[12]

한편 중국은 지속가능한 부상을 위해서는 '앞에 나서지 마라(不當頭)', '패권을 추구하지 않는다'는 것을 강조해왔다. 그러나 중국의 국력 증가에 따라 자신감이 높아지고 미중 관계의 판(plate)이 바뀌면서 국제질서를 보는 인식도 점차 변했다. 이것은 먼저 자국의 주변인 동아시아에 적극적인 정책을 투사하는 방식으로 나타났다. "아시아로부터 시작하고 아시아에 의존해야 하며 아시아를 복되게 할 수 있어야 한다"[13]고 강조한 이유도 여기에 있다. 이러한 '주변'에 대한 문제의식은 1989년에 개최된 제13기 4중전회에서 주변의 국가들과 선린우호정책을 추진하고 평화로운 환경을 조성하는 것이 중국 외교의 가장 중요한 임무라고 강조한 시기로 거슬러 갈 수 있다.[14] 이를 보다 본격적으로 구체화한 것은 시진핑 체제가 출범한 2013년 10월의 '주변외교공작회의'이다. 여기서 주변외교의 개념을 '이웃과 잘 지내고 화목한 이웃, 안정된 이웃, 부유한 이웃'으로 정의했고, 주변국들과 이익의 공통점을 찾아 나누며, 원칙을 갖고 도의(道義)와 정의(情誼)를 이야기할 수 있는 정확한 의리관(義利觀)이 필요하다

고 강조했으며, '친(親)·성(誠)·혜(惠)·용(容)'을 실천이념으로 제시했다. 또한 전통적 고립주의를 버리고 다자주의를 적극적으로 기획했다. 이러한 주변지역에 대한 재인식은 경제협력과 안보위협에 대한 독자대응이라는 전통적 방식을 조정하는 한편 역내 경쟁자인 일본 주도의 동아시아 지역주의에 대응하고 미국의 역내 영향력을 상쇄시켜, 세계로 가는 교두보를 확보하기 위한 다층적인 목적이 있었다.

이를 위해 중국은 자국이 주도할 수 있는 다자경제 협력체인 아시아인프라투자은행(AIIB), 상하이협력기구(SCO), 역내 포괄적 경제동반자협정(RCEP) 등을 기획해 설립했고, 나아가 포괄적·점진적 환태평양경제동반자협정(CPTPP) 등 서방국가가 주도한 새로운 다자주의에 참여 의사를 밝히는 등 새로운 변화도 모색하고 있다. 특히 일대일로 이니셔티브를 통해 중국의 연선 국가들과의 공동번영을 주장하는 등 자국의 '주변'에서 중국식 세계화(Sinic-globalization)를 모색해왔다. 실제로 코로나19 이후에 초국적 비전통 안보 문제를 논의하기 위해 건강 실크로드 등 다양한 의제를 국제사회에 발신한 바 있다.

이와 함께 중국은 자신의 외교 담론을 적극적으로 발신하기 전파했다. 기존의 대국외교, 주변국외교, 개도국외교, 경제외교, 개최국외교를 결합해 '충돌하지 않고 대결하지 않으며 윈윈하고 상호협력한다'는 신형대국관계를 제시했고, 2012년 중국공산당 제18차 대회에서 핵심 이익의 범위를 '주권, 안정, 영토, 발전'으로 확대했으며 신형대국관계를 다른 강대국과의 관계로 확대하고 해양강국 건설 방침도 공식화했다.[15] 2017년 중국공산당 제19차 대회에서는 신형국제관계를 통해 중국식 국제질서를 투사했다. 물론 글로벌 수준에서 기존의 국제질서를 타파할 수 있는 중국의 힘과 의지의 한계가 분명하다. 그러나 중국은 '주변'에 대한 영

향력을 확장하면서 적어도 지역 수준에서는 '정체성의 외교(diplomacy of identity)'를 통해 강국화의 길을 걷고 있다. 특히 중국은 정치적 매몰 비용이 적은 공산당 지배체제 속에서 군민융합을 통한 기술의 결합, 빅데이터 등을 활용해 더 이상 미국의 국제질서에 순응하는 대신 이 질서의 바깥에서 새로운 조직과 기구를 설립하면서 아태지역에서 미국의 일방적 존재감을 지우고자 했다.[16] 그리고 미국의 부인에도 불구하고 쿼드 협력체를 사실상 아시아판 NATO로 간주하고 전통적 우방과의 결속력 강화, 우호적 국가의 확대, 다자외교의 전개, EU 국가에 대한 적극적 정책투사, 미국의 약한 고리에 대한 회유 등 다양한 지역전략을 투사했다.

한편 지역 수준에서 미중 전략경쟁의 균열대(fault line)가 되고 있는 남중국해에 대해서도 적극적으로 대응하고 있다. 즉, "역사적으로 중국 영토이며, 각국의 항행 자유를 국제법에 따라 수호하려고 최선을 다하고 있다. 도의(道義)를 강권하면서 곳곳에서 무력과 위협을 행사하는 것은 미국이지 중국이 아니며, 영유권 분쟁 지역에서 중국이 소유한 유전은 한 곳도 없다"라고 반발했다. 역내 분쟁 해결방식도 국가 간 대등한 협상을 통해 미국의 역내 영향력을 약화시키는 기제를 선호하고 인공섬 기지 건설을 포함한 군사외교를 확대하고 있다.

요컨대 과거 미중 양국은 현상(status quo)을 깨지 않아야 한다는 점을 공유하고 전략적 절제를 유지했고, 상호이익에 대한 상호수용(mutual acceptance)을 발전시켜왔다. 중국은 미국의 패권을 대체하는 슈퍼파워론, G-2체제를 논의하지 않았으며, 미국이 주도하는 국제질서 안에서 국가이익을 확보하고자 했다. 미국도 중국의 핵심이익에 대한 합리적 우려를 존중했고 미국의 역내 개입범위도 동맹국의 영토분쟁에 연루되는 위험을 피하고 중국과 주변국가와의 긴장을 부분적으로 진정시키는 수준

으로 제한했다. 그러나 미중 관계가 협력의 시대를 끝내고 경쟁의 시대에 진입했고, 구속력 있는 다자주의가 등장하지 않은 중국의 '주변'인 아시아에서의 갈등은 보다 심화될 위험이 있다.

4. 비협력적 균형의 등장과 한계

미중 관계를 보는 미국의 시각은 다음과 같다. 민주당 내 진보파의 탈패권론, 오바마 정부를 계승한 전통적 관여론, 전략적 경쟁론, 체제 전환을 요구하는 전면적 대결론이 있다. 그러나 바이든 정부의 외교적 수사에도 불구하고 체제경쟁은 한계가 있다는 점에서 전략적 경쟁이 주류이다. 구체적으로는 경제와 기술영역에서의 경쟁, 글로벌 이슈에서의 협력, 군사와 이념영역의 대결이다.

이러한 미국의 공세에 대한 중국의 대응담론도 다양한 스펙트럼이 있다. 미중 전략경쟁이 전방위적으로 심화될 것이기 때문에 근본적 전략적 대응이 필요하다는 강경론, 바이든 정부의 의지에도 불구하고 현실적으로 동맹 연합을 통한 대중국 정책이 성과를 거두기 어렵다는 점에서 전략적 유연성이 필요하다는 신중론, 미국의 도전에 맞서 기술 자주화 등 내부정비가 필요 하다는 준비론, '미국이 때려도 중국을 동정하는 나라가 없는' 상황에서 주변 지역에 대한 매력 공세(charm offensive)를 강화해야 한다는 자성론 등이 혼재해 있다. 시진핑 정부는 기본적으로 신중론을 유지하면서 중국의 체제, 이념, 발전권에는 강경하게 대응하고 있다. 미중 고위급 회담에서 "미국이 민주주의를 대표하지도 않고, 미국이 인권을 논할 자격이 없으며, 패권적 행태를 거두어야 한다"는 강경한 대응

도 이러한 사례의 하나이다.

　이처럼 미중 양국은 신뢰적자가 있고 배신의 가능성이 있는 가짜친구(superficial friend)라는 점에서 '가치의 거리'는 확대되고 두 개의 디지털 플랫폼의 블록(bloc)화 추세가 강화되는 등 '비협력적 균형(Nash equilibrium)'이 나타나고 있으나, 전략경쟁이 제로섬 게임으로 발전하기는 어렵다. 첫째, 코로나 팬데믹 이후 중국 경제가 빠른 회복력(resilience)을 보이는 상황에서 미국은 중국 때리기를 통해 패권의 쇠퇴를 부분적으로 늦출 수는 있지만, 이를 온전하게 복원하기는 쉽지 않다. '동맹'을 동원하는 것은 역설적으로 '미국 홀로서기'가 어렵다는 것의 반증이다. 둘째, 세계에 대한 위협이 '권위주의와 독재체제'라는 미국식 접근법도 많은 국가가 공감할 것이라는 전제가 있으나, 중국에 대한 위협과 국가이익에 대한 인식 차이가 있고, 대중국 견제에 참여한 국가들에 미국이 구체적인 동맹 이익(club goods)을 제공하기 어렵다.[17] 셋째, 바이든 외교의 핵심인 기후변화, 핵 비확산, 글로벌 보건안보, 군비축소 등에서 성과지향적(result oriented) 정책을 추진하기 위해서라도 중국의 협력을 필요로 한다. 넷째, 바이든 정부의 지지기반은 중국과의 교역과 투자에서 흑자를 기록하고 있는 실리콘밸리 등이라는 점에서 전략경쟁의 장기화는 중산층을 위한 외교정책 목표를 달성하는 데도 부담이다. 다섯째, 1985년 플라자 합의 당시의 일본과는 달리 중국은 대미 안보의존이 없기 때문에 미국이 안보지렛대(security leverage)를 효과적으로 사용하기 어렵고, 중국지도부의 정치적 의지와 대중의 애국주의를 굴복시키기 위해서는 미국도 비용과 고통을 수반할 수밖에 없으며, 이 과정에서 미국의 지도력 손실을 겪을 수밖에 없다. 여섯째, 미국이 경제안보가 국가안보라고 밝히면서 미중 갈등을 정당화하고 있지만, 국제무역은 기본적으로 비제로섬

(non zero-sum) 게임이다. 비록 현재 국제경제 질서가 미국의 이익을 침해하고 있으나, 보복관세 부과와 같은 방식은 미국에 또 다른 손실을 가져다주기 때문에 자기파괴적이다.[18] 실제로 중국도 국내대순환을 위주로 국제대순환을 결합하는 '쌍순환 전략'을 추진하는 한편 안보와 산업에 필요한 기술 자립화와 중국공급망을 확대하고자 한다. 왜냐하면 최종소비재로서의 중국 시장이 매력을 잃는다면 미국과 동맹국 연합의 총공세를 견디기 어려울 뿐 아니라, 향후 미중 전략경쟁의 주도권을 내줄 수밖에 없다고 보기 때문이다. 특히 미국의 대중 정책이 중국의 핵심이익을 침해하고 있다는 주장이 힘을 얻으면서 새로운 변화를 모색했다. 서구의 쇠퇴와 비서구의 부상이 등장하는 상황에서 중국 역시 비동맹주의를 버리고 신형국제관계를 구축해야 한다는 주장도 이러한 맥락에서 제기된 것이다.[19] 여기에 밀레니엄 세대를 중심으로 민족적 자부심(national pride)이 높아지면서 국가주의, 애국주의가 고양되고 있다. 실제로 중국이 국제사회에 접촉하면서 기존의 규범(norm), 전략문화, 정체성이 연성화(softening)될 가능성이 있지만, 미국의 경쟁적 접근이 본격화될 경우 기존의 민족주의가 고양되고 전략문화와 규범이 경성화(hardening)될 가능성도 남아 있다.[20]

이처럼 핵 보유 상태의 공포의 균형, 무기화된 상호의존, 인적 교류의 규모와 개방성을 고려할 때, 과거 폐쇄적 진영논리에 입각한 냉전형 양극체제와 같이 이데올로기의 분화, 글로벌 가치사슬체계의 진영화, 군비경쟁이 그대로 재현되기는 어려울 것이다. 이렇게 보면 갈등의 피로가 누적되면, 미중 양국은 협력의 중요성을 재확인하면서 차가운 평화(cold peace) 또는 데탕트를 현실적인 목표로 설정할 수도 있을 것이다.

5. 미중 관계와 한국의 정책 선택지

바이든 정부의 가치외교가 체제경쟁의 성격을 띠고 있다는 점에서 한국 외교의 전략적 모호성의 공간이 좁아지면서 새로운 정책 방향에 대한 다양한 논의가 등장했다. 우선 선제적으로 한국외교의 가치를 제시하고 중국으로부터의 제한적 손상(limited damage)을 감수해야 한다는 편승론이 있다. 이것은 한미동맹을 강화할수록 중국이 한국의 전략적 가치를 주목할 것이라는 보는 것이다. 이는 미국에 대한 안보의존 현실, 제도와 표준의 친화성, 경쟁성이 높아진 한중 경제구조 등을 근거로 삼고 있다. 구체적으로 한미동맹 강화, 쿼드 협력체 참여, 중국에 대한 무역의존도 축소, 한중 관계의 위상 격하 방안을 제시한다. 이와는 달리 미중 관계와 한반도 문제를 최대한 분리하고 역내 진영 구도를 완화하며, 다자주의를 통해 위험을 분산하고 중국을 활용해 한반도 문제의 중심성(centrality)을 확보해야 한다는 현실론이 있다. 한국 외교는 이러한 정책 공간의 범위에서 실사구시적으로 접근할 가능성이 높다.

첫째, 가치외교의 문제이다. 한국은 민주주의, 인권, 시장경제, 자유무역, 다자주의를 존중하는 국가 정체성을 발신하고자 할 것이다. 그러나 지정학, 지경학, 지문화적으로 긴밀한 관계를 맺고 있는 한중 관계의 핵심 사안을 가치와 동맹으로 환원하기 어렵다는 현실적 제약도 있다. 실제로 한반도 평화 프로세스를 위한 중국 역할론의 필요성, 대체시장 없는 탈중국화의 위험, 한중 간 교역과 투자 규모를 고려할 때 편승의 위험을 과소평가하기 어렵기 때문이다. 따라서 주권과 가치문제를 구분하고, 동류 국가와 함께 다자주의를 적극적으로 활용하며, 사안별로 선택적으로 지지와 반대를 표명하고 한미, 한중 간 전략적 소통을 통해 공개와 비

공개 방식을 병행하고자 할 것이다.

둘째, 새로운 지역질서 개편에 대한 참여의 수준과 범위이다. 미중 양국은 지역을 둘러싼 전략경쟁을 다양한 방식으로 전개할 전망이 높다. 이런 상황에서 한국은 개방적 다자협력에 모두 참여하는 확대균형(extended equilibrium)을 모색하는 한편 다른 국가를 자연적으로 배제하는 협력체 참여에 대해서는 신중하게 접근할 것이다. 따라서 인도-태평양 구상이 군사전략인지 보편적 가치와 지역 협력을 추구하는지에 따라 선택의 범위와 강도를 달라질 수 있다. 그리고 중국의 일대일로 이니셔티브에 대해서도 양해각서(MOU), 제3국 진출, 공동 협력 사업 등 다양한 선택지가 있고, 경제번영구상(EPN) 가입문제도 세계무역기구(WTO) 같은 다자체제 방식인지 신북미자유무역협정(USMCA) 같은 배타적 방식인지에 따라 정책선택이 달라질 수 있다.

셋째, 탈중국화와 대중국 의존도의 축소문제이다. 한국의 대중국 교역 의존도는 25%로 미국과 일본의 교역량의 합보다 많다. 더구나 문제는 최대시장인 중국에서 혁신하고 생존하지 못하는 한 글로벌 기업으로 성장하기 어렵다. 더욱이 미국이 한국의 리쇼어링과 니어쇼어링을 요구하면서도 이에 따른 반대급부를 제공해주기도 어렵다. 근본적으로 미중 간 완전한 디커플링이 현실적으로 불가능하고, 미중 관계도 협력과 갈등을 반복할 수 있다는 점에서 참여의 범위와 방식을 탄력적으로 결정할 수밖에 없을 것이다.

넷째, 미국 전략자산의 한반도 전개에 대한 입장이다. 미국이 전략적 안보이익을 확보하기 위해 한반도에서 사드 추가배치와 미사일 및 핵 전략자산 배치를 요구하고 중국은 다양한 수단을 동원해 이를 저지하는 구도가 작동하고 있다. 즉, 미국은 동맹의 신뢰를 문제 삼고 있고 중국도

한중 간 '전략적 협력동반자 관계'의 의미를 묻고 있다. 이런 점에서 미중 관계와 한반도 문제를 최대한 분리하면서 한반도의 안보 민감도를 낮추면서 평화의 제도화를 공고화하고자 할 것이다. 한국 외교의 미래는 결국 사안을 얼마나 잘게 쪼개 조합해 패키지딜(package deal)을 만들면서 미중 전략경쟁에서 선택을 강요당하지 않고 능동적이고 유연한 정책을 전개하는가에 달려 있다.

1 Gideon Rachman, "The Asian strategic order is dying," *Financial Times*, Aug 5, 2019.

2 Fareed Zakaria, "The New China Scare: Why America Shouldn't Panic about Its Latest Challenger Essays," *Foreign Affairs* 99, Jan/Feb, 2020.

3 Chad P. Brown and Douglas A. Irwin, "Trump's Assault on the Global Trading System And Why Decoupling From China Will Change Everything," *Foreign Affairs* 98-5, Sep/Oct, 2019.

4 Yanzhong Huang, "The Four Traps China May Fall Into," *Foreign Affairs*, October 30, 2017, https://www.cfr.org/blog/four-traps-china-may-fall(검색일: 2019년 8월 6일).

5 Niall Ferguson, "The New Cold War? It's With China, and It Has Already Begun," *New York Times*, Dec. 2, 2019.

6 Larry Diamond and Orville Schell, *China's Influence & American Interests: Promoting Constructive Vigilance*, Hoover Institution, 2018.

7 習近平,〈關於堅持和發展中國特色社會主義的幾個問題〉,《求是》第7期, 2019.

8 Paul Musgrave, "John Bolton is warning of a 'Clash of Civilizations' with China," *The Washington Post*, July 18, 2019.

9 Irwin Stelzer, "Don't call it a trade war," *The American Interest*, Aug. 13, 2019.

10 The Department of Defense, *Indo-Pacific Strategy Report: Preparedness, Partnership, and Promoting a Networked Region*, D.C.: The Department of Defense, 2019, pp. 17-18.

11 The White House, "Interim National Security Strategic Guidance," March 03, 2021, https://www.whitehouse.gov/briefing-room/statements-re-leases/2021/03/03/interim-national-security-strategic-guidance/(검색일: 2021년 3월 19일).

12 Barry Buzan, *The United States and the Great Powers: World Politics in the*

Twenty-First Century, Cambridge: Polity Press, 2004, pp. 154-164.

13 新華網, 〈習近平亞信峰會主旨講話〉, http://www.xinhuanet.com/world/2014yxfh/jj.htm(검색일: 2015년 11월 7일).

14 〈習近平在周邊外交工作座談會上發表重要講話強調: 為我國發展爭取良好周邊環境〉, 《人民日報》, 2013. 10. 25.

15 Suisheng Zhao, "A New Model of Big Power Relations? China-US strategic rivaly and balance of power in the Asia-Pacific," *Journal of Contemporary China* 34-93, 2015, p. 381.

16 John J. Mearsheimer, "Bound to Fail: The Rise and Fall of the Liberal International Order," *International Security* 43-4, Spring 2019.

17 Kurt M. Campbell and Rush Doshi, "The China Challenge Can Help America Avert Decline Why Competition Could Prove Declinists Wrong Again," *Foreign Affairs*, March/April 2021; Kurt M. Campbell and Ely Ratner, "The China Reckoning: How Beijing Defied American Expectations," *Foreign Affairs* 97-2, 2018.

18 Chad P. Brown and Douglas A. Irwin, "Trump's Assault on the Global Trading System And Why Decoupling From China Will Change Everything," *Foreign Affairs* 98-5, Sep-Oct, 2019.

19 성균중국연구소 엮음, 《시진핑 사상과 중국의 미래》, 지식공작소, 2019, 197-201쪽.

20 Aeron Friedberg, "The Future of U.S-China Relations: Is Conflict Inevitable?" *International Security* 30-2, 2005.

중국공산당의 100년과 중국 외교

수창허

정당은 현대 국가의 정치 생활에서 가장 중요한 조직이다. 세계 정치에서 각국의 내정과 외교를 이해하려면 각국의 정치생활에서 주요 정당이 갖는 역할에 대한 연구가 반드시 필요하다. 중국공산당은 9100만여 명의 당원을 거느린 세계에서 가장 큰 정당이다. 외부인의 입장에서 현대 중국을 이해하기 위해서는 무엇보다 먼저 중국공산당을 이해해야 한다. 중국공산당은 현대 중국을 이해하는 열쇠와 같다. 외교 연구에 종사하는 중국학자의 입장에서 보면, 중국 외교의 이론과 실천을 연구하고 분석 및 설명하기 위해서는, 중국공산당이 중국을 현대화하는 국가 건설의 과정에서 그리고 대외관계 업무를 다루는 과정에서 어떠한 역할을 했는지, 그 긴밀한 관계를 이해해야 한다.

2021년은 중국공산당 창당 100년이 되는 해이다. 혁명, 건설, 개혁 및 신시대 중국특색의 사회주의 건설 시기를 거치면서, 중국공산당은 외교, 외사 및 대외 업무 분야에서 외교 사상, 이론, 실천의 자원을 풍부하게

축적해왔다. 이는 중국특색의 정당외교 이론연구를 심화시키고, 외교학 이론을 풍부하게 만들며, 중국특색의 대국외교 이론을 구축하는 중요한 학문적 원천이 될 것이다. 중국공산당과 중국 외교의 이론연구에 관해 필자는 아래와 같은 중요한 의제들이 깊이 있게 연구되어야 한다고 생각한다. 완전히 무르익지 않은 생각을 내놓는 것이니, 국내외 여러 전문가들의 가르침을 기대한다.

1. 헌법과 당장

중국에서 헌법은 국가의 근본 대법이며, 당장(黨章)은 모든 중국공산당 당원이 근본으로 삼고 따라야 하는 규범이다. 중화인민공화국 건국 이래, 〈공동 강령(共同綱領)〉에서부터 이후의 헌법에는 모두 중국의 대외 업무에 관한 기본 원칙과 입장이 담겨 있다. 창당 이래 중국공산당 당장은 여러 차례 개정을 거쳤다. 당장 안의 많은 내용들은 중국공산당의 일관성과 시기별 대외 업무에 관한 지도사상, 기본원칙, 입장 등을 반영하고 있다. 세계 여러 나라들의 외교를 연구할 때, 일반적으로 그 헌법 속의 외교 사상과 원칙은 중시하는 데 반해, 정당의 당장과 당강(黨綱)은 헌법만큼 중요하게 다루지는 않는다.

그러나 중국 외교 사상과 원칙의 뿌리를 연구하려면, 중화인민공화국 헌법상에서의 외교 사상과 원칙 외에 헌법과 당장을 긴밀히 연결시키는 것이 매우 중요하다. 그렇게 하지 않으면 불완전하고 전면적인 연구가 될 수 없다. 그 이유는 중국공산당의 지도적 위치와 중국 특유의 정치제도에 기인한다.

당장과 헌법은 중국 대외 업무의 기본원칙, 지도사상, 입장 등에 관한 여러 논의에 있어서 일맥상통하게 연관되어 있다. 예를 들어, 독립자주의 외교는 제18차 당대회(2012년) 이래 '인류 운명공동체'라는 외교 사상 이념과 마찬가지로 개정된 헌법과 당장에 포함되었다. 중국공산당은 중국에서 오랫동안 지도적이고 집권적인 위치에 있었다. 따라서 중국공산당의 세계관·가치관·집권관 등은 필연적으로 헌법에 깊이 반영될 수밖에 없다.

경쟁적인 다당제 정치체제를 가진 다른 국가의 외교 사상을 연구할 때, 우리는 보통 그 헌법에서 시작하기만 하면 되지만, 중국 외교 사상의 원류와 그 발전을 제대로 연구하려면 중국공산당의 당장과 중화인민공화국의 헌법을 긴밀하게 결합시켜야 한다. 그렇게 해야만 중국 외교 사상의 근거와 맥락을 더욱 전면적으로 이해할 수 있을 것이다.

2. 중국공산당의 대외 업무: 혁명기

개발도상국 정당 중에서, 민족해방이나 혁명을 주도하는 과정에서 해방과 혁명 이후의 정권 건설에 대해 사상·이론·조직·실천 등 방면에서 체계적인 계획과 준비를 했던 정당은 드물 것이다. 세계의 여러 정당과 달리 중국공산당은 인민을 신민주주의 혁명으로 이끌고 민족해방과 독립을 쟁취하여 신중국을 건설하는 혁명단계에서부터 외사조직 구성과 대외 업무를 비롯한 정권 및 조직의 발전을 중시했다.

중국공산당은 소비에트 지구, 옌안, 근거지 건설 과정에서 대외 업무 분야의 기구와 인재를 중요하게 생각했다. 그래서 미래의 집권을 위한 귀

중한 외교 경험을 축적하는 동시에, 외사 분야의 지도 간부와 핵심 역량을 키워 정권 획득 이후 신속하게 외교 업무를 수행할 수 있도록 대비했다. 이것은 중국공산당의 장기적인 목표를 잘 보여줄 뿐만 아니라, 코민테른(Communist International)의 교훈으로부터 얻은 깨달음과도 무관하지 않다.

국제공산주의 운동은 한때 사회당의 영향을 받아 의회투쟁을 주장함으로써 무산계급 정당이 정권을 획득한 이후 장기집권을 해야 한다는 확신을 약화시키고, 자신의 활동을 의회정치로만 제한했을 뿐만 아니라 장기집권을 하기 위해 갖춰야 할 전방위적인 능력을 소홀히 했다. 이 때문에 중국공산당은 1949년 혁명의 승리를 이룩할 때까지 정권 창출 이후 정권의 건설을 위한 전면적인 준비를 해왔다.

제2차 세계대전 이후 세계의 적지 않은 개발도상국 정당들의 투쟁 과정을 비교해보면, 혁명 이후의 정권 건설을 준비할 겨를이 없어 집권 후 정치적 기반이 흔들리고 불안정한 경우가 많다. 《중국공산당의 90년》이란 책에서는 "중국공산당은 독립자주의 방침을 고수하면서, 대외관계 및 대외 업무의 문제를 마르크스주의의 관점에 따라 인식하고 처리하는 방법을 익히면서 이 분야의 경험을 축적해왔다"는 평가로 혁명단계에서의 외교를 묘사하고 있다.[1] 이런 점에서 중국공산당은 혁명단계에서부터 훗날 세계에서 가장 큰 정당이 될 조숙하고 성숙한 면모를 보여주었다.

따라서 지난 100년간 중국공산당의 외교와 대외 업무를 고찰할 때, 건국 이후의 외교와 대외 업무뿐만 아니라 1921년부터 1949년까지 당의 대외 업무도 중요하게 살펴야 한다. 이 시기의 대외 업무에 대해서는 주로 역사적 묘사에 치중하는 것이 일반적이었으나, 사실 중국공산당의 세계관, 외교 사상, 대외 업무 조직, 외교 및 외사 분야의 인재 양성에 대한

연구도 중시되어야 한다.

3. 중국공산당의 외교 및 대외 업무 연구: 개혁개방 전후

한때 학계에서는 중화인민공화국 건국부터 개혁개방까지의 중국 외교를 혁명외교, 개혁개방 이후를 평화발전외교로 정의하는 것이 유행이었다. 영미권의 중국연구에서 '혁명외교'는 중국 외교사의 굴곡으로 비정상적인 상태였으며, 개혁개방 이후의 중국 외교는 '정상 상태'로 돌아왔다는 의미를 담고 있었다. 필자는 이 두 단계의 중국 외교가 서로 다른 단계이지만, 두 단계의 외교는 서로를 부정할 수 없는 것이라고 생각한다. 즉, 개혁개방 이후의 외교는 개혁개방 이전의 외교로 부정할 수 없으며, 개혁개방 이전의 외교도 개혁개방 이후의 외교를 부정할 수 없다는 것이다.

백 년의 세계사와 백 년 당사(黨史)의 관점에서 보면, 전 세계 역사의 대의를 결합해서 볼 필요가 있다. 건국에서부터 개혁개방에 이르기까지 세계의 대세와 대의가 지향하는 것은 민족독립, 민족해방, 탈식민지화를 위한 정의로운 운동이었는데, 중국 외교는 당시 제3세계 민족해방과 반식민운동을 지지하고 독립과 평화공존을 실천하며 새로운 국제관계 건설을 주장했다. 사실 이것은 세계의 대의(大義)를 대표하는 것이었다.

물론 미국과 유럽의 자본주의 국가들과 식민주의 국가들의 경우, 자연스럽게 정치담론 차원에서 중국의 당시 외교를 패권체제와 식민체제에 대한 도전으로 정의할 것이다. 그리고 도전과 위협의 관점에서 중국의 당시 외교를 해석할 것이다. 그러나 1980년대에 이르러서는 식민체제가 이미 끝났고, 주권국가 체계가 기본적으로 정형화되었다. 그리고 평화와 발

전이 세계의 대의로 대두되었다. 이에 따라 중국은 즉시 대외 업무의 초점을 평화와 발전에 맞춰 조정했다.

신시대에 접어들어 시진핑 총서기는 제18차 당대회와 제19차 당대회의 정치보고에서 신형국제관계의 구축과 인류 운명공동체의 건설을 제기했다. 따라서 100년의 세계사와 100년의 당사를 아우르는 측면에서 보면, 두 시기의 중국 외교는 도의적으로나 이념적으로 일치하는 것이다. 만약 100년의 당사를 종합해서 본다면, 중국공산당이 평화, 해방, 독립을 쟁취하고 평화 공존의 새로운 국제관계를 건설하는 각 단계는 사실 일관성을 갖는다. 이런 논리로 본다면, 중국공산당은 줄곧 세계 역사의 올바른 편에 서서 세계의 평화를 위해 노력해온 셈이다.

4. 중국공산당과 중국특색의 정당외교

중국공산당, 중국의 정당외교, 중국특색의 대국외교 등을 연구하기 위해서는 중국의 제도와 체제 속에서 인식하는 것이 중요하다. 과거 중국학자들의 연구는 역사의 묘사에 치중해왔고, 정치학적 차원에서 원리, 논리, 이치 등을 제시하는 연구는 많지 않았다. 또한 영미권 학계의 편견으로 인해 중국공산당에 대한 연구가 주로 영미 정치학의 담론체계하에서 이뤄졌으며, 각각의 담론체계하에서 중국공산당 및 중국의 당대 정치발전이 영미권의 정치발전 단계와 맞지 않아 회의적인 시각에 직면해야 했다. 국제적으로 중국공산당에 대한 연구가 한창인 지금, 필자는 중국특색의 정당외교 이론에 대한 연구가 중국의 제도 체계와 중국 정치학 원리의 차원에서 설명될 필요가 있다고 생각한다.

이러한 연구를 잘 하기 위해서는 다음과 같은 기초 작업이 필요하다. 첫째, 경쟁적인 정당제도하에서 정당의 외교 논리를 이해해야 한다. 둘째, 중국공산당의 지도체제, 중국의 제도와 체제, 중국의 외교제도 등을 이해해야 한다. 셋째, 중국특색의 정당외교 속에서 만들어진 특수한 지식을 일반적 담론으로 개괄해야 한다. 그렇게 함으로써 중국의 정당외교 및 중국특색의 대국외교 이론의 대외적 전파와 수용도를 높일 수 있을 것이다. 중국공산당은 중국에서 진행되는 모든 사업의 선도자이다. 2018년 3월 시진핑 총서기는 중국의 당정체제가 새로운 형태의 정당제도라고 제기한 바 있다.

현재 세계 여러 나라에서 시행하고 있는 것은 경쟁적 다당제 정치이다. 그것의 특징은 한 나라의 정치 생활에서 여러 정당이 존재하고, 각 정당이 일정한 규칙에 따라 선거를 통해 번갈아가며 집권하는 것이다. 이러한 정당제도는 우열을 가리기 어렵지만, 집권당의 교체가 국가 외교의 연속성과 확실성에 교란을 일으키고 한 나라의 외교에 큰 영향을 미치고 있다. 오늘날 세계 정치에서 사람들이 직면하는 가장 큰 문제는, 많은 나라들이 경쟁적 다당제 정치하에서 외교정책의 변동과 반복이 심하고, 확실성과 일관성이 없다는 것이다. 이것은 세계적인 외교 문제이다. 또한 만약 어떤 나라가 한 정당이 다른 정당에 대해 무조건적으로 반대하는 상호 부결의 정치 상황(mutual veto system)에 빠진다면, 이 나라의 외교정책은 계속 되풀이될 것이다. 이러한 폐단은 영미 정치권에서 그대로 드러나고 있다.

그러나 중국의 신형 정당정치하에서 중국공산당은 지도적 위치의 정당이며 장기집권의 정당이다. 중국에도 민주당파가 다수 존재하는데, 중국 정치에서 여러 정당은 경쟁적 관계가 아닌 협력적이고 협상적인 관계

이다. 이처럼 중국공산당 지도하에서 중국의 외교 사상, 원칙, 이념, 정책 등은 높은 안정성과 연속성, 그리고 확실성을 갖는다. 다른 나라가 중국과 상대할 때, 중국이 주는 확실성과 연속성은 모두 중국의 정당제도 및 정치제도와 관련이 있다.

현재 세계 정치 분야에서의 큰 문제는 많은 글로벌 이슈들이 각국의 협력을 통해 해결되어야 한다는 것이다. 그러나 국가들 간의 협력은 많은 경우 국내의 통일성에 의해 크게 좌우되고 있다. 만약 갈수록 더 많은 나라들이 경쟁적 다당제 정치로 인해 내부가 분열된다면 국제협력의 질에 영향을 미칠 수밖에 없다. 이런 측면에서 경쟁적인 다당제 정치가 국제협력과 글로벌 거버넌스에 미치는 결함에 대해 되돌아볼 필요가 있겠다.

5. 중국공산당과 중국특색의 대국외교 제도

중국공산당은 현대 중국의 모든 것과 긴밀하게 연계되어 있다. 외교 분야도 예외가 아니다. 따라서 트럼프 행정부가 일부 정책으로 중국공산당과 중국 인민을 차별화하고 중국공산당과 중화인민공화국을 구분하려는 시도는 성공하기 어렵다. 중국 현대 정치에 대한 미국 엘리트들의 이해가 아직 깊지 않음을 보여주는 것이다. 중국공산당은 인민 속에(in the people) 뿌리를 내리고 있고, 인민으로부터(from the people) 나오며, 인민을 위해(for the people) 복무한다.[2] 중국특색의 대국외교 이론을 연구하기 위해서는 중국공산당에 대한 연구를 떠나서 생각할 수 없다. 중국의 외교제도를 연구하기 위해서는 중국공산당의 영도제도와 체계를 연구해야 한다.

외교제도는 한 국가의 대외관계를 관리하는 각종 제도의 총합이며, 외교 사상과 활동이 관철되고 실천될 수 있도록 하는 제도적 장치이다. 외교제도는 날이 갈수록 성숙해지는 중국식 제도 시스템의 구성 요소이다. 중국은 사회주의 국가이고, 당 중앙의 외교 업무에 대해 지니는 통일적이고 지도적인 위치는 개혁개방 이전의 30년과 개혁개방 이후의 40년 동안 중국 외교제도의 본질적 특징이었으며, 중국특색 대국외교의 근본적 약속이다.

신중국 건국 이후, 사회주의 국가의 신형 대외관계를 발전시키는 데 있어서 중국은 점진적으로 독립자주 및 평화공존의 외교제도를 확립해 왔다. 개혁개방 이래, 중국은 외부 세계와의 상호 작용이 날로 긴밀해지고 있고, 외교체제와 기능의 범위가 확대되고 있으며, 개혁개방 시대에 맞춰 중국과 세계 사이의 관계를 위한 새로운 체제와 새로운 기제들을 만들어왔다. 특히 제18차 당대회 이래 중국은 글로벌 거버넌스의 체제 개혁과 건설에 더욱 깊이 관여하기 위해 국내의 외교체제 및 조직 건설에 있어서 전면적인 개혁을 추진하여 많은 개선을 이뤄냈다. 동시에 다자간 국제기구와 국제기제 건설을 중요하게 여기고 있는데, 이것이 신시대 중국 대국외교 체제 구축의 새로운 가치가 되었다.

중국의 외교제도는 당 중앙의 집중적이고 통일적인 지도를 근본 특징으로 한다. 이러한 특징을 지닌 중국의 외교제도는 기본이념과 주요 정책 및 집행에 있어서 일관성, 안정성, 확실성을 보장해준다. 이는 중국 외교가 모든 것을 성취할 수 있도록 이끄는 근본적인 제도 보장이자 귀중한 제도 경험이다. 중국의 외교제도는 다당제의 정권 교체로 인한 외교 정책의 다변성이라는 단점을 효과적으로 피할 수 있게 해주고, 의회에서 종종 정당 간에 서로 대립하는 국가에서 국제협력의 협의안을 부결하는

결과를 초래하는 것을 피할 수 있다.

세계의 각종 외교제도를 비교해보면, 중국공산당의 집중적이고 통일적인 외교제도는 고도의 연속성과 안정성을 갖는다. 이로 인해 중국의 외교이념과 정책은 일관성 있게 집행될 수 있으며, 외부 세계가 중국과 교류하는 과정에서 신뢰감을 가질 수 있다.[3]

6. 중국공산당의 사회제도 모색과 국제관계에 미치는 의의

시진핑 총서기는 중국공산당 창당 95주년 연설에서 "중국공산당원과 인민은 더 나은 사회제도를 위한 인류의 탐색을 위해 중국의 방안을 제공할 수 있다는 확신을 갖고 있다"고 말했다.[4] 이후 중국공산당 제19기 4중전회에서 심의 통과된 〈중국특색의 사회주의 제도를 견지하고 개선하며 국가 거버넌스 체계와 능력의 현대화를 추진하기 위한 중국공산당 중앙의 몇 가지 중대한 문제에 관한 결정(中共中央關於堅持和完善中國特色社會主義制度, 推進國家治理體系和治理能力現代化若干重大問題的決定)〉은 중국제도 및 체제의 13가지 특징을 자세히 설명하고 있다.[5]

외교와 내정은 예로부터 불가분의 관계에 있다. 중국 외교를 연구하려면 중국의 제도를 연구해야 한다. 중국의 제도를 연구하려면 당연히 중국공산당이 어떻게 더 나은 사회제도를 모색하는지에 대한 연구가 필요하다. 모든 나라에 적용할 수 있는 제도는 없다. 좋은 제도는 반드시 자국의 역사 및 국정과 조화를 이뤄야 하며, 국내적으로 좋은 거버넌스를 제공할 수 있어야 한다. 각국이 서로 빈번하게 왕래하는 오늘날에는 좋은 제도를 통해 대외관계의 발전을 촉진하고 외부 세계와 양호한 협력

관계를 유지할 수 있도록 해야 한다.

중국은 역사와 국정에 기초한 다른 나라들의 제도 선택을 존중하지만, 중국공산당, 중국 인민, 지식계에는 인류를 위해 더 나은 사회제도를 모색하기 위해 중국 방안을 제공하겠다는 포부와 확신이 솟구치고 있다.[6] 한 국가의 제도와 거버넌스 체계가 좋은 것인지, 그리고 세계에 귀감이 될 수 있는지를 보기 위해서는 세 가지 기준이 있어야 한다. 첫째는 이 제도와 거버넌스 체계가 그 나라의 안정과 발전에 이로운지의 여부이다. 생산력을 자유롭게 하고 해방해야 하며, 동시에 인민을 중심으로 더욱 많은 인민들이 발전의 이익을 공유할 수 있도록 해야 한다. 둘째는 이 제도와 거버넌스 체계가 자신을 발전시키는 동시에 타국의 독립과 발전을 침략하고 약탈하며 희생시키는 것을 대가로 하지 않아야 한다. 셋째는 이 제도와 거버넌스 체제가 스스로의 발전을 이루면서 동시에 외부 세계와의 평화공존 관계를 잘 처리하고, 더 많은 국가가 함께 발전할 수 있도록 하는 것이어야 한다. 더 많은 국가의 제도 및 체제가 이 세 가지를 실천할 수 있다면, 세계의 평화, 발전, 안보를 통해 더 많은 국가의 국내적 제도가 보장될 것이다. 중국의 제도 탐색의 노력은 이러한 측면에서 모범을 보이고 있다.

현재 세계는 100년 이래 전례 없는 대변화의 시기에 처해 있으며, 국제 관계에서는 새로운 역사적 전환의 의미를 갖는 심각한 변화가 일어나고 있다. 글로벌 거버넌스와 각국의 국가 거버넌스 영역에서도 심각한 변화와 조정이 일어나고 있다. 또한 개혁, 발전, 안정이 세계적 조류로 부상하고 있다. 질서와 혼란이 공존하고 있으며, 국가 거버넌스 체제의 합리성과 질이 각국 정치 발전 및 건설의 핵심 의제가 되었다. 내정과 외교 분야에서 많은 나라들이 발전의 과정에서 정체되거나, 발전의 패러다임이 쇠

퇴하거나, 국정 운영 및 국가 거버넌스 시스템이 실패의 길에 빠져들었다. 이와 함께 발전 방안과 거버넌스 모델, 그리고 국제질서가 상호 경쟁 속에서 발전하고 있다. 21세기 세계정치는 더 많은 국가들이 취약한 내정의 영향을 더 많이 받게 될 것이다.

정치학자와 국제관계학자들이 중시해야 할 몇 가지 문제들을 꼽아보면, 그 문제들은 모두 국내 제도 및 시스템과 관련이 있다.

첫째는 전지구적 문제는 더 많은 국제적 협력을 통해서만 해결할 수 있다는 것이다. 하지만 많은 국가의 내부 정치 및 제도의 분열과 대항이 대외관계로 파급되고 있으며 글로벌 거버넌스와 국제협력에 부정적인 영향을 미치고 있다. 이러한 문제들 속에서 몇몇 국가들이 경솔하게 국제협력의 협정에서 탈퇴하고 있고, 이는 최근 국제관계에서 보편적 현상이 되고 있다.

둘째는 신자유주의적 정치경제학의 영향하에(주로 작은 정부, 약한 정부의 사상으로 나타나는) 많은 국가에서 정부의 질과 능력이 보편적으로 떨어지고 있다. 이로 인해 외교와 국제 협력에 있어서도 일국 정부의 자원과 의지가 영향을 받고 있다.

셋째는 잠재적으로 세계적인 정부 채무의 문제이다. 중국은 세계 각국의 역사와 국정에 근거해 선택한 제도를 존중하고 있다. 좋은 국제관계는 각국의 다양한 제도와 경로를 존중하고 인정하는 데 기초해야 하며, 동시에 각국이 보다 나은 사회제도에 대한 탐색을 위해 갈수록 상호의존적인 세계에서 타국에 무해한 원칙을 실천하는 것을 고려해야 하기 때문이다. 이것이 국내 제도와 국제관계를 조화시킬 최소한의 원칙이다.

7. 중국과 세계의 관계에 대한 중국공산당의 경험

외부 세계와의 관계를 올바르게 처리하는 것은, 자신의 발전을 위해 유리한 외부 환경을 조성하는 것일 뿐만 아니라, 세계의 평화와 안정을 위해 중국의 방안과 역량을 바치는 것이다. 이는 100년의 역사 속에서 중국공산당의 대외 업무를 이해하는 데 매우 중요한 부분이다. 정당과 국가는 모두 세계사적 흐름에 대해 기본적 판단을 할 수 있어야 한다. 정당이나 국가가 세계사적 흐름의 편에 서고 인민 최대 다수의 편에 선다면 보통 큰 잘못을 저지르지 않는다. 반면에 치명적인 재난을 당한 국가들도 적지 않다. 그 전례로 일본과 독일 등이 있다. 국력이 강대해진 후 대외적으로 확장의 길에 들어서면서, 최후에는 치명적인 재난을 당했다. 소련도 비슷한 경우인데, 소련공산당은 마지막에 인민의 반대편에 서면서 당과 국가가 모두 망하는 교훈을 남겼다.

중국공산당은 100년의 역사 속에서 외부 세계와의 관계를 매우 중시했다. 이 총체적 역사의 맥락은 독립과 자주를 전제로 외부 세계와의 평화로운 공존과 협력 및 상생의 관계이다. 대국관계의 향배와 대립은 역사적으로 국제관계의 교훈이다. 신중국 출범 이후 중국은 냉전에 휘말렸지만, 대국 중에서 가장 먼저 탈냉전의 정치를 펼치며 진영 대결의 정치에서 전방위 외교로 전환했다.

국제무대에서 중국은 이데올로기, 집단정치, 진영정치 등을 기준으로 선을 긋지 않고, 정치제도가 다르고 발전단계가 다른 국가들과 전방위적이고 다층적이며 광역적인 외교관계를 발전시켰다. 동맹을 맺으며 대결하는 것은 살 길이 아니며, 대국끼리 협력하고 협상하는 것이 바른 길이다. 제18차 당대회 이래, 중국공산당과 중국 정부는 대화에 힘쓰되 대결

하지 않으며, 연대하되 동맹을 맺지 않는 신형국제관계 이념을 제기했다.

현재 일부 국가들은 여전히 이데올로기와 소위 가치관이라는 것으로 세계 각국을 편 가르고 있다. 국제관계에서 각각의 나라들은 다양한 존재들이다. 좋은 국제관계는 반드시 각국의 차이를 존중하는 기초 위에서 세워져야 한다. 만약 각국에게 일치를 강요하면 국제관계는 필연적으로 불안하고 혼란스러워질 수밖에 없다.

어떤 국가들은 영미권 정치담론의 영향을 받아 중국공산당에 대해 편견을 갖고 있을 것이다. 중국이 부상하면서 중국이 자신들의 이데올로기와 정치제도를 국외로 수출할 것이라는 견해가 최근 몇 년 사이에 나오고 있다. 중국공산당은 이론적으로 성숙한 정당으로서, 다른 나라의 발전모델을 수입하거나 자국의 발전모델을 수출하지 않는다는 점을 거듭해서 강조해왔다.

중국에는 고대부터 "도는 함께 행하여도 서로 어긋나지 않는다(道並行而不悖)"는 말이 있었다. '도'란 무엇인가? 도는 가치관이자 정치제도이다. 세상에서 가치관, 이데올로기, 정치제도의 차이는 국제관계의 기본적 상태이다. 외부 세계와의 관계를 잘 다스리려면, 자신의 가치관, 이데올로기, 정치제도를 남에게 강요하지 않아야 한다. 반대로 자기 스스로 가치관의 수출을 주도하면 실패할 수밖에 없다. 각국과 각 정당이 상호존중과 동반성장을 철저히 지키면 인류는 더 나은 질서로 나아갈 수 있을 것이다.

세상은 0과 1로 구성되는데, 동양철학의 언어로 말하자면, 음과 양으로 구성되는 것이다. 각국은 모두 외부 세계와의 관계를 어떻게 관리할 것인가의 문제에 직면해 있다. 인류는 과거의 국제정치문화에서 주로 대립과 충돌의 문화에 크게 영향을 받았다. 냉전질서, 그리고 문명과 야만

의 이분법적 질서 등 모두 대결적 질서이다. 더 좋은 질서는 0과 1로 조합할 수 있고, 음과 양으로 공생할 수 있는 것이다. 이는 동양인이 세계질서를 바라보는 중요한 방식이다. 한 국가가 외부세계와 대립관계에 있다면, 이 국가는 분명 국가 발전에 불리한 상황에 처하게 된다. 외부세계와 상생해야만 자신의 발전 구도를 넓혀 나갈 수 있다. 이것은 중국공산당 지도하에서 중국 외교가 외부 세계와의 관계를 다뤘던 중요한 경험이기도 하다.[7]

8. 중국공산당의 외교 업무와 공정성 사상

중국공산당은 자기 나름의 일관된 외교적 가치관을 갖고 있다. 중국공산당의 정치 담론에는 여덟 글자의 매우 인상적인 표현이 있다. 중국공산당의 당장에 나오는 '입당위공, 집정위민(立黨爲公, 執政爲民)'[8]이라는 표현이 그것이다.

중국공산당 100년의 역사 속에서, 즉 당이 외부세계와 교류해온 100년의 과정에서 '공정성(公道)'은 중국공산당의 대외 업무 이념을 가장 잘 개괄하는 단어일 것이다. '공정성'은 사실 중국 외교의 기본 가치관이기도 하다.

정당을 의미하는 영어 단어 'party'에서 'y'를 빼면 '부분(part)'이라는 의미가 된다. 서구의 정치에서는 정당이 특수집단이나 이익집단의 대변자이기 때문에 공정하고 공평하기 어렵다. 이런 유형의 정당이 한쪽으로 치우칠 때는 외교를 포함하여 이념과 정책에 있어서 편협해질 수밖에 없고, 때로는 극단화되기도 한다. 반면에 중국공산당은 이런 유형의 정당

이 아니다.

중국공산당의 정당 건설 및 집권의 목적은 '위민(爲民)'과 '위공(爲公)'이라는 두 마디 말에 담겨 있다. 대외 업무에 있어서 옳고 그름과 도덕적 원칙에 따른 자신의 독립적 판단을 중시한다. 그에 따라 외교정책을 수립한다. 당장에는 "중국공산당은 독립자주, 완전 평등, 상호 존중, 상호 내정 불간섭의 원칙에 따라 각국의 공산당 및 기타 정당과의 관계를 발전시킨다"라는 대목이 있다. 이는 그 자체로 공정 사상의 상징이다. 1956년 마오쩌둥은 내정간섭의 여부를 판단하는 몇 가지 기준을 언급하면서 "순전히 내정의 범위에 속하는 일은 민족 간 또는 당파 간의 투쟁과 같은 것인데, 이에 대해 외국이 개입하면 이것이 바로 내정간섭"이라고 언급했다.[9]

어떤 국가는 다른 나라의 내부 정당 갈등을 이용해 다른 나라를 분열시키는 것을 좋아하는데, 이것은 모두 과거의 국제관계 혹은 당대의 국제관계 및 정당관계에서 자주 나타나는 현상이다. 더 좋고 새로운 국제관계를 구축하기 위해서는 각국 정당이 다른 나라 내부의 정당정치를 이용해 다른 나라 내정에 간섭하지 않도록 하는 강한 외교적 구속력이 필요하다. 결론적으로 한 나라와 한 정당이 공정성을 지키고 실천하다 보면, 세계사적 발전의 바른 편에 서게 될 것이고 신형국제관계의 구축에 도움이 될 것이다.

21세기의 세계에는 공정성의 가치관이 절실히 요구된다. 냉전의 교훈은 바로 세계가 두 개의 대립적 진영으로 갈라져서, 세계의 많은 중소국가가 양대 진영에서 편 가르기를 강요받았다는 것에 있다. 비록 그때 비동맹운동이 있었지만, 기본적인 국제규범이 되지는 못했다. 오늘날의 세계를 보면, 압제적인 것은 너무 많으나 공정한 것은 너무 적다. 공정한 가치관이 부족한 세계가 되었다. 영미 국제관계 이론은 규칙을 말하는 것

을 좋아하지만, 동양은 공평함을 더욱 중시하고, 일을 처리함에 있어 공정함을 중시한다. 공정성은 규칙보다 더 높은 국제규범이다. 좋은 국제질서는 공정성이 첫 번째 윤리규범이다. 공정성의 윤리규범이 있어야 공정한 규칙에 기초한 국제질서가 형성될 수 있다. 단지 규칙만을 말하고 공정성을 따지지 않는다면, 규칙은 단지 절차의 차원에 머무르게 된다. 국제정치경제에 그렇게 많은 규칙이 있는데도 중소국가, 개발도상국, 약소국의 안전과 발전은 보호되지 못한다. 공정성에 기반한 규칙이 줄어든 탓이다.

9. '중국의 길'의 의미

이 글을 갈무리하는 마지막 부분에 필자는 학문적으로 연구할 만한 문제를 던지고 싶다. 즉, 중국공산당이 개척한 '중국의 길'이 인류의 발전과 미래를 이해하는 과정에서 시사하는 바와 의미하는 것이 무엇인가에 대한 것이다.

우리 동양인들은 모두 "자기가 원하지 않는 것을 남에게 강요하지 않는다(己所不欲, 勿施於人)는 말을 잘 알고 있다. 우리 동양인들은 모두 "자기도 좋고 다른 사람도 좋게 만든다"는 생각에서 비롯된, 남을 해롭게 하지 않는 생존철학을 잘 알고 있다. 동양의 대부분 민족들은 자강불식의 이치를 믿고 있다. 중국공산당은 마르크스주의 정당이다. 그러나 중국공산당은 마르크스주의를 중국화하는 데 주력해온 정당이며, 마르크스주의의 기본원리와 중국의 우수한 전통문화가 점진적으로 긴밀하게 어우러지도록 노력하고 있다.

필자는 종종 구미의 학자들과 대화하면서 '중국의 길' 배후에 있는 정

치경제학에 대해 이야기하곤 한다. 그리고 상대방이 좀 더 잘 이해할 수 있도록 몇 가지 사실과 질문을 던진다. 동양의 대국이자 세계 인구 5분의 1을 차지하는, 그리고 근대 이후 빈곤과 나약함이 누적되어 있던 나라가 중국공산당의 지도하에 현재 기본적으로 현대화를 실현하고 인민의 생활이 안정되었다는 사실이다.

인류의 최근 500년 역사에서 이렇게 규모가 큰 나라 중에 평화적인 발전을 통해 현대화를 완성한 국가는 없었다. 이 나라는 대외 침략과 확장이 없었고, 외부의 식민지와 자원의 수탈이 없었으며, 대외적으로 빈곤과 동란을 수출하지 않았다. 그렇다면 이 나라는 어떻게 그렇게 할 수 있었을까? 그 배후에 있는 제도와 문화적 요인은 무엇인가? 필자가 읽어온 저작들 중에서 이 이치를 정치학과 경제학의 원리로 끌어올려 명쾌하게 설명한 책은 아직 없었다. 만약 세계에서 후발 대국이 과거 식민주의 국가를 모방해 대외침략과 식민침탈의 길을 걷는다면, 국제관계는 더 많은 전쟁과 비극이 될 수밖에 없다. 바꿔 말하면 중국공산당이 이끄는 중국이 과거의 대국들처럼 대외적 확장을 위한 침략과 식민침탈의 길을 걸어왔다면 이는 동아시아와 세계 모두에 비극적인 일이다.

그러나 중국공산당은 자신의 가치관, 세계관, 발전관을 갖고 있으며, 그런 길을 선택하지 않았다. 오히려 평화적 발전과 협력적 공생의 새로운 길을 열어가는 노력을 해왔다. 이것은 동아시아에 다행스러운 일이고 세계에도 큰 복이라고 할 수 있는 것이다. 더 많은 국가들이 평화적 발전과 협력적 공생의 길을 선택한다면, 신형국제관계와 새로운 세계질서가 머지않아 도래할 것임을 믿어 의심치 않는다. 중국과 한국을 포함한 우리 동양인들은, 100년 이래 전례 없는 대변화의 시기를 우리의 철학과 지혜로 인류 정치의 미래에 공헌할 수 있는 시기로 만들 수 있을 것이다.

주

1 中共中央黨史研究室,《中國共產黨的90年(第一卷)》, 中央黨史出版社和黨建讀物出版社, 2016, p. 244.

2 '인민'이라는 개념은 중국 정치 이론에서 주권적이고 완전하며 나눌 수 없는 개념이다. 중국 정치에서 중국공산당은 전체 인민과 전 민족의 이익을 대표하며, 전국인민대표대회 및 중국공산당이 이끄는 다당 협력과 정치협상 제도를 대표한다. 비록 경계와 소그룹의 구분이 있지만, 인민의 전체적 개념은 결코 경계에 따라 나뉘지 않는다. 이 점은 대의제 정치와는 다른 것인데, 대의제 정치하에서 인민의 총체성 개념은 정당과 이익집단 정치에 의해 분리되었다. 이를 위해 중국의 학계는 로크의 대의제 정부론을 비판하는 토대 위에서 새로운 정부 이론에 대해 생각한다. 이와 관련해서는 다음의 글들을 참고. 蘇長和,〈疫情使人們反思什麼才是好的政府〉,《北京日報》, 2020年 5月 25日; 蘇長和,〈實現更好的全球治理需要新的政府理論〉,《北京日報》, 2020年 8月 17日.

3 蘇長和,〈中國大國外交的政治學理論基礎〉,《世界經濟與政治》第8期, 2019.

4 習近平,〈在中國共產黨成立95週年大會上的講話〉,《人民日報》, 2016年 7月 4日.

5 〈中共中央關於堅持和完善中國特色社會主義制度 推進國家治理體系和治理能力現代化若干重大問題的決定〉,《人民日報》, 2019年 11月 6日.

6 최근 중국 정치학계와 국제관계학계에서는 영미 사회과학을 반성하고 중국 정치학과 국제관계의 지식체계를 구축하자는 학술 자각운동이 강하게 일고 있다. 푸단대의 정치학은 최근 중국 정치학 지식체계 구축에 앞장서고 있으며, 대표적 학자로 천밍밍(陳明明), 천즈민(陳志敏), 수창허(蘇長和), 류젠쥔(劉建軍), 궈딩핑(郭定平), 리루이창(李瑞昌), 천저우왕(陳周旺), 판충치(潘忠岐), 런샤오(任曉) 등이 있다.

7 중국 대국외교의 문화와 제도적 기반에 대해서는 다음을 참고. 蘇長和,〈從關係到共生: 中國大國外交的文化和製度闡釋〉,《世界經濟與政治》第1期, 2016.

8 당을 세우는 것은 공적인 것을 위함이며, 집권하는 것은 인민을 위함이다. _옮긴이

9 中共中央文獻研究室 編,《毛澤東年譜(第5卷)》, 中央文獻出版社, 2013, pp. 321-323.

II. 중국 거버넌스의 길

중국특색 거버넌스의 논리

류젠쥔

중국은 대국으로서 중국만의 독특한 정치발전 방식을 따른다. 사실 대국의 정치발전 방식을 모방하기는 힘들다. 미국이 줄곧 '미국예외주의'를 주장해온 것처럼, 이데올로기와 관계없이 대국은 자신의 역사-사회-문화적 조건에 근거하여 자국의 국정에 맞는 정치발전 방식을 탐색해야 한다. 인구대국, 영토대국, 역사대국이면서도 지역 내에서 불균형 발전을 하고 있는 대국인 중국이 어떤 정치발전 방식을 선택할 것인가는 분명 쉬운 문제는 아니다. 무릇 한 국가의 정치발전 방식은 항상적 토대와 가치지향에 기초하면서도 동태적인 정책적 조율을 통해, 정태성과 동태성 사이에서 균형을 유지한다. 중국도 마찬가지이다. 이 장에서는 중국 정치발전의 항상성을 보여주는 동시에, 제18차 당대회 이래 중국 정치발전의 특성과 향후 발전 방향을 살펴보고자 한다.

1. 제18차 당대회 이래 중국 정치발전의 특성

제18차 당대회 이래 중국의 정치발전은 거버넌스를 지향하고 있다. 제18차 당대회 이전 중국 경제가 급속하게 발전하던 시기에는 많은 문제들이 경제발전이라는 성과에 가려져 있었다. 물론 경제발전 그 자체도 부패문제, 생태문제, 빈부격차와 같은 문제들을 내포하고 있었다. 제18차 당대회 이후 중국은 전반적 거버넌스 시대로 진입하게 되었는데, 무엇보다도 '전반적 종엄치당(從嚴治黨)'을 통해, 다른 영역의 거버넌스 발전을 이끌었다. 중국의 정치발전을 이해하기 위한 중국만의 독특한 좌표가 있다. 조직화, 제도화, 현대화 등 세 가지 차원으로 구성된 것이 바로 그것이다. 조직화의 배후 논리는 정당을 매개로 하는 거버넌스 능력의 개발과 수렴이다. 당대 중국은 조직화를 통해 쑨중산(孫中山) 선생이 말한 '흩어진 모래'와 같았던 사회에서 벗어나 미래 지향적 리더십을 갖게 되었다. 조직화라는 축을 중심으로 교차 통합되지 않았다면, 국가 건설의 정치적 기반이 여러 세력에 의해 소진되었을 것이다. 아울러 제도화를 통해 상하좌우를 관통하는 제도적 시스템과 절차적 회로를 형성하고, 현대화를 통해 중국의 정치발전과 사회발전에서 전대미문의 역사적 사명과 가치 지향을 반영했다. 중국 정치발전의 현대화와 제도화의 흐름은 상대적으로 성숙한 편이었다. 그러나 현대화의 정도, 제도화 정도, 조직화 정도 사이에는 정비례 관계가 존재하지 않고, 어떤 경우에는 오히려 반비례 관계가 형성되기도 한다. 제18차 당대회 이전 중국의 정치발전에는 심각한 '조직쇠퇴'의 현상들이 존재했는데 조직 역량, 조직 인격, 조직 기율, 조직 관념의 약화는 곧 중국공산당의 전반적 영도의 퇴화와 약화를 초래했다. 이는 중국의 정치발전에 대한 도전이었으며, 심지어는 중국의 현대화

대업에 위기를 초래했다.

제18차 당대회 이후, 중국공산당 지도자인 시진핑은 시대적 흐름을 파악하고 긴박한 현실과 갈등 상황에서 대역사적 시각으로 '전반적 종엄 치당'이라는 결연한 결단을 내렸다. 정당정치는 현대정치의 핵심적 내용이며 보편적 형식이다. 정당의 쇠퇴는 곧바로 정치의 쇠퇴를 의미한다. 특히 중국과 같은 일당집권체제 국가는 더욱 그렇다. 정당의 위기와 국가의 위기는 동일한 구조이며, 동전의 양면이다. 그러므로 정당 거버넌스에 의해 기타 영역의 거버넌스를 이끌어내고, 정당 조직의 힘과 조직 능력의 강화를 통해 장기간 누적되어온 각종 문제들을 극복했다는 점이 제18차 당대회 이후 중국 정치발전의 큰 특징이다. 한마디로 말하자면, 제18차 당대회 이후 중국의 정치발전은 정당의 전면적 영도를 중심으로 하는 모델이라고 할 수 있다. 보다 더 큰 핵심은 정당의 전면적 영도를 통해 중국 정치 각 방면의 진보와 개선을 이루었다는 점이다. 중국에서 정당이란 국가건설과 경제발전에 에너지, 혼, 그리고 가치를 불어넣은 조직적 유대이다. 당 조직을 핵심으로 하는 조직화는 제도화 및 현대화의 영혼과 기반이라 할 수 있다.

2. 중국특색 정치의 다섯 가지 기점

사회주의: '단위(單位) 사회주의'에서 '사구(社區) 사회주의'로

중국 정치발전의 가치 기점은 사회주의이다. 중국이 사회주의 노선을 선택한 것은 역사적 전통, 현실적 요구, 인민의 요구, 지도층의 전략적 선택 그리고 특정한 국제환경 등 다양한 요인들로 인한 것이다. 사회주의가

하나의 이데올로기로서 중국 사회에 잘 맞으며, 하나의 체제로서 중국 현대 국가 건설과 현대화 모델에 잘 부합하고, 하나의 문화정신으로서 중국의 전통문화 유전자와 잘 융합할 수 있었던 데에는 꿰뚫어 보기 힘든 심층적인 원인이 있다. 즉, '미국은 왜 사회주의가 없는가?'라는 명제의 매력이 그토록 오래 지속된 것처럼, 중국은 왜 반드시 사회주의를 실행해야 하는지 또한 무궁한 매력을 지닌 중차대한 명제이다. 중국공산당의 역대 지도자들은 모두 이런 문제를 인식하고 있었다. 중국의 발전이 사회주의 노선에서 벗어난다면, 혹은 중국의 발전이 양극화를 초래한다면, 그렇다면 중국이라는 국가에 총체적 위기가 닥칠지도 모른다.

사회주의 체제는 종합적인 개념이다. 야노시 코르나이(János Kornai)가 말한 바와 같이, "'제도모델'을 채택한 연구자들은 체제(제도)를 하나의 전체로 보고, 부분과 전체의 관계를 강조한다. 사회주의 체제는 하나의 통합적인 제도 장치로서 정치적 구조, 이데올로기, 엄격한 의미에서의 경제와 경제에 대한 감독관리, 체제 내부의 정보의 흐름, 전형적 사회관계 그리고 정치-경제-경제 환경에 의해 만들어진 전형적 행위 특징을 포괄한다".[1]

거시적으로 사회주의는 국가를 통해 자본의 힘을 뛰어넘어 자원을 사회에 환원시키는 사회의 통합적 제도장치이다. 미시적으로 사회주의 체제는 개개인의 생활과 고도로 연결된 제도적 설계로, 평등하고, 공유적인 생활정치의 실현을 지향한다. 이를 토대로 계획경제 시대의 사회주의 체제는 사실상 '단위 사회주의'를 통해 구현되었다. 사회주의 체제는 일종의 통합적 제도인데, 어떻게 개개의 구체적인 사람들과 관계를 가질 수 있을까? 어떻게 개개의 살아 숨 쉬는 사람들과 대면할 수 있을까? 이것은 매우 중요한 문제이다. 개개인을 시장으로 내몰고, 각 개인의 생명을

시장화된 공간에서의 이익 주체와 교역 주체로 환원시키고, 개인의 사회적 지위를 시장 능력의 강약으로 환원시키는 자본주의와는 다르기 때문이다. 사회주의 체제는 개개인의 구체적 사람을 전체 국가라는 기계 속에 새겨 넣어야 하며, 각각의 개체를 보호하면서도 각각의 개체를 통제해야 한다. 그러나 국가는 추상적인 것이 아니라, 개체를 실체화된 공간과 일자리에 배치해야 개체와 국가 간의 연결고리를 마련할 수 있다. 이것이 계획경제 시대 특유의 중국특색의 단위 사회주의이다.

단위 사회주의의 기본적 특징은 개인과 국가의 연계가 단위의 자원 재분배 체제를 통해 이루어진다는 것이다. 단위는 국가의 대리자이자 매개자로서 개인의 일과 생활에 자원을 제공하는 책임을 지며, 개인의 행동과 생활 리듬을 조절하는 정치적 임무를 담당한다. 단위는 자원의 재분배 과정에서 사회주의 정신을 계승하고, 임금제도, 복지제도, 주택분배 제도 등에 있어서 평등 정신을 관철하며, 단위를 표준적 사회주의 대가족으로 만들고자 노력한다. 계획경제 시대, 단위 사회주의의 평등정신은 세월이 흐르면서 점차 약화되었다. 다시 말하자면 단위 사회주의에 단위 차별주의 요소가 점차 스며들었다. 즉, 단위 내부의 등급별, 역할별로 자원을 획득하는 데 있어서 차이가 생겼다. 이것은 단위 사회주의의 정신에서 벗어난 것이다.

그러나 전체적으로 볼 때, 단위 사회주의는 전통과 정신적 특성으로서 오늘날까지 이어지고 있고, 단위에 대한 개인의 의존적 관계가 완전히 느슨해졌을 뿐, 단위 사회주의의 표현방식은 개인을 의존적 '단위의 사유물'로 표현하는 것이 아니라 개인과 단위의 관계를 일종의 계약적인 것으로 간주한다. 단위체제가 느슨해짐에 따라 많은 기업단위들이 제도 전환이나 소멸에 직면하게 되었을 때, 비교적 강한 힘과 자원적 우위를

가진 행정단위와 사업단위들은 여전히 단위 사회주의의 정신과 문화를 공고화하고 이어가고 있다. 그러나 단위 사회주의가 원래 지고 있던 평등 정신, 주인의식, 단위를 가족으로 여기는 정서 등 여러 요소들은 시장경제 시대에는 여전히 조직별로 그 정도가 다르게 나타난다.

이와 함께, 대다수는 단위로부터 나와 단위와 전혀 무관한 새로운 생활공간으로 진입했는데, 그것이 바로 사구(社區)이다. 이전의 단위생활 공간에 비해 현재의 생활공간은 사회보장 체제, 기층 공공서비스 체제, 주민위원회 제도, 사회보험 체제 등 여러 사회제도로 뒷받침되고 있다. 우리에게 익숙해진 '단위인'으로부터 '사회인'으로의 대전환이다. 단위 사회주의가 하나의 정서와 정신으로 점차 희미해지면서, 새로운 사회주의 문화가 중국에서 점차 생겨났는데, 그것을 '사구 사회주의'라고 부른다. 단위 사회주의와 달리, 사구 사회주의는 어떤 정신적 특성을 가진 제도적 장치일까?

사구 사회주의의 근본은 사구를 국가 밖의 사적 영역 또는 절대적 자치성을 갖는 사적 집단(社團)의 공간으로 보지 않는다는 점에 있다. 이런 점에서 서양인들에게 익숙한 시민사회, 공민사회, 사적 영역, 자치적 공공 영역, 제3의 영역 등의 개념은 중국의 사구와 완전히 일치되는 것은 아니다. 사구 사회주의는 단위 사회주의처럼 구성원에 대한 자원의 재분배 기제를 갖고 있지 않지만, 각종 자원의 사구로의 침하, 결집, 사구 내부의 자원 통합, 자원의 상호보완 등은 매우 두드러진다. 이 모든 자원분배 기제 모두 중국특색 사구 사회주의 정신을 구현했다.

사구가 사회주의의 구현 공간이라면, 정당의 영도를 핵심으로 하는 사구 거버넌스 체제는 중국 도시의 모든 사구의 기본적 특징이다. 단위 사회주의의 영도가 단위 당위원회에 의해 이루어졌듯이 사구 사회주의

운동의 영도 핵심도 사구의 당 조직 또는 기층의 당 조직이다. 최고의 합법성과 유일한 합법성을 갖춘 기층 당 조직이야말로, 사구 자원의 쟁취자, 연계자, 통합자, 개발자, 분배자 역할을 한다. 당의 건설이 이끄는 사구 사회주의는 개인과 업종의 시스템에서 사구 자원이 분리되지 않도록 했다. 홍콩 사구에서는 '사설 도로(Private Way)'를 볼 수 있으며, 구미국가들에서도 "이곳은 개인의 정원으로 누구도 들어갈 수 없다", "이곳은 사적 공간으로, 들어오는 자는 모든 후과를 책임져야 한다"는 푯말을 흔히 본다. 개인주의와 권리주의의 궤도에서 만들어진 생활 장역은 사실 사구의 사망을 선언한 셈이다. 이것은 전형적인 사구 자본주의로, 그 속에서 나온 것이 자본의 오만과 권리의 무정함이다. 독일 철학자 하버마스(Jurgen Habermas)의 말처럼, 생활세계는 완전히 자본의 식민지가 되었다. 중국의 도시 사구에서는 기본적으로 그와 같은 절대적 사적 소유권과 공간 권리를 보호하는 푯말을 볼 수 없다. 사구 사회주의는 중국의 사구가 일종의 따뜻한 기운을 뿜어내도록 한다. 개인의 힘, 자본의 힘, 이기적 권리는 여러 힘의 감시 속에서 무한정 확대될 수 없다. 사구라는 공공 생활공간과 공공 거버넌스 공간이 시장화의 거센 물결에도 완전히 사라지지 않은 것이다. 칼 폴라니(karl Polanyi)가 《대전환》이라는 책에서 말한 시장과 사회의 단절, 시장과 사회의 양방향 운동은 중국에서는 극단적으로 나타나지 않았다. 이는 중국노선과 중국모델의 내면적 문화의 매력이기도 하다.

더 중요한 것은 중국에서 사구와 연관성이 높은 집단이 대개 은퇴자, 노령자, 기초생활수급자, 주부, 실업자 등이라는 점이다. 중국은 바로 사구 내의 사회주의적 성격을 지닌 각종 제도들에 의해 앞에서 언급한 집단들을 사구의 공적 공간으로 흡수하면서, 주변집단이 사회시스템 밖으

로 소외될 가능성을 차단했다. 사구 사회주의는 정치적 감정으로 나타나기도 하고, 사회적 구제로 표현되기도 한다. 단위 사회주의가 점차 쇠퇴하는 시대에 사구 사회주의가 새로운 사회 거버넌스 체제의 정신적 지주와 제도적 보장이 되었다. 함께 건설하고(共建), 함께 다스리고(共治), 함께 누리는(共享) 사회 거버넌스 공동체는 사구 사회주의의 정책적 표현이다. 중국의 40여 년의 개혁개방 과정에서 사구가 사회주의 전통을 보존하는 온상이 되었다. 사구 이외의 모든 공간은 모두 계약화의 궤도에 오르면서 사구는 단위 사회주의 정신의 전가지가 되었을 뿐만 아니라, 사회주의 전통의 침전지가 되었다. 심지어 앞으로 사회주의 전통을 온전히 계승할 수 있는 공간이 사구라고 추론할 수 있다. 사회주의는 근본적으로 권력, 자원의 사회로의 회귀로 나타나기 때문이다. 권력의 사회로의 복귀라는 것은 추상적인 표현이 아니라 제도적 장치이므로 실현 가능한 물리적 공간이 있어야 한다. 사구는 사회주의 정신을 드러낼 수 있는 자질과 속성을 가지고 있다. 사구는 모든 구체적 사람들의 생활과 연결되어 있기 때문이다. 그런 점에서 사구 사회주의의 성장이 없다면 중국 사회의 안정도 없을 것이다. 사구 사회주의의 제도적 장치 없이 인민이 중심이라는 가치 추구도 실천적 공간과 기반을 상실하게 될 것이다. 사구 사회주의의 성장과 안정 없다면, 중국 현대화 과정도 사회주의 궤도에서 벗어날 수 있다.

정당의 영도: 중국 정치발전의 조직 논리

사회주의가 중국 정치발전의 가치 기점이라고 한다면, 정당은 중국 정치발전을 이끄는 조직 논리이다. 중국 사회주의의 본질적 특징은 중국공산당의 영도이다. 사회주의 현대화 건설 과정에서 경제사업과 경제영역

은 정치적 문제를 포함하고 있다. 그것은 중국의 현대화 사업과 경제 건설 자체가 사회주의의 정치적 성격을 띠고 있기 때문이다.[2] 사회주의의 정치적 성격은 고도로 조직화된 정당에서 비롯되었다. 그러므로 중국 굴기에서 가장 중요한 점은 중국공산당의 영도를 유지하는 것이라고 할 수 있다. 이것은 정치영역에서 매우 중요한 한 영역을 부각시켰는데, 그것이 바로 '정당 영도', 즉 영도당의 존재이다. 영도당이란 권력도 크고 책임도 큰(high power, high responsibility) 선봉집단을 말한다. 마오쩌둥이 말처럼, "우리 사업을 이끄는 핵심은 중국공산당"[3]이며, 중국의 영도당이 바로 중국공산당이다. 영도당의 영도 역할은 주로 정치적 영도에 있다. 즉, 국가의 정치원칙, 정치방향, 중대 정책결정에 대한 영도이다. 세계를 통틀어, 현재 '관리(管理)가 영도를 압도하는' 추세가 보편화되어 있다. 정치적 리더십의 약화와 부재는 서구 정치가 어려움에 빠진 중요한 원인 중 하나이다. 정치적 리더십은 권력분립, 집단 방해로 서구 정치체제에서 점차 사라졌다. 정치 리더십이 사라지게 된 근본적 원인은 정치적 리더십이 사실상 정치적 통치와 관료제로 대체되었기 때문이다. 정치적 리더십의 공간은 이미 심각한 압박을 받고 있다. 그러나 문제의 핵심은 많은 국가에서 정치적 리더십의 부재로 인해 정부의 실패, 제도의 전환, 집권자의 교체가 일어나고 있다는 점이며, 특히 사회세력이 나날이 커지고 인터넷 사회가 부상함에 따라 정치적 통치와 관료제가 모든 교류 공간을 포괄하기 어렵게 되었고, 정치적 통치와 관료제의 확장으로 집권자, 정당, 그리고 지도자가 점점 더 복잡해진 사회 문제에 직면해 어려움을 겪고 있다는 점이다. 정치적 리더십의 쇠퇴와 부재로 바로 중국이 세계 정치발전에 지혜를 제공할 수 있는 역사적 순간이 왔다. 영도당의 존재는 중국 정치발전이 조직화의 궤도에서 참신한 생명력을 얻는 밑거름이다. 이렇듯 정

당이 국가와 사회를 이끄는 정당국가(Party-state)는 다당제에서 정당이 돌아가며 집권하는 자본주의 국가와는 다르다. 자본주의 국가에서 정당은 자본에 굴복하고, 자본의 노예인 정당은 사실 자본가계급이 국가를 관리하는 위원회를 구성하는 일시적 대표이다. 정당국가의 기본 논리는 정당이 인민의 내재적 요구에 복종하고, 인민을 대표하여 국가를 통치한다는 것이다.

유기적 정치: 중국 정치발전의 제도적 보장

당대 중국 정치는 기계적으로 여러 이익집단의 정치적 요구를 반영하는 삼권분립도, 국가보다 신이 우선인 정교합일의 정권도 아니라 일종의 유기(有機)적 정치이다. 미국의 정치시스템인 삼권분립은 미국의 창립자들이 정치시스템을 기계처럼 인위적으로 분리할 수 있는 물리적 세계로 이해했다는 것을 보여준다. 그 배후에는 여러 이익집단과 세력들 간의 투쟁, 충돌, 저항 그리고 경쟁이 있다. 풍부한 자원이 시스템을 뒷받침하지 못한다면 조만간 위기가 폭발할 수 있다.

중국 정치는 전통적으로 정치의 유기성을 강조해왔다. 하늘과 사람이 하나이며(天人合一), 물은 배를 띄울 수도 엎을 수도 있고(水能載舟亦能覆舟), 도는 자연을 닮았다(道法自然)는 등과 같은 궁극적 정치이념은 유기적 정치의 문화유전자와 제도유전자를 갖고 있다. 당대 중국 정치의 유기성은 당의 영도, 인민이 주인, 의법치국(依法治國)의 통일 속에서 구현된다. 당치(黨治), 민치(民治), 법치(法治)는 기계적 조합이 아니라 유기적 통일이다. 유기성의 보호와 발양은 당대 중국 정치문명이 활력을 넘치게 하는 궁극적 근원이다. 반면 유기성의 파괴와 망각은 당대 중국 정치문명을 무질서와 위기로 몰아넣을 것이다. 그렇다면 유기적 정치의 토대가 무엇인지, 유

기적 정치형태에서의 3자의 통일성이 어떻게 이루어질 수 있는지 좀 더 따져보아야 한다.

첫째, 인민대표대회제도는 당의 영도, 인민이 주인, 의법치국이 유기적으로 통일된 근본적 정치제도이다.[4] 그런 점에서 인민대표대회제도의 효율적 운영은 중국의 유기적 정치가 전개될 수 있도록 하는 기초적 요건이다. 둘째, 유기적 정치는 정치정신과 정치이념으로서 중국의 새로운 정당제도에 스며들어 있다. 그것이 새로운 정당제도라고 하는데, 새롭다는 것은 그것이 마르크스정당이론과 중국 실제가 서로 결합한 산물이라는 점이고, 진실하고, 광범위하고, 지속적으로 최대 인민의 근본이익과 전국의 각 민족과 각 계층의 근본이익을 대표하고 실현할 수 있으며, 효과적으로 구 정당제도의 소수, 소수 이익집단을 대표하는 폐단을 피할 수 있다는 것이다; 새롭다는 것은 각 정당과 무당파 인사들이 똘똘 뭉쳐 공동의 목표를 위해 싸우고, 일당제도에서 나타나는 감독 부재 또는 다당제에서 여러 당이 돌아가며 정권을 잡으려고 악성 경쟁을 하는 폐단을 효과적으로 피한다는 것이다; 새롭다는 것은 제도화, 절차화, 규범화를 통해 다양한 의견과 견해를 모으고, 정책결정의 과학화와 민주화를 이루어 구식 정당제도가 당파 이익, 계급이익, 지역과 집단의 이익에 얽매여 사회의 분열을 가져오는 폐단을 효과적으로 피할 수 있다는 것이다. 그것은 당대 중국의 실제에 부합할 뿐만 아니라, 중화민족이 일관되게 주장해온 천하위공(天下爲公), 겸용병축(兼容並蓄), 구동존이(求同存異) 등 우수한 전통문화에도 부합하며, 인류 정치문명에 중대한 공헌을 했다.[5] 유기적 정치의 정수는 정치시스템을 상하좌우로 긴밀하게 연결된 전체로 보는 것이지 이익집단, 세력, 부문의 이익에 의해 분리된 물리적 세계로 보는 것이 아니다. 최고의 선은 물과 같다(上善若水). 유기적 정치의 제도적 장치

는 정치시스템이 잘 운영되고, 빈틈없이 연결되고, 상하가 연동되고, 좌우가 관통하도록 하는 것이다. 이것은 중국의 통합적 철학이 당대 중국 정치체제에 정착하고 재생된 것이다. 바로 이런 의미에서 통일전선으로 실천하는 제도 형식인 중국의 정당제도는 일반 국가의 정당제도와 완전히 다르다고 할 수 있으며, 당의 영도와 인민민주의 유기적 통일을 실현하는 것에 그 근본적 방향이 있다고 할 수 있다. 즉, 이중적 정치기능을 수행하는 것이다; 첫째, 인민민주의 발전을 위해 효과적 실천 노선과 제도 플랫폼을 제공하는 것이다. 둘째, 당의 영도를 공고화하고 보완하기 위해 효과적인 정치적 기초와 제도적 보장을 제공하는 것이다.[6] 마지막으로, 유기적 정치는 당대 중국 정치체제의 제도화, 규범화, 절차화의 운영 속에서 구현된다. 이로써 의법치국이 당의 영도와 인민이 주인이라는 것과 직접적으로 연관된다. 중국에서 법은 당의 주장이며 인민 의지의 통일적 표현이다. 당이 인민을 영도하여 헌법과 법률을 제정하고, 당이 인민을 영도하여 헌법과 법률을 실시하며, 당 자신도 헌법과 법률 내에서 활동해야 한다. 이렇게 당의 영도력이 구현된다. 당과 법, 당의 영도와 의법치국이 고도로 통일된 것이다. 당의 영도하에서 법에 따라 국가가 통치되고, 법치가 엄격히 실시되며, 인민이 당 건설의 주인이 되는 일이 충분히 실현되고, 국가와 사회생활의 법치화도 순차적으로 추진될 수 있다.[7] 요컨대, 당의 영도, 인민이 주인, 그리고 의법치국이 가치, 구조, 제도, 기제, 과정 등 모든 면에서 일종의 유기적 통일을 이루게 되고, 그렇게 되어 각종 정치적 분열과 정치적 함정이 생겨나고 만연하는 것을 피할 수 있고, 정체를 부정하고, 정치를 양극화시키는 토양을 걷어내고 정화할 수 있게 된다.

'전 과정의 민주': 인민민주의 실천형태

의심할 여지없이, 민주는 현대 정치형태의 근간 중 하나이다. 그러나 여기서 멈춘다면 현대 정치와 고전정치를 구분할 수 없게 된다. 다시 말하자면, 민주가 하나의 가치로서 현대정치의 근간을 지탱하기에는 충분하지 않다. 그러므로 근대 정치과학은 대의민주주의, 엘리트 민주주의, 다원민주주의, 컨센서스 민주주의 등의 개념을 운용하여, 가치로서의 '민주'의 지식화에 대해 처리하고 가공했다.

근대 정치과학의 주요 임무는 민주의 실체와 그 실현 정도를 측정하는 것에 있지 않고, 민주 지식 자체의 생산과 창조에 치중하고 있다는 점을 지적할 필요가 있다. 복잡하고 혼란스러운 민주 패러다임은 독립적이고 객관적으로 보이는 지식 시스템을 만든 한편, 자본가계급 민주제도의 이념적 기초를 구성했다. 서유럽의 초기 공업화 국가의 국가건설은 일종의 기이한 경로를 보여주었다. 경제, 사회, 문화 등 모든 분야에서 이들 국가들은 자유를 내세워 직업단체, 사회집단의 자치를 견지하여 중세의 전통적 전제제도를 유지했다. 자치라는 단단한 갑옷의 보호 아래, 단체 내부는 과도제 모델에 의해 운영된다. 이러한 과두제 조직에서 경쟁적 정치시장과 상품시장이 형성되고, 자유시장경제와 경쟁적 선거의 정치민주 양자가 결합된다.

이러한 정치, 경제, 사회가 조합된 모델은 제2차 세계대전 이후, 로버트 달(Robert A. Dahl)과 린드블럼(Charles E. Lindblom) 등이 말한 '다두정치'로 발전했다. '다두정치'는 일반적인 의미의 '다원적 민주주의'와는 다르다. 그 중점은 다원적 가치의 존중에 있지 않고, 다두의 이익게임에 있기 때문이다. 사실상 상업기구를 전적으로 대표하는 내부의 과두제를 의미하며, 이들 조직 간의 상호 경쟁제도와 서로 결합된 정치 모델을 말한

다.[8] 당대 중국은 정치발전 과정에서 단절적 인민주권의 '공허한' 민주주의를 타파하고자 해왔으며, 인민이 해결하고자 하는 문제를 해결하는 '실질적' 민주주의를 추구해왔다. 이것은 사회주의 민주제도의 기본 가치, 즉 인민민주이다. 인민민주는 실현과정에서 여러 운영 형태를 띤다. 시진핑이 언급한 '전 과정의 민주'는 인민민주의 실천 형태 중 하나이다. 2019년 11월, 시진핑 총서기는 상하이시 창닝구(長寧區) 홍차오(虹橋) 거리를 시찰할 때 다음과 같이 말했다. "우리가 가는 길은 중국특색 사회주의 정치발전의 길이며, 인민민주는 전 과정의 민주이고, 모든 중대 입법결정은 절차에 따라 민주적 성숙과정을 거치고, 과학적 정책결정과 민주적 정책결정을 통해 이루어진다."[9] 자유민주주의에서 탈바꿈한 선거민주주의, 다원민주주의, 엘리트 민주주의 등 지식화 패러다임과 비교하면, 인민민주에서 발전한 '전 과정 민주'는 실천 조작 과정에서 객관성, 검증가능성, 관찰가능성이라는 특징을 보여준다. 엘리트 민주주의, 다원민주주의가 '자유민주주의'의 조작된 정의라면, '전 과정 민주'는 '인민민주'의 조작된 정의이다. 다시 말해, 자유민주주의는 엘리트 민주주의에 의해 실현되고, 인민민주는 전 과정 민주를 통해 실현된다. 중국의 정치과정에 들어가면, 전 과정 민주가 표현 과정, 소통 과정, 협상 과정, 검증 과정, 의사결정 과정, 평가 과정 등 여러 단계에서 실현되고 있음을 볼 수 있다. 엘리트 민주주의가 루소(Jean-Jacques Rousseau)가 풍자한 대로[10] 단기간에 무명의 대중을 주인으로 만들지만, 선거 후에는 방관자로 전락시키는 주기적 민주주의라면, 전 과정 민주는 선거 중이나 선거 후 모두 민의를 충분히 듣고, 민의를 충분히 존중하는 민주주의이다. 이제 우리는 민주주의를 다시 정의해야 한다. 민주주의는 엘리트의 선택이 아니라 민의에 대한 존중과 실현이다. 이것이 바로 중국특색 정치발전이 내포하고 있는 주

요 지향점 중 하나이다.

인류 운명공동체: 미래 세계질서에 대한 긍정적 구상

인류 운명공동체라는 명제는 기존의 국제정치질서를 개척하려는 중요한 계기를 담고 있다. 현대의 패권주의와 문화식민체제를 치명적으로 동요시키고 전복시킬 수 있는 힘이 있기 때문이다. 인류 운명공동체라는 가치명제를 글로벌 거버넌스의 새로운 방안으로 전환하는 것은 중국특색 정치체제의 국제적 사명이다. 인류 운명공동체 이념은 특정 지역, 특정 사회 내의 '공동체' 이념에 국한된 것이 아니라, 신시대 신형세하에서의 중국의 대외관계의 이론적 지도와 가치 지향이라는 점, 그리고 미래 인류 사회의 기본 구도와 신형국제관계의 기본적 지향이라는 점에 그 의의가 있다. 인류 운명공동체는 본국의 이익을 추구하는 동시에 타국의 합리적 이익을 함께 고려하는 것이고, 본국의 발전 속에서 각국의 공동 발전을 촉진하고자 하는 것을 말한다. 인류 운명공동체라는 인류의 시각에서의 가치관은 상호의존적 국제 권력관, 공동 이익관, 지속가능한 발전관, 그리고 글로벌 거버넌스관을 담고 있다.

인류사회는 상호 격리에서 상호교류, 그리고 상호융합으로의 과정을 겪었다. 자본주의의 탄생으로 서구사회는 중세의 유산을 버리고, 자본주의 논리에 따라 세계를 개조하게 되었다. 자본주의는 우열성, 배타성, 등급성을 특징으로 하는 자본가계급 이익연합체를 탄생시켰다. 자본가계급 이익연합체는 주변지역에 대한 중심지역의 착취를 대가로 삼는다. 마르크스와 엥겔스는 자본가계급 이익연합체의 본질을 밝히고, 무산계급 이익연합체 사상을 제시했으며, 나아가 자유인 연합체 이상을 제시했다. 자유인 연합체는 '사물이 인간을 통치하는(物統治人)' 자본주의의 성격을

극복하고, 인간의 전면적 발전을 실현하는 것이다. 세계화, 인터넷화, 정보화가 진행됨에 따라 인류사회는 이미 떨어질 수 없는 연결 상태로 들어섰고, 배타성, 등급성, 우열성의 문명관은 시대착오적인 것이 되었다. 이와 함께 다양한 글로벌 이슈들이 쏟아져 나오고 있다. 이러한 역사적 대세 속에서 시진핑은 독창적으로 '인류 운명공동체' 사상을 주창했다. 그것은 서구 자본주의 시스템에 대한 반성을 기초로 마르크스주의의 무산계급 이익연합체, 자유인 연합체 사상과 중국 역사문화 속에서 태어났다. 인류사회는 '이익'에서 '운명'으로, 인간에 대한 진정한 존중과 부분에서 전체로의 약진을 보여주었으며, 인류사회의 연결이 향상되고, 평화롭게 협력하고, 개방적으로 포용하고, 서로 배우며, 함께 이익을 나누는 등 여러 속성을 지닌 모델을 보여주었다.

서유럽의 세계가 과거 500년 동안 자산계급 이익연합체의 형성과 공고화에 힘썼다면, 이슬람 세계는 종교와 정신 공동체의 형성과 확대에 힘썼다. 시진핑은 중국 문화를 자양분으로, 마르크스주의 무산계급 이익연합체와 자유인 연합체를 기초로, 창조적으로 '인류 운명공동체' 사상을 제시했다. 시진핑의 인류 운명공동체 개념은 중국 전통문화(천하관)에 근거한 것이면서도, 마르크스와 엥겔스 공동체 사상을 계승하고 발전시킨 것이다. 마르크스와 엥겔스의 저서에서 '공동체'에 관한 정확한 정의를 찾을 수는 없지만, 마르크스가 인류사회의 발전궤적을 회고한 논술에서 자연공동체 ― 추상적 공동체 ― 가 진정한 공동체의 인간발전 구상을 얘기했다. 그러나 마르크스가 생각한 인간의 자유와 전면적 발전은 공산주의 사회에서만이 실현될 수 있고, 그때에야 비로소 자유인 연합체, 즉 진정한 공동체가 형성될 수 있다. 인류 운명공동체는 세 가지 관심을 내포하고 있다. 첫째, 전체 인류에 대한 관심으로, '사물로 사람을 통치하는'

자본가계급 이익연합체와 배타적 종교연합체의 복제판이 결코 아니다. 둘째, 이것은 운명에 대한 관심이지 얼마나 이익을 얻을 수 있는가에 대한 생각이 아니며, 천국에서의 삶에 대한 승복은 더욱 아니다. 이러한 운명은 마르크스가 말한 인간과 타인, 인간과 자연의 본질적 통일이다. 마르크스는 일찍이 《1844년 경제학 철학원고》에서 인류사회의 본질적 상태에 대해 초월적 규범화를 했다. 그는 '사회'의 원시적 상태 또는 본질적 상태는 이러한 '공동체', 즉 인간과 자연계가 함께 본질적 통일을 완성하는 것이며, 이것은 자연계의 진정한 부활이고, 인간이 실현한 자연주의와 자연계가 실현한 인도주의라고 생각했다.[11] 이것이 바로 인류사회의 운명이고, 이러한 운명 속에서 우리는 소외의 힘이 인간에 대해 외적으로 통치하지 못한다. 셋째, 이것은 공동체에 대한 관심이지, 배타적인 집단의 이익추구, 극단적 종교적 사명에 대한 수호도 아니다. 그러므로 시진핑이 제기한 인류 운명공동체 사상은 서구세계에 팽배해 있는 '중국위협론'에 대한 대응일 뿐만 아니라, 세계적 대국으로서의 중국을 실현하고, 2차원적 사유와 제로섬 게임을 초월한 미래의 세계질서에 대한 긍정적 구상이며, 중국공산당의 핵심 영도집단이 마르크스주의 이론에 기초하여 오늘날 세계의 성격과 미래의 발전방향에 대해 깊이 사고하여 도출해낸 이론적 결정체이며, 중국 전통문화에서의 '천하위공', "군자는 조화를 이루지만 다름을 추구하고(君子和而不同), 소인은 같지만 조화를 추구하지 않는다(小人同而不和)"라는 천하관에 뿌리를 두고, 자본주의의 천성적으로 이익을 쫓는 사유와 행위논리를 초월한 것이다.

3. 중국 정치발전의 방향과 전망

당대 중국은 일당집권의 정치 환경을 갖고 있다. 일당집권 국가가 건강하고 역동적인 정치발전을 하는 것은 두 가지에 달려 있다. 첫째, 정당 지도층의 의사결정능력에 대한 높은 요구이다. 즉, 다당제 국가에 비해 일당집권 국가는 지도층이 의사결정에 있어서 과오를 범하는 것을 허용하지 않는다. 역사를 돌이켜보면, 1978년까지 중국의 지도층은 큰 오류를 범했다. 예를 들면, 반우파투쟁, 대약진운동, '문화대혁명' 등이다. 그러나 1978년 개혁개방을 한 이래 중국 지도층의 정책결정에 큰 오류가 나타나지 않았다. 오늘날 세계를 통틀어 이러한 국가는 극히 드물다. 이것도 역시 중국이 발전의 기적을 이루게 된 기본적 조건의 하나이다. 둘째는 당내민주에 대한 높은 요구이다. 일당집권 국가는 본래 당내민주와 높은 친화성을 갖는다고 할 수 있다. 당내민주는 당내 지혜를 모으는 한편, 당내 인재를 최대한 육성할 수 있다. 장기적으로 당내민주의 질과 빈도, 그리고 전개 범위는 중국 정치발전 노선을 결정하는 중요한 변수가 될 것이다.

이상이 정당 자체의 두 가지 요소이다. 이 밖에도 모든 나라에 존재하는 상황이면서, 향후 중국의 정치발전에 영향을 줄 수 있는 것이 바로 인터넷 사회의 성장과 급속한 확산이다. 이는 모든 국가의 발전에 영향을 미치는 가장 큰 힘이라고 할 수 있다. 현재 모든 국가가 정치발전 과정에서 직면하고 있는 주요한 갈등은 낡은 국가와 빠르게 발전하는 인터넷 사회 간의 부조화, 부적응 간의 갈등으로 요약될 수 있다. 중국도 인터넷 발전 속도가 가장 빠른 나라 중 하나이다. 인터넷의 충격하에서 기존의 사회구조, 사회교류, 사회관념, 그리고 사회공간 모두 사라지고 치환되었

다. 고전 마르크스주의 관념에 의하면, 모든 정치형식은 일정한 사회구조와 서로 상응해야 한다. 인터넷 사회 앞에서 중국을 포함한 모든 국가의 정치형식 변혁이 어떻게 이루어질지 귀추가 주목된다.

주

1 [匈牙利]雅諾什·科爾奈,《社會主義體制共產主義政治經濟學》, 北京: 中央編譯出版社, 2006, pp. 11-12.

2 曹沛霖,《制度的邏輯》, 上海: 上海人民出版社, 2019, p. 329.

3 毛澤東,《毛澤東文集》第6卷, 北京: 人民出版社, 1999, p. 350.

4 中共中央宣傳部,《習近平新時代中國特色社會主義思想學習綱要》, 北京: 學習出版社, 人民出版社, 2019, p. 127.

5 習近平,〈堅持多黨合作發展社會主義民主政治爲決勝全面建成小康社會而團結奮鬥〉,《人民日報》, 2018年 3月 5日, 第1版.

6 林尚立,《當代中國政治: 基礎與發展》, 北京: 中國大百科全書出版社, 2017, p. 130.

7 中共中央宣傳部,《習近平新時代中國特色社會主義思想學習綱要》, 北京: 學習出版社, 人民出版社, 2019, pp. 105-106.

8 陳周旺,〈全方位民主: 中國特色社會主義民主的理論體系與制度選擇〉,《學術學刊》, 2020年 第2期.

9 習近平,〈中國的民主是一種全過程的民主〉, http://www.xinhuanet.com//politics/leaders/2019-11/03/c_1125186412.htm.

10 "英國人民以爲自己是自由的, 他們完全搞錯了, 只有在選舉議會議員時, 他們是自由的, 一旦議員被選出, 他們就什麼也不是了. 在他們掌握自由的短暫片刻中, 他們對自由的運用讓他們注定失去自由." [法]盧梭,《社會契約論》, 崇明 譯, 杭州: 浙江大學出版社, 2018, p. 179.

11 馬克思,《1844年經濟學哲學手稿》筆記本Ⅲ,《私有財産和共產主義》,《馬克思恩格斯文集》第1卷, 北京: 人民出版社, 2009, p. 187.

정치변동과 국가 거버넌스 개혁

이문기

1. 중국의 경제적 성공과 정치 요인

개혁개방 정책 실시 이후 중국의 경제력과 국제적 위상은 가히 기적이라 할 만한 수준의 비약적인 발전을 이루었다. 이러한 성공이 시장화와 세계화 같은 경제체제의 전환의 결과임은 논쟁의 여지가 없는 주지의 사실이다. 그런데 개혁개방 시기 중국의 발전 과정에서 정치체제의 변화에 대해서는 매우 논쟁적이다. 무엇보다도 중국공산당 일당체제가 견고하게 유지되는 상황에서 시장화, 세계화, 그리고 제한적이나마 사회적 다원화가 진행되었다. 이는 서구 자본주의 국가의 발전 경험에 비춰보면 이해하기 어려운 현상이다. 서구적 경험에 입각해볼 때, 시장화와 다원성의 증대는 곧 정치적 경쟁체제와 연동되어 발전하고, 궁극적으로 시장경제와 민주주의가 상호 상승 발전한다는 것이 지배적인 이론이다.

실제로 소련과 중국이 1980년대 시장화 개혁에 착수할 때 서방의 많

은 전문가들의 자문과 권고는 대체로 일치했다. 서방 전문가들은 사회주의 계획경제 시스템에서 견고한 기득권 세력인 당과 국가의 간부 및 관료체제를 먼저 혁파하지 않으면, 이들의 저항 때문에 체제전환에 실패할 것이라고 경고했다. 시장화 개혁은 반드시 정치개혁과 동시에 추진해야 하며, 정치개혁은 곧 민주화를 의미한다. 실제로 1980년대 후반 소련식 개혁 모델은 이러한 권고를 따른 것이었다. 물론 중국은 소련과 다른 길을 선택했고, 그 결과에서도 큰 차이가 났다. 경제체제 전환과 정치 민주화를 연동한 소련의 경우 정치적 혼란과 국가의 해체를 가져왔고, 뒤이은 러시아 역시 10여 년 동안 장기간의 경제침체를 겪었다. 반면 서방 주류 이론의 길을 거부한 중국은 오히려 경제체제 전환과 고도성장을 동시에 실현했다.

정치체제 측면에서 중국은 1989년 톈안먼 사건이라는 혼란과 위기가 있었지만, 1990년대 이후는 전반적으로 안정적인 체제를 유지했다. 물론 정치민주화 없는 중국의 정치체제에 대해 서구의 일부 학자들은 시장경제와 공산당 일당독재 간의 본원적 모순구조를 해결하지 않는 한, 중국 정치체제의 안정성은 오래가지 못할 것이고, 심지어 머지않아 붕괴할 것이라는 주장을 끊임없이 제기했다.[1] 하지만 중국의 현실은 다른 방향으로 전개되었고, 2000년대 이후 다수의 중국 전문가들은 새로운 접근법을 찾기 시작했다. 중국의 민주화와 공산당의 취약성에 주목하기보다는 중국식 권위주의 체제의 독특한 탄력성과 생명력에 더 주목하는 접근법이 유행했다.[2] 특히 덩샤오핑 사후 제3, 4세대 지도부 시기 중국공산당은 안정적이고 뛰어난 정치리더십을 발휘하면서, 경제체제의 성공적인 전환과 비약적 경제발전을 실현했다. 조영남(趙英男)은 이런 변화에 대해 정치민주화보다는 정치제도화를 우선에 둔 중국식 개혁전략이 유효했기 때

문이라고 주장한다.³ 중국 권위주의 정치체제의 탄력성에 주목하는 시각에서 볼 때, 개혁개방 이후 중국 정치제도화의 성과 및 정치안정의 주요 요인은 다음 세 가지로 정리할 수 있다.

첫째, 시장경제 전환 과정에서 중국공산당은 이념적으로 매우 유연했고, 시대적 변화에 따른 적실한 정책이념(policy ideas)을 제시했다. 톈안먼 사건으로 개혁개방 정책이 좌초될 위기 상황에서 덩샤오핑은 남순강화(南巡講話)를 통해 '삼개유리론(三個有利論)', '사회주의 시장경제론'을 제시했다. 제3세대 지도부 시기에는 1990년대 이후 크게 성장한 민영경제 부문을 체제 내로 포섭하기 위해 '삼개대표론(三個代表論)'이라는 새로운 정책이념을 제시했다. 2002년에 등장한 제4세대 지도부는 기존의 성장일변도 정책과 불균형발전에 대한 반성에서 '과학적 발전관', '조화사회(和諧社會) 건설론' 등을 제시했다. 중국공산당은 이러한 변화를 당이 '시대와 함께 발전하는(與時俱進)' 정신에 따른 통치이념의 진화로 규정한다. 즉, 중국의 발전단계와 국내외적 환경변화에 따라 당의 사명을 재정의하고, 그에 맞는 새로운 비전과 정책이념을 제시한다는 것이다.

둘째, 국가기구의 개혁과 분권화, 그리고 정치과정의 법제화와 규범화를 통해 국가통치체계를 좀 더 합리적인 방향으로 개선했다. 시장경제 전환에 따라 기존 계획경제 시대의 행정체계와 업무 방식을 바꾸기 위해 행정개혁을 지속적으로 단행했다. 개혁개방 이후 실시된 여덟 차례의 정부 기구개혁을 통해 1982년 100개에 달하던 부처를 2018년에 26개로 축소했다. 이런 변화는 대체로 분권화 추세와 연동되어 진행되었다. 중앙과 지방, 그리고 정부와 기업 관계에서 지방정부와 기업에 더 큰 자율성을 부여하여(放權讓利), 이들을 시장경제의 역동적 행위자가 되도록 유인했다. 또한 국가통치 및 운영기제의 규범화와 제도화를 위해 활발한 입법

활동(法制)이 전개되었고, 1997년 제15차 당대회 이후부터는 '의법치국(依法治國: 법률에 의한 국가통치)'을 정치개혁의 핵심 의제로 설정하는 등 과거 인치(人治)의 폐단을 해소하기 위해 노력했다.

셋째, 최고지도부 승계규범과 집단지도체제 확립 등으로 엘리트 정치의 안정화를 이루었다. 과거 마오쩌둥, 덩샤오핑 시대의 중국 정치는 엘리트 내부의 파벌 간 권력투쟁과 노선 갈등이 끊이지 않았다. 그런데 1990년대 장쩌민을 중심으로 한 제3세대 지도부 등장 이후 집단지도체제가 확립되었다. 한 개인이나 특정 파벌이 권력을 독점하는 현상이 사라지고, 파벌 간 권력분점과 집단적 합의에 의한 의사결정 문화가 정착되었다. 또한 비록 성문화된 규정은 아니지만, 비공식적 제도로서 지도자 승계규범을 확립했다. 68세 이상 지도자의 연임 불가 원칙을 적용하는 이른바 '칠상팔하(七上八下)', 차기 최고지도자 2인(당 총서기와 국무원 총리)을 취임 5년 전에 미리 선발해서 정치국 상무위원에 등용하는 '격대지정(隔代指定)', 그리고 총서기를 비롯한 최고지도부의 10년 주기 세대교체 규범이 확립되었다. 이로써 엘리트 정치의 안정화와 함께 국가 정책의 통일성과 일관성이 크게 제고되었다.

이처럼 개혁개방 이후 중국 정치는 비록 민주화 측면에서 큰 변화는 없었지만, 당 지도이념의 변화, 국가 통치체계의 합리화, 엘리트 정치의 규범화 등의 측면에서는 상당한 변화와 개혁이 진행되었다. 중국 관방의 언술에서는 이러한 변화를 '중국특색 사회주의 민주'의 정립 과정이라고 설명한다. 중국특색의 사회주의 민주정치란 "당의 영도, 인민의 주인됨(人民當家作主), 법에 의한 통치(依法治國)의 유기적 통일"을 실현하는 제도로 규정하는데, 서구식 자유민주제도의 보편성을 부정하고 중국식 민주정치제도의 정립 가능성을 주장하는 담론이라 할 수 있다.

한편 2012년 제5세대 지도부 등장 이후 중국 정치의 양상은 이전 시기의 제도와 노선을 그대로 계승하는 측면도 있지만, 많은 측면에서 큰 차이를 보여준다. 기본적으로 서구식 민주정치의 보편성을 부정하고, 중국공산당의 강력한 지도력에 기초한 정치체제를 추구한다는 점에서 연속성을 유지한다고 볼 수 있다. 그러나 통치이념이나 당정 관계, 엘리트 정치 등 여러 가지 측면에서 상당한 변화도 진행되고 있다. 다음 절에서는 시진핑 집권 이후 정치변동의 주요 내용을, 이전 시기와의 연속성보다는 변화하는 부분에 초점을 두고 살펴보고자 한다.

2. 시진핑 시대 '중국의 꿈'과 '신시대론'

앞 절에서 언급했듯이 개혁개방 이후 중국의 최고지도자들은 집권 후 자신의 통치철학과 새로운 국가발전 비전을 정책이념의 형식으로 제시했다. 시진핑 총서기는 집권 직후 '중국의 꿈(中國夢) 실현'이라는 통치구호를 제시하고, 집권 2기를 맞이하는 제19차 당대회(2017년)에서는 '신시대 시진핑 중국특색 사회주의 사상'을 제시했다. 이들 개념은 전임 지도자들의 정책이념과 비교할 때, 그 범위와 성격에서 큰 차이가 있다. 과거 후진타오 시기에 중국 정치를 이해하던 관성적 사고로는 쉽게 이해하기 어려운 수준의 큰 변화라 할 수 있다.

우선 중국의 꿈 실현이라는 통치구호가 갖는 특별한 함의에 대해 살펴볼 필요가 있다. 중국의 꿈 실현은 간단히 말해 '중화민족의 위대한 부흥'을 실현하겠다는 것이다. 그리고 이를 달성하는 목표시점으로 2021년 중국공산당 창당 100주년과 2049년 건국 100주년이라는 '두 개의 백 년

(兩個一百年)'을 기준 시점을 제시했다. 또한 그 실현 경로는 민족의 정신과 국가적 역량을 결집하여 중국특색의 사회주의의 길로 나아가야 하고, 그 수단으로 정치, 경제, 사회, 생태, 문명이라는 다섯 가지 분야의 종합적 건설을 통해 이루겠다는 것이다.[4] 이 기조는 2017년 10월 제19차 당대회에서 2020년 '전면적 소강사회 실현', 2035년 '사회주의 현대화의 기본적 실현', 2050년 '사회주의 현대화 강국 실현'으로 수정 제시되었다. 이 내용만으로는 사실 장쩌민 시대 이후 자주 언급되었거나, 이미 제출한 발전목표를 재정리해서 '중국의 꿈'이라는 구호로 집약한 듯 보인다. 하지만 이전 지도부의 통치이념과 비교할 때, '중국의 꿈'은 세 가지 측면에서 색다른 함의가 있다.[5]

첫째, 이전 지도부의 통치이념은 주로 국내 경제사회 발전 전략을 제시한 데 비해, 시진핑의 '중국의 꿈'은 국내발전뿐 아니라 세계질서에서 강대국으로의 부상이라는 대외정책 측면의 목표를 함축하고 있다. 시진핑 이전 시기에도 강대국으로의 부상이라는 목표는 갖고 있었지만, 이를 국가발전 전략이나 통치이념의 구호로 제시하지는 않았다. 삼개대표론, 과학적 발전관, 조화사회론 등의 개념은 모두 국내 경제사회 발전 전략과 관련된 개념이었다. 물론 후진타오 시기에 '평화적 부상(和平崛起)'론이 제출되었지만, 이는 어디까지나 서방세계의 중국위협론에 대한 대응 차원의 반응적 논리에서 출발한 것이었다. 하지만 시진핑 시대 대외전략은 세계질서 속에서 중국의 역할을 단순한 참여자(game player)로 보지 않고, 주도적 기획참여자(game maker)가 되겠다는 의미를 담고 있다. 이런 변화는 중국공산당의 통치정당성 논리에도 변화를 수반할 것이다. 이전 시기 지도부는 통치정당성의 근거를 주로 국내적 발전과 업적에서 찾으려 했는데, 시진핑 시기에는 국내적 요인과 대외적 요인을 연계하면서 정

당성 논리를 찾으려 하고 있다. 다시 말해서 대외적 성공으로 국내 정치의 실패를 만회하거나 상쇄할 수도 있으며, 반대로 대외정책이 실패할 경우는 국내적 성취 혹은 민족주의 정서를 활용하여 위기를 모면할 수 있을 것이다.

둘째, 중화민족주의 색채가 매우 강하다. 개혁개방 이후 중국의 부상 과정에서 민족주의의 정서는 꾸준히 강화되었다. 민족주의 정서에 대한 중국공산당의 직접적인 호소는 1997년 제15차 당대회에서 장쩌민 총서기가 '중화민족의 위대한 부활'이라는 표현을 사용하면서 시작되었다. 하지만 국가발전 전략에서 민족주의 이념을 공식적으로 활용하는 데는 신중했다. 민족주의 부활이 이른바 '양날의 칼'로 작용할 수 있기 때문이다. 중국에서 민족주의는 한편으로 사회주의 이념에 대한 신념의 위기를 메우고 국민통합을 꾀할 수 있는 유력한 이념적 수단이다. 하지만 다른 한편으로 대중에게 대규모 집단행동의 공간을 열어줌으로써 자칫 정치 불안의 씨앗이 될 수도 있다. 티베트와 신장 등 소수민족의 반발 또한 상당한 위협요인이다. 또한 대외적으로 외부세계에서 중국위협론이 더욱 확산하는 결과를 초래할 수도 있다. 이런 이유 때문에 과거 지도부는 민족주의 정서 확산에 매우 신중했고, 애국주의 운동으로 포장하여 유리한 측면만을 통치전략에 활용했다. 하지만 시진핑 시대 중국의 꿈이라는 통치구호에서 담고 있는 민족주의 색채는 국민적 자긍심 고취와 국민통합을 넘어서, 외부세계에서 중화민족의 우수성을 선양하고 국제적 지도력을 확보하겠다는 의지를 담고 있다. 최근 갈수록 벌어지는 중국과 외부세계 사이의 인식격차는 이러한 중국 내부의 중화민족주의 정서 강화와 무관치 않다.

셋째, 중국의 꿈이라는 통치구호는 이념적 분화 없이 전 사회적 공감

을 얻기에 아주 적합하다. 장쩌민의 삼개대표론이나 후진타오의 과학적 발전관 등의 개념은 특정한 이념적 정향성을 내포한 것으로 상당히 논쟁적이었다. 삼개대표론은 사영경제 및 자본가의 법적, 정치적 지위 보장 문제가 주요 쟁점이었고, 과학적 발전관은 경제성장 우선주의 정책의 부작용에 대한 반성에서 새로운 발전모델을 모색하기 위한 것이었다. 이들 쟁점은 내부 개혁의 문제로서 당시 중국 지식인들 사이에서 좌우 진영 간 치열한 논쟁을 불러일으켰다. 또한 일반 국민들로서는 그 의미를 정확히 이해하기 어려운 다소 난해한 개념이기도 하다. 하지만 중국의 꿈이라는 구호는 매우 포괄적이고 원대한 국가발전 비전으로서 누구나 쉽게 수용할 수 있는 개념이다. 근대 시기 제국주의 침략에 굴복했던 '백년굴욕(百年國恥)'의 아픔을 넘어서 다시 세계적 강대국으로 부활하자는 메시지는 일반 국민들에게 매우 호소력 있게 전달되었고, 지식인들 사이에 좌우 진영 간 논쟁의 여지도 거의 없다. 최근 중국 사회의 국가주의 과잉과 지식인들의 비판 담론 약화 현상의 배경에는 강화된 사상통제와 강권통치의 영향도 있지만, 동시에 중국의 꿈 실현이라는 통치구호가 가져온 여론 통합의 효과도 있다.

위와 같은 함의를 가진 중국의 꿈 실현이라는 통치구호는 2017년 제19차 당대회 이후 '시진핑 신시대 중국특색 사회주의 사상'으로 정식화되었고, 당장(黨章)에 새로운 지도이념으로 추가되었다. 여기서 가장 중요한 핵심어는 '신시대'라 할 수 있는데, 시진핑 총서기는 신시대의 의미를 세 가지로 정리했다.

중국특색 사회주의가 신시대에 진입했다는 것은, (첫째) 근대 이후 많은 역경을 헤쳐 온 중화 민족이 일어서기(站起來), 부유해지기(富

起來) 단계에서 강해지기(強起來)로의 새로운 도약을 이루고, 중화민족 위대한 부흥의 밝은 미래를 맞이하는 것을 의미하고; (둘째) 과학 사회주의가 21세기 중국에서 강력한 활력을 발산하고, 세계에서 중국특색 사회주의의 위대한 기치를 높이 드는 것을 의미하며; (셋째) 중국특색 사회주의의 도로, 이론, 제도, 문화가 부단한 발전을 이루고, 개발도상국 현대화의 길을 개척하고, 빠른 발전과 독립성 유지를 바라는 국가와 민족에게 새로운 선택지를 제공하고, 인류문제 해결을 위해 중국의 지혜(中國智慧)와 중국의 방안(中國方案)을 제공한다는 것을 의미한다.[6]

이러한 시대인식에 따르면, 지난 시기 중국공산당의 역사는 3단계로 구분된다. 첫 번째 단계는 마오쩌둥 주도의 공산혁명과 신중국 수립으로 '일어서기'의 실현이고, 두 번째 단계는 덩샤오핑 주도의 개혁개방 정책으로 '부유한 중국'의 실현이다. 그리고 세 번째 단계는 시진핑 주도로 글로벌 리더국가(領先國家)로서 '사회주의 현대화 강국'을 실현하겠다는 것이다. 또한 그 과정에서 중국은 반드시 중국특색 사회주의 체제의 제도적 우월성을 입증하고, 나아가 중국식 발전경험과 노선에 입각해서 세계적 영향력을 확대하겠다는 것이다. 이러한 발전목표를 실현하기 위해 중국공산당은 다양한 선전활동을 강화하고 있는데, 그중 하나가 '네 개의 자신감(四個自信)'론이다. 중국특색 사회주의 체제의 노선, 이론, 제도, 문화 네 가지 측면에서 자신감을 가져야 한다는 것이다.

그런데 신시대론에서 제시하는 새로운 발전목표가 현재 중국이 처한 주객관적 조건과 역량을 제대로 반영한 것인지에 대해서는 의문이 있다. 이에 대해 이남주(李南周)는 객관적 분석과 타산보다는 중공의 주관적 의

지가 앞선 것이라고 주장한다.[7] 사회주의 발전단계의 논리나 국내 정치경제 체제의 발전 논리에 비춰볼 때, 질적으로 새로운 단계를 의미하는 신시대론의 논리적 근거가 취약하다는 것이다. 실제로 제19차 당대회 보고서에는 신시대를 강조하면서도, 동시에 "사회주의 초급단계라는 기본 국정(國情)은 앞으로도 변하지 않을 것이고, 세계 최대의 개발도상국가라는 국제지위도 변함이 없다"라고 언급했다. 이는 다소 모순적인 언술이라 할 수 있다.

오히려 중국과 세계와의 관계에 대한 중국 내부의 인식변화가 더 중요한 원인일 수 있다. 2008년 미국발 금융위기 이후 중국과 미국의 국력격차가 급격하게 축소되고 국제사회에서 미국의 지도력에 대한 의구심이 커지면서, 중국 내에서는 자국의 부상(崛起)에 대한 자신감이 고조되었다. 실제로 경제력만 보자면, 중국은 2010년 GDP 총액에서 일본을 추월한 이후 미국과의 격차를 계속 좁히고 있다. 신시대론 제기의 중요한 배경 중 하나가 국제관계에서 중국의 상대적 지위 상승인데, 중국공산당이 이를 국내적 발전과 체제에 대한 자신감으로 무리하게 연계하고 있다는 것이다.

3. 국가 거버넌스 개혁과 당의 영도 강화

'신시대론'에 따라 중국의 국가전략 및 대내외 정책은 큰 변화가 진행되었다. 정치체제와 관련된 변화에서 가장 주목할 만한 개념은 국가 거버넌스(國家治理) 개혁 의제의 부상이다. 이 개념은 2013년 중국공산당 제18기 3중전회에서 채택된 〈전면적 개혁심화에 관한 중대 문제 결정(中共中央

關于全面深化改革若干重大問題的決定》)에서 공식화되었다. 이 결정에서 전면적 개혁심화의 총 목표를 '중국특색 사회주의 제도의 완성과 발전, 국가 거버넌스 체계와 거버넌스 능력의 현대화 추진'이라고 규정했다. 이때부터 중국에서 진행되는 정치개혁에 관한 모든 논의는 '국가 거버넌스 개혁'이라는 담론으로 수렴되고 있다.

사실 중국 학계에서 거버넌스 개념을 통해 정치개혁 방안을 제시하려는 노력은 오래전부터 진행되었기 때문에 이 개념이 완전히 새로운 것은 아니다. 그런데 2013년 이후 당에서 공식적으로 제시한 거버넌스의 개념은 그 적용 범위와 내용에서 이전에 학계에서 사용하던 것과 상당한 차이가 있다. 그 차이를 명확히 이해하기 위해서 우선 과거 중국 학계에서 유행하던 거버넌스 개념을 간략히 이해할 필요가 있다.

1990년대에 들어 세계화 추세와 함께 서구 정치학계에서 기존의 통치 (government) 개념을 대체하는 새로운 담론으로서 거버넌스 개념이 등장하자 중국 학계에도 수입되어 상당한 반향을 일으켰다. 1990년대 후반부터 중국 학계에서 거버넌스 개념의 중국적 수용을 위한 활발한 논의가 전개되었다. 그중 영향력이 가장 크고, 당시 중국의 주류적 견해로 간주할 만한 학자로서 위커핑(俞可平)을 꼽을 수 있는데, 이 글에서는 그의 주장을 간략히 살펴보겠다.[8] 그는 기본적으로 거버넌스 개념이 서구 민주정치에 그 뿌리를 두고 있음을 인정하면서, 이를 중국의 정치개혁에 접목하려 했다. 그에 따르면 거버넌스 개념은 기본적으로 정부와 민간, 혹은 공(公)과 사(私) 간의 협력적 정치과정이며, 중국에서 '좋은 거버넌스(善治, good governance)'를 구현하기 위해서는 다음의 열 가지 요소를 증진하는 방향으로 정치개혁이 이루어져야 한다. 정당성, 법치, 투명성, 책임성, 응답, 효율, 참여, 안정, 청렴, 공정이 그것이다. 또한 중국에서 선치의

실현 과정은 곧 '점증적 민주(漸增的民主, incremental democracy)'의 실현 과정이라고 주장한다. 즉, 좋은 거버넌스란 곧 민주적 거버넌스의 실현인 것이다. 물론 여기서 말하는 민주의 개념이 서구 자유민주주의와 일치하지는 않는다. 위커핑의 민주구상은 중국공산당 일당체제를 유지하면서 민주적 가치를 점진적으로 제도화하는 과정이라 할 수 있다.

2000년대 중국 학계에서 거버넌스 담론이 크게 유행한 데는 이 개념이 비교적 가치중립적이면서, 동시에 다양한 개혁담론을 포괄할 수 있다는 학술적 유용성 때문이었다. 그 시기 중국의 지식계에서는 신좌파와 자유주의로 대별되는 이념적 분화와 논쟁이 치열하게 전개되었다. 거버넌스 담론은 이러한 이념적 대립구도를 뛰어넘는 일종의 '제3의 접근법'으로서 양 진영 모두를 포괄할 수 있는 개념이었다. 또한 중국공산당 일당제라는 중국적 현실을 부정하지 않으면서, 민주적 가치와 다양한 정치개혁 의제를 효과적으로 담아낼 수도 있었다.

류젠쥔(劉建軍)은 2000년대 거버넌스 담론 부상의 배경에 대해, 당시 중국 사회가 직면한 네 가지 내적 변화 요구 때문이라고 설명한다.[9] 첫째, 국가권력의 성격변화다. 마오쩌둥 시기 혁명형 정권에서 덩샤오핑 시기 발전형 정권으로 변모했는데, 이제 서비스형 정권으로 변화해야 한다는 것이다. 둘째, 정부의 기능 변화다. 시장경제 전환 과정에서 정부와 인민의 관계가 일방향적인 권력관계에서 점차 쌍방향적인 협력관계로 변화되었다. 이런 변화는 특히 중앙보다 지방정부에서 더욱 뚜렷한데, 관과 민의 공동이익이 점차 증가함에 따라 '협치(共治)'의 필요성이 증가했다. 셋째, 집단시위(群體性事件) 등 아래로부터의 사회적 저항에 대한 정치적 해법의 필요성이다. 넷째, 사이버공간에서 활성화되는 일종의 '가상 시민사회'의 출현은 국가 거버넌스 차원에서 새로운 해결과제로 대두되었다.

그렇다면 2000년대 학계에서 유행하던 위와 같은 거버넌스 개념과 2013년 이후 중국공산당이 향후 국가개혁의 총목표로 제시한 '국가 거버넌스 체계와 거버넌스 능력의 현대화'에서의 거버넌스 개념과는 무슨 차이가 있을까.

우선 개념의 적용 범위가 다르다. 기존 학계에서 사용하던 거버넌스 개념은 주로 국가 행정 체계의 개선에 적용하던 개념이었다. 물론 중국의 행정개혁이 당과 정부 관계나 중앙과 지방 관계, 그리고 국가와 사회 관계 등의 폭넓은 의제와 연동되어 있기 때문에 종종 포괄적으로 논의되었지만, 이는 기본적으로 국가 행정체계 개혁을 설명하기 위한 필요에서 확장된 것이었다. 그런데 2013년 이후 국가 공식 의제로 제기된 거버넌스 개념의 적용범위는 이전과 다른 차원으로 확장되었다. 국가 거버넌스 체계 현대화의 핵심 내용이 당의 역할 강화와 권력 집중인데, 중국공산당은 국가 행정조직뿐 아니라 군, 사회, 시장 등 모든 영역에 영향을 미치기 때문에 거버넌스 개념의 적용범위는 정부, 시장, 사회 모든 영역을 포괄한다. 예컨대 국가와 사회 관계의 경우, 2013년 이전에는 '사회관리' 혹은 '사회건설'이라는 용어가 사용되었는데, 2013년 이후에는 '사회치리(社會治理)'로 대체되었다. 심지어 당의 이념과 조직, 그리고 각급 권력 기관에 대한 지도(領導) 방침을 의미하는 '당 건설' 사업도 이제는 거버넌스 개혁의 범주에 포함된다. 실제로 2013년 이후 중국의 학자들은 국가 거버넌스 개혁의 함의에 대해 국가, 정부, 사회, 시장 등을 모두 포괄하는 개념으로 설명한다.[10]

또한 '국가 거버넌스 체계의 현대화' 외에 '국가 거버넌스 능력의 현대화'라는 의제에서 거버넌스 개념은 더욱 확장된다. 거버넌스 능력의 현대화란 사실상 당 중심의 권력 집중에 따른 통치전략 및 통치기술의 변화

를 의미하는데, 이에 따라 거버넌스 개념의 적용 범위는 거의 모든 정치 이슈와 통치전략 전반을 담을 수 있게 되었다. 최근 중국 학계의 담론장에서 거버넌스 개념의 활용은 가히 무슨 물건이든 쓸어 담을 수 있는 '여행용 배낭'에 비유될 만하다.

다음으로 거버넌스 개혁의 목표에서 근본적으로 다르다. 이전 시기 학계의 거버넌스 담론은 위에서 소개했듯이, 시장경제 전환 이후 날로 증대하는 이익분화 및 사회적 다원성을 중국공산당 일당 지배체제 속에서 어떻게 수렴하고 제도화할 것인가가 주된 관심이자 개혁의 목표였다. 그런데 2013년 이후 거버넌스 개혁의 목표는 이런 수준을 넘어선다. 2050년 사회주의 현대화 강국 실현이라는 원대한 목표를 달성하기 위해 국가적 역량을 결집하고 효과적인 정치리더십을 확립하는 데 그 주된 목적이 있다. 이러한 새로운 국가 거버넌스의 구축은 곧 중국특색 사회주의 정치제도의 확립을 의미한다. 여기서 가장 중요한 변화이자 새로운 국가 거버넌스 체계의 핵심은 '당의 영도력 강화'와 '권력 집중'에 있다.

시진핑 지도부가 이런 변화를 선택한 데는 덩샤오핑 사후 20여 년 동안 유지되어온 집단지도체제의 한계에 대한 상층 지도부의 공감대가 상당히 작용했을 것으로 보인다. 파벌 간 세력 균점과 합의제 의사결정 구조를 정착시킨 집단지도체제는 한편으로 중국 엘리트 정치의 안정화를 가져왔지만, 동시에 약점도 노출했다. 엘리트 집단의 기득권이 더욱 공고화되고 집단이익과 부패 문제가 갈수록 악화했고, 합의제 의사결정 문화는 과감한 개혁조치를 어렵게 하는 약점이 있었다. 제5세대 지도부는 중국 부상의 관건적 시기에 접어든 상황에서 권력구조의 변화 없이 국내외적 환경변화에 효과적으로 대응할 수 없다고 판단한 것이다. 시진핑 집권 이후 강력하게 전개된 반부패 운동 역시 개혁을 가로막는 기득권 세

력 제거를 목적으로 한 것이다. 시진핑 체제에서 중국 정치는 '전면적 개혁심화'-반부패 운동-'권력 집중'의 순환구조가 하나의 패키지로 연동되어 작동하고 있다.

당 중앙으로의 권력 집중은 곧 시진핑 총서기의 권한 강화와 당정 관계의 중대한 변화를 수반한다. 이를 보여주는 대표적인 사례가 당 '중앙' 영도소조(領導小組)의 신설과 시진핑 총서기의 조장 독점 현상이다. 특정 이슈에 대한 유관 부문 간 의사협조기구인 당 중앙영도소조는 부정기적으로 회의를 진행하는 임시기구의 성격이지만, 의사 결정과정에서는 각 부문의 독립적 의사결정 권한을 능가하는 실질적인 최고 의사결정기구라 할 수 있다. 그런데 2013년 이후 당 중앙의 의사결정 기능을 한층 강화하는 특별한 영도소조가 속속 등장했다. 2014년 1월부터 3월 중순까지 '전면 개혁심화 영도소조', '인터넷 안전 및 정보화 영도소조', '국방 및 군대개혁 영도소조'가 잇달아 출범했다.

이보다 조금 앞선 2013년 11월에는 '국가안전위원회'가 설립되었다. 이 조직은 중국의 대내외 정보 및 안전문제를 총괄하는 기구인데, 대외뿐 아니라 대내 안전업무도 총괄한다는 점에 주목해야 한다. 제18차 당대회에서 대내 치안 및 사법을 총괄하는 당 '정법위원회'가 중앙위 상무위원급(조우용캉, 周永康)에서 중앙위원급(멍젠주, 孟建柱)으로 격하되었다. 이로써 신설 국가안전위가 정법위의 상위기구가 되어, 국내 치안과 정보 및 사법 부문에 대한 최고 의사결정기구가 된 것이다. 이들 모든 신설기구의 수장은 시진핑 총서기가 맡았다. 이로써 시진핑은 기존의 영도소조(외사 업무, 대만업무, 재경, 해양권익)를 포함하여 주요 영도소조 소장을 사실상 독점하게 되었다. 그 밖에 2018년 3월에는 국가감찰위원회를 설립하여 기존의 감찰기능을 크게 확대함과 동시에, 국가 감찰위와 당 기율위를

통합하는 조치[이른바 '하나의 기구, 두 개 의 팻말(一個機構 兩塊牌子)']를 단행했다. 즉, 당 기율위원회가 당원뿐 아니라, 국가사무와 관련된 모든 인원에 대한 감찰과 반부패 업무를 관장하는 것이다.

이상의 조치들은 당정 관계에서의 중대한 변화를 수반한다. 2017년 3월 5일 당시 중앙기율위 서기인 왕치산(王岐山)은 더 이상 '당정분리(黨政分開)'는 없다고 선언했다.[11] 기실 당정분리는 1980년대 덩샤오핑이 처음 제기했고, 1987년 자오쯔양(趙紫陽)이 주장한 정치개혁의 핵심 의제였다. 비록 1989년 톈안먼 사건 이후 공식적으로는 사라졌지만, 덩샤오핑이 제기한 개혁 의제이기 때문에 누구도 명시적으로 부정하지는 못했다. 실제로 개혁개방 이후 중국 정치체제 개혁 논의의 기저에는 당의 과도한 권력집중을 어떻게 분산할 것인가, 즉 당정분리와 분권화라는 문제의식이 있었다. 중국 학계에서는 1990년대 이후에도 적지 않은 학자들이 '당정분리' 주장을 이어나갔다. 하지만 2013년 이후 완전히 역전되어, 최근에는 '당정분리', '분권화'와 같은 주제는 주류 담론체계에서 사실상 사라졌다.

4. 장기집권과 중국 정치의 미래

신시대론과 국가버넌스 개혁의 방향성은 당으로의 권력 집중이었고, 그 정점에는 당 총서기가 있다. 시진핑 등장 이후 총서기의 권한과 영향력은 이전 후진타오 시기와는 비교할 수 없을 정도로 강력해졌다. 일각에서는 시진핑 총서기의 권한과 위상이 마오쩌둥에 버금가는 것이라고 주장한다.[12] 또한 적지 않은 외부 전문가들은 이런 변화가 시진핑 총서기의 장기집권을 위한 정지작업이라는 해석을 내놓았다. 그리고 집권 1기 내내 논

쟁거리였던 시진핑의 장기집권 가능성은 2018년 3월 전국인민대표대회에서 국가주석직 3연임 제한 규정을 폐지하는 헌법 수정으로 기정사실화되었다.

중국 관방에 따르면 헌법 수정은 최고지도자가 겸임하는 당 총서기직과 국가주석직, 그리고 중앙군사위 주석직의 연임 관련 규정을 일치시키기 위해서라는 설명이다. 중국공산당, 중화인민공화국, 그리고 중국인민해방군의 수장은 한 사람이 겸직하는 '삼위일체'의 권력구조가 그동안 경험에서 가장 바람직한 것으로 입증되었다는 것이다. 따라서 세 직책 중 유일하게 연임 제한 규정이 있는 국가주석직의 관련 규정을 삭제함으로써 이를 일치시켰다는 것이다. 또한 이는 국가의 장기적 발전과 안정을 위한 중요한 제도적 조정이며, 새로운 국가 거버넌스 확립의 일환이라는 설명이다. 다만 이러한 수정이 종신제를 용인하는 것은 아니라는 설명을 덧붙였다.[13]

이는 그동안 중국 정치발전의 관성과 다른 방향이다. 당 총서기와 국가주석직의 임기 규정을 일치시키려면 헌법상의 국가주석직 3연임 제한 규정을 유지하고, 당장(黨章) 개정을 통해 총서기의 3연임 제한 규정을 신설하는 것이 그간의 관행에도 맞고 정치발전에도 바람직한 개선 방향일진대 이번 개정은 반대로 실시되었다. 이로써 그동안 장기집권 가능성으로 거론된 많은 근거들, 즉 시진핑 총서기에 대한 '핵심' 칭호 부여, 본인 재임 중 당장의 지도이념에 '시진핑 사상' 삽입, 차기 최고지도자를 미리 선발하는 '격대지정' 규범의 파괴, 70세 왕치산의 국가부주석 임명에 따른 '칠상팔하' 규범의 파괴, 반부패 운동에서의 대규모 정적 숙청, 퇴임원로의 자문관행 축소, 주요 영도소조 조장의 시진핑 독점 등 많은 조치들은 사실상 장기집권을 위한 구도와 무관치 않음이 확인되었다.

2022년 제20차 당대회에서 시진핑이 세 개의 직책을 모두 유지할지, 아니면 그중 일부만 유지할지는 아직 알 수 없다. 다만 실질적 일인자로서 지배력을 계속 유지할 것이라는 점은 확실해 보인다. 시진핑의 장기집권 기간은 아마도 2035년경을 예상해볼 수 있다. 2035년은 신시대 국가 발전 제1단계인 '사회주의 현대화 강국의 기본적 실현'을 달성하는 목표 시점인데, 그 실현이 장기집권의 가장 강력한 명분이기 때문이다. 2035년이 되면 1953년생인 시진핑의 나이는 82세에 달하는데, 80대 후반까지도 정무활동을 수행했던 덩샤오핑의 경우를 보더라도 충분히 가능할 것으로 보인다.

시진핑 집권 이후 최근 10년 사이 중국 정치의 변화는 확실히 그 이전 후진타오 집권기와는 다른 양상으로 전개되고 있다. 중국공산당은 중화민족의 부흥이라는 역사적 대업을 실현하기 위해 당 중심의 고도의 권력 집중이 긴요하고, 시진핑 총서기가 그 중심에서 대업을 완수하겠다는 의지를 분명히 하고 있다. '신시대'라는 새로운 역사에 몸을 던진 시진핑의 도전은 성공할 수 있을까. 성공과 실패의 모든 가능성은 열려 있고, 그 공과는 온전히 시진핑 자신이 떠안게 될 것이다. 그의 희망대로 마오쩌둥의 '자주독립 실현(站起來)'과 덩샤오핑의 '부유한 중국 실현(富起來)'에 이은 '강대국 실현(强起來)'을 완성한 신시대의 역사적 위인이 될지, 아니면 중도 실패로 중국의 부상이 지체되고 모든 실패의 책임을 떠안은 채 쓸쓸하게 퇴장할지는 아직 모른다. 향후 전개될 중국 정치의 가변성과 불확실성이 상대적으로 커진 상황에서 우리는 향후 시진핑 체제가 맞닥뜨릴 주요 위험요인이 무엇인가에 주목해야 할 것이다. 만약 중국공산당이 이러한 위험요인을 잘 관리한다면, 중국은 사회주의 현대화 강국이라는 새로운 유형의 글로벌 강대국으로 도약할 수 있을 것이다.

첫째, 경제와 민심의 향배다. 모든 국가가 그렇듯이 중국공산당의 통치정당성 역시 가장 중요한 원천은 인민의 확고한 지지에 있다. 그리고 중국에서 인민의 지지는 정치적 측면보다는 주로 경제사회적 만족에서 나온다. 그런데 경제사회 문제 해결에 있어서 고도로 집중화된 권력 구조는 양날의 칼과 같다. 한편으로 과감한 개혁을 추진할 수 있고, 정책의 통일성과 신속한 집행능력이 가능하다는 점에서 긍정적이다. 그러나 다른 한편으로 정책결정에서 당 중앙에 대한 과잉의존과 이념편향적 의사결정, 경직된 정보소통 등 부정적 문제가 드러날 수 있다. 코로나 위기에 대한 중국의 대응 사례는 이런 양 측면을 잘 보여준다. 초기 우한(武漢) 지역에서의 통제 실패는 권력 집중의 부정적 측면이 영향을 미친 것이고, 후반부의 신속한 통제 성공은 권력 집중의 긍정적 효과를 보여준다. 사회 문제보다 더 어려운 과제는 경제 문제다. 중국공산당의 장악력과 정책 능력에 비춰볼 때 향후에도 사회 문제는 상당정도 통제가 가능할 것으로 보이는데, 문제는 경제다. 경제 문제에서 국내적 혹은 국제적 위기 발생은 예측과 통제가 가장 어려운 분야다. 경제적 위기에 효과적으로 대응하지 못하면 민심의 동요와 함께 시진핑 리더십은 심각한 위기에 직면할 수도 있다.

둘째, 엘리트 정치의 균열 가능성이다. 시진핑 집권 이후 집단지도체제의 작동규범은 상당정도 파괴되었다. 승계규범은 파괴되었고 3대 파벌구조도 와해되었으며, 장쩌민과 후진타오 등 전 임지도자의 자문관행도 약화되었다. 또한 반부패운동 과정에서 수많은 정적들이 양산되어 정치엘리트 집단 간의 연합정치의 기반도 파괴되었다. 덩샤오핑 사후 집단지도체제를 고안하게 된 배경이자 이 제도의 작동원리였던 엘리트 정치의 근간이 흔들리고 있는 것이다. 물론 이런 변화가 당장에 엘리트 정치의 균

열과 정치 불안을 가져올 것이라는 뚜렷한 징후는 아직 없다. 하지만 우리가 주목할 점은 중국의 현대정치사다. 과도한 권력 집중과 일인권력의 부상은 곧 엘리트 정치의 균열을 초래했던 역사적 경험에 비춰볼 때, 그 가능성을 예의 주시해야 한다. 엘리트 정치의 균열은 첫 번째 요인인 경제사회적 문제가 촉발하는 민심이반과 결합될 때 그 가능성이 더욱 커질 것이다. 만약 위아래로부터의 위기가 동시에 발생한다면, 중국 정치는 대변화의 시기에 진입할 것이다. 그 변화의 양상은 극단적 혼돈상황부터 강력한 진압에 의한 안정화의 경우까지 다양하게 전개될 수 있다. 양 극단 사이의 가능성으로서 개혁분파가 주도하는 위로부터의 정치민주화도 유력한 시나리오 중의 하나다.[14] 정치엘리트의 한 분파가 아래로부터의 불만을 정치자유화 아젠다로 수렴하면서 새로운 집권 세력으로 부상하는 경우라 할 수 있다.

셋째, 대외문제 요인이다. 시진핑 시대 중국공산당 통치정당성 전략에서 이전 지도부와 구별되는 중요한 특징이 대외적 부상 자체를 정당성 강화의 원천으로 간주하기 시작했다는 점이다. 중국의 대외전략은 대내적 발전을 위한 유리한 외부환경 조성을 목표로 삼았던 기존의 '도광양회(韜光養晦)' 전략을 탈피하여, 국제문제에 적극적으로 개입하고 글로벌 리더 국가로의 부상을 주동적으로 실현하겠다는 '분발유위(奮發有爲)' 전략으로 전환되었다. 그런데 이와 동시에 미국의 대중국 전략 역시 강력한 견제정책으로 전환되었다. 또한 시진핑 집권 이후 외부 세계의 중국에 대한 부정적 인식이 점차 증가하는 것도 사실이다. 향후 더욱 치열하게 전개될 미중 간의 전략적 경쟁, 특히 기술패권 경쟁은 중국 경제에 적지 않은 타격을 가할 것인바, 중국이 이를 어떻게 극복하느냐에 따라 정치 안정성에도 큰 영향을 받을 것이다. 한편 반대로 시진핑 지도부는 미

국과의 경쟁 등 대외적 문제를 국내 통치정당성 강화의 논리로 전환시킬 수도 있다. 고조된 중화민족주의 정서를 더욱 고양함으로써 내적 통합과 정치안정에 활용할 수 있기 때문이다. 또한 국내적 위기를 모면하기 위해 대외적 갈등을 유발할 수도 있다. 가장 손쉽게 활용할 수 있는 카드는 타이완 조기 통일론 제기가 될 것이다. 여하튼 향후 중국 정치체제의 미래를 전망할 때, 국내적 요인과 대외적 요인의 상호 연계 효과가 커지면서, 중국의 대외정책은 더욱 중요한 변수가 되었다.

1   Gordon G. Chang, *The Coming Collapse of China*, Random House, 2001; Pei Minxin, *China's Trapped Transition: The Limits of Developmental Autocracy*, Harvard University Press, 2008; David Shambaugh, *China's Future*, Polity Press, 2016.

2   Andrew J. Nathan, "Authoritarian Resilience," *Journal of Democracy* 14-1, January 2003; David Shambaugh, *China's Communist Party: Atrophy and Adaptation*, Berkeley: University of California Press, 2008; Daniel A. Bell, *The China Model: Political Meritocracy and the Limits of Democracy*, New Jersey: Princeton University Press, 2016.

3   조영남, 〈중국의 정치개혁: 성과와 한계〉, 서울대학교 중국연구소 엮음, 《개혁중국, 변화와 지속》, 한울, 2019, 103-134쪽.

4   冷溶, 〈什麼是中國夢, 怎樣理解中國夢〉, 《人民日報》, 2013年 4月 26日.

5   이문기, 〈시진핑 시대 중국의 꿈, 국내정치 맥락과 대외정책의 변화〉, 《세계지역연구논총》 제36집 1호, 2018, 93-96쪽.

6   習近平, 〈決勝全面建成小康社會 奪取新時代中國特色社會主義偉大勝利〉, 《中國共産黨第十九次全國代表大會的報告》, 2017年 10月 18日.

7   이남주 외, 《중국 국가전략의 변화와 한중 관계에 대한 함의》, 대외경제정책연구원, 2020, 28-37쪽.

8   兪可平, 《增量民主與善治》, 北京: 社會科學文獻出版社, 2003, pp. 148-165; 이희옥·장윤미 엮음, 《중국의 민주주의는 어떻게 가능한가: 중국의 논의》, 성균관대학교출판부, 2013, 91-97쪽.

9   류젠쥔, 《전환시대 중국 정치의 논리》, 성균관대학교 성균중국연구소 옮김, 성균관대학교출판부, 2021, 357-403쪽.

10 王浦劬, 〈國家治理,政府治理和社會治理的含意及其相互關係〉, 《國家行政學報》 第3期, 2014, pp. 11-17; 兪可平, 〈推進國家治理體系和治理能力現代化〉, 《學習貫徹三中全會精神》 第1期, 2014; 옌지룽 편저, 《중국의 국가 거버넌스》, 성균관대학교 성균중국연구소

옮김, 책과함께, 2021.

11 丘明紅, 〈黨領導下只有黨政分工, 沒有黨政分開〉, 《中國網》, 2017年 3月 14日.

12 Roderick MacFarquhar, "China: The Superpower of Mr. Xi," *The China File*, August 13, 2015.

13 軒理, 〈保證强化國家長治久安的重大制度安排〉, 《人民日報》, 2018年 3月 1日.

14 Bruce Gilley, *China's Democtatic Future: How It Wii Happen and Where It Will Lead*, Columbia University Press, 2005.

III. 중국 경제발전의 길

국가 경제 거버넌스와 사회주의 시장경제

멍지에

중국은 개혁개방 후 40여 년 동안 사회주의 시장경제 체제를 건설하고 발전시켜왔다. 이는 세계 역사상 유례가 없는 시장경제 체제로서, 여기엔 국가의 경제 거버넌스가 중요하게 작용했다. 이러한 사회주의 시장경제를 어떻게 이해할 것인지, 그리고 사회주의 시장경제가 타국의 시장경제와 어떤 차이를 지니는지는 논의할 가치가 충분한 의제라고 할 수 있다. 이에 이 글은 중국 사회주의 시장경제의 특수성을 드러내기 위해 두 가지 측면에서 국가의 작용을 논하고자 한다.

첫째 측면은 사회주의 당-국가체제(Party-State)의 경제적 작용이다. 중국공산당은 사회주의 시장경제에서 단순히 정당만이 아니라 특수한 경제제도로서의 기능도 지니는데, 이 점은 그리 주목받지 못하고 있다. 공산당이 영도하는 국가경제 거버넌스는 특수한 자원분배와 경제 조정 기제이며, 이는 시장기제와 어우러져 사회주의 시장경제에서 중요한 작용을 담당한다.

둘째 측면은 중국의 경쟁적 지방정부 체제의 작용이다. 개발도상대국
(發展中大國)인 중국에서, 중앙-지방의 경제관계는 국가경제 거버넌스에서
중대한 지위를 차지하고 있으며, 동시에 시장 기제에도 큰 영향을 미치고
있다. 여러 경제학 문헌들이 중국의 지방정부 간 경쟁에 주목해왔지만,
그중 다수가 방법론적으로 신제도경제학에 편중되어 있어 경쟁적인 지
방정부 체제가 사회주의 시장경제에서 갖는 지위 및 작용을 완전히 반영
하지 못하고 있다.

1. 사회주의 시장경제의 경제와 정치

중국 시장경제의 특징을 이해하기 위해 필자는 이미 산업혁명 이후의 시
장경제를 세 가지 유형으로 나눈 바 있는데, 바로 시장경제 1.0, 2.0, 3.0
의 구분이다. 먼저, 시장경제 1.0은 산업혁명 직후 영국에서 출현한 자유
시장 경제체제에 해당한다. 애덤 스미스 이래 융성했던 전통적 자유주의
경제학과 현대의 신자유주의 경제학은 바로 이 유형의 시장경제가 이론
적으로 정리된 것이며, 본문에서 '시장경제 1.0 이론'으로 지칭될 것이다.
제2차 세계대전 이후 선진 자본주의 국가들에서 시장경제 2.0이 형성되
는데, 케인스의 이론이 바로 이 유형의 시장경제를 반영한 경제학 이론이
며, 본문에서 '시장경제 2.0 이론'으로 지칭된다. 현대 중국의 사회주의 시
장경제는 시장경제 3.0에 속한다. 이 유형을 반영하고 있는 이론은 바로
현대 중국의 사회주의 정치경제학으로, 이 글에서 이를 '시장경제 3.0 이
론'이라고 부르도록 한다.[1]

시장경제 1.0 이론

여기에는 애덤 스미스의 《국부론》을 대표로 하는 고전적 자유주의 경제학과 현대 신자유주의 경제학이 포함된다. 애덤 스미스는 경제와 정치 ― 혹은 시장과 국가, 또는 물적토대와 상부구조 ― 를 크게 양분된 두 제도로 보았는데, 시장경제의 주체는 사기업이 유일하며, 국가는 시장경제 외부에 존재하는 '야경꾼(守夜人)'으로 규정되었다. 1980년대 이래 등장한 신고전파 경제학 역시 시장경제 1.0 이론에 속한다. 이 이론은 케인스주의에 반대하여 합리적 기대 가설이나 실물경기변동이론 등을 통해 국가의 거시조절적 기능을 부정하고, 시장경제 1.0 이론의 핵심사상을 계승했다. 이 외에도, 현대 신제도경제학 혹은 신정치경제학은 '국가 중립성' 가설 아래 '국가가 배태된 경제(embedded economy)'의 관점을 부정하고 국가의 경제적 기능을 거래비용 절감 및 계약 이행에 대한 감독에 국한하며, 본질적으로는 전통적 자유주의 경제학과 흡사한 길을 걸었다.

시장경제 2.0 이론

이 이론의 대표는 케인스주의이며, 진화경제학과 포스트케인지언으로 대표되는 소위 '비주류 경제학(heterodox economics)' 역시 포함한다. 이 이론에 의하면 순수한 자본주의 경제에서의 상품시장은 유효수요 부족이라는 모순이 발생하게 되는데, 투자처럼 권력이 수반되는 중요한 경제행위는 개인에게 완전히 맡길 수 없기에 국가가 일정 부분의 투자권한을 인계받아야 한다. 특히 후발국 경제에서 국가가 경제적 작용을 발휘할 수 없다면, 그 경제체제는 기업가 기능의 부족과 전략 인프라 시설의 낙후, 그리고 지식생산의 부족이라는 어려움에 빠지게 될 것이다. 이러한 문제를 극복하기 위해 국가가 필히 생산관계에 책임 있게 개입하여 시장

의 자원분배 기제를 조절하고 일종의 시장 행위자가 되어야 한다. 이 유형의 이론은 시장과 국가, 경제와 정치, 물적토대와 상부구조의 관계가 모두 상호 배태되고 연계되어 있다고 본다.

시장경제 3.0 이론

40년의 중국 경제발전은 객관적 차원에서 시장경제이론 3.0 형성의 기초가 되었다. 시장경제 3.0 이론은 2.0 이론과 많은 공통점이 있지만, 또한 2.0 이론을 발전시키고 뛰어넘은 버전이기도 하다. 양자 간 차이점은 아래와 같이 정리할 수 있다.

첫째, 국가의 경제적 작용 분석에 있어 시장경제 3.0 이론에 관련된 범위와 내용이 더욱 넓다. 거시경제정책 측면에서 볼 때, 사회주의 시장경제는 전통적 케인스주의가 제시하는 재정 및 통화정책 외에도 '구조에 대한 정책' 역시 거시수요관리의 주요한 수단으로 삼는다. 최근 중국에서 수요 측면 관리가 아닌 '공급 측 구조개혁'이 공식화되었는데, 이는 곧 국가 장기발전 차원에서의 '거시전략 관리'가 중국 거시정책에서 큰 무게를 차지하고 있음을 의미한다. 이러한 거시전략 관리와 거시전략적 투자는 이미 순수한 시장논리를 넘어섰으며 동시에 시장경제와 총체적으로 연계되어, 사회주의 시장경제가 경제성장 촉진과 주기적 공황에 대한 대응 차원에서 핵심적인 제도 기제로 기능하고 있다.[2]

둘째, 시장경제 3.0 이론은 중국공산당을 일종의 경제제도로 간주하여 경제영역에서의 당의 작용을 강조하는데, 특히 국가경제 거버넌스에 대한 당의 영도작용을 중시한다. 당이 이러한 작용을 담당하고 있어 중국 경제는 타국과 같은 이익집단의 간섭과 제한에서 벗어날 수 있고, 중국에서 국가는 자본주의 국가의 경제적 작용과 근본적으로 다르기에,

한층 더 국가경제 거버넌스라는 임무를 완성하기에 수월해진다.

셋째, 시장경제 3.0 이론은 중국의 시장경제 체제를 '3차원적 시장경제'로 간주한다. 여기에는 사회주의정당-국가, 경쟁적 지방정부, 여러 소유제 유형의 기업이 포함되는데, 이들은 모두 시장경제의 내재적 주체이다. 이는 곧 국가의 작용과 시장경제가 상호 대립적이지 않으며, 국가가 일정한 수준에서 시장경제의 구성요소라는 사실을 의미한다.[3]

2. 당-국가체제와 국가경제 거버넌스

중국공산당 제19차 당대회 보고는 중국공산당의 영도를 가리켜 "중국특색 사회주의의 가장 본질적 특징이자 중국특색 사회주의 제도의 가장 큰 장점"이라고 규정했다. 중국공산당은 개혁개방 이래 꾸준히 경제체제 개혁을 지속해왔고 공유제와 시장경제의 유기적 결합을 성공적으로 실현하여 세계적으로 유례가 없는 시장경제 체제를 세웠다. 이 체제는 생산력을 매우 크게 발전시켰고 중국 경제의 신속한 발전을 이끌었다.

중국공산당의 경제적 작용을 이해하는 하나의 전제는 중국공산당을 혁명당으로 간주하는 것이다. 전통적인 서양정당과는 달리, 중국공산당은 특수 이익집단을 대표하는 '대표형 정당'이 아니며, 특수한 역사적 사명을 걸머진 '사명형 정당'이다. 관련하여, 마오쩌둥은 1949년 건국 이전 누차 "중국혁명의 근본적 사명은 생산력 발전을 가로막으려는 힘을 뒤엎고 생산력을 해방하는 데 있다"고 밝힌 바 있다. 또한 그는 "가장 근본적 문제는 생산력의 향상발전 문제, 정치 및 군사적 역량은 생산력 발전을 가로막으려는 힘을 뒤엎기 위한 것이고, 생산력 발전을 가로막는 힘을 뒤

엎는 목적은 생산력의 해방으로, 즉 경제를 발전시키는 것", "중국의 모든 정당이 펴는 정책과 실천이 중국인민에 작용하는 바는 결국 얼마나 인민 생활의 생산력 발전에 도움이 되었느냐로 가늠될 수 있으며, 이는 곧 생산력을 속박하느냐 해방하느냐의 문제"[4] 등의 표현을 통해 공산당의 경제적 작용을 언급했다.

개혁개방 이래, 공산당은 덩샤오핑부터 시진핑에 이르기까지 유사한 방식으로 개혁의 성격을 규정해왔다. 먼저 덩샤오핑은 "개혁은 중국의 제2차 혁명"이라고 밝힌 바 있다.[5] 여기에서 소위 '제2차 혁명'은 1949년 이전의 신민주주의 혁명을 참조하여 나온 개념으로, 개혁이 또 하나의 혁명이라는 규정은 마오쩌둥이 묘사한 혁명의 기능인 "중국인민의 생산력 발전을 가로막는 힘을 타파하는 것"의 연장선상에서 이해할 수 있다. 시진핑은 덩샤오핑의 사상을 발전시켜 "개혁개방은 진행하는 것일 뿐 완성은 없다"고 밝혔고, 이는 곧 '사회주의초급단계'를 통틀어 중국공산당의 사명이 일체의 "중국인민의 생산력 발전을 가로막는 힘을 타파"하는 데 있다는 선언이기도 했다. 이러한 의미에서 중국공산당은 특수한 역사적 기능을 지닌 '사명형 정당'을 자처하게 된 셈이다.

정치권력과 정치관계는 현대 중국의 경제제도 변천을 이끈 중요한 동력이고, 이미 확립된 사회주의 시장경제 체제에서 핵심적 작용을 했다. 사회주의 시장경제에서 국가는 양면성을 지니는데, 하나는 상부구조 혹은 정치제도의 차원이며, 다른 하나는 물적토대 혹은 경제제도의 차원이다. 이 중 후자 측면의 국가는 특정한 생산관계에서 경제생활에 종사하는 주체가 된다. 사회주의 시장경제에서의 경제와 정치는 상호배태(相互嵌入)되어 있고 상호융합적이다. 시진핑은 이전에 발표한 글들에서 이 문제를 엄중히 인식하고 있음을 보여주었는데, 예컨대 사회주의 시장경제의

특징은 '경제의 정치화'와 '정치의 경제화'라고 밝힌 바 있는가 하면,[6] "일국의 정치제도는 그 나라의 경제사회적 기초에 의해 결정되고, 동시에 그 나라의 경제사회적 기초에 의해 반작용을 받거나, 나아가 결정적인 작용을 하기도 한다. 일국의 각종 제도에서 정치 제도야말로 핵심고리(關鍵環節)"라고 표현한 적도 있다.[7]

당-국가체제가 국가경제 거버넌스에서 갖는 작용은 아래의 특징들을 포함하고 있다.

첫째, 중국공산당의 경제공작에 대한 전면적 영도이며, 특히 국가경제 거버넌스에 대한 전면 영도를 가리킨다. 당의 경제공작 영도는 아래의 몇 가지 층위로 나누어 고찰할 수 있다. ① 당은 개혁을 추진하는 최고의 정치 영도역량이다. 개혁개방은 생산력의 해방과 발전을 가져옴으로써 당이 갖는 가장 근본적인 영도작용을 실천적으로 구현하게 되었다. ② 또한 당의 영도는 상당히 구체적인 공작으로 구현되었는데, 국민경제와 사회발전의 장기적 비전과 전략, 중장기 발전규획 수립, 거시조절에 대한 지도, 국유기업 지도 등을 포함한다.

둘째, 당-국가체제는 공공 재산권과 공공이익을 총체적으로 대표하며, 조화로운 경제발전 계획을 통해 부단히 증가하고 있는 인민대중의 물질문화에 대한 요구들을 만족시키는 임무를 지닌다. 이른바 "역량을 집중해 큰일을 처리한다"라는 말은 중국 사회주의 경제제도가 지닌 가장 큰 장점을 상징하며, 과학기술 혁신 등 영역에서 중요한 작용을 발휘하고 있다.

셋째, 당-국가체제는 '시장실패'를 극복하는 책임을 지니고 시장발전을 이끄는 작용을 한다. 사회주의 시장경제 체제에서의 시장은 자원분배에서 결정적 작용을 한다. 그러나 시장은 이러한 작용을 담당함과 동시

에 각종 모순들을 드러내 여러 유형의 시장실패를 야기하기도 한다. 예컨대 상품시장의 유효수요 부족, 생산능력 과잉, 금융자산 시장의 내재적 불안정, 전략적 또는 범용적 기술의 공급부족 등이다. 이를 해결하기 위해 국가의 개입 또는 관여가 요구되는 것이다.

상술한 당-국가체제의 작용을 실현하기 위해 중국의 국가경제 거버넌스는 개혁개방 과정에서 아래와 같은 구체적인 공작 기제를 창출했다.

중장기 발전규획의 수립 및 집행

국가의 중장기 발전규획은 중국 경제발전에서 중요한 작용을 지닌다. 관련하여, 시진핑은 다음과 같이 기술하고 있다.

> 중장기 규획을 통해 경제사회발전을 지도하는 일은 우리 당의 국정 운영(治國理政)이 갖는 중요한 방식의 하나이다. (중략) 이상의 실천들이 증명하듯, 중장기 발전규획은 충분히 시장이 자원분배에서 지니는 결정적 기능을 발휘하도록 했으며, 또한 정부의 작용이 더욱 잘 발휘되도록 했다.[8]

2017년 10월 18일 개최된 중국공산당 제19차 대회 역시 아래와 같이 중장기 경제규획을 다루고 있다.

> 19차 당대회에서 20차 당대회에 이르는 기간은 '두 개의 백 년'이라는 중대목표(奮鬪目標)가 교차하는 역사적 시기이다. 국내외 정세와 중국발전의 조건을 종합적으로 분석해보면, '두 번째 백 년'은 다시 두 단계로 나뉘는데, 첫 단계는 2020년의 달성할 '전면적 소강사

회 건설'의 기초 위에 2035년까지 15년의 노력을 거쳐 '사회주의 현대화'를 기본적으로 실현하는 것이다. 둘째 단계는 2035년부터 21세기 중엽까지로, 기본적으로 실현된 '사회주의 현대화'의 기초에 다시 15년의 노력을 더해 '부강하고 민주문명적이고 조화롭고 아름다운 사회주의 현대화 강국'을 건설하는 것이다.[9]

한편 2020년 10월 29일에는 중국공산당 5중전회가 〈중공중앙의 중화인민공화국 국민경제와 사회발전 제14차 5개년 규획 및 2035년 장기전망에 관한 건의〉를 통과시켰고,[10] 2021년 3월 11일에 개최된 제13차 전국인대 4차회의에서 〈14차 5개년 규획과 2035년 장기비전 강요〉가 통과되었다. 이로써 중국은 '전면적 소강사회 건설', 즉 '첫 번째 백 년' 목표를 달성한 이후, 그 기세로 '사회주의 현대화 강국의 건설'이라는 새로운 노정이자 '두 번째 백 년'을 향한 전진에 나서게 되었고, 이를 위한 총체적 목표와 행동방침 등을 확립하게 된 것이다.

사회주의 시장경제의 거시경제관리

개혁 이래로 재정정책과 통화정책을 골자로 하는 거시수요관리는 성장촉진과 일자리 확대, 가격안정 등 방면에서 중요한 작용을 했다. 그러나 정부의 재정지출 확대 같은 수요관리 방식은 동시에 중복투자, 과잉생산, 인플레이션 등의 부작용을 낳았고, 이에 거시수요관리의 효율을 제고하여 경제의 질적 발전을 도모할 필요성이 제기되었다.

근래에 들어 중국의 거시경제관리는 '공급 측 구조개혁'에 초점을 맞추고 있다. 이에 관해 시진핑은 "공급 측면과 수요 측면은 거시경제를 관리하고 조절하는 양대 기본수단이다. (중략) 공급 측 관리는 구조적 문제

를 해결하는 데 치중된 것으로, 경제성장의 동력을 격발시키는 것을 중시한다. 주되게는 자원분배와 생산구조 조정을 최적화하여 공급체계의 질과 효율을 제고하는 것이며, 이를 통해 경제성장을 도모하는 것이다"라고 밝혔다. 그는 또한 "현재와 이후 일정한 기간 동안 우리나라의 경제발전이 마주한 문제는 바로 공급과 수요 모두에 존재하고 있지만, 모순의 보다 주요한 측면은 공급 측면에 있다"고 언급했는데, 이는 곧 '사회주의 현대화의 전면적 실현'의 새로운 발전단계에서 국가경제 거버넌스의 주요한 임무가 공급 측 구조개혁에 있음을 의미한다. 공급 측 개혁과 수요 측 관리가 대립적인 것이 아님은 다음의 문구에서도 알 수 있다. "우리가 논하는 공급 측 개혁은 공급을 강조하고 수요에 주목하며, 사회의 생산력 발전을 부각시키고 생산관계를 완성하는 데 관심을 둔다. 또한 시장이 자원분배에서 결정적 작용을 하게 하면서도 정부의 작용을 더욱 개선하려 하며, 현재에 착안하면서도 미래에 입각하고 있다."[11] 즉, 공급 측 구조개혁의 추진은 중국특색 거시경제관리 체제의 중대한 실천적 경로라고 할 수 있다.

중국특색 산업정책 체제와 국가혁신 시스템의 건설

경제발전에서 산업정책이 갖는 촉진작용을 중시하는 것은 한국, 일본 등 '발전국가'들의 공통점이다. 중국은 개발도상대국으로서 역시 산업정책에 의존한다. 하지만 중국의 산업정책 체제는 전통적 발전국가들와 현격한 차이가 있는데, 그중 가장 중요한 지점은 중앙과 지방의 경제분권 및 경쟁적 지방정부 체제에서 '다층적' 산업정책 체제가 형성되었다는 점이다. 중앙정부(각 부위)와 지방정부는 이러한 정책체제 속에서 각각 중요한 작용을 담당한다. 각급 지방정부 사이의 경쟁과 게임을 통해, 다층적

산업정책 체제는 전통적 계획경제관리방식의 부작용을 피할 수 있었고, 상당히 효과적인 산업고도화 및 경제발전을 촉진했다.

혁신은 경제의 장기적이고 건강한 발전을 추동하고 국내수요를 기초로 하는 '신발전구조'를 구축하는 핵심 요소이다. 중국특색의 국가혁신체계를 건설하는 것은 국가경제 거버넌스의 중요한 임무이며, 이는 상술한 공급 측 구조개혁의 목표와도 일치하는 것이다. 시진핑의 아래와 같은 언급이 이를 뒷받침하고 있다.

> 과학기술 혁신은 인류사회 발전의 중요한 엔진이었고, 지구상에 등장했던 여러 도전적 시도들의 강력한 도구였으며, 중국이 신발전구조를 구축하고 고도성장을 실현하기 위한 필수적 경로이기도 하다. 중국은 과학기술로의 투입을 늘려 혁신체계 건설에 전력하고, 과학기술성과를 생산력 전환에 도움이 되는 방향으로 가속하며, 지적재산권 보호를 강화할 것이다. 또한 혁신드라이브를 통해 내실 있는 성장을 추진할 것이다.[12]

중국특색의 국가혁신체계는 거국적 체제라는 특징을 지닌다. 이는 곧 국가가 핵심 과학기술 혁신의 조직자로서 기능하겠다는 뜻이자, 동시에 국가발전과 안보에 대한 일체의 장애물을 대상으로 혁신의 방향 및 중점을 잡겠다는 의미이다.

3. 중앙-지방 경제관계와 중국 지방정부 간 경쟁

경제대국 중국의 중앙-지방 경제관계는 언제나 중국 국가 거버넌스의 핵심문제였다. 중앙과 지방 간 경제관계는 개혁기에 접어든 이래 중요한 단계적 조정과정을 거쳤는데, 그 대표적 정책으로 재정책임제와 분세제의 연이은 도입을 들 수 있다. 이러한 조정과정에서 재정과 경제 방면의 분권화 정책을 통해 한편으로는 중앙과 지방의 수직적 경제관계가 구축되었지만, 다른 한편으로는 현(縣)급 이상 지방정부를 사회주의 시장경제 내 특수한 독립적 경제행위자로 거듭나게 하여 지방정부 간의 수평적 경쟁구도를 조성했고, 이는 중국 경제성장의 촉매제가 되었다.

경쟁적 지방정부 체제는 중국 국가경제 거버넌스 체계의 매우 중요한 요소이며, 동시에 중국이 전통적인 발전국가와 구별되는 특징 중 하나이기도 하다.[13] 중국의 지방정부는 지역경제발전의 사령부 역할을 하며, 이들은 토지재정(토지사용권을 통한 재정수입 _옮긴이)을 활용하는 전략적 투자, 산업정책, 슘페터적 기업가국가 등의 방식을 동원하여 지역 경제발전을 추동한다. 여기에서는 주로 토지재정을 활용한 전략적 투자에 초점을 두고 분석을 진행하도록 한다.

1980년대에 유행했던 재정책임제하에서 지방정부들은 상당히 독립된 재정권을 가지면서도 재량권(행정 차원의)을 지녔다. 중앙정부는 분세제 도입 이후 여러 방면의 재정을 중앙으로 회수했지만, 한편으로는 지방정부에 그보다 많은 재량권을 남겨주게 된다. 재정 및 행정의 분권화 개혁이 진행되면서, 중앙은 지방정부의 재력에 상응하는 재량권이 필요하다는 사실을 인식하게 되었다. 1989년에서 1994년까지 진행된 국유토지 사용권 유상양도 조치에 따라 '토지양도금(土地出讓金)'이 점차 늘어나게 되

었는데, 중앙정부는 지방이 중앙으로 상납하는 비율을 1989년의 40%에서 점차 낮춰 1994년에는 0%로 내렸다. 또 1999년에 실시된 〈토지관리법〉으로 인해 사상 처음으로 지방정부에 경작용지를 공업용지 혹은 도시인프라 용지로 변경할 수 있는 권한이 주어졌고, 이로써 지방정부의 토지양도금 수입은 더 늘어났다. 이러한 제도변화로 인해 지방정부는 '도시토지일급시장(도시 토지 소유자와 사용자 간 토지사용권 양도 시장 _옮긴이)'의 유일한 공급자가 되었고, '입찰·공매·공시(招拍掛)' 등 제도를 바탕으로 토지를 양도함으로써 토지양도금을 얻게 되었다.

시장경제의 발전에 따라 산업화와 도시화가 가속되었고, 제조업과 상업 및 서비스업, 부동산업이 폭발적으로 성장하며 대량의 토지를 필요로 하게 되었다. 이에 따라 토지가치가 막대하게 증가했고, 지방정부는 증가한 토지가치의 상당 부분을 토지양도금 및 세입금을 통해 확보하게 되었다. 과거 20년간 중국 토지양도금의 증가 상황을 보면, 1998년에는 전국 토지양도금이 507.7억 위안이었지만 2018년에는 6조 4801.4억 위안으로 급증했으며 그 명목 금액 증가율은 126배를 넘어서고 있다.

중국의 토지재정은 상당히 특수한 경제제도로, 그 경제적 본질은 다음과 같이 정리할 수 있다. ① 토지재정의 활용은 상업 및 부동산 시장에서 취득한 임대료와 세수 등 수입을 공업용지의 저가양도 및 투자유치에 수반하는 각종 비용의 보조금으로 전환하는 데 있었다. 이를 바탕으로 지방정부들은 투자율을 급격히 높일 수 있게 되어 타국이 역사상 다다르기 힘든 수준에 이르렀고, 이는 중국 경제의 비약적인 발전을 견인했다. ② 토지재정은 지방정부가 투자유치를 위해 지불하는 비용으로 기능했는데, 이 역시 일종의 투자로 볼 수 있다. 다음의 문구는 이를 잘 대변한다. "중국 지방정부의 투자 장려용 지출을 통해 부단한 가치창출과

경험의 공유가 발생했고, 이는 결과적으로 세수 증가, 주식가치 상승, 토지가치 상승 등 여러 경로를 통해 정부재정으로 환수되었다. 바로 이러한 차원에서, 지방정부의 투자장려용 재정지출을 미래 기대이익을 위한 투자행위였다고 볼 수 있다."[14]

토지재정을 지방정부 특유의 투자전략 혹은 투자활동으로 규정하는 것은 매우 깊은 통찰을 담고 있다. 다만 여기에서 두 종류의 투자행위를 구분할 필요가 있다. 중국 도시토지의 용도는 대체로 '공업용지'와 '상업거주용지'로 나뉘는데, 두 종류 토지의 경제적 성격은 다르다. 즉, 전자가 생산요소에 속한다면 후자는 금융자산으로 볼 수 있다. 금융자산으로서의 토지는 주식, 채권과 같아서 '의제자본(虛擬資本)'적 존재양식이라고 할 수 있다. 상술한 인용문에 나오는 투자장려용 재정지출로서의 토지는 단지 공업용지 투자를 가리키는 것뿐이지만 ─ '도시 기초 인프라(幾通一平)' 처럼 고정자본으로서의 토지투자 또는 공장건설에 해당하는 ─, 금융자산으로서의 토지시장 측면에서 보자면, 지방정부는 직접 투자하거나 투자를 조정하는 역할을 맡고 있다. 따라서 지방정부의 투자행위는 상술한 두 차원에서 이해되어야 한다. 데이비드 하비(David Harvey)의 언급을 빌리자면, 지방정부의 투자는 관할 구역 내에서 소위 '건조환경(built environment)'의 목적으로 이루어지는 투자이다. 하비의 '건조환경' 개념은 토지와 연계된 일체의 것들을 포괄하고 있으며, 동시에 생산, 유통, 교환, 소비로 구성되는 물질적 구조를 지탱한다.

지방정부가 '건조환경' 투자를 통해 얻는 수입은 렌트(Rent, 租金)의 성격을 지니며, 그 주요 구성요소는 단연 지대(地租)이다. 상업거주용지의 토지양도금은 그 가장 전형적인 형식으로, 비록 (상업서비스업 용지에 대한) 도시별 차등지대도 일부 존재하긴 하나, '제도화된 독점지대(制度-壟

斷地租)'가 주된 비중을 차지한다. 통상 토지금융이라 일컫는 부분, 즉 미래에 토지양도금이 더 오를 것이라는 전제를 기반으로 형성된 일종의 지방정부 채권은 본질적으로는 '제도화된 독점지대'의 증가를 기초로 하는 것이다.

중국 부동산 시장의 '제도화된 독점지대'는 정부와 금융기관이 마련한 특정한 제도 및 정책적 배경에 기초해 형성되었다. 관련하여 한 연구는 토지양도금의 형성을 다음과 같이 설명하고 있다.

> 지방정부가 공업용지와 상업주거용지를 양도할 때 현격한 차이가 있었다. 상업주거용지의 경우, 지방정부는 먼저 '토지비축센터(土地儲備中心)'를 설립하여 '도시토지일급시장'을 독점했다. 연후에 상업주거용지 공급을 제한하고 이를 소위 '입찰·공매·공시(招拍掛)'라는 경쟁방식을 통해 시장행위자들에 양도함으로써 최대의 양도수익을 얻게 되었다. 반면, 공업용지의 경우 대부분이 '협의' 방식을 통해 이루어졌다. (중략) 협의식 공업용지 양도의 손실을 메우기 위해 몇몇 지방은 상업주거용지 양도수익을 끌어와 보충하기도 했다.

이러한 이중적 처리방식의 결과는 다음과 같았다.

> 공업용지는 투자경쟁 속에서 '전국적 구매자 시장'을 형성했지만, 상업주거용지는 다수의 '지역적 판매자 시장'을 형성하게 되었다. 지방정부는 '입찰공매공시' 방식을 통해 고가에 토지를 양도할 수 있었고, 이렇게 형성된 높은 토지가격이 파생하는 부담은 해당 지역의 서비스업 소비자들에게 전가되었다. 이러한 구조 속에서 지방정

자료: wind 데이터베이스

부는 '토지비축센터' 설립을 통해 상업거주용지의 공급규모를 조절 및 통제하게 되었고, 상업거주용지의 토지양도수익을 늘릴 수 있었 다.[15]

〈도표 1〉은 중국 내 각 유형의 토지거래가격 변화를 보여주고 있다. 그 중 상업서비스업용지 및 주택용지 ― 상업주거용지 ― 와 공업용지의 협 상가격차[16]가 확대되는 현상은 지방정부가 지대 중에서도 '제도화된 독 점지대'에 대한 지배력이 신장되었음을 의미한다.

이로써 토지재정은 일종의 전 사회적 저축에 대한 동원기제로 작용하 게 되었다. 지방정부가 금융자산으로서의 토지가 지닌 가치의 증식을 통 해 전 사회의 저축을 부동산 시장으로 흡수하면서, 저축들을 '제도화된 독점지대'로 전화하게 만든 것이다. 중국의 지방정부들은 '제도화된 독점

지대'의 생산적 사용자이자 분배자이다. 이들은 투자유치 과정에서 낮은 지가 등을 통해 혁신능력을 지닌 고부가가치 기업들에 혜택을 제공했고, 이러한 상황에서 지대는 사실상 기업들의 독점이익과 초과이윤을 구성하게 되었다. 이는 나아가 기업들의 혁신과 생산적 투자를 자극했고, 중국 경제의 높은 투자율과 성장률을 뒷받침하게 되었다. 이와 동시에 일부 지방정부는 지대를 직접 해당 지방 국유기업에 투자하기도 했는데, 이를 통해 지방정부는 산업화와 혁신의 과정에 직접적으로 참여할 수 있게 되었다.

개혁 이후, 중국의 지방정부 경쟁은 경제성장을 위해 중요한 작용을 해왔다. 주목할 것은 지방정부들의 경쟁이 빚어낸 발전모델은 실천적으로 여러 모순들을 발생시켰다는 점으로, 그 주요한 측면 중 하나는 바로 부동산 가격의 과도한 상승과 그에 관련한 중국 경제의 금융화이다. 이에 따라 토지재정에 과도하게 의존하는 지방정부 간의 경쟁패턴이 노정되었고, 이는 국가 거시조절정책 및 개혁정책의 타깃이 되었다. 중국의 중앙-지방 경제관계는 이제 진일보한 재규정이 필요한 때가 되었다. 우선 지방정부의 과도한 토지재정 및 토지금융 의존 문제를 종결하고, 지방정부가 관장 가능한 지대의 새로운 원천을 마련해야 한다. 그리고 지방정부 간 경쟁이 중국 시장경제 체제에서 발휘해온 주체적 지위를 유지하며 경제발전의 엔진으로서 계속 중요하게 작용할 수 있도록 해야 할 것이다.

4. 결 론

중국 경제의 성장에 따라, 국제적으로 중국 경제모델에 대한 논의가 점

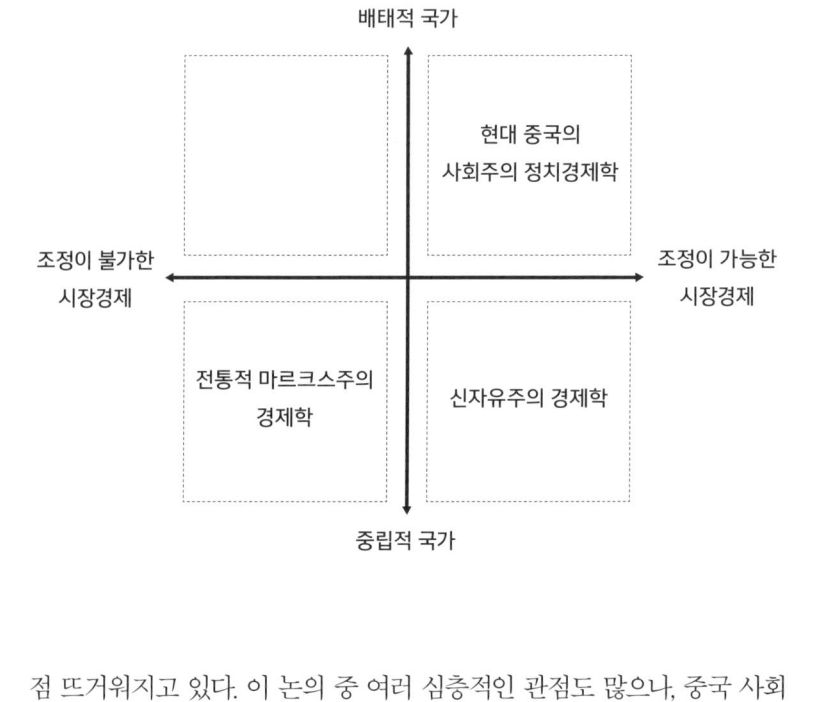

〈도표 2〉 시장경제의 상이한 이해방식

배태적 국가

현대 중국의
사회주의 정치경제학

조정이 불가한
시장경제

조정이 가능한
시장경제

전통적 마르크스주의
경제학

신자유주의 경제학

중립적 국가

점 뜨거워지고 있다. 이 논의 중 여러 심층적인 관점도 많으나, 중국 사회주의 시장경제의 특수성을 잘 인지하지 못한 견해들도 부지기수이며 중국적 특수성을 경제분석에서 제외시켜버리기 일쑤였다. 이 글의 첫 절에서 설명했듯, 물론 우리는 다른 이론을 사용하여 ― 시장경제 1.0 이론 또는 3.0 이론 ― 현대 시장경제를 연구할 수 있으며, 완전히 상이한 결론들을 내릴 수 있다. 하지만 중국 시장경제와 그 제도적 특징을 이해하는 데 있어 중요한 전제 하나는 신자유주의 경제학의 족쇄에서 벗어나 '당-국가'를 고찰범위에 넣고 당이 영도하는 국가경제 거버넌스가 중국 시장경제에서 어떻게 작용하는지를 충분히 분석해내는 것이다.

〈도표 2〉는 현대 시장경제에 대한 서로 다른 이론들의 서로 다른 인식

들을 그리고 있다. 그림에서 세로축은 국가경제 작용에 대한 상이한 두 종류의 이론을 나타낸다. 신자유주의 경제학 — 신제도주의, 신정치경제학, 오스트리아 학파와 같은 — 은 국가가 '중립적'이라고 주장하는데, 국가는 사실상 애덤 스미스가 거론한 '야경국가'일 뿐이고 시장에 배태되어(embedded) 그 내부에서 작용할 수 없다는 것이다. 그러나 현재 중국의 사회주의 정치경제학 — 포스트케인지언과 진화경제학 등 당대의 비주류 경제학을 포함한 — 은 국가가 반드시 시장경제에 배태되어야 하며 내부적으로 작용해야 한다고 주장한다. 가로축은 시장경제의 조정가능성(可協調性)에 대한 관점을 나타낸다. 《자본론》으로 대표되는 전통적 마르크스주의 경제학은 국가를 분석과정에 포함시키지 않았으며, 동시에 시장경제는 그 내재적 모순으로 인해 조정가능성이 전무하다고 보았다. 이 두 가지 차원에서 보았을 때, 현대 중국 사회주의 정치경제학과 《자본론》이 대표하는 전통적 마르크스주의 경제학은 다소 차이가 있다고 하겠다.

우리는 〈도표 2〉로부터 현재의 중국 경제제도 — 즉, 사회주의초급단계의 기본적 경제제도 — 를 요약해볼 수 있다. 중국 사회주의초급단계의 기본적 경제제도는 아래 세 방면의 내용을 포함한다. ① 공유제경제의 지속발전과 함께 비공유제경제 역시 적극 발전시킨다. ② 노동에 따른 분배(按勞分配)와 함께 요소투입에 따른 분배(按要素貢獻分配) 또한 인정하고 있다. ③ 시장이 자원분배에서 결정적 작용을 하지만 국가 역시 중요한 작용을 한다.

이 세 가지 내용은 모두 이원적 범주라는 특징을 지니고 있다. 바로 공유제와 비공유제, '노동에 따른 분배'와 '요소투입에 따른 분배', 국가의 작용과 시장의 효율이 그것이다. 그중 공유제와 '노동에 따른 분배', 국가

의 작용은 사회주의적 기본가치를 담지하고 있으며 중국 제도 변화의 성격과 방향을 규정한다. 한편, 비공유제와 '요소투입에 따른 분배', '자원분배에서 시장의 결정적 작용'은 특정 역사적 단계에서 성립된 객관적인 경제규율을 반영하고 있다. 이러한 기본적 경제제도는 한편으로 중국의 발전요구에 부합하는 합리적 제도설계이면서도, 다른 한편으로는 다른 국가들이 타산지석으로 삼을 만한 보편적 의의를 지니고 있다. 중공 제19차 당대회에서 언급된 다음과 같은 내용이 이를 대변하고 있다. "중국특색 사회주의는 개발도상국의 현대화 경로를 확장하여, 독립성을 지키면서도 발전을 꾀하는 세계의 여러 국가와 민족들에게 완전히 새로운 선택지를 제공했으며, 인류의 여러 문제 해결을 위해 중국의 지혜와 중국식 방안(中國方案)을 제공했다."[17]

주

1 孟捷,〈中國特色社會主義政治經濟學的國家理論: 源流, 對象和體系〉,《清華大學學報》第3期, 2020.

2 史正富,〈治理周期性危機是社會主義市場經濟的根本挑戰: 論相對生産過剩和宏觀戰略管理〉,《文化縱橫》第6期, 2018.

3 史正富提出了三維市場經濟的槪念. 史正富,《超常增長》, 上海人民出版社, 2013.

4 毛澤東,《毛澤東文集》第3卷, 北京: 人民出版社, 1996, p. 109; 毛澤東,《毛澤東選集》第3卷, 北京: 人民出版社, 1991, p. 1079.

5 鄧小平,〈改革是中國的第二次革命〉,《鄧小平文選(第三卷)》, 北京: 人民出版社, 1993, pp. 113-114.

6 習近平,〈對社會主義市場經濟的再認識〉,《東南學術》第4期, 2001.

7 中共中央文獻研究室 編,〈在慶祝全國人民代表大會成立六十周年大會上的講話〉,《十八大以來重要文獻選編》, 北京: 中央文獻出版社, 2016, p. 62.

8 習近平,〈習近平在經濟社會領域專家座談會上的講話〉,《人民日報》, 2020年 8月 24日.

9 習近平,《決勝全面建成小康社會奪取新時代中國特色社會主義偉大勝利: 在中國共産黨第十九次全在中國共産黨第十九次全國代表大會上的報告》, 北京: 人民出版社, 2017.

10 《中共中央關於制定國民經濟和社會發展第十四個五年規劃和二0三五年遠景目標的建議》, 北京: 人民出版社, 2020.

11 習近平,《在省部級主要領導幹部學習貫徹黨的十八屆五中全會精神專題硏討班上的講話》, 北京: 人民出版社, 2016, pp. 30-31.

12 習近平,《讓多邊主義的火炬照亮人類前行之路: 對世界經濟論壇'達沃斯議程'對話會上的特別致辭》, 北京: 人民出版社, 2021, p. 11.

13 孟捷·吳豐華,〈制度壟斷地租與中國地方政府競爭: 一個馬克思主義分析框架〉,《開放時代》第3期, 2020.

14 史正富,《超常增長: 1979~2049年的中國經濟》, 上海: 人民出版社, 2012, p. 55.

15 陶然·陸曦·蘇福兵·汪暉,〈地區競爭格局演變下的中國轉軌: 財政激勵和發展模式反思〉,《經濟研究》第7期, 2009, pp. 27-28.

16 독점적 산업부문과 비독점적 산업부문 사이에 발생하는 생산물 가격격차 _옮긴이

17 習近平,《決勝全面建成小康社會奪取新時代中國特色社會主義偉大勝利: 在中國共産黨第十九次全國代表大會上的報告》, 北京: 人民出版社, 2017, p. 10.

대립하지 않는 국가와 시장

이율빈

경제발전 전략으로서의 중국모델(中國模式) 개념이 제기된 지 근 20년이 되었지만, 중국모델의 정의, 성립 여부 등은 여전히 명확하게 정리되지 않고 있다. 중국모델 논의과정에서 드러난 가장 대표적인 문제 중 하나는 많은 이들이 중국모델 개념을 정확히 규정하지 못하여 범주를 가리지 않고 혼용하고 있다는 점으로, 초기 연구자들은 중국모델을 발전국가모델의 차용으로 간주하는가 하면, 글로벌 금융위기 이후 중국 국내에서는 '중국특색 사회주의 시장경제'의 성과를 자화자찬하고 인민들의 자긍심을 고취하려는 정치적 수사로 사용하기도 했다. 그러나 중국모델에 대한 합의된 정의는 아직 존재하지 않는다. '중국의 부상'이라는 현상이 현재 국제정치의 가장 중요한 현상 중 하나라고 했을 때, 중국모델에 대한 사회과학적 탐구의 의의는 자못 크다고 할 수 있다. 이에 이 글은 정치경제학적 시야에서 중국모델을 조망해보고자 한다.

우리는 '모델'이라는 유형론(typology)에 경도되어, '발전모델'이 필경

특정 국가 혹은 사회가 역사적으로 선택하고 다듬어온 발전양식들의 경험적 총체일 뿐이라는 사실을 간과해서는 안 된다. 무엇보다도 모델에 현실을 꿰맞추는 일이야말로 가장 피해야 할 일이다. 실제로 중국의 경제 제도는 1970년대 말 개혁개방 이후 1992년 남순강화와 2008년 글로벌 금융위기를 기점으로 눈에 띄게 변화한 바 있고, 여기엔 중앙-지방 관계와 정치권위의 문제 등이 복잡하게 작용하고 있어, 이를 체계적 이론으로 빚어내는 것은 여간 어려운 일이 아니다. 따라서 이 글은 중국모델의 메커니즘을 성급히 정의하고 유형화하는 데 관심을 두기보다는 '중국의 경제발전'이라는 현상에 투영된 정치적 원리를 추적함으로써 중국 경제발전의 심층적 이해를 도모하고 중국모델의 정치경제적 기초를 논하는 데 주안점을 둔다.

한편 이 글은 중국모델의 현상을 이해하기 위한 방편으로 '동아시아 발전국가(the East Asian developmental state)' 모델을 비교도구로 삼는다. 주지하듯, 동아시아 발전국가모델은 한국, 일본 등을 주요 사례로 하는 발전모델의 하나로, 가장 널리 알려진 후발공업국의 따라잡기 전략(catch-up strategy)의 성공사례이자 중국의 경제정책에도 심대한 영향을 미친 것으로 알려져 있다. 또 동아시아 발전국가모델은 기존 서구 자본주의에 비해 정치권위가 미친 영향이 강하다고 할 수 있는데, 중국모델 역시 강력한 정치권위의 영향을 받는다. 따라서 동아시아 발전모델을 중국모델 이해의 도구로 설정하는 것은 중국모델의 정치경제적 기초라는 주제를 논하는 데에 적합한 방식이라고 하겠다.

발전국가모델과의 비교를 통해 중국모델의 현상을 이해한 다음으로는 국가-시장 관계라는 전통적인 정치경제학 렌즈를 통해 중국모델의 현상에 이론적으로 접근해본다. 이를 통해 우리는 중국에서 '국가(state)'가 지

니는 의의가 서구식 자본주의 혹은 동아시아 발전국가에서의 그것과 다르다는 점을 발견하게 될 것이며, 이로써 중국모델이 자본주의 세계의 발전모델과 동일한 렌즈를 통해 접근되어선 곤란하다는 사실을 이해할 수 있게 될 것이다.

1. 발전모델의 빈곤과 중국모델의 등장

1970년대와 1980년대에 빠른 경제성장을 이룬 동아시아 국가들에서는 국가 주도적 경제발전 양식이 공통적으로 관찰된다. 이러한 경제발전 양식은 대체로 선별적 산업정책, 선도적 경제 관료기구, 정부에 의한 금융통제 및 자금할당, 강력한 정부 권위에 의한 사회자원의 효율적 투입 등으로 특징지어지는데, 이는 통상 '동아시아 발전국가' 혹은 '발전국가' 모델로 지칭된다. 일본을 원형으로 하여 한국, 타이완, 싱가포르 등지에서 채택된 발전국가모델은 비약적인 경제성과를 보였고, 여기에서 드러난 '국가의 시장개입(state intervention)'은 후발국가들이 선진국을 따라잡기 위해 채택하는 경제정책의 금과옥조로 자리를 잡았다.

　그러나 발전국가모델은 1997년 동아시아 금융위기로 인해 일거에 그 한계를 드러냈다. 압축성장 뒤에 가려져 있던 막대한 기업부채와 취약한 금융제도가 원흉으로 지목되었는데 이는 보다 근본적으로는 '국가의 시장개입'이 초래한 실패로 여겨졌다. 그리고 1980년대 이후 미국과 영국을 중심으로 '자유로운 경쟁시장'과 '국가개입의 배제'를 모토로 하여 떠오르던 앵글로-색슨 모델이 잠시 위세를 떨쳤던 발전국가모델의 빈자리를 채우기 시작했다. 이로써 무한한 시장경쟁, 재정긴축, 자본의 자유로운 국

제이동, 노동시장 유연화 등을 골자로 하는 정책 처방이 '워싱턴 컨센서스'라는 라벨을 단 채로 세계적으로 확산되었고, 경제발전의 유일한 모델인 것처럼 여겨지게 되었다.

하지만 가능한 많은 자유와 경쟁이 경제 운용의 가장 효과적 방식임을 주창했던 앵글로-색슨 모델 역시 불과 10년 만에 수명을 다하게 된다. 2008년 미국 서브프라임 모기지 사태로 촉발된 금융버블의 연쇄적 붕괴가 전지구적으로 확산했고, 초유의 글로벌 금융위기를 타개하기 위해 소위 양적 완화(quantitative easing)로 일컬어지는 정부의 경기부양책이 다시금 전면에 등장했다. 이와 함께 "국가의 개입은 곧 실패요, 자유와 경쟁은 신성한 것"으로 치부하던 앵글로-색슨 모델은 퇴색되었고 유일한 경제발전 모델의 자리에서 내려와야만 했다.

이처럼 시대를 풍미했던 발전모델들의 효력이 다하는 역사적 흐름 가운데, 발전국가모델도 앵글로-색슨 모델도 아닌 또 다른 유형의 경제발전 양식이 지구상에 출현하고 있었다. 다름 아닌 중국의 부상이다. 중국은 1970년대 말 개혁개방 정책의 시행 이후 비약적 성장을 거듭해 2020년 현재 총 GDP 규모에서 세계 최강대국 미국의 70%를 넘어섰으며,[1] 당초 중국이 2035년에 미국 총 GDP를 따라잡을 것이라던 예측은 점점 당겨져 2028년 또는 2029년에 추월할 것이라는 전망이 나오기 시작하고 있다. 또한 미중 기술경쟁이 방증하듯 4차산업 분야에서도 중국은 빠른 성장 추세를 보이고 있다.

이러한 성과의 이면에는 국가(state)가 있다. '국가발전개혁위원회'를 위시한 정부조직은 다양한 산업정책과 사회경제적 조정을 실행하는데, '국가발전 5개년 규획'을 통한 국가기간산업 육성이나 국유기업 구조조정 같은 직접적 조치를 취하기도 하고, 재정보조금과 각종 투·융자금

을 통해 간접적으로 산업육성과 기술혁신에 간여하기도 한다. 그뿐만 아니라 각급 정부는 경제특구의 지정과 외국인직접투자(Foreign Direct Investment, FDI) 유치에 대한 강한 통제권을 지니고 있어 전략적 관점을 반영한 산업정책을 원활하게 펼칠 수 있으며, 일대일로 이니셔티브와 같은 국가단위 대외전략에 국유 및 민영기업의 해외진출을 연계하는 중개자 역할을 하기도 한다. 한편 정부는 큰 국가규모로 인해 불가피하게 발생하는 여러 부처, 산업, 기업 간의 이해충돌 문제를 해결하기 위해 종합경제 부문(국가계획위원회+국가경제무역위원회)의 토론을 제도화하여 내부적 조정기제를 제공한다. 나아가 이러한 국가주도 경제 거버넌스의 이면에는 공산당의 리더십이 자리하고 있다. '중앙전면심화개혁영도소조'와 '중앙재정경제영도소조'를 중심으로 하는 당내 최상층 논의 테이블은 원론적인 발전전략으로부터 구체적인 경제기획에 이르기까지 경제정책 결정의 컨트롤타워 역할을 하며, 이로써 소위 당-국가체제(party state)의 일부분으로서 당과 정부가 면밀히 연계된 정책결정 네트워크가 모습을 갖추게 된다.

중국의 국가주도적 경제발전 양식은 국가가 직접적으로 자금을 할당하고 경제목표를 하달하는 등의 수단을 통해 압축성장을 이룬 동아시아 국가들과 유사하여, 여러 연구자들로 하여금 중국을 발전국가모델의 한 유형으로 간주하게 만들기에 충분했다. 그러나 중국이 지닌 국가 규모, 지정학적 지위, 특유의 중앙-지방 관계 등 조건은 다른 나라에서 유사한 예를 찾기가 힘들고, 이는 발전모델의 고안과 운용에서도 차이를 낳을 수 있음을 의미한다. 또한 동아시아 발전국가모델이 권위주의 정권의 강력한 리더십에 기반하고 있긴 했지만, 중국공산당이 가진 역사적으로 특수한 지위와 직접 비교하기란 쉽지 않다. 나아가 이러한 특징들이 앵글

로-색슨 모델과 아득한 거리를 두고 있음은 더욱 자명했고, 이러한 중국식 경제발전양식의 특수성은 기존의 발전모델들과 구별되어 '중국모델' 또는 '베이징 컨센서스'로 불리기 시작했다.

기실, 중국의 경제발전 경험에 '모델'의 지위를 부여할 수 있는지는 엄밀히 말해 아직 미지수이다. 이에 관련하여 전성흥은 중국모델이 '모델'로서 성립되기 위한 요건 세 가지를 제시하고 있는데, 바로 ① 가시적이고 두드러진 '성과', ② 여타 발전모델과 차별화되는 '독특성', ③ 동일 목표를 추구하는 제3국이 참고하거나 추종할 만한 '적용성'이다.[2] 이 세 기준을 준용하여 중국의 경제발전사를 돌아보면, 중국의 발전경험이 '적용성'의 차원에서 다른 후발공업국들에 보편적으로 적용될 수 있을지는 다소 유보적이겠으나, 적어도 '성과'의 차원에서 충분한 실적을 쌓았다는 사실에 대해서는 이견의 여지가 없다. 적용성이란 본디 실천적 개념이므로, 이론적 층위에서 '중국모델'이 '프로토타입'과 같은 한정어를 달고 일단 성립한 후 차차 '적용성'을 보완해나가는 것도 '이론화'의 측면에서 일정한 의의를 지닐 수 있다고 할 수 있다. 따라서 모델의 첫 번째 조건인 '성과'가 확실한 '중국모델'에서 모델의 세 번째 조건인 '적용성'이 다소 유보될 수 있다고 한다면, 남은 두 번째 조건인 '독특성'을 정리해보는 작업이 이론적 검토의 핵심이라고 하겠다.

2. 중국모델과 발전국가모델의 공통점:
총사령관으로서의 국가

서두에 밝혔듯 이 글은 동아시아 발전국가모델과의 비교를 통해 중국 경

제발전 양식의 '독특성'을 보일 것이다. 두 방식의 공통점과 차이점을 정리해보는 작업은 비단 경제발전전략으로서의 중국모델에 접근해나가는 것만이 아니라, 중국에서 '국가(state)'가 지니는 사회과학적 의의를 추적하는 과정이기도 하다. 여기에서는 먼저 두 모델의 공통점을 살펴보며 중국의 '국가'가 갖는 지위와 역할의 보편성을 논한다.

'경제발전'이라는 국가과제의 달성을 위한 효과적·체계적 방법으로서, 여러 발전모델들이 사회과학적으로 유형화되어왔다. 그중 비교정치경제학 분과는 여러 자본주의 국가들의 발전양식이 상이하다는 사실에 착안하여, 서로 다른 국가들의 국내 제도적 배열이 지닌 공통점과 차이점을 정리함으로써 발전모델을 유형화했다. 그 대표적 예로 비교정치경제학의 중요한 이론적 시각인 '자본주의 다양성(Varieties of Capitalism, VOC)' 가설을 들 수 있다. VOC는 국가별 제도적 보완성(institutional complementarity)과 그에 따른 기업제도 및 전략문화의 차이를 기준으로 자본주의 발전양식을 크게 자유시장경제 모델(Liberal Market Economies, LME)이나 조정시장경제 모델(Coordinated Market Economies, CME)로 구분하는데, 통상 전자의 예로는 미국, 영국, 호주 등이, 후자의 예로는 유럽 대륙 국가들과 일본, 아르헨티나 등이 꼽힌다.

그러나 당초 VOC가 관심을 두었던 국가들은 주로 서구국가들과 남미 국가 일부였고, 국가(state) 부문의 경제주도력과 사회에 대한 권위적 통제가 두드러지는 동아시아 국가들의 경제발전 경험은 제한적으로만 언급되었다. 후일 연구자들은 이러한 한계를 수용하고 VOC 가설의 보완 작업을 진행하여 새로운 발전유형을 추가했는데 바로 국가주도 시장경제(state-led market economies, SME)이다. 여기에는 동아시아 발전국가모델로 잘 알려진 일본, 한국, 타이완, 싱가포르 등과 함께, 당대 사회과학

의 중요한 의제 중 하나인 중국의 발전까지 포함된다. 이로부터 알 수 있듯, 동아시아 발전국가모델과 중국모델의 가장 큰 공통점은 '국가(state)'가 전면에서 경제발전을 지휘했다는 점이다. 그러면 두 모델에서 국가 주도성은 어떤 양상으로 나타났는가?

먼저, 동아시아 발전국가모델에서는 강한 국가(strong state)가 국가역량(state capacity)을 바탕으로 자원의 분배를 통제하고 특정 산업영역에 집중적으로 투자할 수 있는 강력한 권능을 가졌다. 한국의 경우, 1987년 민주화 이전까지 군사정권이 강력한 경제개입정책 — 금리통제, 정책금융 배분, 수출목표 할당, 선별적 산업정책 등 — 을 통해 압축적 산업화를 진행했으며, 경제기획원은 그 중요한 관료기구로서 경제계획과 예산편성 등의 중추적 역할을 맡았다. 일본의 경우, 동아시아 발전국가모델의 원형으로서 통산성(MITI)이라는 경제기획기구가 사령탑 역할을 맡아 선별적 산업정책을 통해 전후 일본경제의 신속한 재건을 이끌었다.

중국 역시 국가주도하에 경제제도들이 고안되고 또 조정되었다. 중국정부는 1980년대에 선별적이고 점진적으로 시장경제 기제를 도입하기 시작했다. 비공유제 부문의 성장이 두드러졌고 국영기업과 농업생산에도 부분적으로 시장경제 원리를 도입했다. 1990년대부터 시작된 국유부문 개혁 역시 정부주도의 탑다운(自上而下) 방식을 통해 이루어졌고, 성과는 비록 저조했지만 초보적인 산업정책이 시도되기도 했다. 무엇보다도 1990년대 초부터 연안 도시지역을 중심으로 한 수출주도형 고속성장 체제의 기틀이 잡히게 되는데, 이는 주로 정부의 5개년계획을 통해 실행되었다. 2000년대 중반에는 중앙정부 단위의 국가기간산업 방면 산업정책이 등장하며 중앙정부가 전면에 나서게 되었고, 국가주도경제의 상징과도 같은 '5개년 계획'은 '5개년 규획'으로 개칭되어 2021년 현재까지 지속

되고 있다.

이 과정을 통틀어 국가(state)는 때로는 제도 설계자로, 때로는 국유기업을 통해 외국자본과의 직접적 협상가 역할을 했고, 국가기간산업 및 차세대 하이테크 산업을 선별적으로 육성했다. 또한 국가는 은행과 금융부문을 소유하여 자금할당의 주체로 기능했는데, 이는 발전국가모델에서 국가가 지닌 금융통제 수단과 완전히 일치하는 부분이다. 그뿐만 아니라 외환당국은 안정적인 환율의 수호자로서 인민폐의 가치를 달러와 연동시킴으로써 수출경쟁력을 떠받치는 역할을 충실히 했다.

두 모델 간의 유사성은 비단 제도 메커니즘에만 국한되지 않으며, 양자 모두 경제발전을 내세운 사회동원 이데올로기를 통해 전 사회를 규율했다. 동아시아 발전국가모델에는 단순히 권위주의적 정부의 억압기제만이 있는 것이 아니라 사회적으로 폭넓게 합의된 발전담론을 지니고 있었는데, 바로 "국가의 가장 중요한 목적은 경제발전이며 국가가 강력한 리더십을 발휘하여 사회를 이끌어 경제발전 목표를 실현해야 한다"는 '발전주의' 담론이다. 발전주의가 사회적으로 합의되고 공유되는 과정은 민족주의 또는 애국주의와 결합되었다. 예컨대 한국의 박정희 정부는 '민족중흥'의 역사적 사명을 임기 내내 강조했고, 국민들의 민주적 권리와 노동권 등이 경시되었지만 이는 발전주의의 영향 아래 '민족중흥'을 위해 마땅히 감내해야 할 희생으로 간주되었다. 동아시아 모델의 발전주의는 적어도 산업화 기간 동안 그 사회의 지배 이데올로기였다고 할 수 있으며, '국가'는 비단 제도의 설계자나 집행자만이 아니라, 정부라는 형식을 통해 발전주의를 구현하는 정치권위의 총체이기도 했다.

이 지점에서 '발전주의'는 바로 중국의 발전담론과 서로 만나게 된다. 사회주의 계급투쟁의 실현을 전면에 내세웠던 문화혁명 시기와 달리,

1978년 개혁개방 이후 중국의 정책적 지향점은 줄곧 경제발전에 있었고, "전 인민의 '배부르고 등 따뜻한 상태(溫飽)'를 먼저 이룩한 후 '풍요로운 상태(小康)'까지 나아가자"라는 모토가 최우선에 놓였다. 이는 최근 '중화 민족의 위대한 부흥'이라는 구호로 이어지며 민족주의와 한층 더 긴밀히 결합하고 있다. 발전국가모델과 중국모델 모두에서 전 사회구성원은 경제발전을 매개로 '한 형제'가 되었다. 수시로 들려오는 눈부신 경제성과와 자국 기업들의 약진에 관한 뉴스는 국민들에게 마치 자신들이 달성한 쾌거처럼 받아들여졌고, 고속성장의 그늘에 가려진 개인들의 희생과 시름을 달래주었다.

국가가 주도하는 경제발전 과정에 동전의 이면처럼 따라오는 현상은 '약한 사회'였다. 동아시아 발전국가의 산업화 과정에서 이익집단이나 시민사회의 형성은 극히 제한적이었다. 최장집에 의하면 1987년 민주화 이전까지 한국에서 이익집단이라고 불릴 만한 조직은 재벌들의 '전국경제인연합회'가 아니면 '농업협동조합' 또는 '교사총연합회'와 같은 관변조직에 지나지 않았다.[3] 이러한 배경 속에서 국민복지와 사회안전망에 투자되는 자본은 과소해졌고, 이렇게 확보된 자원은 막대한 고정자본이 소요되는 장치산업 등 국가기간산업에 투입되었다.

중국 역시 '강한 국가'와 '약한 사회'에 속한다. 견고한 당-국가체제 아래 국가는 이른바 '사회관리'를 통해 사회 전반에 걸쳐 강력한 통제력을 발휘해왔는데, 사회관리가 1990년대까지 주로 '단위' 체제를 통해 실행되었다면 단위 체제가 해체된 이후에는 '사구(社區, community)'를 통해 이루어졌다. 사회경제적 변화에 따라 기층사회 관리제도 단위가 '단위'로부터 '사구'로 변경되었지만, 국가는 여전히 효과적으로 이 조직들을 관리하고 있으며, 그 가운데 중국의 사회영역은 국가로부터 크게 독자적이거

나 자치적인 역량을 가져본 적이 없다. 따라서 다원주의적 관점에서 논하는 시민사회 기준으로 보면, 중국 시민사회의 저발전은 '약한 사회'에 해당한다고 볼 수 있으며, 이는 곧 발전국가모델과도 상통하는 지점이다.

이상의 내용을 종합하면, 발전국가모델의 가장 큰 정치경제적 특징은 '국가'가 총사령관(commander-in-chief)으로서 경제발전이라는 임무를 전면에서 수행했다는 점이고, 중국모델 역시 '국가'의 사회 통제력을 바탕으로 탑다운 식 경제개혁을 진행해왔다는 점이 두드러진다. 정치경제학의 전통적 분석틀인 국가-시장 관계에서 보았을 때, 두 모델 모두 '강한 국가'와 '약한 사회'의 구도 속에서 국가가 지도하고 설계한 경제발전 방식에 사회가 따르는 형식을 가졌다고 할 수 있다.

3. 중국모델과 발전국가모델의 차이점: 중국모델의 독특성

상술한 공통점에도 불구하고 중국모델과 동아시아 발전국가모델은 또한 많은 차이점을 지니고 있다. 그리고 양자 간의 차이점은 곧 중국모델의 독특성을 이루는 요소가 된다.

시대적 배경: 높은 외국인직접투자 의존도

동아시아 발전국가모델은 대외적 변수의 영향이 상대적으로 적었다고 할 수 있다. 예컨대 브레튼우즈(Bretton Woods) 시스템과 전후 성장한 유로 달러시장의 영향 아래 한국은 직접차입을 통한 외화 확보경로가 안정적이었고, 외국인직접투자(Foreign Direct Investment, FDI)의 의존도를 낮출 수 있었다. 국제정치적 영향 측면에서도, 일본은 한국전쟁에 의해, 한

국은 베트남전에 의해 각각 달러유입이 용이했다는 시기적 특수성이 있었으며, 미소 냉전이라는 안보환경 속에서 미국의 경제적 지지를 받았다는 사실 역시 중요하다. 이처럼 일국 단위의 발전에 우호적인 대외환경 속에서 대부분의 동아시아 발전국가는 FDI 유입을 최소화하며 초국적 기업의 입김을 배제하고 과감한 산업정책을 펼칠 수 있었다.

반면 중국은 한창 자본의 세계화가 확장 중이던 시기에 발전을 꾀해야 했으므로 대내적인 국가-시장 관계 외에도, 국내와 국외 간의 관계를 잘 설정해야 하는 상황에 직면했다. 자금 확보경로가 안정적이지 않다면 섣부른 산업정책 시행은 자금난과 지속가능성 측면에서 어려움에 처할 수 있었다. 소위 '외순환' 혹은 '국제대순환'으로 불리는 수출과 FDI의 결합체제(Nexus)는 바로 이러한 정책적 고려의 결과물이라고 할 수 있다. 이러한 배경 속에서 중국은 FDI를 적극 유치하되 외자 지분율을 50% 미만으로 통제함으로써 외자에 의해 국내 산업기반이 잠식당하는 것을 가능한 피하려 했다.

경제발전의 주력군: 국유기업

중국은 개혁개방 직후인 1980년대에 실험적으로 시장원리를 부분 도입했고, '비공유제 경제'의 발전이 두드러진다. 그러나 국유기업의 비효율과 정경유착 문제가 제기되었고 이를 해결하기 위해 1995년 '조대방소(抓大放小)' 정책을 시작으로 국유기업 개혁이 시작되었다. 이를 통해 중국의 국유기업은 저부가가치 및 소규모 산업을 정리하는 한편, 핵심산업 방면의 국유기업 내실화를 상당 부분 진척할 수 있었고, 이는 2000년대 후진타오 집권 이후 중앙정부와 국자위(國資委) 및 중앙 국유기업이 중심이 된 중공업, 첨단산업 등 전략산업 육성정책 드라이브의 밑거름이 된다. 이러

한 과정을 통해 중국은 국유기업을 내셔널챔피언으로 육성하여 경제발전의 핵심역량으로 삼고자 했고, 현재에는 국유기업을 글로벌 챔피언으로 발전시켜 글로벌 가치사슬상의 우위와 대외전략적 이익을 담보하는 주체로 만들려고 하고 있다.

반면 동아시아 발전국가모델은 민영기업을 육성하여 경제발전을 일구었다. 한국의 '재벌'로 대표되는 민영기업들이 동아시아 발전국가의 성장을 이끌었고, 정부는 주요 산업을 각 기업들에 선별적으로 배분하여 효과적 분업체계를 조성했다. 이러한 정책 아래 대기업들은 점점 거대해졌고 현재까지 동아시아 신흥공업국 경제에서 큰 비중을 차지하고 있다.

중앙-지방 관계

동아시아 발전국가들의 국가규모는 크지 않고 지방정부의 영향력은 제한적이었다. 비교적 오랜 역사를 지닌 일본 지방분권제도 역시 중앙정부의 강한 영향 아래에 있었으며, 한국의 지방자치는 1995년에 시작되었기에 산업화 시기와는 무관했다. 뒤집어 말하면, 비교적 작은 국가 규모와 지방자치의 상대적 취약성으로 인해 중앙집중적인 경제정책 드라이브가 용이했고, 내부적 조정과 타협의 비용이 상대적으로 낮았다고 할 수 있다.

반면 중국은 큰 국가규모로 인해 지방정부의 역할과 역량에서 타국과 큰 차이가 있다. 공산당 연안정부 시절부터 오랫동안 유지해온 중국의 권력분점적 특징은 산업화 과정에서 지방별로 핵심산업의 분점 현상을 낳았고, 개혁개방 이후 지방 분권화 개혁을 통해 지방정부의 자율성이 증가한 가운데 지방정부 간 출혈경쟁이 발생하기도 했다. 2000년대 중반 이래 중앙 국유기업을 중심으로 '국유경제의 영향력과 선도능력'이 강조

되는 이른바 '국진민퇴(國進民退)'의 경향이 나타났지만, 지방정부에 주어진 상당한 경제적 재량권은 여전히 유효했다. 지방정부는 2000년대 이후에도 핵심산업에서 외국자본과의 합작을 통해 배타적으로 고부가가치 산업기지를 구축하려 했고, 이 과정에서 지방정부 간 과잉투자를 통한 GDP 경쟁, FDI 유치경쟁(引資競爭)이 벌어지기도 했다.

중국 지방정부의 경제재량권과 그로 인해 파생된 지방정부 간 경쟁은 동아시아 발전모델의 입장에서 보자면 매우 비효율적이다. 그러나 중국의 거대한 규모와 역사적 특수성에 기초한 지방분권적 면모는 바꾸기 힘든 고유한 특징이다. 만일 중앙정부가 모종의 산업정책을 추진할 경우, 지방정부 관료들은 업적과 표현(biaoxian)을 통해 승진하므로 기본적으로는 중앙 방침에 부합하려는 선호를 가지지만, 그와 동시에 자신이 담당하고 있는 지방 내 이해관계를 정책에 반영하여 렌트를 추구할 수도 있다. 따라서 중국에서는 이러한 딜레마에 대한 적절한 조정 기제를 마련하는 것이 웅대한 경제목표의 설정보다 더욱 중요해지기도 한다.

발전의 템포: '점진'과 '안정'의 중시

2000년대 이후, 사회안정의 중시와 점진적 발전이 경제정책 목표에서 중요한 비중을 차지하게 되었고, 이는 '과학적 발전관'과 '조화사회'에 집약되어 있다. 이처럼 안정적이고도 점진적인 경제성장 기조는 점차 그 비중이 커지고 있다. 삶의 질이 높고 복지가 잘 갖춰진 사회를 의미하는 '소강사회'라는 개념은 덩샤오핑이 개혁개방 이후 핵심적 전략구상으로 내놓은 목표이며, 장쩌민이 제시한 소위 '두 개의 백 년' 목표 중 첫 번째 단계인 '전면적 소강사회 건설'에서도 잘 드러나 있다. 또 시진핑은 제19차 당대회에서 '전면적 소강사회 건설' 목표를 당초 계획보다 앞당겨 2021년

에 실현하자는 목표를 제시했는데, 이는 '소강사회'가 상징하는 점진적이고 안정적인 경제발전 양상이 여전히 중요하다는 사실을 방증한다.

'고속성장' 자체가 정부 경제정책의 최우선 목표이자 사회구성원들에 대한 중대한 구호이기도 했던 동아시아 발전국가모델과 비교하면, 중국의 '점진'과 '안정'의 중시는 분명한 차이점을 보인다. 관련하여 비슨(Mark Beeson)은 "일본이 고도성장기에 발전에 대한 의지와 정책지향이 확고했던 것과는 달리, 중국 산업정책의 성공기준은 '승자만이 살아남는 것이 아니라 패자도 함께 가는' 것이어야 했고, 이는 일종의 이념적 제약으로 작용했다"고 지적한다.[4] 이 대목에서 점진과 안정이라는 덕목은 과속성장의 부작용을 최소화하고 체제안정성과 지속가능성을 추구하는 완충 장치로도 볼 수 있지만, 보다 본질적으로는 중국이라는 대국이 경제발전을 추진할 때 반드시 '고속성장'을 최우선 과제로 삼지 않는다는 사실을 말하고 있다.

연속적이고 통일적인 경제 거버넌스: 당-국가체제

중국의 당-국가체제는 하나의 당이 국가를 통치하는 체제를 지칭하며, 당이 모든 권력을 일원적으로 가지는 기관이라면 국가는 이익을 종합하고 정치적 동원을 담당한다. 당-국가체제는 중국이 아편전쟁 이후 굴곡진 현대사 속에서 '강한 국가'를 만들기 위한 노력의 산물로, 신중국 성립 이후 '공산당의 영도'라는 개념을 통해 실천적으로 성립되었다. 당-국가체제 아래에서 공산당은 이데올로기를 기반으로 존재하므로 제도적 외피에 국한되지 않으며, 정치영역을 넘어 사회 전 영역에 영향을 미치는 일원화된 조직체계로서 기능해왔다.

2001년 현대적 국가 건설의 중요성을 강조하는 과정에서 '혁명당에서

집권당으로'라는 명제가 제기되었다. 이로써 당-국가체제와 공산당의 지위가 새롭게 규정되었고, 공산당이 갖는 통치의 정당성은 더 이상 혁명의 완수로부터 오는 것이 아니라, 경제발전 성과에 의해 뒷받침되게 되었다. WTO 가입 이후 중국 경제성장이 가속되며 공산당은 한편으로는 더욱 강한 정당성을 확보했지만, 다른 한편으로는 공산당의 임무가 경제발전과 소강사회 달성이라는 사명으로 굳어지는 '경로의존성' 아래 놓이게 되었다.

동아시아 발전모델에서 중앙집권적인 권위주의 정치체제가 나타나긴 했지만, 일본의 경우 적어도 형식적으로는 정권교체가 가능했으며, 1961년 군사정변에 의해 정권이 전복된 한국에서도 1972년 유신헌법 제정 이전까지는 보통선거를 통해 대통령을 선출했다. 반면 중국의 당-국가체제에서 공산당의 지위는 확고한 것으로서, 지도부가 바뀌더라도 '당의 영도'라는 원리는 그대로이다. 이는 바로 주기적으로 정권이 교체되고 정책의 연속성에 영향을 주는 동아시아 정치모델과 다른 지점이다. 이렇게 집권의 연속성을 확보한 당-국가체제 아래에서 중국의 경제정책은 보다 중장기적인 호흡으로 추진될 수 있으며, 일대일로와 같은 장기적 국가전략과도 유기적으로 연계될 수 있다.

당-국가체제의 또 하나의 특징은 주요 국가 관료들이 당원이기도 하다는 점에 있다. 공산당은 인센티브와 경쟁 기제를 통해 중앙 및 지방 관료들의 경제적 성과를 끌어내며, 이는 중앙-지방 관계의 느슨함을 보완해주는 역할을 한다. 예컨대 공산당은 지방 관료들의 업적을 상위와 하위로 분류하여 상벌을 내리고 주기적으로 근무지 조정을 한다. 국가급 영도자가 되고자 하는 관료는 당내 경쟁기제를 뚫어내야 하기에 지방 토호와의 결탁에 매몰되지 않으려는 동기를 가지게 된다. 이를 통해, 거대

한 국가규모와 지방분권으로 인해 세부적으로는 방만해 보이고 느슨해 보이는 중국의 경제 거버넌스이지만, 거시적 차원에서는 통일성과 체계성을 유지할 수 있게 된다. 그리고 이는 동아시아 모델의 중앙집권적 관료제와는 다른 부분이다.

이상으로 중국모델이 표출하는 현상의 독특성을 동아시아 발전국가모델과의 비교를 통해 정리해보았다. 그렇다면 이러한 독특성은 이론적으로 어떻게 해석되어야 하는가? 다음 절에서는 국가-시장 관계라는 정치경제학의 전통적인 분석렌즈를 바탕으로 앞에서 살펴본 중국모델의 여러 특징들을 반추해보며 중국모델이 근거하고 있는 국가-시장 관계가 어떤 것인지를 논한다.

4. 중국모델을 보는 새로운 렌즈 : '국가와 시장'

많은 정치경제학 문헌들은 국가들의 경제발전 모델을 다룸에 있어 국가와 시장이라는 두 행위자 간 관계에 주목해왔으며, 국가와 시장이 소위 경제영역의 '감제고지(the Commanding Heights)'를 놓고 경쟁한다고 설명한다. 이러한 관점은 '국가 대 시장(state versus market)'이라고 부를 수 있는 것으로, '국가 대 시장'의 전제 아래에서 국가와 시장은 주도권을 놓고 대립하는 존재들이다. 이를 이해하기 위해 먼저 정치경제학 일반에서의 '국가' 개념의 맥락을 간략히 정리해보자.

일종의 비공식적 제도로서, '국가'와 '시장'은 자본주의 등장 이전부터 인류사회를 규율해왔지만, 현대와 같이 대립적 구도에 놓인 적은 없었다.

양자 간의 대립적 면모는 명백히 자본주의 또는 시장경제의 정착에 따라 형성된 것으로, 칼 폴라니(Karl Polanyi)의 지적처럼 자유시장의 '자기조절적 기제(self-regulating market)'에 대한 '믿음'이 등장한 것과 역사적 궤를 같이하고 있다. 자기조절적 시장 명제 아래 수요와 공급의 앙상블이 만들어내는 — 혹은 그러하다고 믿어지는 — 일반균형은 오랫동안 재화의 거래공간으로만 규정되던 시장을 자체적 조절능력을 지닌 무오류의 공간으로 새롭게 탄생시켰다. 그리고 시장의 재탄생과 함께 인류 경제사회의 모든 문화도 변화하게 되었다. 이로써 현대의 경제행위자들은 "어떠한 경제적 행위도 — 설령 약간의 매점매석이나 해고가 수반될지라도 — 자유시장이라는 위대한 자기조절 기제 속에서 균형적 가격을 찾아가는 과정일 뿐"이라는 복음에 지배받기 시작했고, 자유시장에 도전하는 것은 금기이자 심지어는 폭거로 치부되게 되었다.

이처럼 화려하게 재탄생한 시장을 따라 '현대 자본주의 국가'가 등장했다. 여기에서 '국가(state)'가 지칭하는 바는 베스트팔렌 조약 이후 영토주권을 기초로 성립된 민족국가(national state)와는 다소 차이가 있으며, 바로 사회의 조정자이자 제도의 설계자를 의미한다. 스카치폴(Theda Skocpol)은 국가가 자본계급이나 노동계급 등 특정 계층이나 이익집단에 의해 좌우되는 존재가 아니라 자체적으로 자신의 목적과 선호를 지니는 존재라고 보는데 이는 '국가 자율성(state autonomy)' 개념으로 지칭된다.

'국가 자율성'하에서 국가는 사회세력들의 이해관계와는 독립적으로 여러 정책을 펼치며 그 영역은 영토의 통치, 사회질서의 유지, 경제발전 등 다양한 분야에 걸친다. 물론 행태적 차원에서의 국가는 정치제도를 통해 사회구성원들의 선호를 반영하기도 하고, 때로는 국가 관료들이 사회세력과 결탁하여 특정 집단의 이익을 대변하기도 한다. 그러나 구조적

차원에서 보면, 국가는 영토 내에서 무언가를 추진할 수 있는 능력(state capacity)을 지니고 있으며 이를 기초로 사회세력의 선호와 문화를 구성하거나 조종할 수 있다. 예를 들어, 국가는 지정학적 상황에 기반하여 사회구성원에게 안보관을 고취하거나, 독과점 행위가 사회질서를 교란한다는 점을 선전하기도 하며, 심지어 민족중흥과 고속성장의 기치 아래 산업화를 주도하기도 한다. 즉, 국가의 목적과 지향은 국가구성원 개별 이익의 산술적 총합과는 구별된다. 바꿔말하면, 국가는 사회적 이해관계의 결과이기도 하지만, 반대로 사회적 이해관계를 규정하는 구조적 원인이 될 수도 있다.

그렇다면 '국가'는 중국모델에서도 같은 위상으로 드러나는가? 여러 유사성에도 불구하고, 중국모델에서의 국가-시장 관계는 권력관계라는 측면에서 차이점을 지닌다. 정치경제학 문헌들에서 국가는 시장을 지휘하거나(command), 다스리거나(govern), 훈육하는(discipline) 주체로 묘사되기도 하지만, 때론 시장의 힘에 밀려 포획(capture)당하는 존재로 그려지기도 한다. 한편 국가는 시장의 우위를 인정하고 스스로 통제력과 영향력을 시장질서 유지로 국한함으로써 규제국가(regulatory state)의 길을 택하기도 한다. 이러한 관점들의 설명은 각기 다르지만, 국가와 시장의 권력관계를 위계적(hierarchical)으로 상정하고 있다는 공통점을 지닌다. 바꿔 말해, 국가가 시장을 힘으로 누를 수 있다면 국가는 시장에 군림하지만, 그렇지 못하다면 시장에 조종당하는 허수아비가 된다.

그러나 중국의 국가-시장 관계는 이러한 제로섬 게임에서 벗어나 있다. '강한 국가'가 존재하지만 시장을 억압하거나 복속시키는 것이 아니라 오히려 시장친화적 환경을 인위적으로 조성해준다. '국가'는 IT, 디지털 플랫폼, 유통 산업에서 국유부문이 담당하던 부분을 민영기업에 과

감히 개방했고 이와 함께 규제완화 등 시장친화적 제도를 도입했다. 보조금을 통해 기업투자를 자극하여 민영기업이 주도적으로 '규모의 경제'를 실현하게 했고, 전자상거래 산업의 과감한 혁신을 위한 환경을 마련해주었다. 한편으로 △ 철강, 조선 등 전통적인 장치산업, △ 철도, 항만 등 인프라시설, △ AI, 반도체, 드론, 빅데이터 등 차세대 첨단산업에 이르는 전략산업 영역에는 국유기업 혹은 민참군(民參軍) 기업을 통해 직접 진입했다. 정리하자면, 중국의 국가-시장 관계는 대립관계가 아니라 분업관계를 형성하고 있다.

나아가, 1990년대 초 '쌍궤제' 이래로 국가-시장이 융합되는 다양한 형태가 증가하고 있다. 민관합작투자(PPP) 모델이 점차 확산되고 있으며 이는 일대일로 이니셔티브와 결합되며 한층 더 발전하고 있다. 또한 B2B(business to business) 분야는 중국의 거대한 국유기업 경제를 고려했을 때 국가가 민영기업들에 직접 제공하는 렌트로 작용할 수 있다.

여기에서 '국가와 시장(state and market)'이라는 구도가 도출될 수 있다. 즉, 중국모델은 양자가 대립하는 '국가 대 시장'의 렌즈보다는, 양자가 협력할 수 있는 '국가와 시장'의 렌즈를 통해 볼 때 더욱 본질에 가까워질 수 있다. 협력적 국가-시장 관계는 비단 '홍색자본가'들에만 해당하는 것이 아니라 많은 민영기업들을 포괄한다. 또 '중화전국공상업연합회'는 한국의 전경련에 상당하는 기업연합단체이지만, 이 조직은 국가에 저항하거나 국가와 협상하기보다는 국가자문기구로서 충실히 기능하고자 한다. '국가 대 시장'의 렌즈를 통해 볼 때, 국가와 시장이 공존하는 중국모델의 현실은 모순일 수밖에 없고, 심지어는 비대해진 시장의 힘에 국가가 잠식되어 '자본주의적 길'로 전환할 것이라는 규범적 결론으로 흐르기도 한다. 하지만 '국가와 시장'이라는 렌즈를 꺼내 들면 중국의 국가-시

장 관계는 안정적 협력 및 분업체계로서 새롭게 보이게 된다.

기실 '국가와 시장'의 렌즈는 비단 중국에만 적용할 수 있는 것이 아니며 글로벌 차원에서도 유의미하게 적용된다. 글로벌 금융위기 이후 여러 동아시아 국가들의 대기업이 글로벌 생산사슬을 급격히 확대하는 가운데, 그들이 과거에 지니고 있던 여러 국내적인 제약 — 예컨대 해외직접투자 제한 — 들을 '국가'들이 적극적으로 풀어주는 소위 '전략적 디커플링(strategic decoupling)'이 관찰되고 있다. 반면 자유시장 경제의 대명사였던 미국은 리쇼어링과 국내기업에 의한 반도체 산업 육성을 추진하며 '방임' 포지션을 벗어던진 지 오래다.

이러한 상반된 변화들을 '국가 대 시장'이라는 렌즈로 보면 '국가의 퇴각' 혹은 '국가의 재림'으로 해석되겠지만, '국가와 시장'의 렌즈를 통해 보면 경제 세계화 속 국가이익의 극대화를 위해 국가가 시장과 제휴한 것에 불과하다. 중국의 협력적 국가-시장 관계 역시 세계화 시대라는 시기적 특수성에 부합하는 발전의 방법론이자 동시에 역사적으로 줄곧 협력적이었던 중국의 국가-사회 관계가 현재의 경제영역에서 구현된 결과이기도 하다. 이러한 측면에서, '국가와 시장'은 중국의 경제발전 경험을 관찰하기에 적합한 렌즈라고 할 수 있다.

'국가 대 시장'의 관점에서, 중국의 협력적인 국가-시장 관계가 실은 기업가들이 국가의 강력한 권위 앞에 굴복한 결과가 아니냐는 반문이 있을 수 있다. 그러나 이러한 의문은 중국모델의 중요한 특징 중 하나인 당-국가체제에 의해 해소될 수 있다. 2000년 '삼개대표론'과 함께 많은 중국 기업가들이 공산당에 입당했고 공산당은 민영기업가들의 당내 포섭을 중시하는 정책을 펼치기 시작했다. 이러한 포섭정책은 시장경제의 발전에 따라 점차 강화되었는데, 예컨대 2015년 〈중국공산당통일전선공

작조례(中國共産黨統一戰線工作條例)》는 비공유제 기업 내 당 조직 건설을 강조하고 있다. 이러한 포섭정책의 결과, 중국 기업가들의 이익은 당의 이익과 연계되기 시작했다. 기업가들은 좋은 퍼포먼스(*biaoxian*)를 통해 전국인대나 정치협상회의의 일원이 될 수도 있고, 그 과정에서 형성되는 꽌시(*guanxi*)는 기업활동에 유용한 사회적 자본이 된다. 그뿐만 아니라 당 조직은 외지 출신 기업가들이 타지에서 기업활동을 할 때 향우회나 상인회보다 더 든든한 텃세 방지장치가 되기도 한다.[5] 이러한 구조 속에서 민영기업가들은 국가에 불만과 항의를 표하기보다는, 국가가 만들어준 무대에서 새롭게 발생하는 이익창출 기회를 노리는 것이 낫다고 판단하게 된다. 일례로, 알리바바의 마윈은 빅데이터 시대에 계획경제의 유효성이 증가할 것이라고 예측한 바 있는데, 이로부터 중국의 민영기업가들이 계획경제의 불합리성을 원론적으로 공격하기보다는 그 구조에 자발적으로 참여하는 방향을 선택한다는 사실을 엿볼 수 있다. 요컨대, 중국에서 '국가'는 '시장'을 키워주었지만, 공산당이 기업가를 포섭함으로써 시장의 세력화와 권력에 대한 도전을 막았다. 이미 개혁개방과 경제발전이 중국의 최우선 목표가 된 상황에서, 국가를 통치하는 권력인 중국공산당은 경제발전 목표를 달성하면서도 국내 권력의 안정화를 위한 방편으로 기업가의 입당을 허용하여 이들을 당의 일원적 권력체계에 편입시킨 것이다.

5. 맺음말

상술한 내용을 통해, 우리는 중국모델의 정치적 '독특성'이 어디에 있는지를 어느 정도 이해할 수 있었다. 중국모델의 독특성은 '국가 대 시장'의

렌즈가 아닌 '국가와 시장'의 렌즈를 통해 보다 본질적으로 드러날 수 있다. 사물을 관찰하는 렌즈가 꼭 하나일 필요는 없다. 우리는 피사체의 속성에 알맞은 여러 렌즈를 구비해야 하며, 만일 피사체의 속성에 맞지 않는 렌즈를 꺼냈다면 이는 다시 교체하면 된다. 하지만 문제는 맞지 않는 렌즈를 가지고 피사체를 계속 들여다보고 그로 인해 왜곡된 상에 사로잡히는 것이다. 따라서 '국가 대 시장'의 렌즈를 내리고 '국가와 시장'이라는 렌즈를 들어 중국모델을 파악하는 것은 보다 정확한 해석을 내릴 수 있는 출발점이 된다.

이 글은 비록 직접적으로 중국모델을 정의하려는 시도는 아니지만, 적어도 중국모델에서 '국가'가 지니는 위상과 역할을 이해하는 데 유용하며, 향후 중국모델에 대해 합의된 정의가 도출되는 과정에서 재료로 활용될 수 있을 것이다. 그리고 그러한 정의가 확립되었을 때 비로소 다른 후발국가들이 중국모델을 '적용' 또는 '응용'할 수 있을지의 여부가 드러날 것이다.

주

1   2020년 IMF 추정 GDP 데이터 기준.

2   전성흥 엮음, 〈중국모델의 등장과 의미〉,《중국모델론》, 부키, 2008, 11쪽.

3   최장집,《민주화 이후의 민주주의: 한국 민주주의의 보수적 기원과 위기》, 서울: 후마니타스, 2005, 215-234쪽.

4   Mark Beeson, "Developmental States in East Asia: A Comparison of the Japanese and Chinese Experiences," *ASIAN PERSPECTIVE* 33, 2009, p. 37.

5   윤태희,《공산당원이 된 중국 사영기업가들: 개혁기 중국의 국가-사영기업가 관계》, 서울대학교 출판문화원, 2021, 218-222쪽.

Ⅳ. 중국 문화의 길

중외 인문교류와 중국 문화의 길

싱리쥐

문화 자신감은 '4개의 자신감(四個自信: 노선, 이론, 제도, 문화에 대한 자신감)' 가운데에서도 가장 근본을 이루는 것으로 문화 문제는 곧 치국이정(治國理政)에서의 근본 문제이다. 근대에 진입한 이래 커다란 사회 변혁이나 사회적 진보가 있을 때마다 문화의 선택과 방향에 대한 논의가 늘 등장했다. 따라서 전통문화의 가치를 어떻게 볼 것인가, 전통문화와 현대화의 관계를 어떻게 다룰 것인가는 중국공산당의 국정 운영에서 반드시 논의해야 하는 문제가 되고 있다.[1]

시진핑 주석은 한 국가가 어떤 통치 체제를 선택할지는 그 국가의 역사적 전승, 문화적 전통, 경제사회적 발전 수준에 따라 결정되며, 그 국가의 인민들에 의해 결정되는 것이라고 지적했다. 이는 중국특색의 사회주의 노선에 대한 기본 근거를 제시한 것이며 동시에 중국특색의 사회주의 노선만이 중화 전통문화의 전승과 부흥의 길임을 천명한 것이다.

현재 중국의 경제력은 이미 세계 상위권으로 올라섰지만, 중국 문화

의 국제적 영향력은 아직 상대적으로 뒤처져 있다. 따라서 어떻게 중국을 세계에 더 잘 이해시킬 것인지가 중국 문화의 길의 가장 중요한 과제이다. 중국 정부는 중외 인문교류 강화를 매우 중시하고 있으며, 이를 제18차 및 19차 전국대표대회의 업무보고에 포함시켜 국가 전략 차원으로 상승시켰다. 이 글은 중외 인문교류를 중심으로 현재 중외 인문교류의 시대적 배경과 현실적 조치, 문화적 기반과 미래 전망을 집중적으로 논의하고 이에 기반하여 중국 문화의 길의 기본모델을 정리해볼 것이다.

1. 중 국 문 화 의 길 의 시 대 적 배 경

문화는 인류의 사유 방식과 행위 양식에 영향을 준다. 중국의 문화는 중국의 길의 형성과 실천 과정에서 근원적인 작용을 발휘하고 있다. 이와 동시에 중국의 길은 중국 문화의 독특성과 포용성을 보여주며 중국 문화가 신시대에 더욱 번영하도록 하고 있다. 문화강국 건설은 중국 문화의 길의 이상이자 목표이다. 중국공산당 제19기 중앙위원회 제5차 전체회의는 2020년 10월 〈국민경제와 사회발전 제14차 5개년 계획과 2035년 목표 제정에 관한 중국공산당 중앙위원회의 건의〉를 심의 의결했고, 2035년까지 문화강국을 건설해 국가의 문화 소프트파워를 강화한다는 목표를 명시했다.[2]

국제 환경: 100년 만의 대격변과 중국 문화의 길의 위치와 방향

중국 문화의 길 앞에 놓인 가장 중요한 국제적 배경은 바로 100년간 없었던 대격변(百年未有之大變局)의 시국이라는 점이다. 그중에서도 가장 중

요한 것은 국제 권력 구조의 변화이다. 즉, 미국의 패권 질서가 종식되고 신흥 시장 국가와 개발도상국이 빠르게 성장하여 다극 구도가 형성되고 있다.[3] 세계 다극화가 가속화되고 있는 추세는 중국이 자신만의 특색을 지닌 문화의 길을 걸을 수 있도록 유익한 국제 환경을 제공한 한편 여러 도전과 불확실성을 가져오기도 했다. 우선 단일 헤게모니가 주도하던 세계 질서는 이미 종결되었다. 인류 문명의 발전과 번영은 애초부터 한 가지 문명의 통치가 아니라 세계 각지의 다양한 문명이 싹을 틔우고 상호작용한 것이었으며, 중국 문화의 길 역시 그 속에서 발전의 공간을 얻게 되었다. 그러나 다른 한편, 변화와 다원을 특징으로 하는 국제 환경 속에서 중국의 길의 문화모델은 외부, 특히 서양의 질의와 공격에 직면해 있으며, 스스로의 역량 부족이라는 문제점 또한 존재하고 있다.

최근 몇 년간 서양에서는 '샤프파워(Sharp Power)' 개념이 화두가 되고 있다. 2017년 12월 미국 민주주의진흥재단(NED)의 보고서에는 중국과 러시아가 지난 수십 년간 문화교류와 교육협력 등 인문교류 활동을 통해 다른 나라의 인식과 여론을 만들어왔다고 발표했다.[4] 사실 '소프트파워'와 '문명충돌론' 등의 논지가 반영하고 있는 것은 나날이 커지는 중국 문화의 영향력을 포함하여 중국의 발전에 대한 서양의 경계와 불안이다. 게다가 중국의 문화 소프트파워는 종합적인 국력, 특히 경제력보다 뒤처져 있다. 국제통화기금(IMF)의 발표에 따르면, 코로나19를 배경으로 2020년 세계 경제성장률은 -4.4%, 선진국 -5.8%, 신흥시장국과 개발도상국이 -3.3%인 데 반해 중국은 여전히 1.9% 플러스 성장을 유지했다.[5] 그러나 중국의 소프트파워는 경제 분야에 비해 글로벌 순위가 크게 떨어지는 것으로 나타났다. 영국 포틀랜드 커뮤니케이션즈와 미국 서던캘리포니아대 공공외교연구센터(USC Center on Public Diplomacy)가 발표한《소

프트파워 30》보고서에 따르면 중국의 소프트파워 세계 순위는 25~30
위를 유지하고 있다.[6]

국내 환경: 전통문화 발전의 곤경

국내 환경으로 보면, 중국의 지도층과 학계 모두 이미 중국특색 사회
주의 문화의 기본적 내포에 대해 충분히 인식하고 연구했으며, 특히 중
국의 우수한 전통 문화가 당대에 시사하는 의미를 강조했다. 〈2021년 국
무원 정부업무보고서(2021年國務院政府工作報告)〉는 2021년 정부의 중점 업
무 중 하나로 중화의 우수한 전통문화를 전승하고, 중외 인문교류를 심
화시키는 등 인민대중의 정신문화적 수요를 충족시키는 것을 꼽았다.[7]
'제14차 5개년 계획' 제10편 제목은 〈사회주의 선진문화를 발전시켜 국
가문화의 소프트파워를 제고(發展社會主義先進文化 提升國家文化軟實力)〉로 사
회문명의 수준 향상, 공공 문화서비스 수준 향상, 현대 문화산업 시스템
완비 등 3개 방면에서 향후 5년간 중국 문화 노선이 노력해야 할 방향을
명확하게 지적했다.[8]

우수한 전통문화의 가치를 인정하고 이를 대대적으로 계승 및 선양하
는 동시에 어떻게 창조적 전환과 창의적 발전을 이뤄낼 수 있을지에 대한
난제 역시 존재하고 있다. 전통문화는 고대 농경문명의 토대 위에서 발전
한 것이기 때문에 당시의 시대 여건, 경제 수준, 정치 제도, 인식 수준 등
의 제약이 있기 마련이므로 감별적으로 접근해야 한다. 문화는 인간과
자연, 인간과 사회 및 인간과 인간 사이의 관계를 보여주는데, 역사의 흐
름 속에서 새로운 환경과 새로운 조건의 영향을 받게 된다. 따라서 변화
하는 외부 세계에 적응해야 할 뿐만 아니라 가장 본질적인 정신적 바탕
색을 유지해야 하는데, 이것이 바로 중화 전통 문화의 창조적 전환과 창

조적 발전을 촉진하는 필연성과 가능성의 핵심이다. 현재 중국 문화산업의 각 분야에서 이미 움직임을 보이고 있으며 중외 인문교류를 강화하는 것이 중요한 방향이다.

학계에서도 본토화 연구를 더욱 중요시하게 되면서, 중국 문화 요소가 경험 연구와 이론 정립과정에서 갖는 의미를 발견하고 제시하고 있다. 예컨대, '가(家)'의 개념과 문화는 예로부터 지금까지 은연중에 중국인의 사고방식과 철학적 관점에 영향을 미치고 있다. '천하일가(天下一家)'는 온 천하를 하나의 큰 가족으로 보는 것으로, 그중의 이해관계를 분명히 하고 갈등을 타당하게 잘 처리하여, 결국에는 하나의 가족으로 화목하게 지내는 것이다. 이러한 문화적 원류는 중국특색 대국 외교의 인류 운명 공동체 이념 및 함께 논의하고 함께 건설하고 함께 나누는 글로벌 거버넌스관 등의 사상의 원천이 되었다.

2. 중외 인문교류 강화의 현실적 조치

중외 인문교류는 중국 문화의 길의 중요한 부분으로, 정치 안보 협력, 경제 무역 협력과 함께 중국 대외 정책의 3대 축을 이루고 있다. 중외 인문교류를 강화하는 중국 정부의 현실적인 조치는 다음과 같다.

정책 문건과 중요 연설로 상층부의 설계 강화

2017년 7월, 중국공산당 중앙판공청과 국무원 판공실은 〈중외 인문교류 강화 및 개선 업무에 관한 몇 가지 의견(關於加强和改進中外人文交流工作的若干意見)〉이라는 문건을 발간하여 향후 인문교류 사업을 전면적으로

심도 있게 전개하기 위한 구체적인 행동지침을 마련했다. 중외 인문교류는 당과 국가의 대외 업무를 구성하는 중요한 부분이다. 중외 관계에서 사회 여론의 기초를 다지고 대외개방 수준을 제고하는 중요한 경로이며, 중외 민심의 소통과 문명 간 상호 학습을 촉진하는 것을 목적으로 하고, 인간 중심, 상호 귀감, 개방 포용, 기제 시범, 다자 참여, 개혁 창신 등의 원칙을 견지하여 인문교류와 협력 이념을 대외 교류의 각 영역에 융합시켜야 한다.[9] 제19차 전국대표대회 보고서에서는 세계 문명의 다양성을 존중하고 문명의 교류로 문명의 장벽을 뛰어넘고, 문명 상호 귀감(文明互鑑)으로 문명의 충돌을 뛰어넘고, 문명의 공존으로 문명의 우월을 뛰어넘으며, 중외 인문교류를 강화하여 다양성을 포용할 것을 강조했다.[10]

시진핑은 여러 차례 중외 인문교류의 중요성을 피력한 바 있다. 2019년 4월 제2회 '일대일로(一帶一路)' 국제협력 정상 포럼 개막식에서는 의회, 정당, 민간 조직의 왕래를 강화하고 여성, 청년, 장애인 등 집단 간 교류를 긴밀히 하며, 교육, 과학, 문화, 스포츠, 관광, 위생, 고고 등 각 분야의 인문 협력을 전개하는 다주체, 다분야, 다원적 상호작용의 인문교류 구도를 만들 것을 제시했다.[11] 같은 해 5월 아시아 문명대화 대회에서는 다양한 국가, 민족, 문화의 교류와 상호 귀감이 아시아 운명공동체와 인류 운명공동체의 인문적 토대임을 강조했다.[12] 2014년 시진핑 주석은 일찍이 한국의 서울대 강연에서 인문교류 강화가 앞으로의 한중 관계 발전에서 중요한 측면임을 지적했다. 그는 태극 문화의 예를 들어, 음양이 상생함(陰陽相生)과 강약이 공존(剛柔幷濟)하는 철학적 이치에 대한 양국의 이해를 높이 평가하며, 인문교류를 민중의 감정을 강화하고 마음을 소통하게 하는 유연함으로 보았다.[13] 2019년 12월 시진핑 주석은 제8차 한중일 정상회의 참석차 중국을 방문한 문재인 대통령을 환영하면서 한중교류

공동위원회의 장을 활용해 교육, 스포츠, 언론, 청소년, 지방 등 분야의 교류를 전개함으로써 양국 국민의 상호 이해와 우호 증진을 지속해야 함을 거듭 언급했다.[14]

중외 고위급 인문교류기제 구축 확대

중외 고위급 인문교류기제는 중국 측과 관련 국가들이 함께 만드는 것이다. 이는 교육, 과학기술, 문화와 스포츠 등 분야의 교류와 협력을 총괄하고 추진하는 중요한 플랫폼으로, 중외 인문교류 활동의 체제화와 상시화를 보장했다. 2000년 12월 중러 인문협력위원회(中俄人文合作委員會)가 출범한 이후, 현재까지 이미 10개의 중외 고위급 인문교류기제가 설립되었는데 각각 다음과 같다. 중러 인문협력위원회(2000년 12월), 중미 인문교류 고위협의기제(中美人文交流高層磋商機制, 2010년 5월), 중-영 고위급 인문교류기제(中英高級別人文交流機制, 2012년 4월), 중-유럽 고위급 인문교류 대화기제(中歐高級別人文交流對話機制, 2012년 4월), 중-프랑스 고위급 인문교류기제(中法高級別人文交流機制, 2014년 9월), 중-인니 부총리급 인문교류기제(中印尼副總理級人文交流機制, 2015년 5월), 중-아프리카 고위급 인문교류기제(中南高級別人文交流機制, 2017년 4월), 중-독일 고위급 인문교류 대화기제(中德高級別人文交流對話機制, 2017년 5월), 중-인도 고위급 인문교류기제(中印高級別人文交流機制, 2018년 12월), 중일 고위급 인문교류 협의기제(中日高級別人文交流磋商機制, 2019년 11월).[15]

중화인민공화국 교육부는 중외 고위급 인문교류기제의 비서처(秘書處)다. 제13차 5개년 계획 기간(2016~2020년) 동안, 교육부는 고위급 인문교류기제 회의를 적극적으로 개최하고 관련 협의 133건을 체결해 중외 인문교류와 중화문화의 국제적인 전파에 크게 기여했다.[16] 중외 고위급 인

문교류기제 회의의 준비 역시 교육부의 2021년 업무 요점에 포함되었다.[17] 중화인민공화국 교육부 중외 인문교류센터(教育部中外人文交流中心)는 2017년에 설립되었는데, 중외 인문교류기제의 고위급 회담과 양측의 회의 등 행사를 조직 및 안배하고 중외 고위급 인문교류기제의 외국 측 위원회 및 중국 측 구성원 소속과 지방정부 인문교류 관련 부서의 조정 연락 업무에 참여하여, 중외 인문교류기제의 구체적인 조직과 실시 등 다양한 구체적인 업무를 담당하고 있다.[18]

부대 활동을 대대적으로 전개

교육, 문화, 스포츠, 관광, 미디어, 영화, 청소년 분야에서 중외 고위급 인문교류기제의 부대 행사를 진행하는 것은 중외 인문교류를 강화하는 중요한 현실적 조치이다. 예를 들면, 문화 관광의 해와 교육 교류의 해를 추진하고, '즐거운 춘절(歡樂春節)' 같은 행사를 개최하는 것이다. 그중 브랜드를 구축하는 활동은 기구 설립을 위한 실천적 초석을 다졌고, 중외 고위급 인문교류기제의 영향력을 강화하고 확대시켰다.

중러 인문협력위원회는 가장 먼저 설립된 중외 고위급 인문교류기제이며 상호 개최하는 문화제와 문화대집(文化大集)은 문화 분야의 기구 브랜드 행사다. 2019년은 신중국 수립 70주년이자 중국과 러시아 수교 70주년의 해다. 양국은 각각 9월과 12월 모스크바와 베이징에서 '중국 문화제'와 '러시아 문화제'를 개최했다. 같은 해 6월에는 제10회 중-러 문화대집(第十屆中俄文化大集)이 헤이룽장성 헤이허(黑河)시에서 개최되어 중러 변경지역의 문화 교류와 정서 소통을 촉진했다.[19]

한중 양국은 2013년 한중 인문교류 공동위원회를 설립하여 지금까지 세 차례 전체회의를 가졌다. 〈2016년 한중 인문교류 공동위원회 교류

협력 프로젝트 명부(2016年中韓人文交流共同委員會交流合作項目名錄)에 따르면 양측은 한국관광의 해, 인문교류정책포럼, 공공외교포럼, 중국어말하기 대회, 한국어말하기 대회 등 행사를 개최했으며, 산둥성-경기도 대학협력연맹과 구이저우성-충청남도, 하이난성-제주도 및 광저우-광주 간 지방 성시들의 짝을 맺어 이루어진 다양한 인문교류 활동도 매우 두드러졌다.[20]

　중국의 대학들은 중외 인문교류에서 선봉적인 역할을 발휘하고 있다. 대학의 교사와 학생 집단은 국제교류활동을 전개할 의지와 능력을 가지고 있다. 구체적인 방식에는 유학생 교환, 학술 교류, 과학 연구 협력, 그리고 중외 협력학교 설립과 해외 캠퍼스 설립 등이 포함된다.[21] 푸단대는 매년 학교 간 학기 교환 프로그램을 통해 300여 명의 학생을 파견하고,[22] 본교에서 학력을 이수하는 유학생은 3000명 정도이며,[23] 중외합작 학교 설립 프로젝트에는 '푸단대-워싱턴대의 고급 경영학 석사학위 교육 프로그램'과 '푸단대-노르웨이경영대학 경영학 석사학위 교육 프로그램'이 있다.[24] 2021년 2월 9일 시진핑 주석은 중국-중동부유럽 국가 정상회의 기조연설에서 중국과 중동부유럽 국가들의 인문교류와 협력을 강화해야 한다고 제시하며 푸단대의 헝가리 캠퍼스 설립을 지지했다.[25]

3. 인문교류에서 중국의 문화적 기반 및 철학적 근거

중외 인문교류 강화는 함께 인류 운명공동체를 다지는 인문적 기반이다. 제19차 전국대표대회의 보고서에서는 세계 문명의 다양성 존중, 문명 교류를 통한 문명 장벽 초월, 문명 상호 학습을 통한 문명 갈등 초월, 문명

공존을 통한 문명 우월성을 초월해야 한다고 지적했다. 중국의 전통문화 자원은 중외 인문교류를 강화하는 이론적 기초이다.

인문주의

'인문'이란 단어는 《주역》에서 "천문을 보고 때의 변화를 살피고, 인문을 보고 천하를 이룬다(關乎天文, 以察時變; 關乎人文, 以化成天下)"고 한 데서 유래한다. 중화 전통문화는 줄곧 인문적 관심을 중시했고, 더욱이 중국의 선현들은 인문을 천문과 동등한 위치에 올려놓았다. 《상서》에서는 "인간이 만물의 영장(萬物之靈)"이라 했다. 《노자》에서는 인간을 도, 하늘, 땅과 나란히 놓고 "그러므로 도가 크고, 하늘이 크고, 땅이 크고, 인간 또한 크다"고 말했다. 역사적으로 중국에서 수많은 학설과 유파가 출현했지만 대부분 인문적 관심을 중요한 위치에 두었다. 예를 들어, 유가의 '내성외왕(內聖外王)'은 인간의 도덕 수양을 중시하여 인·의·예·지·신을 핵심으로 하는 인본주의 정신을 구체적으로 드러내었다. 도가는 '스스로 그러함을 본받는 도(道法自然)', '소박함과 참됨으로의 회귀(返璞歸真)', '몸과 정신을 함께 기름(形神兼養)'을 주장했고, 인간의 건강과 생명, 생활에 대한 관심으로 가득하다. 불가는 자비를 품고 '중생 평등'을 제창했다. 위의 갖가지 특질들은 중화 전통문화가 특별히 지닌 인간과 인간 사이의 연관적 사유와 상호적 윤리를 뚜렷하게 드러내고 있다.

"국가 간에 사귀려면 국민 간에 친해야 하고, 국민 간에 친하려면 마음이 서로 통해야 한다." 인간은 문명 교류의 상호 귀감에 가장 좋은 매개체다. 인문교류의 상호 귀감을 심화하는 것은 서로간의 간극과 오해를 없애고 민심의 상호 이해를 촉진하는 중요한 방법이다. 인문교류는 인간과 인간 간의 정서적 소통과 마음을 교감하는 교량이며, 국가 간의 깊

은 신뢰의 연결고리로 국가 및 국민 간의 상호이해와 신뢰증진을 바탕으로 좋은 국가 이미지를 만들고 견실한 민의의 기초를 다지는 것을 목표로 하는데 기초적, 광범위적, 선도적, 지속적인 특징을 가지고 있다. 중국이 창도하는 인문교류의 내용에는 교육, 문화, 체육, 위생 등 다양한 분야를 포괄하고 있으며, 다양한 형태로 민심을 소통시키고 실질적인 협력을 추진하고 있다.

포용과 상호 귀감

《초사(楚辭)》에서는 "무릇 한 자(尺)에도 짧은 곳이 있고, 한 치(寸)에도 긴 곳이 있으며, 어떤 물건이라도 부족한 곳이 있고 (중략) 신령함에도 통하지 못하는 것이 있다"고 했다. 이에 우리는 "널리 보되 핵심을 취하며, 두텁게 쌓되 얕게 드러내라(博觀而約取, 厚積而薄發)"는 정신을 지녀야 하고 "세 사람이 다니면, 그중에 반드시 나의 스승이 있다(三人行必有我師)"라는 태도를 가져야 한다.《주역》에는 "한 번 음이 되고 한 번 양이 되는 것을 도라 한다(一陰一陽之謂道)"는 구절에서 음과 양 두 가지는 대립적 관계가 아니라 상호 보완하고 대응하며 포용하는 관계라고 보았다. 장자와 순자는 음양의 두 기가 우주의 가장 근본적인 구성 요소이며 서로 상대에게 존재의 조건을 제공하여 이 둘의 상호 보완과 상호 작용이 세계를 구성하게 된다고 생각했다. 유가에서 말하는 '한 가지 사물에 두 체(體)가 있음'과, 도가의 '무위(無為)'와 '유위(有為)', 불가의 '출세(出世)'와 '입세(入世)', 이 모두 사물 간에 서로 보완하는 것이 중요함을 설명하고 있다. 역사적으로 중국은 오랫동안 '받아들여 커진다(有容乃大)'는 포부를 지녀왔고 서양 문화에 대해 교류하고 학습하는 태도를 유지하여, 중화 문명이 같은 세계의 각 문명 간의 상호 교류와 상호 귀감 속에 발전하고 성장하게 했다.

문명은 포용하는 것이며, 인류문명은 포용하기 때문에 교류하고 서로 배우는 원동력이 생기게 되는 것이다. 오늘날 세계에는 200여 개의 국가와 지역에 2500여 개의 민족, 70억 명 이상의 인구가 살고 있으므로, 인류문명은 아주 풍부하고 다채롭다. 각기 다른 문명들은 높낮이, 귀천, 우열의 구분이 없는 인류 공동의 보물인 타민족의 지혜와 공헌을 응집시키고 있다. 상호 교류와 상호 귀감은 문명 발전의 본질적 요구이며, 다양한 문명의 상호 교류와 상호 귀감은 각 나라 민중 정신 측면의 소통을 촉진하는 데 유리하고 인류 운명공동체의 사상적 기반을 견고히 하는 것이다. 중국은 상호 존중하고 평등하게 대하며, 상대의 아름다움을 이해하고 서로 아름다움을 함께 하며, 개방적으로 포용하고 상호 학습하고 상호 귀감이 되어, 시대와 함께 전진하고 혁신 발전하며, 동시대의 다른 국가 민족 문화와의 상호 교류와 상호 귀감을 끊임없이 강화할 것이다. 이는 자국의 문명을 활기 가득 차게 할 뿐만 하니라 타국의 문명 발전을 위해 조건을 마련해주고 중외 인문교류 속에서 상호 존중하며 풍부하고 다채로운 세계를 조성하는 것이다.

조화로운 공생

중화 문명은 본질적으로 일종의 '화(和)'의 문명이다. 《노자》에서는 "만물이 음을 업고 양을 안아 공허한 기로 조화롭게 된다(萬物負陰而抱陽, 沖氣以爲和)"고 했고, 《논어》에서는 "군자는 화합하되 동화되지 않는다(君子和而不同)", "예를 행함에 있어 조화를 귀히 여긴다(禮之用, 和爲貴)"고 했다. 중화 문명이 숭상하는 '화'는 조화와 평화 등 다중적인 의미를 포함하고 있다. 조화(和諧)는 사물의 다양성을 긍정하고 수용하면서도 차이점을 포용하고 수용하며, 서로 다른 사물을 하나의 화합체에 융합시키는 것으로, 즉

'조화하되 동화되지 않는다'. 《국어(國語)》에서는 "조화하면 사물을 낳게 되지만, 동화되면 이어지지 못한다(和實生物, 同則不繼)"고 하여 다양성과 조화를 만물이 생장하고 번식하는 기본적 조건으로 보았다. 평화에 대해서는, 평화 추구는 수천 년 동안 축적된 중국 문화의 필연적인 요구이다. 《상서》에서 제시된 "모든 나라가 화합한다(協和萬邦)"에는 이러한 이상을 반영하고 있다. 공자는 "먼 곳의 사람이 굴복하지 않으면 문덕을 닦아오게 해야 한다(遠人不服, 則修文德以來之)"고 제창했다. 맹자는 "춘추에 기록된 것 중에 의로운 전쟁은 없다(春秋無義戰)"고 꾸짖으며 "전쟁을 좋아하는 자는 최고 형벌에 처해야 한다(善戰者服上刑)"고 주장했다. 노자는 "도로써 임금을 보좌하는 자는 군사로써 천하를 강성하게 하지 않으니, (중략) 대군이 지나가고 난 후에는 반드시 흉년이 들게 된다"고 보았다. 장자는 '제물론(齊物論)'을 제시하여 만물이 평등하고 조화롭게 어울린다고 주장했다. 병가에서는 전쟁을 연구대상으로 삼았지만, 손무가 말한 "싸우지 않고 적을 항복시키는" 전쟁의 최고 경지와 같이 본질적으로는 여전히 평화를 추구했다.

중화민족은 예로부터 평화를 좋아했으며 패왕을 자처하거나 전쟁을 일삼는 유전자를 가지고 있지 않다. 그러나 중외 인문교류를 추진하는 과정에서 중국은 서양 국가들로부터 '중국위협론'이나 '문명충돌론' 등과 같은 논조의 공격에 직면했다. 시진핑은 "인류는 피부색과 언어에만 다름이 있으며, 문명은 여러 꽃들처럼 아름다움의 차이만 있을 뿐 결코 우열을 가릴 수 없다. 자신의 인종과 문명을 우월하게 여겨 다른 문명을 대체하거나 개조하려는 것은 인식적으로 미련한 것이며 방법적으로 재앙"이라고 말했다. 세상에는 어디에 놓아도 모두 들어맞는 문명의 기준은 없으며, 강제적인 수단으로 문명 차이를 해결하려는 모든 시도는 재앙을

부를 수밖에 없다. 문명을 존중한다는 것은 문명이 만들어낸 토양과 그 독특성을 존중하고, 문명 창조의 주체와 사유방식의 독특성을 존중하며, 문명이 역사 속에 발휘한 독특한 작용 및 현재와 미래에 영향을 끼칠 합리성과 지속성을 존중함으로써 자신의 문명과 다른 문명의 차이성을 인지하는 바탕 위에 다른 문명과의 조화로운 공생을 심화시킨다는 것을 의미한다.

혁신적 발전

서양의 기계론적인 우주관과 달리 중국 철학의 우주관은 습관적으로 세계를 생생불식하는 운동적 존재라고 본다. 공자는 "가는 것이 이와 같구나, 밤낮으로 그침이 없다(逝者如斯夫, 不舍晝夜)"고 했다. 장자는 "늘 움직여 변하지 않는 것이 없고, 늘 옮겨가지 않는 것이 없다(無動而不變, 無時而不移)"고 했다. 중국의 선현들은 세계가 큰물이 세차게 흐르며 운동하는 총체와 같은 것으로, 모든 것이 시시각각의 흐름과 변화 속에 있다고 생각했다. 이러한 변화와 발전의 특성은 《주역》에서 더욱 명확하게 드러난다. "천지의 큰 덕을 낳음이라 한다(天地之大德曰生)", "부유한 것을 대업이라 하고 날로 새로워지는 것을 성덕이라 하며 생생을 일러 역이라 한다(富有之謂大業, 日新之謂盛德, 生生之謂易)". '역'에는 두 가지 의미가 있다. 하나는 변역(變易)이나 변화다. 또 하나는 상도(常道), 즉 천도(天道)다. 변역은 사물이 보편적으로 존재하는 기본 방식이지만 변화는 단순한 반복이 아닌 혁신을 포함하고 있다. "나날이 새롭게 하고 또 날로 새롭게 해야 한다(日日新, 又日新)"는 말처럼 끊임없이 혁신해야만 생명에 더욱 깊은 의미를 부여할 수 있으며, 덕업을 부단히 충실하고 완벽하게 할 수 있게 된다. "주나라는 비록 오래되었지만, 그 명은 새롭다(周雖舊邦, 其命維新)"고 한 것

처럼 변화해야 하는 까닭은 "역은 궁하면 변하고, 변하면 통하고, 통하면 오래가기(易窮則變, 變則通, 通則久)" 때문이다. 이러한 변화 속에 끊임없이 생하는 도는 중화 문화의 고유한 정신이며 중화 문명을 지탱하여 지속되게 하며 시대와 더불어 나아가게 하는 것이다.

새 시대의 중외 인문교류는 중화의 우수한 전통문화를 계승하면서, 시대와 함께 나아가 새로워져야 한다. 시진핑은 "어떤 문명도 시대의 흐름과 함께 해야 하고, 끊임없이 시대의 정수를 흡수해야 하며", "혁신으로 문명의 발전 동력을 배가시키고 문명 진보의 원천 샘물을 살려내야 한다"고 피력했다. 중화 문명은 다른 문명과 함께 부단히 교류하고 배우는 가운데 형성되는 개방 체계이다. 최근 몇 년간, 중국의 대외 인문교류는 자국의 진귀한 역사적 자원을 충분히 발굴했고 타국의 다른 문명 속에서 깨우침을 얻었다. 또 스스로의 전통 문화를 더욱 계승 보호하고 창조적 전환과 혁신적 발전을 진행했다. 또 우수한 전통문화가 현대화 과정 중에 유실되는 것을 막았고, 현대적 첨단 과학 기술로 활력을 자극하여 끊임없이 더욱 개방적인 자세로 세계를 품고 더욱 활력 있는 문명 성취로 세계에 기여하고 있다.

요컨대, 인류 운명공동체를 세우는 과정 속에서 인문교류는 중요한 지주 역할을 발휘하고 있다. 인문교류가 함축하고 있는 인문적 관심, 포용과 상호 귀감, 조화로운 공생, 혁신적 발전은 인류 운명공동체와 일맥상통하는 것이다. 정치적인 상호 신뢰와 무역 협력의 이륜구동의 기초 위에 인문교류의 '국가 관계 안정기, 실무 협력 추진기, 인민 친선 촉매기'라는 독특한 지주 역할을 더 잘 발휘하여 삼각 지탱구조를 형성함으로써 중국특색의 대국 외교의 기초를 더욱 튼튼하게 할 것이며, 이로써 인류 운명공동체를 구축하는 길이 더욱 안정적으로 발전하게 될 것이다.

4. 현재 중외 인문교류가 직면한 도전

인류 운명공동체 이념은 세계화의 배경 아래 새로운 형태의 국제관계를 구축하는 데 방향을 가리켜주었다. 그러나 현재 미국 등 일부 국가는 상호 존중, 평등 협상, 협력 공영의 원칙에 따라 국가 간의 왕래를 진행하는 것이 아니라, 힘의 정치, 강권 정치와 패권 정치를 행사하면서 그들의 인종, 문화, 문명이 다른 민족보다 우위에 있고, 미국 등 자신의 이익이 타국의 이익 위에 군림한다고 보고 있다. 전체적으로 볼 때, 새로운 정세 속에서 중외 인문교류는 주로 다음과 같은 몇 가지 큰 도전에 직면해 있다.

미국을 비롯한 서방 국가들의 중국에 대한 경계

오랜 기간 동안 미국을 비롯한 서방 국가들은 중국에 대해 경계하는 태도를 유지하고 있었다. 제2차 세계대전 이후 세계 유일의 초강대국이 된 미국은 대외 정책에 대하여, 국가의 본질은 강권을 다투는 것이며, 강권을 가지면 자신의 이익을 지킬 수 있다고 여겼다.[26] 미국이 보기에 세계는 반드시 패권국이 이끌어야만 안정적인 발전을 이룰 수 있다.[27] 냉전의 승리는 미국인들이 미국 문화와 가치관의 우월성을 굳게 믿고 자신의 문화와 가치관을 '세계 제일'이라고 여기게 했고, 아시아, 아프리카, 라틴 아메리카와 같은 지역은 '도덕의 황무지'이므로 자유, 민주, 인권 등 서구적 가치관을 미국이 전파해야 할 책임이 있으며 미국 외의 다른 나라에 복음을 전파하는 것을 자신의 사명으로 삼아야 한다고 여겼던 것이다.[28] 개혁개방 이래 중국의 경제와 총체적 국력이 큰 폭으로 성장했고, 이원 대립, 제로섬 게임 등 서양식 사고방식의 영향으로 1990년대 서양세계에서는 '중국위협론'이 대두되었다. 헌팅턴과 같은 학자들은 중국의 부

상이 미국에 가장 근본적인 도전을 야기했고, 반드시 중국의 발전을 억제해야 한다고 주장했다.[29] 특히 중국이 세계 2위의 경제대국으로 부상하면서 다양한 형태의 '중국위협론'이 다시 고개를 들고 있는데 '샤프파워'가 그중 하나이다. 조지프 나이(Joseph S. Nye)는 샤프파워가 실질적으로는 일종의 하드파워(Hard power)라고 보았다. 흡인력에 기대어 자발적, 간접적 방식으로 목표를 달성하는 것과 달리, 샤프파워는 기만적인 정보를 이용하여 적대적인 목적을 달성하는 것인데, 이러한 위협이나 회유 방식은 하드파워의 근본적인 속성에 부합하는 것이다.[30] 샤프파워는 그동안 서양 국가들이 중국의 발전에 대해 가져온 경계 태도를 반영하고 있고, 중국의 급부상에 따른 심리적 불균형을 보여주고 있다.

그 영향으로 중국이 국제사회에서 국가이미지를 만들고, 국제적 영향력을 높이는 정당한 행위들이 모두 침투와 파괴로 간주되었다. 2014년 이후 미국은 자국 내에 중국이 설립한 '공자학원'을 연달아 폐쇄했다. 2015년 스웨덴 역시 유럽에서 최초로 설립된 공자 아카데미를 폐쇄했는데, 그것이 이데올로기를 전파하고 학문의 자유를 제한한다는 혐의를 받았다. 이와 달리 서양의 문화는 문화 간의 교류라는 방식을 힘입어 세계 곳곳에 파고들었고, 개인주의를 반영한 영상물이나 중국 인권문제를 공격하는 언론 보도, 돈을 최고로 하는 향락주의 성향 등 각종 출판물과 영상물이 넘쳐났다. 헌팅턴이 말했듯이 문화 요소는 국제관계 속의 지배적 틀이자 국가 행위의 주요 기반이 되고,[31] 문화적 영역의 확장은 국제정치 투쟁의 초점 요소가 된다.

새로운 '문명충돌론'의 대두

2019년 4월 키론 스키너(Kiron Skinner) 미국 국무부 정책기획 국장은

한 안보 포럼에서 미소 냉전을 '서양 가족 간의 투쟁'으로, 미중 충돌은 '전례가 없는, 전혀 다른 문명과 다른 이데올로기와의 투쟁'[32]으로 규정해 새로운 '문명충돌론'을 불러일으켰다. 미중 무역마찰이 팽팽히 맞서고 있는 상황에서 스키너의 관점은 나오자마자 국제사회의 큰 파장을 불러왔다. 스키너의 관점은 개별적 사례가 아니며, 깅리치(Newt Gingrich) 미국 전 하원의장이 미중 충돌을 오랜 '문명 충돌'이라고 한 것은 주목할 만하다. 마이크 폼페이오(Mike Pompeo) 미국 국무장관의 진영에서는 미중 대결에서 미국이 가치관을 위해 싸우는 것이 아니라면 우위를 점할 수 없다고 주장했다.[33] 서양 국가들은 오랫동안 서양 문명의 우수성을 주장하면서 가치관과 생활방식, 심지어 이데올로기까지도 지속적으로 개발도상국에 수출하여 세계를 그 문명 체제 안에 포함시키려고 했다.

문명충돌론의 특징은 문화 차이의 작용을 확대하여 문명의 차이가 국제 충돌의 심층적 원인이라고 판단한다는 것이다. 이는 일종의 미국 패권주의의 새로운 근거를 찾는 이론으로 소극성과 파괴성이 뚜렷하여 세계질서 재건에 극심한 해를 끼친다. 이러한 잘못된 논점의 근원은 서양의 배타적, 적대적, 집단적 사고로 중국과 지금의 세계를 보는 데에서 비롯된다.[34] 미국은 정치가 극단으로 치달으면서 경제가 쇠락하고 사회가 분열되어 자신감을 잃고 갈수록 초조해지고 있다. 미국은 자신의 문제에 대한 반성에 주력하는 대신 외부에서 새로운 이데올로기 적수를 찾아 대중의 시선을 돌리려 한다. 돌이켜보면 문화적 다원성은 줄곧 미국 사회가 자랑스럽게 여기는 가치관이었고, 미국이 세계 초강대국으로 성장한 것도 상당부분 세계 각국의 우수 문화와 우수 인재를 폭넓게 받아들인 결과였으며, 이는 또한 문명이 지금까지 상호 학습하는 가운데 발전해왔다는 사실을 뒷받침하는 것이다.

미국 정치인들이 부추기는 문명충돌론은 사실 '중국위협론'의 다른 표현이다. 트럼프 정부는 이미 중국의 학자 및 유학생들의 첨단기술이나 민감한 연구에 대한 비자 발급을 축소하거나 중국 인문사회과학자의 미국 현지 조사나 교류를 제지하고, 공자 아카데미에 대한 감시와 조사를 강화하는 등 일련의 조치들로 미중 인문교류 활동을 저해하거나 제한하는 조처를 취했다.[35] 미국 정부와 일부 인사들은 중국의 부상에 대한 심각한 우려로 인해 문명충돌론을 선동하여 혼란을 일으키는 일도 마다하지 않는다. 이것은 미중 관계의 대세에 대한 오판이자 인류 문명의 역사적 흐름에 역행하는 것이다.

경제발전의 불균형에 따른 현실적 수요 차이

발전은 인류 사회가 공동으로 직면하는 전 세계적인 문제이다. 만일 경제가 어느 정도 안정적이고 효과적인 성장을 하지 못하면 각종 사회 문제가 집중적으로 폭발할 수 있다. 세계화의 발전은 세계적으로는 물론 한 나라 내부적으로도 경제발전의 불균형을 해소하지 못했다. 세계화에 참여하는 능력에 따라 국가 간 격차가 오히려 확대되면서 불균형 현상은 수많은 정치, 안보, 문화상의 '합병증'을 일으켰다. 국제사회에서 패권주의는 정치 영역뿐 아니라 경제 영역에서도 갈수록 분명해지고 있다. 일부 선진국들은 국제 체제에서의 독점적 지위를 힘입어 저렴한 가격으로 개발도상국에서 자원을 약탈하고, 무책임한 태도로 오염 위기를 전가하는 동시에 보호무역주의에 기대어 개발도상국 제품의 수출을 제한함으로써 경제적 압박을 실현하고 있다.[36]

경제발전의 불균형은 서양중심주의론이 여전히 시장을 갖게 했다. 국제 체제에서 중심 국가는 주로 정치적 힘과 경제적 우위, 문명의 전파 등

을 통해 주변이나 변두리 국가들을 자신들이 주도하는 시스템에 편입시킨다.[37] 중국의 급부상은 많은 개발도상국들을 끌어들이고 있는데, 그들은 중국의 경제 건설과 국정 운영의 귀중한 경험을 더 많이 참고하고 중국이라는 거대한 경제체제가 가져오는 발전 보너스를 나누기를 바란다. 그러나 이는 서양 국가들의 반발을 불러왔다. '일대일로'의 예를 들면, 연선 국가들 중에는 유럽 선진국뿐만 아니라 광범위한 아시아, 아프리카 개발도상국들이 함께 존재하는데 경제발전이 매우 불균형하다. 그중 적지 않은 국가들이 인프라가 낙후되어 성장 동력이 부족하고 경제구조가 상대적으로 단순해 인문교류에 대한 현실적인 수요가 모두 같은 것은 아니다. 어떤 역외 대국들은 이간질을 하여 경제력과 군사력을 등에 업고 정상적인 인문교류 활동을 간섭하거나 방해한다.[38] 그 결과 일부 연선국가들은 역외 국가들로부터 '중국위협론'의 영향을 받아 중국과의 인문교류에 반감을 가지고 있고, 또 다른 국가들은 매우 적극적이긴 하지만 인력, 물자, 재원 등의 제약에 얽매여 인문교류 활동의 전개에 그리 절박하지는 않은 것으로 나타났다. 이들 국가의 최우선 과제는 국내 경제를 발전시키고 국내 정치적 갈등을 균형 있게 조정하는 것이며, 이에 따라 인문교류에도 부정적이며 불확실한 요소들을 직면하게 된다.

5. 맺음말

인문교류는 이미 새 시대 중국특색 대국 외교의 제3대 지주가 되었다. 어떻게 하면 중외 인문교류 강화에 건실히 주력하여 인류 운명공동체 건설을 더 잘 뒷받침할 수 있을 것인지는 중국 대외정책의 중요한 내용이며,

중국의 길의 문화 모델이 반드시 생각해야 할 중요한 문제이기도 하다. 신시대의 중국은 과거의 경험과 교훈을 충분히 집결하여 내외부로부터 간섭을 배제하고 편견을 해소하며 상호신뢰를 증진시켜 인문교류의 지속적 발전을 추진해야 할 것이다.

　우선 국정 운영 능력을 한층 강화해야 한다. 내부적으로는 국정 운영의 효과적인 방법을 보완 및 강화하고, 국가의 종합적인 통치력을 전면적으로 끌어올리며, 중국특색의 사회주의 민주 법치 건설을 대대적으로 정비하고, 중국특색 사회주의 노선의 시대적 의미를 충분히 발굴해야 한다. 둘째, 중화의 우수한 전통문화 자원을 더욱 발굴해야 한다. 오늘날 세계 문화는 치열한 경쟁 양상을 보이고 있는데, 다원적인 발전 환경 속에서 우리는 전승에 기초를 두고, 혁신을 주요 임무로 하고, 교류를 수단으로 삼아, 전통문화 가운데 진부하고 낙후된 내용들을 과감히 제거하고 전통문화의 창조적 전환과 창조적 발전을 실현하도록 노력해야 한다. 또한 나아가 대외적 인문교류를 위한 언어체계를 구축해야 한다. 중국 문화가 밖으로 나가는 과정에서 국외의 역사, 종교, 정치 문제 등에 대한 연구를 강화하고, 국제화된 언어 체계를 만드는 데 주력하여 본토화와 국제화가 서로 하나가 되도록 노력해야 한다. 마지막으로, 공동으로 추진하는 인문교류 방식을 더 모색해야 한다. 이는 전방위적이며, 심층적, 다방면으로 소통과 교류를 강화해야 하고 광범위한 인민 대중의 역량을 동원해야 하는 것이다. 동시에 개개인은 자신의 자질 수양을 높이고 국가 이미지를 지킨다는 의식을 늘 자각적으로 확립해야 하며, 광범위하고 심도 있는 교류를 통해 중국에 대한 국제사회의 오해나 편견을 해소시켜야 한다.

　요컨대, 중국 문화의 길은 중국공산당이 중국의 전통문화와 현실 국

정에 기초하여 선택한 것으로, 대내적으로는 중국 전통문화의 진흥을 강화하고 대외적으로는 중외 인문교류를 대대적으로 함께 추진하는 '두 발자국 걷기' 노선으로, 중국의 문화 소프트파워를 강화하고 국제사회에서의 좋은 국가 이미지를 만드는 데 그 목적이 있다. 비록 전진하는 길 가운데 적지 않은 어려움과 저항이 있지만, 날로 강해지는 중국의 종합적인 국력을 바탕으로, 중국공산당의 굳건한 지도 아래 중국의 문화 노선은 전망이 매우 밝으며 큰 가능성을 가지고 있다.

1 王東,〈中國文化決定中國道路〉,《專題片: 中國文化決定中國道路》, 2020年 12月 22日, 搜狐網, https://www.sohu.com/a/439820235_115239.

2 〈中共中央關於製定國民經濟和社會發展第十四個五年規劃和二〇三五年遠景目標的建議〉, 中國政府網, 2020年 11月 3日, http://www.gov.cn/zhengce/2020-11/03/content_5556991.htm.

3 張宇燕,〈理解百年未有之大變局〉,《國際經濟評論》第5期, 2019, pp. 9-19.

4 "Sharp Power: Rising Authoritarian Influence," *National Endowment for Democracy*, December 6, 2017, https://www.ned.org/wp-content/uploads/2017/12/Sharp-Power-Rising-Authoritarian-Influence-Full-Report.pdf.

5 "Real GDP Growth," *International Monetary Fund*, https://www.imf.org/external/datamapper/NGDP_RPCH@WEO/OEMDC/ADVEC/WEOWORLD/KOR./CHN.

6 "The Soft Power 30," *Portland*, https://softpower30.com/country/china/?country_years=2017,2018,2019.

7 〈政府工作報告: 2021年 3月 5日 在第十三屆全國人民代表大會第四次會議上〉, 新華網, 2021年 3月 12日, http://www.xinhuanet.com/politics/2021lh/2021-03/12/c_1127205339.htm?tdsourcetag=s_pcqq_aiomsg.

8 〈中華人民共和國國民經濟和社會發展第十四個五年規劃和2035 年遠景目標綱要〉, 新華網, 2021年 3月 13日, http://www.xinhuanet.com/fortune/2021-03/13/c_1127205564_11.htm.

9 〈中共中央辦公廳 國務院辦公廳印發〈關於加強和改進中外人文交流工作的若干意見〉〉, 中國政府網, 2017年 12月 21日, http://www.gov.cn/zhengce/2017-12/21/content_5249241.htm.

10 〈習近平: 決勝全面建成小康社會 奪取新時代中國特色社會主義偉大勝利 — 在中國共產黨第十九次全國代表大會上的報告〉, 新華網, 2017年 10月 27日, http://www.

xinhuanet.com/politics/19cpcnc/2017-10/27/c_1121867529.htm.

11 〈習近平在第二屆‘一帶一路’國際合作高峰論壇開幕式上的主旨演講〉, 新華網, 2019年 4月 26日, http://www.xinhuanet.com/politics/leaders/2019-04/26/c_1124420187. htm.

12 〈習近平在亞洲文明對話大會開幕式上的主旨演講〉, 新華網, 2019年 5月 15日, http://www.xinhuanet.com/politics/leaders/2019-05/15/c_1124497022.htm.

13 〈習近平在韓國國立首爾大學的演講〉, 新華網, 2014年 7月 4日, http://www.xinhuanet.com/world/2014-07/04/c_1111468087.htm.

14 〈習近平會見韓國總統文在寅〉, 新華網, 2019年 12月 23日, http://www.xinhuanet.com/2019-12/23/c_1125378479.htm.

15 邢麗菊,《中外人文交流概論》, 北京: 世界知識出版社, 2020, pp. 295-330.

16 〈在新時代中奮進 在大變局中前行: ‘十三五’教育對外開放回顧〉, 中華人民共和國教育部, 2020年 12月 22日, http://www.moe.gov.cn/fbh/live/2020/52834/sfcl/202012/t20201222_506785.html.

17 〈教育部2021 年工作要點〉, 中華人民共和國教育部, 2021年 2月 4日, http://www.moe.gov.cn/jyb_sjzl/moe_164/202102/t20210203_512419.html.

18 〈教育部中外人文交流中心職能〉, 中華人民共和國教育部中外人文交流中心, http://ppe.ccipe.edu.cn/zxjian_j/zxzn.htm.

19 〈中俄民眾莫斯科共慶‘中國文化節’〉, 新華網, 2019年 9月 1日, http://m.xinhuanet.com/2019-09/15/c_1124998158.htm; 〈2019 中國‘俄羅斯文化節’在京開幕〉, 新華網, 2019年 12月 10日, http://www.xinhuanet.com/expo/2019-12/10/c_1210389172. htm; 〈第十屆中俄文化大集啟幕〉, 中華人民共和國文化和旅遊部, 2019年 6月 24日, https://www.mct.gov.cn/whzx/whyw/201906/t20190624_844557.htm.

20 〈中韓雙方發布〈2016 年中韓人文交流共同委員會交流合作項目名錄〉〉, 新華網, 2016年 4月 1日, http://www.xinhuanet.com//world/2016-04/01/c_1118511688.htm.

21 邢麗菊, 앞의 책, pp. 271-272.

22 〈2020 秋季校際項目入選學生名單公示〉, 復旦大學國際合作與交流處, 2019年 12月 9일, http://www.fao.fudan.edu.cn/28/0b/c16803a206859/page.htm. 코로나19의 영향으로 대부분의 학생들이 잠정 중단하거나 연기하거나 혹은 온라인 강의를 들었으며 일부 학생들은 탈퇴했다.

23 〈統計概覽〉, 復旦大學 홈페이지 , 2020年 4月, https://www.fudan.edu.cn/2019/0423/c450a95835/page.htm.

24 〈復旦大學中外合作辦學項目一覽〉, 復旦大學國際合作與交流處, http://www.fao.fudan.edu.cn/hzbx/list.htm.

25 習近平, 〈凝心聚力,繼往開來 攜手共譜合作新篇章: 在中國-中東歐國家領導人峰會上的主旨講話〉, 《光明日報》, 2021年 2月 10日.

26 (美)漢斯·摩根索, 《國際縱橫策論》, 盧明華等譯, 上海: 譯文出版社, 1995, pp. 2-20.

27 倪世雄, 《當代西方國際關係理論》, 復旦大學出版社, 2001, p. 144.

28 俞新天, 〈構建中國公共外交理論的思考〉, 《國際問題研究》第6期, 2010, pp. 11-12.

29 (美)塞繆爾·亨廷頓, 《文明的衝突與世界秩序的重建》, 周琪等譯, 新華出版社, 1998, p. 204.

30 王新影, 〈西方語境下的'銳實力'概念解讀及應對〉, 《教學與研究》第7期, 2018, pp. 95-97.

31 亨廷頓, 앞의 책, p. 63.

32 Joel Gehrke, "State Department preparing for clash of civilizations with China," *Washington Examiner*, 2019. 4. 30.

33 〈蓬佩奧對華新策略開打'文明戰'〉, 星島環球網, 2019年 5月 3日, http://news.stnn.cc/guoji/2019/0503/633620.shtml.

34 〈文明衝突論錯在哪裡〉, 《人民論壇》, 2019年 7月 31日, http://www.rmlt.com.cn/2019/0731/553300.shtml.

35 韋宗友, 〈美國對華人文交流的看法及政策變化探析〉, 《美國研究》第3期, 2019, pp. 60-79.

36 王東, 〈全球經濟發展不平衡與國際衝突〉, 《新視野》第5期, 2006, p. 3.

37 翟崑, 〈超越邊緣化: 世界體系論下的東盟共同體〉, 《人民論壇》第9期, 2016, p. 36.

38 徐步, 楊帆, 〈中國-東盟關係: 新的啟航〉, 《國際問題研究》第1期, 2016, pp. 45-46.

중국의 '문화 전략'과 '문화적 동질성'

김도경

1. 중국공산당의 두 가지 '문화' 이해

중국공산당의 '문화 전략'은 무엇일까? 다시 말해, 만약 문화의 차원에서 중국공산당이 일관되게 취하고 있는 어떤 입장, 혹은 방향이 있다면 그 것은 어떻게 서술될 수 있을까? '문화'가 '전략'이라는 말로 논의될 수 있 는지, 혹은 '전략'을 붙여야 할 만큼 '문화'가 중요한 것인지 등은 잠시 미 뤄두기로 하자. 그 논의의 가능성과는 별도로 중국공산당이 문화에 대 해 어떤 일관성을 가지는 것은 분명하며, 그 중요도와는 별도로 '중국의 꿈(中國夢)'에 '문화'가 자리하는 것은 사실이다.

개혁개방 이후로 그 시기를 한정해보면, 중국공산당이 이야기하는 '문 화'는 대략 두 가지로 요약될 수 있다. 첫 번째는 국가 이데올로기이다. 흔 히 중국의 국가 이데올로기라고 하면 마르크스-레닌주의나 마오쩌둥(毛 澤東) 사상을 떠올리기 쉽다. 혹은 애국주의나 중화주의가 생각난다. 물

론 그러한 부분들이 중국의 국가 이데올로기에서 중요한 부분을 차지하는 것은 사실이다. 그러나 전체적인 양상을 살펴보면, 그보다는 훨씬 더 교과서적인 윤리도덕에 가깝다. 어떤 면에서는 전통적이기까지 하다.

예를 들어, 장쩌민(江澤民) 시대의 '사회주의 정신문명(社會主義精神文明)'은 사상도덕의 건설과 과학교육의 보급을 그 골자로 했다. 특히 전통의 계승과 시대정신의 구현이 당시 주로 강조되었던 내용이다. 그리고 이러한 경향은 후진타오(胡錦濤) 시대의 '사회주의 영욕관(社會主義榮辱觀)'으로 구체화되었다. '사회주의 영욕관'은 중국 사회가 무엇을 영예(榮譽)로 생각해야 하고 무엇을 수치(羞恥)로 간주해야 하는지를 밝힌 중국공산당 나름의 윤리관이었다. 여덟 가지가 그 구체적인 항목으로 제시되었는데, 가장 먼저 언급된 것이 애국이었다. 즉, 조국을 사랑하는 것이 영예라면, 조국에 해를 끼치는 것은 수치이다. 그런데 그 항목 중에는 비정치적인 것들도 상당했다. '인민을 위한 봉사'처럼 누가 보아도 정치적인 것들도 있었지만, 과학숭상이나 준법처럼 그와 무관한 것들도 대단히 많았다. 근면이나 협력, 신의, 불굴 등은 그 연원을 전통 윤리에서 찾아야 하는 것이었다.

시진핑(習近平) 시대에 등장한 '사회주의 핵심 가치(社會主義核心價値)'도 그 상황은 대동소이하다. '사회주의 핵심 가치'는 중국이 추구해야 할 가치가 무엇인지를 밝히고 있다. 그리고 그 내용은 이전의 '사회주의 영욕관'과 크게 다르지 않다. 다만 그 층위를 국가와 사회, 개인으로 세분한 점이 이채롭다. 우선 국가 차원으로 제시된 핵심 가치는 부강과 민주, 문명, 조화이고, 사회 차원으로 제시된 것은 자유와 평등, 공정, 법치이다. 마지막 개인 차원으로 제시된 것은 애국과 성실, 신의, 우의이다. 쉽게 알 수 있는 것처럼, 그 어느 것도 반드시 '사회주의'로 한정되어야 하는 것들은 아니다.

중국공산당이 '문화'로 이야기했던 또 다른 주제는 시장화이다. '문화 체제 개혁'이나 '문화 사업 및 문화 산업', 혹은 '문화 시장' 등으로 논의되었던 내용들이 모두 여기에 속한다. 한때 지방정부들이 앞 다퉈 내놓았던 '문화강성(文化強省)'이나 '문화강시(文化強市)'도 비슷한 맥락을 형성한다. 시진핑 시대의 레토릭 중 하나인 '사회주의 문화강국'도 이 부분을 포함하고 있다. 언뜻 문화에서 '시장화'를 언급하는 것이 뜬금없거나 부차적으로 보일 수 있다. 그러나 그 역사적 배경을 살펴보면, 중국공산당이 어째서 '시장화'를 이야기하게 되는지 이해할 수 있다.

중국에서 문화 시장이 형성된 것은 1980년대 말, 혹은 1990년대 초였다. 그리고 이는 중국공산당의 의지나 기획과는 거리가 먼 과정이었다. 당시 많은 문화예술 단체들은 재정적으로 대부분 정부 지원에 의존하고 있었다. 그들이 그 직전까지 중국공산당의 나팔수 역할을 했던 것은 이러한 시스템이 있었기 때문이라고 해도 과언이 아니다. 그런데 개혁개방이 계속되면서 문화예술 단체에 대한 국가의 재정적 지원이 중단되었다. 이른바 '국가의 퇴장'이 문화계에서도 시작된 것이다. 그에 따라 개별 단체들과 소속 회원들은 시장에서 자신들의 활로를 찾기 시작했다. 특히 작가 왕쑤어(王朔)의 경우처럼 시장에서 실제로 성공을 거둔 사례가 심심찮게 전해졌다. 더 많은 사람들이 시장에 뛰어들어 기회를 살폈다. 결국 이 시기를 즈음하여 중국에는 두 개의 '문화'가 나타나게 되었다. 한쪽에 이전처럼 중국공산당이 직접 관리하는 '문화'가 있었다면, 다른 한쪽에 중국공산당이 발을 빼면서 만들어진 '문화(시장)'가 자리하게 되었다.[1]

이러한 분화의 과정에서 중요한 부분은 당연히 후자였다. 중국공산당은 그 분화의 과정에 어떤 식으로든 반응을 보여야 했다. 그리고 당시 중국공산당이 취한 입장은 놀랍게도(?) 시장화를 촉진하는 것이었다. '문화

(시장)'를 억압하거나 제한한 것이 아니라, 그 경제성과 상품성에 주목해 적극적으로 조성 및 발전시키고자 했다. 이전의 많은 문화예술 관방단체들이 기업으로 변신했고, 더 많은 문화 및 예술 종사자들이 시장에서 부와 명예를 쌓았다. 그 과정에서 중국공산당이 담당했던 역할은 문화 시장의 제도적 환경을 손질하고 정비하는 수준이었다. 각종 금융제도의 보완 속에서 문화산업에 대한 지속적인 투자가 이뤄진 것도 바로 그 무렵부터였다. 지금까지도 중국공산당은 자신들의 문화 담론에서 '시장화'를 빠트리는 법이 없다.

요약해보면, 중국공산당의 '문화'는 크게 두 개 영역으로 나누어볼 수 있다. 하나는 국가 이데올로기 차원에서 제기되는 것으로, '사회주의 영욕관'이나 '사회주의 핵심 가치' 등이 대표적이다. 다른 하나는 시장화의 차원에서 제기되는 것으로, '문화체제 개혁'이나 '문화산업' 등이 대표적이다. 중국공산당의 담론에서 '문화'는 언제나 이 둘 중 어느 하나와 관련을 맺고 있다.

2. '문화 전략'의 초점과 '문화적 동질성'

문제는 이 두 영역이 서로 다른 방향을 가리킨다는 점이다. 어떻게 보면 서로 반대가 될 수도 있다. 국가 이데올로기는 기본적으로 문화적 동질성(cultural homogeneity)을 지향한다. 그러나 시장화는 상대적으로 문화적 다양성(cultural diversity)을 추구한다. 누가 보아도 모순적일 수 있는 두 개가 중국공산당의 담론에 나란히 등장하고 있다.

우선 국가 이데올로기의 경우를 살펴보자. 앞에서 언급했던 것처럼,

중국공산당의 국가 이데올로기는 전체적으로 윤리도덕에 치중되어 있다. 따라서 그것을 국가주의로 갈음하는 것은 지나친 단순화다. 동시에 그것이 윤리도덕을 가리키는 이상, 중국공산당의 이데올로기는 정신이나, 관념, 사상상의 기본적인 소양이라고 봐야 한다. 정신이나 관념, 사상이 올바르다면 그 행동과 말도 올바를 수 있다는 취지이다. 그런데 정신이나 관념, 사상은 객관적으로 확인할 수 있는 대상이 아니다. 확인할 수 있는 것은 언제나 표현된 것뿐이다. 게다가 정신과 표현 사이에 인과율이 적용된다고 보기도 힘들다. 동일한 정신도 사람에 따라 다르게 표현될 수 있으며, 동일한 표현이 반드시 동일한 정신에서 비롯되는 것도 아니다. 그렇다면 표면적으로는 아무리 중국공산당이 윤리와 도덕을 강조하더라도 그 초점은 표현에 있다고 봐야 한다. 표현에 문제가 없다면 어떤 정신과 관념, 사상이어도 상관치 않을 수 있다. 결국 국가 이데올로기에서 부각되는 것은 구심력이다. 사회구성원들의 말과 행동(즉 표현)을 중심(즉 윤리도덕)으로 끌어당겨서 가능한 작은 원 하나만 그리겠다는 것이다.

반면 시장화는 완전히 다른 방향을 암시한다. 시장에서 활로를 찾고, 그래서 그 규모가 커진다는 것은 상품 소비자의 기호와 취향을 적극 고려한다는 뜻이 된다. 모든 상품이 그렇지만 문화 상품 역시 시장에서 소비되는 것이 우선이다. 그런데 문화 시장에서 기호와 취향은 천편일률이라기보다는 천차만별에 가깝다. 성별, 연령, 지역, 계층 등에 따라 선호하는 양식과 의미가 달라진다. 게다가 중국은 기본적인 인구 규모가 상당하기 때문에 아무리 주변에 속한 문화일지라도 시장으로서의 가치는 인정될 수 있다. 어떤 경우에는 특정 집단이 의도적으로 문화적 차이를 부각시키기도 한다. 성 소수자나 10대 청소년, 아프리카계 미국인 등이 자신들만의 독특한 하위문화(sub-culture)를 만들 수 있는 것은 그 시장을

배경으로 삼고 있기 때문이다. 결국 시장화에서 두드러지는 것은 원심력이다. 개성이 존중되고 차이가 인정되기 때문에 사회 곳곳에 파편화되고 분절된 여러 개의 원이 그려지게 된다.

물론 중국공산당이 문화적 동질성과 문화적 다양성을 모두 쫓는다고 볼 수도 있다. 그러나 몇 가지 사실들은 중국공산당이 어느 정도 문화적 동질성, 곧 국가 이데올로기 쪽에 치우쳐 있음을 보여준다. 예를 들어, 앞에서도 언급했지만, 문화의 시장화는 중국공산당이 처음부터 계획했던 것이 아니다. 전반적인 체제개혁 속에서 중국공산당이 사후적으로 대응한 측면이 강하다. '문화체제 개혁'에 관한 논의도 2000년대 말을 기점으로 점점 줄어드는 추세이다. 상대적으로 국가 이데올로기의 비중은 계속해서 늘어나고 있다. 특히 시진핑 시대의 경우에는 그 경향이 뚜렷하다. 단적인 예로, 지난 제19차 당대회 보고에서 시진핑 총서기는 문화와 관련하여 총 다섯 가지 주제를 언급했다. 이데올로기 영도권의 확립, 사회주의 핵심 가치관의 전파, 사상 및 도덕의 강화, 사회주의 문예의 발전, 문화사업 및 문화산업의 발전이 그것이다. 이 중 앞의 네 가지가 국가 이데올로기의 영역이라고 할 수 있다. 가장 먼저 이야기한 것도 이데올로기 영도권의 확립이었다.

그렇다면 초점을 중국공산당이 시장에서 어떻게 국가 이데올로기를 관철시켰는가의 문제로 가져가야 한다. 중국공산당이 시장화의 방향을 인정한 것이 사실이고, 동시에 시장화보다 국가 이데올로기 쪽에 더 치중한 것이 사실이라면, 그리고 시장화와 국가 이데올로기가 기본적으로 서로 다른 방향을 추구하는 것이 사실이라면, 시장화의 원심력 속에서 어떻게 국가 이데올로기의 구심력을 지켜냈는가가 중국공산당의 핵심적인 '문화 전략'이 된다. 좀 더 일반적인 질문으로 풀어보자면, 문화적 동질성

이 중국에서는 어떻게 형성 및 유지될 수 있었는가이다.

3. '문화적 동질성'을 향한 노력, 혹은 방법

그런 점에서 학교와 종교, 병원, 법(원), 대중 매체 등의 제도에 눈을 돌릴 필요가 있다. 이전의 많은 문화 연구들은 이러한 제도를 중심으로 의미가 형성되고 문화적 동질성이 유지된다고 보았다. 대중 매체를 예로 들면, 어제 밤에 접한 뉴스가 다음날 사람들의 공통 화젯거리로 등장하는 경우이다. 드라마에서 보았던 배우의 패션을 길거리에서 쉽게 마주하게 되는 것도 같은 경우라 할 수 있다. 어떤 때는 특정 노래가 여기저기에서 들여오기도 하고, 별것 아닌 어투와 몸짓이 삽시간에 모두가 따라하는 대상이 되기도 한다. 대중 매체를 중심으로 사람들의 말과 행동이 비슷해질 수 있다.[2]

실제로 중국공산당은 대중 매체에 신경을 많이 쓰고 있다. 특히 대중 매체에 직접 간섭하여 문화적 동질성을 형성 및 유지하려는 경우가 적지 않다. 가령 이미 제작이 끝난 TV쇼임에도 석연치 않은 이유로 불방(不放)되는 일이 중국에서는 종종 발생한다. 귀신이나 미신, 초자연적 현상 등은 여전히 중국에서 방송을 타기 힘든 내용에 속한다. 패션에서도 나름의 기준이 있어서, 문신(tattoo) 등이 대중적으로 노출되는 경우는 대단히 드물다. 어떤 때에는 어제까지 차트 상위에 있던 노래가 다음날 리스트에서 완전히 사라지기도 한다. 반대로 적극 권장 및 홍보되는 경우도 있다. 중국 정부가 직접 투자한 영화는 전국의 주요 영화관에 너무나 쉽게 내걸린다. '퇴폐적'으로 보일 수 있는 힙합 음악도 중국 인민의 자긍심

을 노래하면 공산주의청년단(共産主義靑年團)의 SNS에 오를 수 있다. 일개 평범한 시민임에도 특유의 성실함과 책임감만 있다면 하루아침에 전국적인 영웅으로 등극하기도 한다. 물론 모든 국가에 이와 비슷한 간섭 제도가 존재하는 것은 사실이다(특히 자본). 다만 그 간섭이 주로 시장 메커니즘을 기초로 이뤄지기 때문에 은폐되는 경우가 많다. 중국은 그 간섭이 주로 행정적인 조치를 통해 이뤄진다. 그 간섭의 손길을 직접적으로 확인하기가 상대적으로 더 쉬워진다.

만약 이 직접적인 간섭이 시장화 이후에 비로소 도입된 것이라면, 어쩌면 시장 주체의 대다수가 그에 대해 상당한 반감을 가졌을 수 있다. 아무래도 그 간섭의 정당성이 취약할 수밖에 없기 때문이다. 그러나 역사적 사실은 그 간섭이 시장화보다 앞선다. 이미 간섭이 제도화된 상황에서 시장화가 뒤이어 진행되었다. 따라서 눈치를 본 것은 간섭의 주체가 아니라 시장의 주체였다. 중국공산당이 시장에서 국가 이데올로기 사업을 진행하고자 했을 때, 예의 그 간섭 제도를 적극 활용한 것은 어찌 보면 자연스럽기까지 하다. 시장이 먼저 형성되어 있는 곳이라면 그 간섭이 의문시되겠지만, 중국의 역사적 맥락이라면 그리 특별할 것도 없는 일이 될 수 있다.

그런데 이 간섭이 중국공산당의 유일한 '문화 전략'이거나, 혹은 핵심적인 '문화 전략'이었다고 생각해서는 안 된다. 오히려 이 방식은 그 선후관계에서 시장화보다 앞서기 때문에 그 전략으로 거론되기에는 자격이 불충분하다. 어찌 보면 그것은 마오쩌둥 시대의 유산에 불과할 수 있다. 상대적으로 더 중요한 것은 시장화 이후에 중국공산당이 새롭게 취한 방식이다. 뒤이어 살펴볼 《민법전》과 중화민족공동체의 사례가 여기에 해당한다. 이 두 사례는 중국공산당 이 법(원)과 학교와 같은 제도를 적극

활용하고 있음을 보여준다. 주목해야 할 사실은 이 둘 모두 시진핑 시대 들어 더욱 강조되거나 구체화되었다는 점이다.

《민법전》

2020년 전국인대(全國人大)에서 세간의 화제가 되었던 것은 《중화인민공화국민법전(中華人民共和國民法典)》(약칭 《민법전》)의 통과였다. 그리고 이 법은 2021년 1월 1일부터 중국에서 본격적으로 시행되고 있다. 2015년부터 시작된 《민법전》의 편찬 작업이 장장 5년여의 시간을 거쳐 비로소 그 결실을 맺은 것이다. 시진핑 총서기는 2020년의 어느 회의에서 《민법전》이 사회주의 법치국가의 건설뿐 아니라 사회주의 시장경제의 발전, 중국의 인권 사업, 국가 거버넌스 현대화 등에서 중요한 의미를 갖는다고 역설했다.[3]

그런데 《민법전》은 그 내용을 살펴보면 새로운 법이라고 보기는 힘들다. 《민법전》 속의 물권(物權)이나 계약, 인격권, 혼인가정, 상속 등은 이미 모두 개별법으로 존재하던 것들이었다. 바꿔 말하자면, 《민법전》은 그 개별법들을 체계적으로 정리한 것에 불과하다. 혹 《민법전》에 이전과 다른 내용이 있더라도 거기에 큰 의미를 부여하기 힘든 이유가 바로 여기에 있다. 오히려 주목해야 하는 것은 '법치'에 대한 중국공산당의 의지이다. 《민법전》이 상징하는 것은 그토록 오랜 시간동안 중국공산당이 지속적으로 법률 체계를 다듬어왔다는 사실이다. 그리고 동시에 그처럼 많은 시간이 필요했음에도 기어이 《민법전》을 편찬해야 할 만큼 그 작업이 중국공산당에게 절실했다는 사실이다. 그 절실함이 도대체 어디서 비롯되었는지를 물어야 한다. 《민법전》의 시대적 함의는 무엇보다 그 배경과 맥락 속에서 찾아져야 한다.

'법치'는 개혁개방 초기부터 꾸준히 강조되어왔다. 1980년대 말 기존의 사회주의 법제를 사회주의 법치로 바꿔 부르면서 그 논의에 불을 지폈고, 1990년대에는 '의법치국(依法治國)'이라는 표현이 등장하면서 그 논의를 이어갔다. 지난 2014년의 제18기 4중전회는 중앙전회(中央全會)로서는 처음으로 의법치국의 문제를 따로 토론하기도 했다. 일선 학교의 '사상품덕(思想品德)' 교과가 '도덕과 법치(道德與法治)'로 바뀐 것도 모두 이 중앙전회의 결정 때문이었다. 그리고《민법전》의 편찬이 결정된 것도 이 중앙전회에서였다.《민법전》의 편찬은 이미 여러 차례 시도된 적 있었지만, 정작 실천으로 옮겨진 것은 시진핑 시대로 건너와서였다.

이미 많은 연구자들이 지적한 것처럼,[4] 중국공산당이 '법치'를 추구한 것은 시장 기제의 확대 및 체제 전환과 밀접하게 관련되어 있다. 그리고 이를 설명하기 위해서는 마오쩌둥 시기의 사회경제 체제를 간략하게나마 짚어볼 필요가 있다. 마오쩌둥 시기 중국은 일자리나 주택, 교육, 연금 등의 이른바 생활 수단들이 기본적으로 국가를 통해 해결되었다. 개인이 사적으로 그 문제들을 해결하는 경우는 대단히 드물었다. 만약 어떤 필요가 발생하게 되면, 개인은 국가의 대리인을 찾아가 상의하는 것이 전부였다. 자원이 풍부하다면 그 필요가 얼마든지 쉽게 충족되겠지만, 그렇지 않다면 유예되거나 거절될 수밖에 없었다. 모든 것이 공적으로 논의되어야 했고, 상황에 따라서는 동일한 사안에 대해 서로 다른 결정이 나올 수도 있었다. 이러한 환경에서는 사적 활동이 줄어들 수밖에 없다. 사적 활동을 일률적으로 맞추거나 조정할 필요도 이러한 환경에서는 제기되기 어렵다. 국가와 시장, 사회가 거의 구별되지 않기 때문이다.

그러나 개혁개방 이후 '국가의 퇴장'이 본격화되면서 개인이 시장에서 직접 해결해야 할 것들이 많아졌다. 1990년대 초 국유기업의 대규모 해

고가 시작되었을 때, 해직자들은 시장에서 자신의 일자리를 스스로 찾아야 했다. 1990년대 말에는 주택 개혁이 진행되었는데, 이로 인해 도시 주민들은 시장에서 자기 집을 스스로 찾아야 했다. 개인이 시장에서 직접 해결해야 할 사안이 많아진다는 것은 사적 활동이 증가하게 된다는 의미이다. 그리고 그 사적 활동들을 아무런 규제 없이 방치한다는 것은 다양한 분쟁과 갈등을 키우는 꼴이 된다. 법치가 강조되는 것이 바로 이 맥락이다. 법은 시장에서 활동하는 개인이 반드시 지켜야 할 규범에 해당한다. 일자리나 주택 등이 국가에 의해 해결될 때에는 국가의 판단이 유일한 근거이자 충분한 이유가 될 수 있다. 그러나 그것이 시장에서 해결될 때에는 시장 참여자 간의 규칙이 반드시 필요해진다. '법치'를 경제 개혁에서 비롯된 정치 개혁의 하나로 이해하는 주장은 그런 점에서 경청할 필요가 있다.[5]

그런데 법은 아무렇게나 만들어지는 것이 아니다. 법과 같은 공식적인 제도는 일반적으로 도덕과 관습 같은 비공식적인 제도에 기초한다. 만약 도덕과 관습에 반하여 법이 제정되면, 상당한 반감과 저항에 부딪힐 수 있다. 동시에 법은 시장 참여자에게 강력한 메시지를 전달할 수 있다. 무엇을 해야 하는지, 혹은 무엇을 하면 안 되는지, 그리고 그 각각의 상과 벌이 무엇인지를 알려준다. 요컨대 법은 무엇이 옳고 그른지를 분명히 해준다. 바로 이 지점에서 법이 문화와 관련을 맺게 된다. 그것이 도덕과 관습에 기초하고, 동시에 옳고 그름을 공식화하기 때문에 사회 구성원의 말과 행동을 대단히 비슷하게 만들 수 있다. 아무리 지역별, 민족별, 계층별, 세대별 문화 차이가 존재하더라도 일단 법이 만들어지면 그 차이는 무시된다. 법을 중심으로 문화적 동질성이 형성된다.

《민법전》은 중국공산당이 시장에서 문화적 동질성을 지켜낼 수 있는

통로이다. 국가 이데올로기가《민법전》을 통해 사회 구성원들에게 관철될 수 있다는 뜻이다.《민법전》제1편 총칙의 제1장 제1조는 다음과 같이 말하고 있다. "민사 주체의 합법적인 권익을 보호하고, 민사 관계를 조정하며, 사회 및 경제 질서를 유지하고, 중국특색 사회주의의 발전 요구에 부응하며, 사회주의 핵심 가치관을 선양하기 위해서 헌법에 근거해 본 법을 제정한다." 또한 제7조는 "민사 주체가 민사 활동에 종사할 때 마땅히 신용의 원칙을 준수하여 성실과 약속을 철저히 지켜야" 한다고 규정한다. 나아가 제10조는 민사 분규를 처리할 때 법률에 근거하는 것이 원칙이지만, 동시에 "규정이 없을 경우 관습에 따르되 선량한 풍속에 반하지 말아야" 한다고 적시하고 있다.《민법전》의 여기저기에 국가 이데올로기의 도덕과 윤리가 물씬 풍겨나고 있다.

실제로《민법전》중에는 다분히 윤리적인 수준에 그칠 수 있는 것들이 당당히 법조문으로 제시된 경우가 적지 않다. 가령《민법전》은 시민들의 선한 행위를 장려하기 위해서 그 보호책을 따로 마련하고 있다. 예컨대, 선의로 남을 돕다가 상해를 입었을 경우, 만약 상해를 입힌 사람이 도주하거나 불확실하다면, 도움을 받은 사람이 배상의 책임을 지도록 하고 있다. 또 다른 예로, 만약 며느리와 사위가 시부모 및 처부모에 대해 부양의 의무를 성실히 이행했다면, 설사 배우자가 사망했더라도 1순위 상속자가 될 수 있다. 게다가 민사 사안 중 관련 조문이 불확실할 경우에는 '사회주의 핵심 가치'가 그 판단 기준이 될 수 있다고도 적고 있다. 사회주의 핵심 가치가 법과 같은 역할을 할 수 있다는 것이다. 국가 이데올로기가 법에 준하는 판단 기준으로 제시되고 있으며, 이를 통해 시장 주체들의 행위를 거기서 크게 벗어나지 않도록 제어하고 있다.

중화민족공동체

시진핑 시대로 넘어 오면서 또 하나 강조된 것은 중화민족공동체의 구상이다. 2015년 9월 시진핑 총서기는 소수민족 대표들을 만난 자리에서 56개 소수민족 모두가 중화민족의 평등한 일원으로서 중화민족 운명공동체를 함께 구성한다고 밝힌 바 있다.[6] 그리고 2017년 19대에서는 당대회 보고로는 처음으로 '중화민족 공동체 의식의 확립'이라는 표현을 사용했다. 이에 발맞춰 중국 각계에서 중화민족공동체에 대한 논의가 대단히 활발해졌다. 학계의 경우만 보더라도, 2015년까지는 그와 관련된 논문이 매년 1편 정도에 불과했다. 그러나 2015년부터는 그 수가 급격히 늘어나 지금은 매년 거의 300~400편의 논문이 쏟아지고 있다. 전체적으로 얼마나 많은 자원이 현재 이 부분에 투입되고 있는지를 상상해볼 수 있다.

지금 중국에서 소수민족 문제가 그처럼 부각되는 것은 다양한 국내외적 상황이 얽혀 있기 때문인 듯하다. 주지하다시피 미국을 비롯한 서방 주요국들은 중국 내 소수민족의 인권 문제에 대해 꾸준히 문제제기를 시도하고 있다. 그 의도나 목표가 무엇인지와 상관없이, 중국의 가장 '약한 고리' 중 하나가 시짱(西藏)이나 신장(新疆)과 같은 소수민족 문제라는 점은 부인하기 힘들다. 대외적인 환경 차원에서 소수민족을 적극 관리할 필요가 있다. 경제적으로도 주의할 부분이 있다. 소수민족 지역은 중국 내에서도 가장 빈곤한 지역에 해당한다. 중국공산당의 탈빈(脫貧) 정책에서 언제나 빠지지 않는 곳이 바로 소수민족 거주지이다. 특히 한족이 주로 거주하는 연안 지역과 비교하면 그 차이는 상당하다. 계속적으로 그 차이가 벌어질 수 있기 때문에 소수민족에 대한 특별한 관심이 요구될 수밖에 없다. 나아가 소수민족이 거주하는 지역은 대부분 접경 지역이다.

어떤 경우에는 문화적으로는 하나의 민족인데 정치적으로만 두 개 국가로 나뉘어 있기도 하다. 특히 최근에는 중국공산당이 '일대일로(一帶一路)' 사업에 상당한 공을 들이고 있다. '일대일로' 사업은 중국과 인접국 간의 연결에 그 초점이 맞춰져 있기 때문에 소수민족이 거주하는 접경지가 전략적으로 중요한 위상을 가진다. 안보의 차원에서나 전략적 차원에서나 소수민족 거주지를 방치해둘 수가 없다는 뜻이다.

그런데 중화민족공동체의 구상은 시진핑 시대의 새로운 창작물이 결코 아니다. 신중국이 성립되기 이전부터 그와 유사한 논의는 대단히 많았다. 예를 들어, 구제강(顧頡剛)은 1939년의 글에서 중화민족을 하나의 민족으로 봐야 한다고 주장했다. 제국주의 침략이 거세지는 당시 상황에서, '오대민족(五大民族)'과 같은 용어를 사용하는 것은 중국의 분열을 촉진시키는 빌미가 된다는 것이었다.[7] 그리고 이러한 생각은 페이샤오통(費孝通)의 손을 거치면서 훨씬 더 정교해졌다. 1988년 그는 중화민족 다원일체구성(中華民族多元一體格局)이라는 개념을 제시했다. 이 개념은 '당위성'에만 머물렀던 '중화민족'을 체계적인 논리를 갖춘 이론으로 격상시켰다고 평가된다. 많은 연구자들은 이 개념이 현재 중국 소수민족 정책의 근간을 이룬다고 보고 있다.

중화민족 다원일체구성에서 핵심은 중화민족을 56개 소수민족의 단순 합이 아니라 실체가 있는 또 다른 민족으로 간주하는 데 있다. 페이샤오통이 보기에 중국이라는 국가 안에는 다양한 민족이 거주하고 있지만, 민족 간 상호 의존과 공동운명의 역사 속에서 중화민족이라는 또 다른 민족이 실제로 형성되었다. 페이샤오통은 그 정체성도 확인할 수 있다고 보았다. 나아가 그는 이 과정을 '응집(凝聚)'이라고 표현했다. "네가 오면 내가 가고, 내가 오면 네가 가고, 내 안에 네가 있고, 네 안에 내가 있는" 과

정을 통해 다원통일체(多元統一體)가 만들어진다는 것이다. 주의할 사실은 페이샤오퉁이 이 변증법적인 과정을 설명할 때 한쪽에는 한족(漢族)을, 나머지 한쪽에는 그 외의 다른 민족을 위치시켰다는 점이다. 한족 대 비(非)한족의 구분이 다원일체를 구성하는 주요 논리로 등장하게 되었다.[8]

이러한 특징은 지금의 중화민족공동체 구상에서 공통과 통일, 기초와 근간으로 고스란히 재연되고 있다. 현재 그 구상에서 가장 구체성을 띠는 경우가 교육인데, 공통의 교육이나 교육의 기초, 혹은 교육의 근간 문제가 제기될 때, 그러한 한족 대 비한족의 구분이 묻어나고 있다. 예를 들어, 언어의 경우가 대표적이다. 네이멍구(內蒙古) 자치구 교육청은 2021년 가을 학기부터 모든 소수민족 학교에서 중국어 교육을 강화하도록 조처했다. 특히 '어문'과 '역사', '도덕과 법치' 등의 3개 교과에서는 반드시 표준 중국어를 쓰도록 요구했다. 이러한 상황은 비단 네이멍구 자치구에만 국한된 것이 아니다. 거의 모든 소수민족 지역에서 중국어 교육이 강화되고 있다. 게다가 '어문'과 '역사', '도덕과 법치'는 2019년부터 국정 교과서만 사용할 수 있다. 이전까지는 다양한 교과서가 존재했고 지방에 따라 서로 다른 교재가 사용되었다. 그러나 이제는 모두 단일 교과서만을 사용한다. 동일한 언어뿐 아니라 동일한 역사와 동일한 윤리도덕이 학교를 통해 전파되고 있다. 물론 이러한 상황은 소수민족 지역에만 국한된 것은 아니다. 중국의 모든 지방에서 그 세 개 교과는 통일된 교재를 사용하고 있다. 그러나 소수민족 지역의 경우에는 이전 시기에 그 운신의 폭이 좀 더 넓었다. 공통의 교육을 강화하고 표준 중국어의 사용을 요구하는 것은 한족과 비한족의 차이를 옅게 만들 수 있다.

이를 반드시 나쁘게만 평가해야 하는 것은 아니다.[9] 앞에서도 언급했지만, 중국 내 소수민족은 대부분 경제적으로 낙후한 환경에 처해 있다.

여기에는 다양한 이유가 있겠지만, 소수민족 지역과 경제적으로 발달한 지역 사이의 연결이 원활하지 못한 것도 무시 못 할 부분이다. 즉, 언어와 문화적 차이로 인해 소수민족의 경제적 활동이 위축되는 경우가 많다. 윈난성(雲南省)의 경우, 2016년부터 소수민족을 상대로 별도의 직업훈련교육을 실시하고 있는데, 거기서 가장 중요한 과정이 바로 표준 중국어의 교육이다. 소수민족 중에는 중국어로 자기 이름조차 쓰지 못하는 사람이 제법 많다. 게다가 문화적 차이로 인해 직장이나 단체 생활을 부담스러워 하는 경우도 없지 않다. 도시의 경직된 삶에 적응하지 못하여 경제적 기회를 놓치고 마는 것이다. 어쩌면 그런 부분들은 정말 교육이 필요한 것일 수 있다. 국가 이데올로기의 도덕과 윤리가 최소한의 시장 활동을 보장해주는 데 긍정적으로 작용할 수 있기 때문이다. 중국의 많은 연구자들이 이를 소수민족의 권리로 표현하는 데에는 이러한 배경이 자리하고 있다.

그럼에도 불구하고 여기서 강조하고 싶은 것은 문화적 동질성으로의 편향이다. 소수민족을 상대로 진행되는 그 교육이 배려인지 폭력인지는 가치 평가의 영역일 수 있다. 그러나 확실한 것은 소수민족 지역에 공통의 언어와 공통의 역사, 공통의 윤리도덕이 만들어지고 있다는 사실이며, 이는 다양성보다는 동질성으로 나아가고 있음을 의미한다. 심지어 일부에서는 소수민족의 문화를 보호하는 데 신경 쓰느라 정작 중화문화의 정체성을 확보하는 데에는 소홀했다는 반성마저 나오고 있다. 소수민족의 문화 자각이 강화되고 문화 간 경계가 명확해지는 이유를 중화 문화의 교육 부족에서 찾고 있다. 그런데 아이러니하게도 지금까지 소수민족은 중국 내에서 문화적 다양성이 가장 잘 드러난 곳으로 평가되었다. 중화민족공동체를 향한 움직임 속에서 그러한 평가가 바뀌고 있다. 지금

현재 소수민족에서 강조되는 것은 다양성보다는 동질성이다.

4. '사회주의'라는 공통의 신앙

이상에서 살펴본 것처럼, 중국공산당의 '문화 전략'은 법과 학교, 대중 매체와 같은 제도에 초점을 맞추고 있다. 그리고 그 방향은 '문화적 동질성'을 형성 및 유지하는 것이다. 특히 법과 학교에 주의할 필요가 있다. 《민법전》의 사례에서 알 수 있듯이, 중국공산당은 법의 형식을 통해 국가 이데올로기를 시장에서 관철시키고 있다. 또한 중화민족공동체에서 알 수 있듯이, 학교 제도를 적극 활용해 '다름'보다는 '같음'을 강구하고 있다. 법과 학교, 대중 매체를 중심으로 중국의 표준적인 삶이 그려지고 있다.

중국공산당이 '문화적 동질성'에 집착하는 이유가 무엇일까? 아마도 중국공산당은 '문화적 동질성'이 중국의 내적 단결에 도움을 준다고 판단한 듯하다. 2017년의 19대 보고에 가장 많이 등장한 단어 중 하나가 바로 '단결'이었다. 그리고 그 맥락은 대부분 국가 이데올로기의 '문화적 동질성'과 그 궤를 같이했다. 이러한 상황은 덩샤오핑(鄧小平)의 유명한 격언을 생각나게 한다. "안정이 모든 것을 압도한다!" 개혁이든 발전이든 내적 안정과 단결이 우선되어야 한다는 의미이다. '중화민족의 위대한 부흥'과 '중국의 꿈'이 제기되고 있지만, 여전히 그 선결 조건은 내적 안정과 단결이다. '문화적 동질성'이 그 안정과 단결로 가는 지름길이라고 보는 듯하다.

사회 거버넌스의 차원도 고려할 필요가 있다. 중국공산당의 거버넌스가 정확하게 무엇인지, 혹은 그 구체적인 양상이 무엇인지 등은 여기서

논의되기는 어렵다. 다만 사회 거버넌스가 단순한 관리나 통치가 아니라 자율과 같은 부분을 포함한다는 점을 언급하고자 한다. 법과 행정의 공식 제도가 기층의 협조 및 자원과 같은 비공식 제도와 함께 거론될 때가 많다. 그런 점에서 '문화적 동질성'을 추구한다는 것은 사회 거버넌스의 물리적 비용을 줄일 수 있는 기회가 된다. 예컨대, '사회주의 핵심 가치'가 중국 민법이 지향하는 기준이라면, 그 '문화적 동질성'을 유지하는 것만으로도 실제 적용과 집행에서는 상당한 편의가 될 수 있다.

그러나 가장 중요한 부분은 중국에 공통의 종교가 부재하다는 사실이다. 지구상의 많은 국가들은 저마다 공통의 종교, 혹은 그를 대체할 만한 신앙 체계를 갖고 있다. 미국에 기독교가 있다면, 남미에 가톨릭이 있고, 중동에 이슬람이 있다면 인도에 힌두교가 있다. 많은 국가가 위기와 역경에 처했을 때 공통의 종교를 중심으로 단결과 협력을 이뤄낸다. 게다가 파키스탄이나 방글라데시의 경우처럼 종교적 차이가 국가의 경계선을 만들어내기도 한다. 중국에는 공통의 종교가 없다. 더구나 소수민족의 사례에서 알 수 있는 것처럼 여러 가지 종교가 각기 제 목소리를 갖고 있기도 하다. 자칫 종교적 차이가 중국의 안정과 질서를 해칠 수 있다. 중국에 공통의 종교가 부재하다는 사실은 여러 가지 측면에서 중국에 불리하게 작용한다. 물론 중국에 유교와 같은 전통 신앙 체계가 존재하는 것은 사실이다. 그런데 문제는 중국공산당의 정체성과 그 전통 신앙 체계가 양립하기는 대단히 어렵다는 점이다. 중국 혁명과 신중국 성립의 역사를 살펴보면, 중국공산당의 혁명 대상 중 하나는 유교로 대표되는 전통 신앙이었다. 중국공산당이 만약 유교와 같은 전통 신앙을 지나치게 내세우게 되면, 어느 지점에서는 필연적으로 모순이 발생할 수밖에 없다. 단적인 예로, 공자상(孔子像)이 톈안먼 광장에 들어설 수 있겠는가? '사회

주의 핵심 가치'는 결국 이 맥락에서 이해될 필요가 있다. 전통적인 신앙 체계를 인정하면서도 중국공산당의 정체성을 훼손하지 않는 방식은 그 전통 신앙을 '사회주의'라는 이름으로 새롭게 포장하는 것이다. 어째서 중국공산당의 국가 이데올로기가 그처럼 전통적으로 보였는지, 그리고 어째서 중국공산당이 '문화적 동질성'에 그토록 매달리는지를 여기에서 어느 정도 헤아려볼 수 있다.

'문화적 동질성'과 그를 향한 중국공산당의 의지와는 별도로 한 가지 문제의식은 반드시 공유될 필요가 있다. 앞에서도 언급했지만, 중국공산 당이 대중 매체에 직접 간섭하고 법률 체계를 다듬는 것은 사적 활동이 많아지기 때문이다. 소수민족을 상대로 국가 이데올로기 교육을 강화하 는 것도 소수민족의 사적 활동을 전제하는 것이다. '문화적 동질성'을 추 구하는 것의 기본 전제는 시장화라고 할 수 있다. 그런데 시장 주체는 '문 화'의 영향을 받기도 하지만, 동시에 '문화'를 전략적으로 활용하기도 하 며, 어떤 때에는 '문화'를 직접 공격하기도 한다. 사적 활동 중에 불편을 발견하게 되거나, 혹은 사적 이익의 추구 과정에서 방해물을 발견하면, 그 불편과 불만을 '문화'의 형태로 표출하기 쉽다. '문화적 동질성'의 추구 가 도리어 '문화적 동질성'을 해치는 결과로 이어질 수 있다.

주

1 이와 관련하여 Seo, Jungmin, *Nationalism in the market: The Chinese publishing industry and commodification of nationalistic discourses in the 1990s*, The University of Chicago, 2005를 참조.

2 이에 대한 일반적인 논의는 William H. Sewell, "The Concept(s) of Culture," *Beyond the Cultural Turn: New Directions in the Study of Society and Culture*, Berkeley: University of California Press, 1999 등을 참조.

3 習近平, 〈充分認識頒布實施民法典重大意義 依法更好保障人民合法權益〉, https://baijiahao.baidu.com/s?id=1669555139459092615&wfr=spider&for=pc.

4 가령 燕繼榮, 〈依法治國與國家治理現代化〉, 《中國井岡山幹部學院學報》第1期, 2015; 이희옥, 〈시진핑 시기 반부패운동의 정치논리: 시장, 법치, 거버넌스의 관계〉, 《중소연구》 39권 1호, 2015 등을 참조.

5 Young Nam Cho, "Governing the Country according to the Law," *China's Rule of Law Policy as Political Reform, Journal of International and Area Studies* Vol. 21, No. 1, June 2014.

6 習近平, 〈中華民族一家親, 同心共築中國夢〉, http://www.xinhuanet.com//politics/2015-09/30/c_1116727894.htm.

7 顧頡剛, 〈中華民族一個〉, 馬戎 主 編, 《中華民族是一個, 圍繞1939年這一議題的大討論》, 北京: 社會科學文獻出版社, 2016, pp. 34-44.

8 費孝通, 《中華民族多元一體格局》, 北京: 中央民族大學出版社, 2018.

9 이러한 입장에 대해서는 常安, 〈論國家通用語言文字在民族地區的推廣和普及〉, 《西南民族大學學報(人文社會科學版)》第1期, 2021; 陳薈·桑爾璐·李曉賀, 〈民族地區普及國家通用語言文字的教育公平之義〉, 《民族教育研究》第3期, 2020; 曹迪, 〈民族地區國家通用語言文字普及研究〉, 《文存閱刊》第13期, 2020 등을 참조.

V. 지역 전략과 한반도

한반도와 중국의 선택

정지융

코로나19로 인해 인류 건강이 심각한 피해를 입게 되면서 '인간안보'의 중요성이 환기되었다. 군사 위협이나 국가 주권의 도전, 전략적 억지력 등 전통적인 안보 요인은 '인간안보'라는 가장 기본적인 수요에 자리를 내어 주고 있다. 이러한 변화로 인해 오늘날 국제정세는 극도로 불안정한 상태에 처하게 되었고 여러 지역에도 심각하고 장기적인 영향을 끼칠 것이다. 국제적 요인의 영향을 비교적 크게 받는 한반도는 더욱 그러하다. 한반도 안보의 향방에 새로운 특징이 나타나고 있고, 대내외적 요인의 변화 속에서 한반도 관련국들은 지금까지와는 다른 대응책과 접근법을 구사하고 있다.

1. 외부 환경 요인의 영향

한반도에 가장 큰 영향을 미치는 외부 요인은 코로나19 유행과 대국 간의 경쟁이다. 코로나19와 더불어 갈수록 치열해지는 미중 경쟁은 국제정세뿐만 아니라 한반도에도 중대한 영향을 미치고 있다. 우선, 미중 경쟁은 이미 전반적이고 구조적인 경쟁이 되었다. '백 년간 없었던 대격변'은 지난 100년간의 중국과 세계의 상호작용이나 변화를 가리키는 것뿐 아니라, 현재 미중 간의 치열한 경쟁이 향후 100년간 국제정세에 막대한 영향을 미칠 것임을 시사한다.[1] 둘째, 코로나19의 충격은 이미 전 세계를 산산조각 내버렸다. 코로나19로 인해 세계는 되돌릴 수 없이 분열되어[2] 코로나 이전과 이후의 세계로 나뉠 것이며, 분화와 재편에 따른 영향은 오랫동안 지속될 것이다. 국제관계와 국제정치를 생각하는 논리나 패러다임, 이론과 방법에도 거대한 변혁이 나타나게 될 것이다.[3] 미래의 국제 정세에 대한 이해도 이러한 구분에 기초하게 될 것이다. 셋째, 미중 관계의 이와 같은 변화와 코로나19의 충격이 한반도에 심각한 영향을 미치고 있다. 한반도는 줄곧 대외적 요인, 특히 대국 요인의 영향에 민감하게 반응해왔는데, 미중 관계의 변화는 이미 한반도의 경제, 정치, 문화, 군사, 안보 태세에까지 그 영향력이 파급되었다.[4] 넷째, 한반도는 이 같은 변화 가운데 특수한 처지에 있다. 한국은 미중 경쟁의 줄다리기 구역에 처해 있는데, 군사적으로는 미국과 동맹관계이고, 경제적으로는 중국과 높은 상호 의존도를 갖고 있다. 동시에 동아시아 지역에서 조만간 코로나19를 벗어나 정상화될 나라는 중국과 한국뿐이므로 한중 관계를 추진하는 요인이 되고 있다.[5] 북한 역시 미국과 특수한 관계를 맺고 있는데, 미국에 대해 고도의 경계를 하는 한편 상당한 기대를 가지고 있으며[6] 방역과 경제

회복을 위해 최선을 다하고 있다. 이런 상황에서 미중 양국 모두 한반도에 대한 전략에서 변화를 보이고 있다.

중국의 경우, 한반도에 대한 전략에 전환 또는 변혁이 발생하고 있다. 첫째, 미중 관계의 변화에서 한반도의 역할이 커지고 있기에, 중국은 한반도의 역할과 영향을 재평가하고 있으며 북한과 한국에 대한 외교 전략, 안보 대응, 경제 무역 관계, 정치 관계도 새로운 형세에 맞게 변화하고 있다.[7] 둘째, 한반도 정책의 편향을 바로잡고 균형을 강화하고 있다. 오랫동안 중국의 한반도 정책은 어느 한쪽을 중시하다가 다른 한쪽으로 기울곤 했다. 예컨대 정치안보적으로 북한을 중시하고 경제문화적으로는 한국을 더 중시했었는데, 이와 같은 한쪽에 대한 중시는 다른 한쪽을 경시하는 데 바탕을 두고 있다.[8] 지금은 과거의 양상을 바꾸어 한반도를 하나의 시야 속에서 보고 있다. 셋째, 자극-반응 식의 외교 전술이 바뀌고 있다. 한반도 정책은 줄곧 대미 외교의 하위 범주로 간주되었고 미국이 제기한 문제에 대한 반응이나 대응 차원에 머물러 있었다. 중국은 현재 외교문제에서 한반도가 차지하는 위상을 높이면서 한반도의 '미국 문제화'를 '한반도 문제화'로 전환시켜 미국을 포함한 외교 문제를 해결하는 외교적 도구로 보고 있다.[9]

미국은 "핵 문제가 전제되지 않으면 대화하지 않겠다"던 과거 한반도 정책에서의 완고한 입장을 변경했다. 첫째, 가장 눈에 띄는 조정은 북한을 중국을 흔드는 교란 변수로 삼거나 한국을 중국 억제의 수단으로 삼던 기존 방식을 바꿔 북한과 한국의 두 변수를 동시에 이용하여 중국을 억제하는 것이다.[10] 둘째, 일본의 역할을 크게 높이면서 일본을 포섭하는 동시에 상대적으로 한국을 소홀히 하고 있다. 한일 간에 역사 문제로 갈등이 발생했을 때, 한일군사정보보호협정 연장 문제에서 미국은 일본

편을 들어주었다.[11] 또한 대북 협력, 방위비 분담, 쿼드(QUAD) 플러스 문제에서는 더 명확하게 한국에 대한 압박 전략을 취하고 있다.[12] 셋째, 경제 등 비안보적 요소를 활용하여 전방위적으로 한국을 압박하는 것이다. 예컨대 경제번영 네트워크나 인도태평양 전략, 클린 네트워크 등 새로운 개념으로 한국의 지지를 얻어내어 경제적으로 중국을 억제하고 기술 영역에서 한중 간의 연계를 분리하고자 시도하고 있다.[13] 넷째, 한반도 문제에 대한 중국의 참여를 배제하고 있다. 과거 미국은 중국을 한반도 정책의 무시할 수 없는 중요한 외부요인으로 간주하면서, 한반도 문제를 진전시키는 추진동력 중 하나라고 주장해왔다. 그러나 현재 미국은 한반도 문제의 실패의 정도가 중국의 참여와 직결된다고 보고 있다.[14] 따라서 중국의 참여와 영향을 의도적으로 배제하여 한반도 정책의 '탈중국화'를 꾀하고 있다. 다섯째, 가장 중요한 점은 미국이 핵 폐기를 협상의 전제 조건으로 삼았던 인식을 바꾼 것이다. 과거 미국은 늘 북한의 핵 폐기를 선결조건으로 내세우면서 북한과의 평화공존은 그다음 수순이라 보았다. 그러나 지금 미국이 갖고 있는 전략 인식은 이 전제가 더 이상 현실적이지 않으며 차라리 유연한 전략을 취하는 것이 북한과의 협상에서 새로운 카드를 얻을 수 있고 한반도 핵 문제의 새로운 방향도 개척할 수 있으며,[15] 더 나아가 한반도 문제에 대한 중국의 참여를 배척할 수 있을 것이라 여기고 있다.

코로나19의 대유행은 한반도 문제에도 심각한 영향을 미쳤다. 우선, 코로나19는 동북아의 지정학적 긴장 국면을 더 고조시켰다. 코로나19가 만연한 상황에서 강대국들이 세계적인 위기를 이용해 우위를 선점하고 영향력을 투사하려고 하면서 한반도에 새로운 불확실성이 더해지고 있다.[16] 둘째, 미중 간 경쟁이 심화되고 있는 국면에서 코로나19는 이미 불

확실성으로 가득 차 있는 한반도의 외교 환경과 안보 상황을 더욱 복잡해지게 했고 북핵 문제의 미래는 더욱 불투명해졌다. 주요 이해관계국인 한·미·중·일이 코로나19 상황을 잘 수습하기 전까지 한반도의 전통안보 의제는 방치되거나 수면 아래로 가라앉게 될 것이다. 셋째, 코로나19로 인해 동북아 국가들 간 지정학적 갈등이 심화되었다. 그동안 북핵 문제는 주요 행위체들 사이에서 윤활유 역할을 하며 대국의 협력과 동맹 결속에 도움이 되었지만, 코로나19로 인해 각자 '자기 문 앞 눈 쓸기'에만 집중하게 되어 국가 간 불신을 격화시켰으며 북핵 문제에 대한 관심이 떨어지게 되었다.[17] 따라서 지정학적 갈등도 끊임없이 나타났다. 넷째, 코로나19는 한국과 미국, 일본의 국내 정치 투쟁을 심화시켰다. 특히 미국은 2020년 11월 대선, 한국은 2020년 4월 총선으로 인해 국내 정치에 관심이 집중되었으며 국제 문제에 대한 관심이 떨어질 수밖에 없었다. 다섯째, 코로나19로 인해 핵심 행위체들 간의 정책 협의와 조율에 어려움이 더해졌다. 전화와 화상회의를 통한 소통도 분명 기술적 장점이 있지만 전통적인 정보 교류와 협상 조율의 수단이 제대로 기능하지 못하고, 대면 소통의 부족으로 현장의 실질적 문제해결이 더욱 어려워지게 되었다.[18]

한반도는 전통안보 문제와 냉전적 사고가 심각한 '화석화'된 지역이다. 사실 한반도 문제의 시작 자체가 외부 환경 요인이 지나치게 큰 것에 기인한다. 현재 한반도의 외부 환경 요인 가운데 미중 두 강대국의 영향이 더욱 뚜렷하게 나타나고 있다. 다만 코로나19 여파로 한반도의 전통안보 문제에 대한 관심이 소홀해졌고 줄곧 세계적인 초점이 되었던 북핵 문제와 북미 관계에 대한 관심도 식어버린 상태이다.

2. 내향적 정치 충격의 외부효과

새로운 상황은 많은 난제를 생산했다. 새로운 환경과 오래된 난제의 충돌로 인해 새로운 변수들이 생겨나 문제해결의 난이도는 더욱 높아질 것이며, 관리 부실은 잠재적인 안보위기를 야기하고 상승시킬 것이다.

현재의 국제정세 속에서 북한은 방역, 경제회복, 민생 등 세 가지 문제에 직면해 있다.

북한은 코로나19가 터지자 우선 먼저 북중 국경을 폐쇄하여 코로나19로 인한 잠재적 충격을 막았다. 이는 부득이하게 취한 조치였다. 북한의 의료 환경은 매우 열악하여 자칫하면 치명적인 재앙을 초래할 수 있기 때문이다.[19] 중국 및 다른 국가에서의 코로나19의 확산세는 북한이 취한 조치의 정당성과 적시성을 증명했다.

그러나 국경 폐쇄로 인한 경제적, 사회적 후폭풍은 매우 심각했다. 대중국 무역은 북한 대외무역의 90% 이상을 차지하고 있는데, 북중 국경 폐쇄는 곧 북중 접경지역의 공식, 비공식 무역이 완전히 중단되고, 수천 개에 달하는 북한 내 장마당의 침체와 그 주변산업이 단절되는 것을 의미한다. 항로와 철도, 도로운송의 중단은 중국으로부터 수입하는 식량이나 비료, 민생 유류의 지원을 제때에 공급받을 수 없음을 의미하며 이는 북한의 식량생산에 막대한 영향을 미칠 것으로 보인다.[20] 실제로 코로나19로 인한 경제적 피해는 국제적 제재로 인한 영향을 훨씬 넘어섰으며 북한 사회에 거대한 충격을 주고 있다.

북한은 원산, 평양과 북중 접경지대에 격리 시설을 설치하고 외국인과 대외 업무 담당 간부 및 주민, 최근 출국 경력을 가진 자들을 집중 격리하는 등 사전 예방 조치를 취했다. 또 노약자와 장애인, 감염 취약 계층

을 사전에 격리하여 단백질과 비타민 등을 집중적으로 공급해 면역력이 떨어지는 집단의 체질과 면역력을 강화하여 코로나19를 적극적으로 예방 통제했다.[21] 이와 같은 극단적인 방안으로 북한은 자국 내에 코로나19 확진자가 한 명도 발생하지 않았으며 미국 및 국제사회의 지원도 받지 않았음을 선전하고 있다.

북한은 군사적 수단도 대응책 중 하나로 활용했다. 북한은 코로나19로 인해 경제적으로 어려움을 겪고 있지만, 각 나라들이 스스로를 돌보기에 여념이 없는 국제 환경은 북한이 방해를 받지 않고 전략과 전술 연구를 진행할 수 있는 좋은 기회가 되었다.[22] 북한은 단거리, 중거리, 장거리 미사일의 기술 제원을 제고하고, 코로나19 상황에서 한국과 미국이 이를 수용할 수밖에 없도록 전략적으로 압박하면서 외교적 우위를 점했다. 북한이 실전 배치한 대륙간탄도미사일 이외에도 최근에 실험한 에이태킴스(ATACMS: 육군 전술 미사일 시스템)를 포함한 북한의 단거리미사일은 한국 및 주한미군에도 직접적인 위협이 되고 있다. 또한 최신 MGM-140 ATACMS 지대지유도미사일은 비행과정에서 상승하는 불규칙 기동을 보임으로써 한국에 배치된 패트리어트3(PAC3)와 사드(THAAD) 미사일방어체계에 대한 위협과 생존 능력을 보여주었다.

북한은 미국의 군사적 조치 및 추가 압박을 피하고 미국을 향해 시그널을 내보내기 위해 군사지휘관 회의와 국무회의를 여러 차례 소집하고 비교적 절제된 탄도미사일과 방사포 시험을 진행했다. 이는 대선과 코로나19에 직면한 트럼프에게 다음과 같은 네 가지 시그널을 보내기 위함이었다.[23] ① 북한은 트럼프의 대선에 영향을 줄 수 있으며, 11월까지 충분한 외교적, 군사적 수단으로 북한의 역할을 보여줄 수 있다. ② 북한은 만반의 준비를 해두었으며, 더 이상 미국과 '빈 협상'을 하지 않을 것이다.

협상을 하려면 성과가 있어야 할 것이고, 군사충돌이라면 대응능력도 갖추었다. ③ 북한이 시험발사한 것은 모두 단거리 미사일인데, 능력과 시용으로 유엔 결의를 위반한 것이 아니므로 새로운 제재를 초래하지 않을 것이다. ④ 북한의 시험발사는 '절제'되었으나 효과적이다. 능력을 보여주는 동시에 미국에 호의를 전달했으며, 코로나19가 세계를 휩쓸고 있는 때에 스스로가 부각되는 것을 원치 않는다.

미국의 코로나19 상황 악화와 중국 내 상황 호전에 따라, 한반도 문제와 미국에 대한 북한의 태도 및 조치에도 변화가 예상된다. 원조에 대한 수용 여부는 이런 변화를 관측하는 데 중요한 매개체가 될 것이다. 우선, 미국의 상황이 나아지지 않는다면 북한은 방역협력이 대북 제재를 해제시키는 돌파구가 될 것인지에 따라 전략적으로 강온 양면의 수단을 사용할 것이고, 한국이 이러한 목적을 실현하는 매개체가 될 수 있을지에 따라 원조 수용이나 방역협력 등에서 한국에 대한 공세를 취할 것이다. 다음으로, 중국의 동북 지역의 코로나19 상황이 호전됨에 따라 북한은 농업과 경제발전에 필요한 물자를 수송하기 위해 수송로를 재가동할 가능성이 있다. 셋째, 북한은 코로나19 상황 변화에 따라 총체적인 전략에 유리하도록 전략을 조정할 것이다.

한국은 외교적으로 여러 방향의 협공에 직면해 있다. 미국은 한국이 방위비 분담이나 대북 문제와 대중 문제에서 다른 입장을 보이는 것에 불만을 갖고 있다. 북한은 한국이 한반도 문제 처리 과정에서 서울의 역할을 과장하고 있으나 실상은 미국의 통제에서 벗어나지 못하고 있다고 보고 탈북자와 대북전단 살포를 빌미로 한국과의 모든 연락을 단절시켰다. 중국과의 관계에서는 코로나19로 인해 낮은 수준의 소통을 유지하는 것 외에는 미중 경쟁이 가져온 선택적 딜레마에서 출구를 찾지 못하고

있다.[24] 이와 동시에 한국이 남북 관계를 복원하려고 한 노력도 무산되었다. 문재인 대통령은 코로나19 발발 이후 남북 간 협력과 의료, 약품, 인도적 지원 등을 제안했지만 북한은 냉담한 반응을 보이며 단호하게 거부했다.

트럼프 역시 방역 지원을 거론했다가 거절당한 바 있다. 또한 '탈북자' 단체의 대북전단 살포에 대해 북한은 개성에 있는 남북 연락사무소를 폭파하고 대남 업무를 '대적 사업'으로 명칭을 바꾸었다. 북한이 국경을 폐쇄한 상황에서 한국은 북한과의 연락 채널을 상실하여 대북 문제를 내향적으로 처리할 수밖에 없게 되었고 통일부 장관, 국정원장, 안보실장 등 대북 관련 고위 당국자 3명을 교체하고 '탈북자 단체' 두 곳의 설립 허가를 취소했다. 또한 문재인 정부의 대북정책은 공무원 피살 문제에 강경하게 대응하지 못했다는 이유로 보수파의 공격도 받아야 했다.

한국이 대북 관계에서의 우위를 발휘하지 못한 것은 국내 정치와 외교의 심각한 제약이 되었다. 한국은 더불어민주당의 정치적 우위가 대북정책의 우위로 작용하여 북한에 지속적으로 선의의 신호를 보냈던 적이 있다. 한국은 한반도 문제에 대해 독자적인 정치적 스케줄을 갖고 그동안 한반도 프로세스를 주도하며 북미 간 중재자 역할을 해왔다. 그러나 문재인 정부에게 대북, 대미 관계는 직선의 양 극단이자 조율하기 어려운 딜레마가 되어 한쪽과 가까워지면 다른 한쪽을 잃게 되고, 그렇다고 한쪽을 내치면 다른 한쪽에 대한 영향력을 상실하게 되는 상황이 되었다. 무엇보다 대북정책은 한국의 국내 정치 및 외교의 초석과도 같아 하나를 얻으면 모두 얻게 되고, 하나를 잃으면 모두 잃게 된다. 즉 남북 관계가 호전되면 한국은 외교적 부담을 크게 덜고 미중 경쟁에서 선택의 폭을 넓힐 수 있으며, 국내 정치에서도 문재인 정부와 더불어민주당의 집권

기반을 강화하여 향후 대선에서의 승산을 높이게 될 것이다. 이와 반대로 남북 관계가 나빠지면 한국의 외교적 운신의 폭이 크게 제약되고 문재인 정부는 야당의 압력에 마주하게 될 것이다. 그러나 한국의 외교, 안보에서의 대미 자율성은 북한이 한국을 보는 중요한 지표인데, 현재 한국 국내 상황에서 미국의 외교와 군사적 통제로부터 자율성을 확보하는 것이 쉽지 않다. 이 문제를 단기간 내에 해결할 수 없는 국면이 문재인 정부에 큰 압박으로 작용하고 있다.

그 외에 한국의 국내정세는 대북 관계와 대미 관계에도 영향을 미치고 있다. 우선, 문재인 정부의 노력이 부족했다기보다는 미국으로부터 너무 많은 제약을 받는다는 점이다. 더불어민주당은 총선에서 대승을 거두어 3분의 2의 의석을 확보하면서 대북 문제에서 미국의 뒤만 따라가는 것이 아니라 독자적 노선을 걷기 위해 노력하고 있다.[25] 그러나 정치적인 구조로 볼 때 한국 정치가 미국의 제약을 많이 받고 있기 때문에 대북 문제에서 미국보다 지나치게 앞서나가는 것은 비현실적이며, 중요하지 않은 사안에서 한국의 대북 입장을 드러내는 것이 최선일 것이다. 둘째, 문재인 정부의 임기가 막바지에 이르면서 원동력과 의지가 부족하다는 점이다. 더불어민주당이 여러 차례의 정치적 승리로 한국의 국내 정치 구도에서 우위를 선점했기에 신임 대통령도 더불어민주당에서 나올 것이다. 2022년 대선이 가까워질수록 더불어민주당은 당내 파벌 싸움이 격화되어 북한에 신경 쓸 겨를이 없을 것이다. 게다가 북한 문제는 1년 안에 해결될 수도 없고 더 이상 새로운 성과가 나오기도 어렵기에 이를 차기 대통령의 과제로 남겨두고자 할 것이다. 한국 국민들도 집권당의 북한 카드와 평화 카드에 점차 싫증을 느끼고 있다. 또한 한국 내 대북 관련 요인은 미국 정부, 미국 군사정보기관, 한국 군사정보기관, 보수 세력 및 복

잡한 배경을 가진 다양한 비정부기구들을 포함하여 매우 혼잡하기에 더불어민주당은 '북한을 자극하지 않는 것'에 합의를 이루고 한국판 대북 '전략적 인내'를 취할 것이다.[26]

무엇보다 한국이 현재 직면한 최대 과제는 차기 대통령 선거인데, 이는 한국의 경제발전과 직접적으로 관련되어 있다. 경제 문제의 해결은 북한 문제와 미중 경쟁 그리고 내부 보수 세력의 견제와 맞물려 있어 이러한 다양한 문제들이 하나의 고리에서 끊임없이 순환 반복되는 악순환에 빠져 있다.

3. 한반도의 새로운 게임

코로나19로 인한 충격 이외에도 한국과 미국은 여러 전통안보 문제에서 코로나19의 영향을 받았으며 한반도에서의 각 당사국 간 게임에 새로운 장이 펼쳐질 것이다.

트럼프로서는 의심할 여지없이 연말 대선이 최대 관심사였으므로 모든 것을 선거 중심으로 활용했다. 2019년 중반부터 트럼프의 대북정책에는 선거의 흔적이 역력했는데 북한에 호의적인 모든 거동이 선거에 도움이 되었다. 2020년 3월 미국이 제안한 대북 방역 지원 역시 그런 목적에서 나온 것이다. 2020년 7월 트럼프는 심지어 비건(Stephen Biegun) 국무부 부장관을 한국에 파견하여 북한의 반응을 타진하기도 했다. 북한 역시 상황을 자신들에게 유리하게 만들려 했지만 실제로 목적을 실현할 수 없게 되자 관계를 단호하게 끊어버렸다. 미국의 제안에 대해 북한은 김여정의 담화 및 외무성 대미협상국의 담화로 응답했다. 트럼프 정부

말기에 북한 문제의 한계효용이 점점 줄어들자 북미 쌍방의 의욕도 대폭 줄어들었다. 바이든 신임 대통령은 취임하자마자 트럼프의 대북정책을 바꾸겠다고 공언했다.

한국의 경우도 비슷하다. 2022년 한국의 대선이 가까워짐에 따라 국내 정치에 대한 관심과 북한 문제를 내정화하는 전통적인 수법이 한반도 문제를 더욱 복잡하게 만들 것이 틀림없다. 다음 몇 가지 요인은 더욱 주의를 기울일 만하다.

첫째, 미중 경쟁의 심화는 한반도에 장기적으로 영향을 미칠 것이다. 역사적으로 한반도의 운명은 대국에 의해 결정되었다. 장기화되는 무역 전쟁과 코로나19로 인한 새로운 갈등으로 인해 한국은 미중 전략 경쟁의 부수적 피해를 우려해야 될 뿐 아니라 미국에 대한 안보 의존도와 중국에 대한 경제 의존도가 심화되어 양자택일을 할 수밖에 없는 전략적 우려를 더욱 가중시키고 있다. 심지어 한미동맹 관계와 북핵 문제 양자 간의 조정 능력에까지 영향을 미치고 있다.

둘째, 미중 경쟁이라는 배경하에서의 '미국 우선주의'가 한미, 미일, 한일 관계에 균열을 내고 있다.[27] 미국은 그동안 한반도에 대해 위협과 달래기를 병행하는 정책을 취해왔다. 즉, 북한을 자극해 안보딜레마를 야기하고, 이를 통해 한일 양국의 안보 불안감을 조성해 한일을 통제하면서 동시에 중국에 대한 억지력을 확보했다. 그러나 트럼프 행정부는 '미국 우선주의'를 앞세워 한일 양국에 방위비를 과도하게 분담하도록 압력을 가했고 미국과 협상할 카드가 없는 한국과 일본은 지연술로 정책의 변화를 기다리고 있다. 이런 상황에서 한국과 일본은 미국으로부터 동맹 방기를 당하는 것에 대한 공포와 불안감이 격화되었고 한일 양국이 핵 보유의 길로 들어설 가능성도 배제할 수 없다.[28]

셋째, 미중 간 경쟁에서 한반도의 전략적 가치가 다시 돋보이면서 대국 간 게임이 더욱 복잡해졌다. 미중 양국이 경쟁과정에서 북한과 한국의 전략적 가치를 '재발견'했다는 것이 여러 방면에서 드러났다. 과거 미중 양국은 한반도 문제, 특히 한반도 핵 문제에 대해 큰 틀에서는 협력하고 세부적인 부분에서 논쟁과 경쟁 양상을 보여왔다. 따라서 6자회담과 2018년 이후의 관계 완화 시기가 출현했었고 한반도 핵 문제는 정상적인 궤도에서 다뤄졌다. 그러나 미중 경쟁이 가속, 심화됨과 더불어 나타나는 뚜렷한 양상은 한반도 문제에서 미중 협력은 줄어드는 반면 적대감이 높아지고 일방적인 행동이 갈수록 많아지고 있다는 것이다.[29] 바이든 경선 캠프에서는 과거 한반도 문제의 진전은 미국의 '극한 압박' 정책에서 비롯되었으며, 번번이 차질이 빚어진 것은 중국의 '과도한 개입' 때문이라고 보았다. 중국은 이미 한반도 문제를 미국과의 전략경쟁을 위한 여러 카드 중 하나로 간주하고 있으며,[30] 마찬가지로 새로 출범하는 미국 정부도 북한 문제를 대중국 카드로 삼을 가능성이 매우 크다. 미중 관계는 이미 구조적인 변화가 생겨 많은 영역에서 조율이 불가능한 상황이다. 그러나 미중 양국 간 경쟁이 치열하다고 해서 북한과 한국에 대한 외교를 약화하지는 않을 것이며 오히려 동북아 정세에서의 한반도의 가중치를 대폭 높일 것이다. 미중 양국이 경쟁적으로 북한이나 한국을 공략하려는 시도는 향후 한반도 게임을 더욱 복잡하게 만들 것이다.

넷째, 한국과 북한 모두 자국에게 유리한 상황을 만들기 위해 노력할 것이다. 미중 관계의 악화 과정에서 남북 양측은 미국의 의사결정에 굉장히 큰 여지와 공간이 있음을 알게 되었다. 또한 미국의 자국 안보와 관련된 문제에서 미국이 취한 극도의 이기주의는 이미 모두에게 경종이 되었다. 북한은 트럼프가 북한 문제가 선거정세에 영향을 주는 것을 원치

않는다는 점을 이용해 무기 개발과 흥정할 공간을 충분히 확보할 것이고 코로나19 이후의 형세를 살피면서 재편된 국제정세의 맥을 짚을 것이다. 그리고 국제정세를 이용하는 데 능숙한 점을 활용해 자기에게 유리한 대책을 마련할 것이다. 한국은 대북 관계에서 과감하게 스스로의 길을 갈 것이고 대북 우위를 활용해 미국에 목소리를 내고 방위비 분담이나 미사일체계 배치 등의 문제에서 성과를 낼 것이다. 미국의 새 정부는 3~6개월 동안 정책 평가의 기간을 가질 것인데, 이는 한반도 문제에 더욱 큰 불확실성을 불러올 것이다.

다섯째, 코로나19로 인해 한반도 문제의 해결에 새로운 기원이 열리게 될 수 있다. 코로나19 사태의 발발과 발전 양상은 극히 복잡한데, 미국과 유럽의 확산세가 끊임없이 반복되는 반면 중국은 기본적으로 안정되었고 한국은 안정세를 보이고 있으며 북한은 '감염 제로 지역'이다. 가장 먼저 코로나19가 발발한 동아시아 지역은 전통문화의 집단 관념으로 인해 통제가 비교적 잘 되고 있기에 향후 경제와 인문교류 방면에서 '함께 껴안아 추위를 이겨낼' 가능성이 있다. 이러한 뉴노멀의 출현, 특히 '인간안보'라는 요소가 부각되는 것은 북한 지도부가 과거의 '지정학', '군사우선'에서 벗어나 '민생정치'와 '인민정치'를 추진하려는 의도에도 부합한다.[31] 또 지난 몇 년 동안 트럼프의 비상식적인 행태가 북미 관계를 어느 정도 촉진시키고, 그동안 말할 수도 말을 해서도 안 되는 여러 문제들을 건드리면서 한반도 문제의 해결 가능성이 새롭게 나타났다. 이와 같은 여러 가지 요인들로 인해 그동안 이해충돌로 꽉 막힌 채 꼬여 있던 한반도 문제에 새로운 방안이 나올 수도 있다.

4. 중국은 새로운 국면에 어떻게 대처해야 하는가

코로나19와 미중 경쟁은 한반도에서 가장 큰 두 가지 외부 요인이자 신규 도입 변수로서 이미 일반 변수, 즉 미·중·러·일 등의 전통적인 지정학적 세력보다 훨씬 큰 영향을 미치고 있다. 이러한 새로운 요인에 대한 남북한의 대응과 각국의 상호 작용은 향후 한반도의 새로운 안보 수준을 좌우하게 될 것이다. 우선, 코로나19와 미중 경쟁이라는 상황에서 한중 양국은 방역협력을 진행함과 동시에 미중 경쟁으로 인해 일부 문제가 발생할 것인데, 한국이 이러한 갈등을 어떻게 처리하느냐가 향후 한반도 안보환경에 영향을 미칠 수 있다. 둘째, 한국이 미중 경쟁 속에서 어떤 포지션을 취하느냐에 따라 한반도 자체의 안보 수준이 크게 달라질 것이다. 어느 편에 줄을 서는지를 선택하는 것은 국내, 국제 정치의 변화를 동시에 가져올 것이다. 셋째, 한반도 핵 문제에 새로운 영향 변수가 등장하여 방치와 종용, 관용과 규제 등 모든 옵션에 딜레마가 생길 것이며 이는 미래의 동아시아 국제관계에도 큰 영향을 미칠 것이다. 넷째, 미중 관계의 구조적 변화와 새로운 형세는 상술한 세 가지 측면에 영향을 미칠 것이며, 동시에 북핵 문제와 지역정세에 새로운 불확실성을 가져올 것이 분명하다. 이러한 동적 변화와 새로운 불확실성의 증가는 나선형으로 가속화된 상호작용을 형성하여 한반도에 혁명적인 변화를 가져올 수 있다.

중국은 바이든 정부의 대북정책의 변화를 명료하게 분석하여 그 순위와 수법, 개념을 전반적으로 이해하고, 정책 결정과정에서의 이견과 쟁점을 파악해야 할 뿐만 아니라 가장 관건적 요인인 북한과 한국의 전략적 위치를 분명히 설정하고 한반도 정세를 잘 관리해야 한다. 특히 북미의 비핵화 이견을 조율하는 등 관련국으로서의 역할을 충분히 해야 하며

한반도 요인을 중국의 대국 외교의 도전 요인으로 만들어서는 안 된다.

첫째, 외교 협력을 추진해야 한다. 현재 중국이 갖고 있는 국제적 역량을 충분히 활용하여 미국, 북한, 한국과의 외교적 협력을 확대해야 한다. 코로나19와 국제정세의 대격변으로 국가 간 물리적, 공간적 접촉이 급격하게 감소했고 미국의 아시아에 대한 통제가 상대적으로 약화되었다. 반면 중국과 북한은 전통적 우호 관계가 부단히 승화 진전되면서 중국의 영향력이 강화되었다. 또한 바이든 정부의 대북정책 재편에 상대적으로 긴 시간이 필요하기에 이 기간 동안 한반도는 '공백기'에 처하게 되는데 이와 더불어 남북 관계가 거의 단절되다시피 한 상황도 중국의 역할을 상대적으로 강화시킬 것이다. 이러한 요인들로 인해 중국은 한반도 문제에서 전략적 사전 준비를 할 수 있다.

둘째, 중국 방안의 실행을 강화해야 한다. 바이든 정부 출범 이후에도 미국의 비합리적인 대내외 행보는 이어질 것이다. 북한에는 많은 변화가 생겼고 한국도 국내 정치의 변동이 예상되고 있는 등 관련국에서 모두 변화가 발생하고 있다. 중국은 이를 바탕으로 한반도에 대한 발상을 바꿔야 한다. 한반도 핵 문제에 대한 북미 간 입장 대립, 논리 충돌, 그로부터 제기되는 여러 입장은 각 측의 이익을 '균형적'으로 배치한 것이지 중국의 국익을 극대화한 것이 아니다. 중국은 비핵화, 종전선언, 평화협정 등에 대해 명확한 개념정립을 하여 '비핵화'의 새로운 길을 걷고 '비핵화 역행'에 대한 제재 등 상응하는 조치를 만들어 중국의 외교와 이익에 부합하도록 해야 한다. 예컨대 북한과 미국이 '포괄적, 단계별' 원칙과 '단계별 협의', '단계별 진행'을 수용하도록 설득해야 한다. 또한 북한이 취한 핵 실험장과 미사일 엔진 시험장 폭파 등의 조치가 '비핵화' 성격임을 명확하게 인정하고 그에 대해 장려 조치와 회답을 해야 한다.

셋째, 한반도의 비핵화를 견지해야 한다. '핵 보유 유용론'을 조장해서는 안 되며, 한반도 비핵화의 목표를 놓치지 말아야 한다. 비핵화의 입장을 고수하는 것은 중국의 일관된 방침이자 다자주의를 견지하고 국제사회의 권위를 수호하기 위한 출발점이다. 사실상의 핵무기 보유가 한반도 비핵화의 가능성과 필요성을 바꿀 수는 없다. 북한의 생각과 바이든 정부의 일부 대북 접근법은 여전히 한반도 비핵화에 대한 기대를 갖게 하고 있으므로, 이러한 요소들의 공통분모를 적극적으로 찾아내고 확대하여, 전략적으로 한반도 문제를 다룰 수 있는 강도를 높여야 한다. 또한 관여와 개입 등의 복합적인 수단을 활용하여 한반도 문제의 외교적 도구화를 촉진해야 한다. 이와 더불어 모든 사안이 대미 외교 중심인 상황을 바꾸고 미국의 외교와 제재를 받고 있는 한계를 돌파해야 하며, 한반도 정책이 대미 외교, 대한 외교 그리고 대북 외교와 선순환을 이룰 수 있도록 해야 한다.

넷째, 더 적극적으로 성과를 내야 한다. 북미가 많은 문제에서 합의를 이루지 못하고 제로섬 게임을 벌이는 한 아무리 많은 얘기를 하고 자주 만난다고 해도 근원적인 불신을 변화시킬 수는 없다. 중국은 화해와 대화를 성사시키는 '고급 시중꾼(高級侍者)'의 역할에서 벗어나야 한다. 단순히 차나 물을 따르고 상차림을 하는 데 그치지 말고 테이블의 좌석에 앉아 플레이어가 되어야 하며 이러한 변화에 적응해야 한다. 참여하고 개입이 있어야만 중국 자체의 이익과 직결되는 것을 체감할 수 있고, '북미 문제'가 '중국의 문제', '나의 문제', '중국의 화제'로 전환되어야만 새로운 발상과 새로운 방안이 나올 수 있다.

주

1   Jisi Wang and Hu Ran, "From cooperative partnership to strategic competition: a review of China-US relations 20092019," *China International Strategy Review* 1-1, 2019, p. 3

2   Martin Kenney and John Zysman, "COVID-19 and the increasing centrality and power of platforms in China, the US, and beyond," *Management and Organization Review* 16-4, 2020, p. 750.

3   John Allen and Nicholas Burns and Laurie Garrett and Richard N. Haass and John Ikenberry et al., "How the world will look after the coronavirus pandemic," *Foreign Policy* 20, 2020.

4   Timo Kivimki, "Why Focusing on the Coronavirus Is Good for Peace on the Korean Peninsula," https://researchportal.bath.ac.uk/en/publications/why-focusing-on-the-coronavirus-is-good-for-peace-onthe-korean-p.

5   C. T. Vidya and K. P. Prabheesh, "Implications of COVID-19 pandemic on the global trade networks," *Emerging Markets Finance and Trade* 56-10, 2020, p. 2418.

6   Julia Masterson, "North Korea Spurns Diplomacy With United States," *Arms Control Today* 50-4, 2020, p. 27.

7   Sabinne Lee and Changho Hwang and M. Jae Moon, "Policy learning and crisis policy-making: quadruple-loop learning and COVID-19 responses in South Korea," *Policy and Society* 39-3, 2020, p. 375.

8   Tat Yan Kong, "How China views North Korea's readiness to reform and its influence on China's North Korea policy in the post-Cold War era," *The Pacific Review*, 2019, p. 11.

9   Jiyong Zheng and Xingxing Wang, "North Korea's non-traditional security and China," In *China North Korea Relations*, Edward Elgar Publishing, 2020, p. 46.

10   Da-jung Li, "Trump Administration's North Korea Policy: From 'strategic

patience' to 'maximum pressure'," *Tamkang Journal of International Affairs* 22-3, 2019, p. 33.

11 신장철, 〈일본의 대한(對韓) 경제보복에 대한 소고(小考): 한일대립의 본질과 실태를 중심으로〉, 《일본연구》 83, 2020, 52쪽.

12 Jagannath Panda, "India, the Blue Dot Network, and the 'Quad Plus' Calculus," *The Air Force Journal of Indo-Pacific Affairs* 3-3, 2020, p. 3.

13 Oxford Analytica, "US-China conflict over Huawei clouds 5G outlook," Emerald Expert Briefings oxan-db.

14 Jangho Kim and Daewon Ohn and Jae Jeok Park, and Mason Richey, "To Double Down or Decouple? North Korea and China as Challenges to the US-South Korea Alliance," *Asian Politics & Policy* 12-1, 2020, p. 44.

15 Jalel ben Haj Rehaiem, "Trump's Madman game in North Korea and the Pakistan Model," *North Korean Review* 16-1, 2020, p. 91.

16 Jong-Ho Shin, "Analysis of China's Two Sessions and Their Implications on the Korean Peninsula," 2020, http://repo.kinu.or.kr/bitstream/2015.oak/11422/1/CO20-08%28e%29.pdf.

17 Julia Masterson, "North Korea Spurns Diplomacy with United States," *Arms Control Today* 50-4, 2020, p. 27.

18 Donna Smith, "The Covid-19 crisis and academic development: Reflections on running a staff development webinar series for Politics/IR academics," *International Journal of Multidisciplinary Perspectives in Higher Education* 5-1, 2020, p. 132.

19 Titan Alon and Matthias Doepke, Jane Olmstead-Rumsey, and Michle Tertilt, "The impact of the coronavirus pandemic on gender equality," *Covid Economics Vetted and Real-Time Papers* 4, 2020. https://finanz.dk/the-impact-of-the-coronavirus-pandemic-on-gender-equality/page/3913/.

20 Park, Jaeyoon, Jungsam Lee, Katherine Seto, Timothy Hochberg, Brian A. Wong, Nathan A. Miller, Kenji Takasaki et al., "Illuminating dark fishing fleets in North Korea," *Science advances* 6, no. 30, 2020: eabb1197.

21 Kyu-Chang Lee, "Inter-Korean Cooperation and Collaborative Action for the Prevention of Epidemic Proliferation," 2020, http://repo.kinu.or.kr/bitstream/2015.oak/11021/1/CO20-03(e).pdf.

22 Marcus Noland, "The pandemic in North Korea: lessons from the 1990s famine," 2020, https://www.eastwestcenter.org/publications/the-pandemic-in-north-korea-lessons-the-1990s-famine.

23 Bryan Port, "Hypothesizing Kim Jong-un: A Framework for Analyzing North Korean Behavior," 2019, http://keia.org/sites/default/files/publications/kei_aps_port_190605.pdf.

24 Lauren Richardson, "The logic of Seoul's top-down approach to Pyongyang," *East Asia Forum Quarterly* 12-1, 2020, p. 38.

25 Richard Bush, "Working at Cross Purposes? New Challenge to the Alliance in Negotiating with North Korea," 2019, https://www.brookings.edu/wp-content/uploads/2019/01/KRINS-Paper-2019-Working-at-Cross-Purposes-Richard-C.-Bush.pdf.

26 Geetha Govindasamy and Erwin Tan and Chang Kyoo Park, "Failure of An Inter-Korean Policy: The Case of Trustpolitik," *IJEAS: The International Journal of East Asian Studies* 8-1, 2019, p. 6.

27 Eliot A. Cohen, "America's Long Goodbye: The Real Crisis of the Trump Era," *Foreign Aff.* 98, 2019, p. 138.

28 Andrews, Henry L, and Peter D. Duerst, "Korea at the Crossroads: Nuclearization or Reunification?," In *Security In Korea*, Routledge, 2019, p. 272.

29 Xiangfeng Yang, "Appraising the Thucydides Trap Geographically: The Korean Factor in Sino-US Relations," *Pacific Focus* 34-2, 2019, p. 199.

30 Min Hong, "DPRK-China Summit and DPRK-US Correspondence Diplomacy: Assessment and Prospects in the Future," 2019, https://www.kinu.or.kr/www/jsp/prg/api/dlVE.jsp?menuIdx=645&category=72&thisPage=1&searchField=&searchText=&biblioId=1521906.

31 Chan Young Bang, "Economic Decay and Failures of Reform in the DPRK," In *Transition beyond Denuclearisation*, Palgrave Macmillan, Singapore, 2020, p. 35.

'일대일로' 전략과 중국의 권력 투사

장영희

중국의 지리적 위치와 영토의 규모는 주변국과의 네트워크를 구축하는 데 유리한 환경을 제공하고 중국에게 특수한 지위와 역할을 부여한다. 중국이 동아시아에서 맺고 있는 상호 연결의 네트워크는 주변국에게 경제적 이익뿐만 아니라 인문적 관념과 가치를 공유할 수 있도록 만들 수 있다. 따라서 중국과 주변국 사이에 시장개방 및 협력발전이 심화되는 과정에서 서로를 연결하는 네트워크의 구축은 중요한 가치를 갖는다.[1]

2013년 중국은 '실크로드 경제벨트'와 '21세기 해상 실크로드'의 건설이라는 새로운 구상을 제시했다. '실크로드 경제벨트'는 중국 서부지역의 개방 및 개발을 바탕으로 해서 서쪽으로 뻗어나가는 거대한 공간적 확장과 중앙아시아에서 유럽에 이르는 광활한 경제협력 지대의 건설을 추진하는 것이다. '21세기 해상 실크로드'의 목적은 개방 및 협력적 해상통로의 건설을 촉진하고 해안 국가 간의 경제협력과 발전을 위한 새로운 동력을 창출하는 데 있다.

시진핑 체제에서 '일대일로(一帶一路)'를 제안하게 된 것은, 2008년 금융위기 이후 세계 경제의 엄중한 상황에 대응하기 위한 것일 뿐만 아니라, 미국의 중국에 대한 전략적 봉쇄를 견제하기 위한 가장 효과적인 조치였기 때문이다. 전 세계 경제 판도의 측면에서 보자면, 미국, 일본, 브라질을 제외하고 전 세계 10대 경제체가 모두 '일대일로'상의 연선 국가들이다. 실크로드 경제벨트 연선 국가들의 국민총생산은 세계 총액의 55% 정도를 차지한다. 또한 세계 총인구의 70% 정도를 점하고 있고, 지구상에 알려진 에너지 매장량의 75% 정도를 갖고 있다. 이러한 경제적 규모뿐만 아니라 세계에서 가장 빠른 경제발전 속도가 더해지면서 실크로드 경제벨트는 새로운 세계화 시대의 경제 대동맥 역할을 하게 될 것이다. '일대일로' 발전 전략의 제시는 중국이 아시아 지역의 경제통합을 이끄는 선두주자 역할을 하겠다는 의지의 표명이기도 하다.[2]

장윈링(張蘊嶺)은 '일대일로' 구상이 단지 거대한 건설 프로젝트에 머무는 것이 아니라 선도적 의미를 갖는 새로운 성장전략이라고 해석한다. 그것이 선도하고자 하는 것은 단지 물질적 분야의 경제 건설에 머물러 있지 않고, 기존의 서구 중심적 관념에서 벗어나 새로운 발전관, 새로운 안보관 그리고 새로운 문명관을 제기하고자 하는 중국적 비전이 담겨져 있다는 것이다. 중국은 '고대 실크로드'가 갖고 있던 호혜적인 교류정신과 정화(鄭和)의 대원정이 창조한 '해상 문명'의 전통을 계승하여 내륙 발전을 도모하고 해양의 새로운 질서를 구축하고자 한다. 그래서 '일대일로'는 지역, 형식, 참여 국가를 제한하지 않으며, 개방적 성격을 지닌 전략이자 지역에 기초하여 세계로 나아가는 대전략이다.[3]

역사상의 실크로드는 기원전 2세기 서한의 장건(張騫)이 서역에 파견된 것에서 시작되었다. '실크로드'는 1000년이 넘는 시간 동안 유라시아

대륙, 북아프리카 및 동아프리카에 이르는 장거리 상업교역 및 문화교류의 '길'을 총칭하는 것이었다. 유럽 국가들이 식민지 확장을 전면적으로 추진하기 전까지 세계 경제의 중심축은 줄곧 실크로드를 따라 분포했고, 실크로드는 16세기 이전 세계 장거리 무역의 중심축이었다. 최초의 세계화 모델인 셈이다. 현재 중국이 제기한 '일대일로'는 역사적으로 시안(西安)을 기점으로 하는 육상 실크로드와 닝보(寧波), 취안저우(泉州) 및 광저우(廣州)를 기점으로 하는 해상 실크로드에 대응되는 것이다.

향후 30년 동안 중국은 실크로드 연선 국가들의 경제적 일체화에 전력을 다할 것이다. 상하이협력기구(Shanghai Cooperation Organization)를 통해 새로운 회원국을 흡수하고 일대일로의 정치적 기반을 다질 것이다. '아시아 인프라투자은행(AIIB)' 및 '실크로드 펀드(Silk Road Fund)' 등 다국적 금융 메커니즘을 설립하고, 유라시아 대륙과 인도양 연안을 관통하는 고속 철도망, 고속 적재 철도망, 고속 도로망 등의 건설을 가속화하며, 복합적 다자간 자유무역 협정, 투자 편리화 협정, 물류 및 인적 교류가 편리하게 이뤄질 수 있는 조치를 결합하면, 일대일로의 대전략은 미래 세계 무역의 중심축으로 기능하게 될 것이다.[4]

1. '일 대 일 로' 전 략 의 핵 심 목 적 과 내 용

일대일로 전략의 핵심은 중국의 '발전 이익'을 지키려는 것이다. 중국공산당 제18차 전국대표대회에서는 중국 국가전략의 목표를 구성하는 3대 기둥으로 국가 주권, 국가 안보, 발전 이익이 언급되었다. 발전 이익은 이 세 가지 전략목표 중 가장 중요한 토대가 되는 목표이기도 하다. 주권과

안보가 중요하지만, 경제발전을 실현하지 못하고 경제성장을 유지하지 못 하면 안보와 주권도 보장될 수 없기 때문이다.

장위옌(張宇燕)은 중국의 발전 이익을 구성하는 요소로 시장 안보, 자원 및 에너지, 기술 진보, 통화 금융, 국가 규칙 및 제도 등 다섯 가지를 들고 있다.[5] 아래에서는 이 다섯 가지 요소가 중국의 발전 이익에 있어서 어떤 의미를 갖는지 살펴보고자 한다.

첫 번째로 시장 안보이다. 중국 경제발전의 가장 중요한 기둥은 수출이다. 중국은 세계 최대의 상품 수출국이고, 해외수출시장에 큰 관심을 갖고 있다. 시장 안보란 수출입 문제뿐만 아니라 해외자산 문제도 포함하고 있다. 중국은 해외에 많은 투자를 하고 있다. 상무부 등 중국 경제 부처가 2020년 9월 공동 발표한《2019년도 중국 해외직접투자 통계 공보(2019年度中國對外直接投資統計公)》에는 2019년 중국의 해외직접투자가 약 1369억 달러에 달한다고 밝히고 있다. 직접투자 유동량 규모로는 일본(약 2266억 달러)의 다음이다. 2019년 말 중국 해외직접투자 누적액은 2조 2000억 달러로 미국(약 7조 7000억 달러)과 네덜란드(약 2조 6000억 달러)에 이어 3위를 기록했다. 이처럼 중국이 전 세계 해외직접투자에 미치는 영향력은 계속해서 증가하고 있다. 2019년 말 현재, 2만 7500여 개의 중국 기업 및 투자자가 전 세계 188개국에서 해외직접투자를 진행하고 있고, 4만 4000여 개의 기업을 설립해 전 세계 80% 이상의 국가에서 투자를 진행하고 있다.

두 번째는 자원과 에너지다. 중국의 에너지 수입 의존도는 매우 높다. 석유 소비량의 60% 이상을 해외에서 수입하고 있다. 중국이 자원과 에너지에 관심을 갖는 주된 이유는 공급 중단에 대한 우려와 가격 안정 때문이다. 따라서 유가 안정과 에너지 안보에 큰 관심을 갖고 있다.

세 번째는 기술의 진보다. 중국 정부는 기술 진보에 큰 관심을 갖고 있다. 중국의 R&D 투자는 GDP의 2%를 넘어섰다. 이는 선진국에 비해 낮은 수치이지만 개발도상국 중에서는 상당히 높은 편이다. 중국은 기술 진보 측면에서 어느 정도 성과를 거두었으며, 앞으로도 선진국의 앞선 기술을 배우고 참고할 것이다.

네 번째는 통화 금융이다. 중국은 큰 폭의 환율 변동과 자본 흐름이 중국 경제의 장기적 성장에 미치는 영향에 매우 주목하고 있다. 환율 파동이 투자와 무역은 물론 자본의 흐름에까지 영향을 미치기 때문이다. 중국은 또한 위안화의 국제화에도 큰 관심을 기울이고 있다. 위안화의 국제화는 중국의 대외개방에 있어서 중요한 정책 방향이 되었다. 이를 통해 환리스크를 회피하고 중국과 주변국의 경제 일체화를 강화하려고 한다.

다섯 번째는 국제 규칙 및 국제 제도다. 국제 규칙 및 국제 제도는 세계 각국의 경제적 이익과 발전 요구를 반영하는 것인데, 어떤 국제 규칙은 중립적이지 못하다. 어떤 국가에는 더 좋은 조건이 될 수 있지만 다른 국가에는 큰 손해를 일으킨다. 이에 대한 고려 속에서 중국은 중립적이고 전 세계를 포용할 수 있는 국제 규칙과 제도에 관심을 기울이고 있는 것이다. 중국은 이처럼 중국의 발전 이익을 구성하는 다섯 가지 요소들을 강화하기 위한 큰 축으로서 일대일로 전략을 추진하고 있고, 중국의 권력을 투사할 수 있는 플랫폼으로 활용하고자 하는 것이다.

일대일로 전략 구상의 핵심이 중국의 발전 이익을 지키는 데 있다면, 일대일로의 주요 내용은 아프로-유라시아(Afro-Eurasia) 대륙과 인근 해양의 상호 연계에 힘써 연선 국가들의 "다원적, 자주적, 균형적이며 지속 가능한 발전을 실현하는 것"이다.[6] 여기서 중국이 연선 국가들에게 단일한 모델을 강요하는 것이 아니라 다원적 발전을 추구한다는 점이 매우

중요하다. 일대일로의 한쪽에는 동아시아 경제권이 있고, 다른 한쪽에는 유럽 경제권이 있으며, 그 사이에 수많은 개발도상국이 존재하기 때문에 다원적 접근이 중시되는 것이다. 또한 일대일로의 주요 협력 분야도 여섯 가지(인프라의 상호 연계, 무역투자 협력, 금융 협력, 인문 협력, 생태환경보호 협력, 해상 협력)를 상정하고 있는데, 매우 다양한 스펙트럼의 협력을 추진하도록 되어 있다.

중국은 일대일로를 추진하는 과정에서 몇 가지 원칙을 설정하고 있다. 첫째, 목표 조율과 정책 소통을 중시한다. 둘째, 높은 융통성과 유연성으로 한 가지 모델과 잣대를 강요하지 않는다. 셋째, 획일성을 추구하지 않는다. 넷째, 연선 국가의 발전 및 지역협력 계획을 적극적으로 연계한다. 다섯째, 협력의 내용과 방식을 지속적으로 개선한다. 여섯째, 시간표와 로드맵을 공동으로 제정한다. 마지막으로 협력의 기본협정과 비망록을 체결하는 것이다. 이상의 원칙은 일대일로와 관련한 중국 정부의 가장 중요한 문건인 〈일대일로 공동건설 추진을 위한 비전과 행동(推動共建'一帶一路'願景與行動)〉에 제기된 내용들이다.[7] 이상의 내용에서 중국이 책임감 있는 대국으로서의 면모를 부각시키는 데 신경을 쓰고 있음을 알 수 있다.

일대일로 구상은 이제 중국이 수많은 국가와 양자 협의를 할 때 양측의 관계를 반영하는 지표가 되었다. 과거에 중국은 양자관계에서 "시장경제 지위를 인정하라"거나 "하나의 중국을 인정하라"고 촉구했는데, 지금은 "일대일로 구상을 지지해줄 것"을 요청하고 있다. 인정을 구하는 것에서 지지를 구하는 것으로 변화가 생긴 것이다. 중국의 일대일로 구상을 지지한다는 것은 공동 투자와 리스크의 분담을 의미하며, 공동 사업의 조화와 협력을 촉진하는 메커니즘을 수립하는 것을 의미한다.[8]

일대일로의 전체 전략은 아직 완전하게 전개되지 않았으며, 오랜 시간

이 걸릴 세기적 프로젝트로 여기는 것이 타당하다. 기존의 실천을 살펴보면 조정되고 개선되어야 할 부분들이 아직 많이 있다. 일대일로를 평가할 때 기존의 제한된 실천만을 볼 것이 아니라 실천의 이면에 있는 이념의 변화를 살펴보아야 할 것이다. 중국은 혁신, 조화, 녹색, 개방, 공유의 5대 발전 이념을 제기했다. 이 이념들이 일대일로 건설 과정에서 어떻게 구체화되는지, 그리고 일대일로 건설의 실천으로 인해 그 세부 내용이 얼마나 충실해질 것인지 기대감을 갖고 지켜볼 필요가 있겠다.

2. '일대일로'의 효과와 현황

중국은 일대일로 전략을 통해 이미 전 세계 137개국 및 30개 국제기구와 197건의 협력 계약을 맺고 국제협력을 강화해왔다(2019년 말 기준). 또한 22개 국가와 양자 간 전자상거래 협약을 체결하고 인터넷의 연계를 위해 일대일로 연선국가와 육상해상 광케이블 구축에 박차를 가하면서 디지털 일대일로에도 힘쓰고 있다. 이에 따라 일대일로 연선국가를 중심으로 대외거래가 꾸준히 확대되면서, 팬데믹으로 인해 해외수요가 극심하게 위축된 상황에서도 2020년 3분기의 수출입 규모, 수출 및 수입총액 등에서 모두 사상 최고치를 기록했다.

　미국의 경제번영 네트워크(Economic Prosperity Network) 추진에 대해 중국이 일대일로와 연계한 지역경제 협력 전략으로 대응하면서 중국의 대외거래 확대에 기여하고 있는 것이다. 중국이 최근 쌍순환 전략을 통해 해외보다 국내 공급망을 중시하면서 향후 일대일로 프로젝트가 다소 주춤할 것이라는 견해도 있다. 그러나 중국 500대 민영기업의 90%가

국가 전략 사업에 참여하고 있고 중국 정부가 민영기업의 육상해상 실크로드 건설에 적극적으로 호응하도록 유도하고 있어서 일대일로 프로젝트가 위축되지는 않을 것으로 전망된다. 일대일로 프로젝트의 상당 부분이 다자주의 혹은 자유무역협정(FTA)을 통해 추진될 수 있기 때문에, 중국으로의 경제 예속을 경계하는 연선국가들을 다자주의 틀 내로 끌어들인다면 일대일로가 새로운 전기를 맞이할 수 있을 것이라 전망되기도 한다.[9]

서남아시아, 아프리카 등지에서 경제주권 침탈을 우려하는 대상국들의 반발로 주춤했던 일대일로 전략이 중국산 저가 백신 보급 등을 통한 방역 지원, 달러 패권에 대응하기 위한 디지털 위안화 도입, 중국 주도의 국가결제시스템(CIPS) 확산 등의 수단을 동원함으로써 새로운 전기를 맞을 것이라는 전망도 있다.[10] 일대일로 전략은 중국이 탈세계화의 조류 속에서 시장친화적인 경제정책 도입을 확대하고, 투자에서 소비로, 전통 제조업에서 첨단 제조업과 서비스업 중심으로 구조개혁을 강화해 나가는 데 중요한 토대가 될 것이다.

2020년에 중국은 코로나19로 인해 타격 받은 중국의 이미지를 쇄신하기 위해 보건 및 의료 분야에 대한 지원을 확대했다. 중국-유럽 간 열차 운행은 전년에 비해 크게 늘었고, 일대일로 공동건설이라는 명목으로 '건강 실크로드', '녹색 실크로드', '디지털 실크로드' 등을 적극 추진하고 있다. 일대일로 지역에 대한 중국의 투자도 전년에 비해 약 30% 증가했다. 리커창 총리는 2020년 정부공작보고에서 높은 질의 일대일로 공동건설 추진을 선언했다. 시장 원칙과 국제 규칙을 준수하고 기업 주도의 발전을 추진하며 대외 투자의 건강한 발전을 추구하겠다고 했다. 향후 중국은 외교안보 전략의 플랫폼으로서 일대일로를 계속 추진할 것으로 보

인다. '일대일로 국제협력 고위급 포럼'뿐만 아니라 다양한 다자협력제도를 통해 유럽, 동아시아, 브릭스(BRICs) 국가들에서 중국의 역할을 확대할 것으로 전망된다.

외교적 측면에서 살펴보면, 일대일로를 통해 중국 외교의 공간 개념이 동아시아 대륙을 넘어 유라시아와 해양으로 확대되었다는 점에 주목할 필요가 있다. 중국은 이제 해륙(海陸) 국가의 특성을 갖게 되었다. 주변을 중심에 두고 수세적이었던 지역전략에서 벗어나, 전 세계를 대상으로 하는 국가대전략을 구상하고 이를 실행에 옮기고 있는 것이다.[11]

1999년부터 추진되었던 서부대개발이 대내적인 성격을 갖는 데 비해, 일대일로 구상은 대내적, 대외적 전략의 성격을 동시에 내포하고 있다. 이는 일대일로 전략이 중국의 서쪽에 있는 주변국가들에 대한 개발전략으로 계획되었기 때문이다. 일대일로를 통한 중국과 주변국 간의 육로 연결을 위해서는 철도, 도로, 공항을 비롯한 국경 간 사회기반 시설 네트워크가 필요하다. 또한 '해양 실크로드'를 통해 항구시설의 현대화, 항만구역의 건설 그리고 운송네트워크의 완비를 목표로 하며, '실크로드 경제벨트'를 통해 사회 기반시설 네트워크와 경제 구역의 발전을 목표로 한다. 이러한 일대일로 계획은 중국의 경제적 재건에도 새로운 경제적 기회를 제공할 것이다.

3. '일대일로'에 대한 비판적 시각

일대일로에 대해 비판적 평가들이 존재하는 것은 부정할 수 없는 사실이고, 이러한 비판적 평가에 대한 검토는 일대일로의 발전을 위해 필수불

가결한 요소이다. 모든 전략과 정책에는 명암이 존재한다. 일대일로에 대한 평가들을 균형적인(balanced) 시각에서 고찰하기 위해서는, 이념적 시각에서 제기된 평가들에 대해 긴장과 경계의 자세를 유지할 필요가 있다. 앞에서 언급한 바와 같이 일대일로는 아직 완전하게 전개된 프로젝트가 아니며, 오랜 시간을 두고 진행될 것이다. 기존의 실천에 대해 합리적 비판과 합리적 개선을 통해 변증법적 발전을 이뤄나갈 가능성이 많이 남아 있다. 진정으로 우려해야 할 바는, 일대일로 구상이 현대 자본주의 세계체제가 숙명적으로 직면해 있는 '시장과 자본주의의 구조적이고 내재적인 모순'을 해결하는 방향으로 나아갈 수 있는가라는 근본적 성격의 문제이다.

일대일로에 대해 비판적 시각에서 제기된 문제점들은 다음과 같다.

우선, 일대일로가 갖고 있는 과도한 권력 투사에 대한 비판이 있다. 국제사회에서의 지위 추구에 따른 정치적·경제적 자원의 낭비로 중국 내부의 경제사회적 효율을 저하시킬 가능성이 있다는 것이다. 이미 일대일로 추진과정에서 이와 관련한 문제가 나타난 바 있다. 소프트파워 제고를 위해 설립한 공자학원 등 문화전파 플랫폼도 투입된 자본에 비해 효과가 그리 크지 않다는 평가다. 또한 이러한 전략의 주요 대상인 중앙아시아, 아프리카, 남아시아 등이 경제적인 측면에서 중국에게 가져다줄 수 있는 이익이 중단기적으로 크지 않다. 중국 내에서도 내부문제를 해결하는 데 사용할 자원을 해외에 쏟아 붓는다는 비판이 증가할 수 있다.[12] 이러한 평가에 대해 국제사회에서의 지위 상승이 중장기적으로 새로운 경제적 기회 창출로 이어질 수 있다는 점도 고려해야 할 사항이다. 예를 들어 국제금융체제 및 기술표준 설정에 대한 영향력 증가가 새로운 성장 동력의 형성에 기여할 수 있다. 다만 이는 중장기적으로 기대할 수 있

는 효과이다. 중국이 IMF와 세계은행 등 국제금융 분야 개혁과 더불어, G20, 브릭스(BRICs) 등을 통한 글로벌 거버넌스 개혁을 추진하고, AIIB 와 NDB(New Development Bank)의 창설을 주도하며, 일대일로를 통한 새로운 형태의 경제협력체를 구성하려는 것 등은 규칙 제정자로서 혹은 국제질서의 개혁자로서 글로벌 거버넌스에 참여하려는 시도의 일환이기 때문이다. 이외에도 중국은 점차 글로벌 거버넌스의 영역과 의제를 확대하여 해양, 극지, 사이버 안보, 우주공간, 핵 안보, 기후변화 등의 새로운 영역을 포함시켰다. 현재 지역 및 글로벌 경제무역 분야의 거버넌스에서 중국은 제2의 경제대국에 상응하는 역할을 발휘하지 못하고 있다. 그래서 중국은 일대일로 구상과 AIIB의 창설을 통해 글로벌 거버넌스를 주도하려고 한다. 하지만 중국이 지역 혹은 글로벌 거버넌스에서 주도적 역할을 하기 위해서는 주변 신흥 경제국들의 지지와 협력을 유도하는 과제가 남아 있다.

두 번째, 경제 상황이 취약한 국가의 경우 일대일로 협력 과정에서 중국에 원자재와 노동력을 제공하는 역할에서 벗어나지 못할 가능성이 있다. 따라서 중국은 단순히 주변국에서 자원과 노동력만 구매할 것이 아니라, 이들 국가에 지식과 기술, 관리 능력을 이전하고 인재 육성을 도와 해당 국가가 글로벌 시장에서 도약할 수 있도록 해야 한다.

현대 자본주의 세계체제가 해결해야 할 구조적이고 내재적인 모순 속에서 경제협력과 상호 의존성의 심화를 어떻게 다룰 것이냐의 문제의식은 매우 중요하다. 일대일로가 기존의 신자유주의적 한계와 모순에 대한 대안으로 역할을 할 수 있도록 하기 위함이다. 인도의 평화학 연구자 구하(Amalendu Guha)는 자본주의의 내재적 모순으로 인해 경제협력의 증대가 새로운 악순환 구조의 국가 간 관계를 형성하는 메커니즘으로 작

용할 수 있음을 지적했다. 특히 개방적인 시장과 경제적 상호의존이 신자유주의적 세계화의 부정적 영향과 결합될 경우, 국가 간 그리고 역내에서의 무한경쟁으로 인해 불평등하고 착취적인 상호의존이 나타날 수 있다고 역설한다.[13] 이에 따라 경제력이 강한 국가 혹은 다국적 기업들의 약소국에 대한 침탈 구조를 정당화하는 '제국주의적 평화론'으로 변질될 수 있는 것이다. 이러한 경제협력은 '전쟁의 부재'라는 소극적 평화는 달성할 수 있을지 모르지만, 강대국에 대한 약소국의 불평등한 의존성 심화 내지는 종속화를 야기할 수 있는 것이다.

세 번째, 주변전략에는 소프트파워라는 기둥이 필요하다. 장원링은 중국의 소프트파워가 우선 성공적인 발전으로 인해 증대된 영향력에 기반하고 있다고 평가했다. 나아가 중국이 전통적으로 갖고 있는 '화이부동'과 '포용 및 조화'의 사상문화적 가치가 중국 소프트파워의 토대라고 주장한다. 서구의 소프트파워는 그 가치관과 문화의 우월성 및 주도성을 강조하는 데 반해, 중국은 다양한 가치와 문화의 공존, 상호존중과 상호학습을 중시한다는 것이다.[14]

서구 학계에서는 중국의 소프트파워에 대해 상반된 견해가 존재한다. 샴보(David Shambaugh)는 중국이 소프트파워를 거의 갖고 있지 않다고 주장한다. 중국이 다른 나라가 모방할 만한 모델을 제시하지 못하고 있고, 문화적으로 중국의 글로벌 이미지가 긍정적이지 않으며, 글로벌 트렌드를 선도할 수 없다는 냉정한 평가다. 중국이 공공외교를 통해 자국의 이미지를 개선하려고 많은 노력을 기울이고 있지만, 소프트파워의 원천은 사회이지 국가나 정부에 있지 않기 때문에 큰 효과를 보지 못할 것이라고 주장한다.[15]

이와 대조적으로, 컬란직(Joshua Kurlantzick)은 중국인들이 소프트파

위를 조셉 나이(Joseph Nye)가 규정한 것보다 훨씬 폭넓게 인식하고 있다고 주장한다. 따라서 중국의 경우 소프트파워와 하드파워를 구별하기가 훨씬 어렵다고 분석한다.[16] 서구의 시각으로 중국의 소프트파워를 평가하해서는 안 된다는 것이다. 왕이웨이(王義桅)도 중국 소프트파워의 근본적인 역학을 파악하려면 공공외교를 넘어 중국의 대전략을 점검해야 한다고 제안한다.[17] 여기서 한 가지 생각해야 할 점은, 나이가 소프트파워 개념을 제기한 것은 하드파워의 측면에서 도전받고 있는 미국의 입장에서 비롯되었다는 것이다. 즉, 미국이 여전히 슈퍼파워의 지위를 향유하고 있고 미국의 시대가 끝나지 않았다는 것을 변증할 필요 속에서 착안된 것임을 고려해야 한다는 것이다. 사실 미국의 동맹국들은 미국과의 양자 관계에서 미국의 소프트파워 때문에만 협조적으로 움직이는 것은 아니다. 그만큼 하드파워로부터 소프트파워라는 것을 분리해내기가 쉽지 않은 것이다.

소프트파워에 대한 이러한 학문적 논증의 표면을 벗겨내면, 일대일로의 실천적 현실 속에서 나타나고 있는 중대한 문제는 사실 계급갈등과 사회경제적 모순에 있다. 중국의 거시적인 대전략과 지역에서의 노력에도 불구하고 일대일로 연선국가들에서 중국의 명성과 소프트파워 영향력이 제한적이라고 비판하고, 일대일로의 실패를 중국이 가진 소프트파워 부족의 문제로 치부하는 것은 보다 근본적인 문제를 비켜가는 것이다. 오히려 일대일로가 협력 대상 국가와 사회에서 계급갈등의 문제를 해결하지 못하고 연선 국가 및 사회의 경제사회적 문제를 심화시키는 측면을 직시해야 한다. 즉, 해당 지역 및 사회의 기득권 세력에게만 복무하는 이익의 공유에 머무르지 않고, 중국이 대전략으로 설정한 이익의 공유를 통해 인류 운명공동체 건설의 메커니즘이 제대로 작동하고 있는지를 점

검해야 하는 것이다. 또한 좀 더 세부적 실천의 측면에서 일대일로 참여 국이나 협력국에 대한 중국 정부의 대출 투자가, 현지에 진출한 중국 기업에 주로 제공됨으로써 중국과의 협력이 결국 참여국의 경제발전에 기여를 하지 못하는 문제 등을 치열하게 살펴야 할 것이다.

4. '일대일로'의 역사성과 '중국의 길'

일대일로를 국가발전의 대전략으로 제시하면서 시진핑 주석은 중국과 주변국들이 이익공동체를 넘어서는 운명공동체이며, 이는 네 가지의 기본 규범인 친(親), 성(誠), 혜(惠), 용(容)을 기반으로 한다고 강조했다. 중국이 서구 국가들과 차별화된 방식으로 자국의 영향력을 확보하고자 함을 이념적 측면에서 보여주었다. 일대일로가 이러한 이념과 가치를 구현하고자 하는 국가 대전략 차원에서 제시된 것임을 역설한 것이다. 차창훈 (車昌勳)은 일대일로가 중국의 역사를 관통하는 통합의 메커니즘과 연결되어 있다고 주장한다.[18] 중국은 작은 정치공동체들이 장구한 역사적 과정을 거쳐 커다란 정치 공동체를 형성한 통합의 결과인데, 서로 다른 민족으로 분리되어 발전한 유럽의 역사적 경로와 매우 다른 특징을 보이고 있다는 것이다. 서로 다른 지형에서 격리되었던 공동체들의 상호작용이 유럽에서는 분리의 발전으로 진행되었는데, 중국에서는 통합의 발전으로 진행되면서 서로 다른 양상과 결과를 가져온 것이다. 역사가들은 중국의 일체화된 문화적 정체성에서 그 답을 찾는다. 한자와 유교 사상 등이 부여한 공통의 정체성이 중국 대륙에 편재했던 이질적인 민족을 하나로 묶었고, 관료제라는 정치행정 조직이 이를 효율적으로 관리 및 통제

하면서 중국 역사가 유럽과 다른 길을 걸었다는 것이다. 그 과정에서 통합의 구심력으로 물리적인 군사력이 작용을 했지만, 문화의 수용과 동화과정을 통해 통합이 완성될 수 있었다.

근대 국제질서 체제에서 왕조가 아닌 공화국의 정치체제를 갖게 된 중국은 더 이상 천자국으로서의 정체성이 존재하지 않는다. 따라서 중국은 새로운 통합전략을 모색해야 했다. 중국은 이 통합의 전략으로 일대일로라는 국가발전 전략을 제시한 것이다. 국가를 단위로 하는 현대 국제질서 체제에서 현실적으로 실현 가능한 국가통합 전략이 제시된 것이다. 전통시대 통합을 가능케 했던 '천자국'이라는 통합의 정체성이 부재한 상황에서, 일대일로는 국가발전의 목표와 함께 주변국과의 경제적 협력을 극대화하고 변방의 분리주의 움직임도 불식시키는 전략으로 기능할 수 있다.

중국의 전통적인 대외관념에서 개별 국가라는 단위는 커다란 의미가 없다. '천하(天下)'의 개념에서 그 아래에 있는 개체들은 위계적인 관계망을 갖고 있을 뿐이다. 이 수직적인 관계망에서 행위를 규제하는 규범이 제시되는데, 유교문명권에서 사대자소(事大字小)의 규범이 제시되었듯이, 일대일로의 경우에는 주변국과의 관계 규범으로 친(親), 성(誠), 혜(惠), 용(容)이 제시된 것이다.

정융녠(鄭永年)은 중국의 다자주의가 서구의 평등원칙과는 대조적으로 군신(君臣), 부자(父子)와 같이 위계적 윤리 개념을 더욱 강조한다고 주장한다. 형(兄)이나 나이가 많은 사람이 공동체와 관계를 위해 좀 더 많이 공헌해야 한다는 관념 속에서, 일대일로 등과 같이 능력이 있는 중국이 주변 빈국을 돕는 계획을 추진해야 한다는 개념을 갖고 있다는 것이다.[19] 물론 이에 대해 조공체제와 같은 위계적이고 일방적인 무역 체계가 형성

될 수 있다는 우려의 목소리가 나오는 것도 사실이다.

관건은 근대 국제관계의 근간으로 국가 간의 평등성을 중시해온 웨스트팔리안 체제하에서, 중국적 천하체계가 어떻게 양립하고 조화를 이루며 작동할 수 있느냐의 문제이다. 이렇게 중국적 세계질서를 이뤄가는 과정의 시금석이 일대일로 구상이고 일대일로의 실천과 변혁 속에서 중국은 그 지난한 조화의 길이 (불)가능한지를 알게 될 것이다.

주

1 장윈링, 《이상과 현실 사이: 중국의 동아시아 협력》, 이희옥 외 옮김, 책과함께, 2021, 297쪽.

2 朱雲漢, 《高思在雲: 中國興起與全球秩序重組》, 北京: 中國人民大學出版社, 2015.

3 장윈링, 앞의 책, 298쪽.

4 朱雲漢, 앞의 책.

5 장위엔, 〈일대일로 전략 구상: 이념과 현실〉, 《중국, 새로운 패러다임 Ⅱ》, 최종현 학술원, 2020, 210-215쪽.

6 위의 글, 214-216쪽.

7 中國政府網, 〈推動共建'一帶一路'願景與行動的20條'乾貨'〉, http://www.gov.cn/xinwen/2015-03/28/content_2839744.htm(검색일자: 2021. 3. 28).

8 펑웨이장, 〈일대일로 이니셔티브와 중국 경제 거버넌스의 현대화〉, 《중국, 새로운 패러다임 Ⅱ》, 최종현 학술원, 2020, 225-237쪽.

9 임호열, 〈2020년 중국 경제: 포스트 코로나 시대, 중국의 진로〉, 《2020년 중국 정세 보고》, 국립외교원 외교안보연구소 중국연구센터, 2021, 106-107쪽.

10 위의 글, 145쪽.

11 김흥규, 〈2020년 중국 강국화 외교와 2021년 전망〉, 《2020년 중국 정세 보고》, 국립외교원 외교안보연구소 중국연구센터, 2021, 159쪽.

12 이남주, 문익준, 안치영, 유동원, 장윤미, 《중국 국가전략의 변화와 한중 관계에 대한 함의》, 대외경제정책연구원, 2020, 49-50쪽.

13 Amalendu Guha, "Peace Education and Peace Research," *Review of International Studies* 8-4, 2003, pp. 70-72.

14 장윈링, 앞의 책, 298쪽.

15 David Shambaugh, David L., et al, *China Goes Global: The Partial Power*, Oxford: Oxford University Press, 2013.

16 Joshua Kurlantzick, *Charm Offensive: How China's Soft Power is Transforming the World*, Yale University Press, 2007.

17 王義桅,〈公共外交與中國的軟崛起〉,《復旦學報》第3期, 2008.

18 차창훈,〈중국의 역사적 통합전략, 집합지식과 일대일로〉,《동북아연구》통권 47호, 2018.

19 타이완 창평기금회(長風基金會)가 2018년 "서구 중심의 세계에서 포스트 서구의 세계로(從西方中心到後西方世界)"라는 주제로 개회한 세미나에서 정융녠(鄭永年)이 한 발언.